Bernd Heinrich

EIN JAHR IN DEN WÄLDERN VON MAINE

Bernd Heinrich

EIN JAHR IN DEN WÄLDERN VON MAINE

Mit einem botanischen und zoologischen
Glossar von Werner Korn
und Ilse Strasmann

Aus dem Englischen von Ilse Strasmann

List Verlag
München · Leipzig

Die Originalausgabe erschien unter dem Titel
A Year in the Maine Woods 1994 im Verlag
William Patrick in der Verlagsgruppe Addison-
Wesley, Reading, Massachusetts.

ISBN 3-471-79316-X

 Printed in Austria
Satz: Franzis-Druck GmbH, München
Druck und Bindung: Wiener Verlag, Himberg

Für die Adamses –
Floyd, Leona, Jim, Bill und Vernon –,
ohne die Maine nicht Maine wäre

Danksagung

Ich danke Sandra Dijkstra, meiner Agentin, daß sie diese Unternehmung möglich gemacht hat, und Bill Patrick, meinem Lektor, daß er mir dafür den Rücken freigehalten hat. Natürlich danke ich auch Ron und Syndy Gerrish für viele gute Tassen Kaffee und andere Getränke sowie für ihr vielseitig verwendbares Klohäuschen, das mir sehr zustatten kam. Edna York Buchanan lieferte wertvolle historische Informationen, und ich stehe tief in ihrer Schuld.

Vorbemerkungen

Ich delegiere nicht gern und tue am liebsten alles selbst.

Von Beruf bin ich Naturwissenschaftler, aber ich bin auch ein Mensch. Und was immer ich sonst noch zu erreichen versuche – ich bin zwangsläufig das, was ich tue. Seit fünfundzwanzig Jahren lehre ich an einer Universität, das heißt, ich fülle Formulare aus, lese Aktennotizen und nehme an Konferenzen teil. Manchmal beantrage ich Forschungsmittel, und manchmal schreibe ich Aufsätze, aber eigentlich möchte ich etwas anderes – ich möchte draußen im Wald sein.

Als ich zehn Jahre alt war, hatte ich bereits sechs Jahre als Flüchtling in einem Wald in Norddeutschland verbracht. Meine Familie hatte wenig zum Leben. Aber ich besaß viel – ich hatte eine zahme Krähe, und ich konnte Käfer sammeln. In der letzten Zeit habe ich mich gelegentlich gefragt, ob es wohl möglich wäre, die Welt noch einmal so intensiv zu erleben, wie ich es als Kind tat. Ich sehne mich danach, die Natur so zu erfahren wie damals – frisch, hell, zeitlos und voller Wunder. Wäre es möglich, die Lebendigkeit wiederzuentdecken, die mich jetzt nur noch als kurze, verlockende Erinnerung streift?

Edward Abbey sagt: «Du mußt dir dein Bier selbst brauen, mußt deine Glotze eintreten, selbst schlachten, dir eigenhändig eine Hütte bauen und von der Veranda pissen, wann immer dir danach zumute ist.» Der Anfang war bereits gemacht. Als Teenager hatte ich, nachdem wir nach Amerika gekommen waren, in der Wildnis des ländlichen Maine schon Jagen, Angeln und Fallenstellen gelernt. Meine Lehrmeister in Maine hatten mir auch beigebracht, für den Hausgebrauch Bier zu brauen. Ich besaß eine Flinte, und ein Blockhaus hatte ich mir auch gebaut. Der Rest dürfte nicht schwer sein. Ich fand, ich sollte es versuchen.

SOMMER

EIN REISEGEFÄHRTE

Von Burlington in Vermont bis zu meiner Hütte in Maine sind es gut 300 km. Man fährt die meiste Zeit auf der Fernstraße Nr. 2 quer durch Vermont und New Hampshire, am Fuße der Northern Presidentials entlang, und dann nach Rumford in Maine, an der riesigen Papierfabrik der Boise Cascade vorbei. Wenn ich die Papierfabrik rieche, fühle ich mich schon fast zu Hause. Es sind dann nur noch ein paar Meilen bis zum Fuß des Mount Blue, wo der große Webb Lake das Tal unterhalb von Mount Tumbledown, Blueberry Mountain und Little Jackson Mountain füllt. Aber für ein Rabenkind war das eine lange Reise.

Mein Freund Chuck Reiss und ich hatten den jungen Vogel am 13. Mai geholt. Unsere Leiter reichte nur knapp bis ans Nest in der Nische einer Felswand aus Granit heran. Die Kriebelmücken griffen gnadenlos an, aber die Altvögel flogen fort, als wir kamen. Chuck, ein Häuserbauer, kletterte mühelos hinauf, und ich sah zu und war zur Abwechslung ganz zufrieden damit, mich bei diesem Abenteuer vertreten zu lassen. Den schwierigsten Teil hatte ich übrigens erledigt – die Genehmigungen zu bekommen.

Der Jungvogel, den Chuck herunterbrachte, war voll befiedert und hatte beinahe sein Erwachsenengewicht. Flügel- und Schwanzfedern schimmerten wunderschön in bläulichviolettem Glanz, aber auf dem Kopf saßen noch ein paar wuschelige Büschel von weißen Flaumfedern. Der Rabe wirkte etwas ungeschickt: er war noch kein Flieger, aber schon ein prima Hüpfer. Angst schien er nicht zu haben, als er uns mit seinen hellblauen Augen gelassen betrachtete. Bereitwillig nahm er die Fleischstückchen, die wir ihm hinhielten. Er schluckte sie entweder gleich herunter oder spuckte sie aus und schleuderte sie fort, wenn ihm der Geschmack nicht zusagte.

Als er wegzuhüpfen versuchte, griffen wir ihn wieder, und er gab laute, ärgerliche rauhe Rufe von sich; es klang als ratschte eine Kette über grobes Metall. In dem Nest in einem Käfig in meinem Wohnzimmer machte er es sich aber gleich bequem und gestattete sogar, daß ich ihm den Kopf kraulte. Bei sanftem Tätscheln hockte er sich nieder und schloß die Augen. Die übrige Zeit putzte er sein Gefieder und reckte sich oft. Mit seinem kräftigen Schnabel zupfte er an den Blättern, Ästchen und Grashalmen am Rande seines Nestes. Ich hatte ihn vorher schon viele Stunden lang beobachtet, und zwar aus einem Beobachtungsstand, den ich in Nesthöhe im Wipfel eines Rotahornbaums vor der Granitwand errichtet hatte. Der Rabe benahm sich jetzt ziemlich genauso wie vorher. Er war das größte Junge der Brut gewesen, immer munter und immer beschäftigt. Ich beschloß, ihn Jack zu nennen.

Auf dem Weg von Vermont nach Maine war ich zunächst noch besorgt. Ich hatte Jack vorn bei mir in der Fahrerkabine meines Pick-up, eines Transporters mit offener Ladefläche. Wenn er nun überaktiv wurde? Ich erinnerte mich nur zu gut an den überfahrenen Streifenkauz, den ich einmal aufgesammelt hatte, und der plötzlich wieder quicklebendig wurde und das Lenkrad zur Sitzstange erkor. Ein Rabe ist viel größer und viel aktiver und frißt viel mehr. Nicht etwa, daß es an Leckerbissen für Jack mangelte – ich hatte geschnetzeltes Eichhörnchen und ausgerollten Seidenschwanz für ihn –, aber die Geschwindigkeit seiner Verdauung beunruhigte mich. Blaubeeren gingen innerhalb von 15 oder 20 Minuten hindurch.

Bevor wir losfuhren, hatte ich ein paar Kartons mit Büchern und dergleichen auf die Ladefläche gesetzt, denn der Innenraum war uns vorbehalten. Um die Reise für Jack so bequem wie möglich zu machen, hatte ich ein Aststück als

Sitzstange zwischen die beiden Vordersitze geklemmt. So konnte er neben meinem rechten Ohr sitzen und gleichzeitig auf die Straße sehen – vielleicht nach überfahrenen Tieren Ausschau halten. Während ich ihn am vorderen Ende nach Bedarf fütterte, sollten seine Exkremente am anderen Ende auf die Zeitungen auf dem Fußboden fallen. Zur Vorsicht hatte ich beide Sitze mit Plastikfolie abgedeckt.

Es war später Nachmittag, als wir zu unserer fünfstündigen Reise aufbrachen. Jack ließ sich neben meinem rechten Ohr nieder, nachdem er einmal durch das Fahrerhaus gewirbelt war. Aber so sehr ich das gehofft hatte – ein Nickerchen machte er auf der ganzen Fahrt nicht. Oft sah ich sein Auge glänzen, wenn er auf mein Gesicht starrte. Um ihn für gute Führung zu belohnen, riß ich schon bald den Seidenschwanz auseinander und reichte ihn ihm in kleinen Häppchen.

Sein kehliges Murmeln sagte mir, daß er zufrieden war und die Fahrt genoß. Wir unterhielten uns die ganze Zeit, während wir durch Vermont und New Hampshire fuhren, wobei ich das Gespräch in Gang halten mußte. Ohne meine Anstöße verfiel Jack in Schweigen. Ich sagte ihm etwa, daß er ein netter Vogel sei, daß ich seine Anwesenheit schätzte, ihm gern zuhörte und ihn mochte. Er antwortete mit seinem sanften, tiefen «Mm». Seine «Mms» änderten sich in Länge und Tonfärbung und spiegelten Zustimmung oder Erregung. Ganz tiefe, weiche und lange, fast geflüsterte «Mms» bedeuteten, daß er entspannt war. Höhere, kürzere und lautere «Mms» zeigten erhöhte Aufmerksamkeit und Unruhe an. Gelegentlich, wenn seine Besorgnis wuchs, ging der Ton auch noch einmal nach oben. Wenn Jack ganz entspannt war, ging er dagegen leicht nach unten.

Hin und wieder reckte er sich. Entweder streckte er beide Flügel nach oben, während er selbst sich duckte, oder er reckte einen Flügel und ein Bein (mit geschlossenen Zehen) aus, erst auf der einen Seite, dann auf der anderen. Jane Fonda hätte diese Übungen sicher gutgeheißen. Sie waren gelegentlich begleitet von einem zuversichtlichen oder entschlossenen «Krrr» oder «Kn», etwa in dem Sinne: «Ich fühl' mich großartig!» Dann gab er ein kurzes Hüsteln von sich und widmete sich wieder der Gefiederpflege oder schaute auf die vorbeifliegende Landschaft.

Ich verstand genau, was Jack sagte. Meistens hieß es: «Ich höre dich, du bist okay; hier bin ich, ich höre dir zu, mir geht es prima.» Ein paar Laute im richtigen Zusammenhang und mit der richtigen Sprachmelodie können Bände sprechen. Bei Jack ist der Kontext alles. Ein Rabe reagiert abhängig vom Augenblick, du weißt immer, wie es ihm geht.

Nach eineinhalbstündiger Fahrt machte ich wie immer an Antony's Diner in St. Johnsbury halt. Es ist ein kleines Lokal mit Barhockern, und das Spezialgericht sind Woodsman's Burger. Ich wollte nur einen Kaffee trinken. Wenn ich Jack mit hineinnähme, würde er den anderen Gästen durch die Teller hüpfen, Fritten klauen, die Münzen in der Kasse kontrollieren und überhaupt alles durcheinanderbringen. Ich mußte ihn also allein lassen. Als ich die Autotür schloß, hüpfte er sofort von seiner Stange herunter, drückte sich ans Fenster und tat ganz verzweifelt, aber ich sah mich nicht um, entschlossen, in Ruhe Kaffee zu trinken. Außerdem nimmt die Liebe mit der Entfernung zu.

Als ich 20 Minuten später zurückkam, mußte ich feststellen, daß mit der Entfernung auch die Darmtätigkeit zunimmt. Die Sitze waren über und über voll von widerlichen Schlieren. Das waren keine geruchlosen weißen Exkremente mehr. Der Seidenschwanz war im Eiltempo durchmarschiert und längst nicht so verarbeitet, wie es tote Tiere sein sollten. Jack hatte mich vermißt – der Körper lügt nicht.

Na ja. Wenn du ein Baby hast, gehören solche Überraschungen dazu.

Als wir wieder starteten, nahm Jack schnell seinen Platz neben meinem Ohr wieder ein.

«Biste okay, Jack? Froh, mich zu sehen?»

«Mm*mm*.»

«Das macht doch Spaß, was?»

«Mm*mm*.»

Er war sogar *sehr* froh, mich zu sehen. Wir fuhren weiter.

Als wir nach Maine kamen, begann die Unterhaltung ins Stocken zu geraten, und Jack mußte sich mit Joan Armatrading und Bruce Springsteen auf Kassette abfinden, während wir am Androscoggin entlangfuhren und schließlich bei Dixfield in die Berge abbogen.

ADAMS HILL

Unser Ziel ist Adams Hill im westlichen Maine. Früher einmal lag hier eine Farm, heute ist bis auf meine kleine Lichtung alles Wald. Als ich ein Junge war, kam ich mit meinen Freunden Phil Potter und Floyd Adams (einem Nachkommen der Adams', nach denen dieser Berg benannt ist) oft her. Damals sahen wir von Gestrüpp überwucherte Felder; der Wald begann erst, die alten Apfelplantagen wieder zu übernehmen.

Vor langer Zeit hatten hier wie auf all den Bergen Neuenglands Menschen gelebt. Steinmäuerchen, die damals die Grenzen der Äcker, Wiesen und Weiden markierten, ziehen sich noch heute durch diese Wälder wie die Überreste einer vergangenen Kultur. Man stößt auf rechteckige Vertiefungen, eingefaßt von säuberlich aufeinandergesetzten Feldsteinen und Granitblöcken. Zwischen diesen Grundmauern alter Scheunen wachsen dicke weißstämmige Birken, Eschen und Ahornbäume. Manchmal siehst du ein Stück rostigen Stacheldraht aus dem massiven Stamm eines zweihundertjährigen Zuckerahorns ragen, der einst vielleicht eine Weide begrenzt hat.

Meine Hütte liegt von der gewundenen Bergstraße aus etwa eine halbe Meile steil bergauf. Einst hieß die Ecke Hildreth's Mill, aber daran erinnern sich nur noch die ganz Alten. Selbst wenn ein langer Sommer den Berg getrocknet hat und der Weg nicht nebenher als Bachbett fungiert, kommt man hier nur mit Vierradantrieb herauf. Der Weg bewahrt mich vor Zufallsbesuchern, hält aber wirkliche Freunde nicht ab. Mir gefällt das, und ich habe kaum etwas unternommen, ihn auszubauen.

Die Wände der Hütte sind aus Fichten- und Tannenstämmen, die ich mit der Axt gefällt und mit einem Schäleisen entrindet habe, solange sie noch voller Saft und leicht zu schälen waren. Meine damalige Frau Margaret und ich mieteten Ochsen, die die glänzenden weißen Stämme auf die Lichtung schleiften. Mit Hilfe von Seilen und Hebelkraft und unter Ausnutzung der Hangneigung stellten wir die Stämme auf, und ich plattete sie an zwei Seiten ab, indem ich lange, glatte Späne abspaltete. An den Enden wurden die Balken mit tiefen Kerben versehen. So bauten wir im Laufe eines Sommers nach und nach die Hütte auf.

Es ist tiefe Nacht, als Jack und ich ankommen, aber inzwischen finde ich den Weg mit geschlossenen Augen. Ich trage Jack im Karton, und er wirkt vollkommen entspannt, als wir uns in der Dunkelheit leise unterhalten. In seiner ersten Nacht in der Hütte bleibt er in seinem Karton neben meinem Bett, damit ich mit ihm reden und ihn trösten kann.

Früh am nächsten Morgen weckt mich ein vielstimmiges Vogelkonzert. Schöner als jede Symphonie dringt von überallher Gesang zu mir. Auf der Lichtung rund um die Hütte wachsen Spierstrauchbüsche, und der Boden ist bedeckt von immergrünem Bärlapp, einem Verwandten jener Riesen aus dem Karbon, die zu unserer Kohle geworden sind. Außerdem gibt es Schößlinge von Ahorn, Fichten, Kiefern und Balsamtannen sowie Stellen mit wilden Himbeeren und Blaubeeren. Die wuchernden Pflanzen, die ich in den letzten Jahren nur nachlässig beschnitten habe, sind jetzt ein Dorado für Weißkehlammern, Winterammern, Gelbscheitel- und Rubinfleckwaldsänger sowie tiefblaue Indigofinken. Mit Unterbrechungen singen sie alle. Auch das Männchen der Phoebes, die ihr Nest über meinem Fenster gebaut haben, singt. Und aus dem Wald höre ich Blauhäher, Rosenbrustkernknacker und Rotaugenvireo rufen. Ich springe aus dem Bett wie neu geboren.

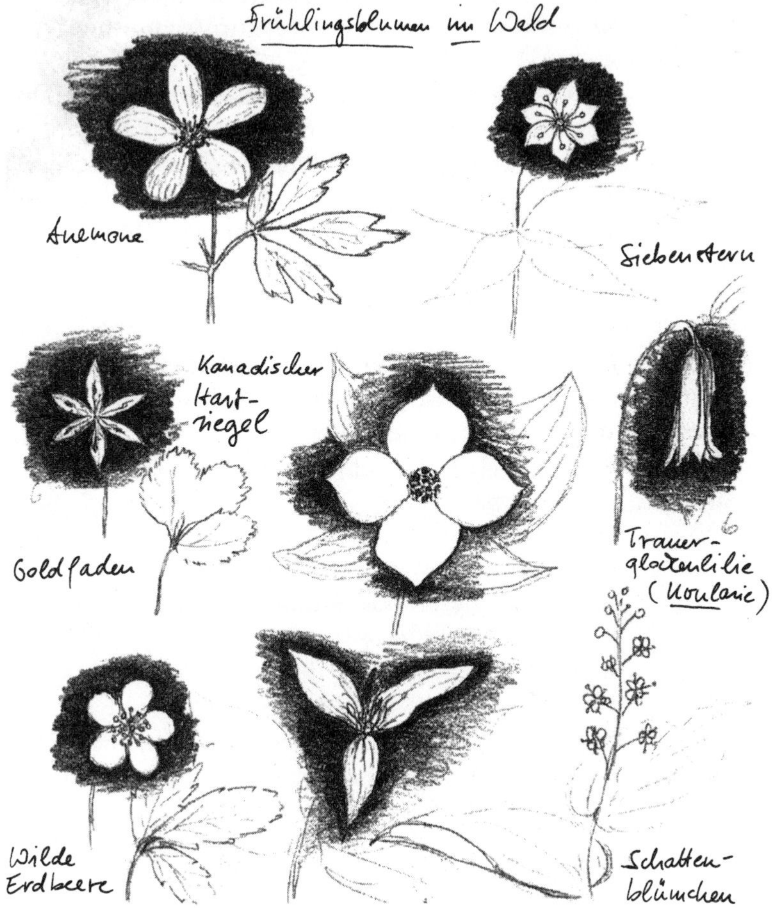

Als ich an diesem ersten Tag Anfang Juni aus dem Fenster sehe, blicke ich in ein Meer von leuchtendem Grün. Ich habe ja gar nicht mehr gewußt, wie vielfältig und lebendig Grün, die Farbe des Lebens, sein kann! Am dunkelsten ist es dort, wo man durch mehrere Schichten der gerade aufgegangenen Ahornblätter schaut, und in einem goldenen Ton leuchtet es da, wo die Sonne durchsickert. An der Lichtung um die Hütte ist das Grün einheitlicher als tiefer im Wald, vielleicht wegen der Zuckerahornbäume hier. Die Rotahornbäume am Rand der Lichtung schimmern rötlich. Ihr Laub ist wie das der Eschen noch nicht voll entfaltet, aber sie haben bereits geblüht und sind voll von roten Samen, die dem ganzen Baum Farbe geben. Die Fichte auf der anderen Seite der Lichtung ist von dunklem, fast schwarzem Grün, wie die meisten Koniferen, obwohl die neuen Triebe hellgrün leuchten, manche mit einem bläulichen Schimmer.

Als ich aus der Tür trete und die kühle Luft einatme, rieche ich Fröhlichkeit und Unbeschwertheit. Die Vogelrufe sind jetzt sehr intensiv. Auf dem Weg liegen die bläulichen Eierschalen einer Wanderdrossel – die Jungen sind geschlüpft. Ein Blauhäher fliegt mit einem Ästchen über die Hütte. Ich gehe den Weg entlang und sehe winzige Veilchen, weiße, blaue und sogar ein paar gelbe. Diese fast einfarbigen Miniaturausgaben der Gartenstiefmütterchen sind so, wie die Natur sie gemacht hat, nicht wie es die Laune eines Züchters diktiert. Ich finde sie deshalb unendlich viel schöner als die gezüchteten Formen.

Unter dem Blätterdach aus durchscheinendem Grün blühen überall Blumen. Es sind mehrjährige Pflanzen, und die meisten blühen schneeweiß: Siebenstern, Kanadisches Schattenblümchen, Schaumblüte, Goldfaden, Kanadischer Hartriegel, Anemone, Erdbeere und Salomonssiegel. Außerdem gibt es hier die weiße Wellige Waldlilie mit den zarten roten Linien in der Mitte. Ich hatte an dieses umwerfende Schauspiel der unzähligen schneeweißen Blüten gar nicht mehr gedacht. Offenbar bemerkt man eher die eine Purpurne Waldlilie als all die vielen weißen.

Jack verlangt schon bald in eindringlichen, heiseren, ohrenbetäubenden Rufen nach Futter. Ich füttere ihn und lasse ihn dann still und zufrieden auf dem Ast einer Kiefer neben der Hütte zurück.

Mein Ausguckbaum ist eine Rotfichte. Seit neun Jahren klettere ich in der Morgendämmerung und etwa eine Stunde vor der Abenddämmerung in diesen Baum, um nach Raben – Kolkraben – Ausschau zu halten. Seine kräftigen Äste sind wie Stufen und reichen bis fast auf den Boden. Er steht so nahe an kahlen Felsbändern, daß die Sonne ihn fast ganz und gar bescheint, anders als bei den gedrängt stehenden Fichten weiter unten am Hang. All die kratzigen kleinen Nebenäste sind längst abgebrochen bei meinen nunmehr Hunderten von Auf- und Abstiegen.

Dies ist keine Tanne mit brüchigem Holz, bei der nur dicke Äste stark sind. Auf diesen Fichtenästen, keine drei Zentimeter dick, kann man herumspringen – sie biegen sich nur und federn zurück, als wären sie aus Stahl. Sie haben schon schätzungsweise sechzig Winter hindurch tonnenschwere Schneelasten getragen.

Rotfichten sind es, die die Höhen dieser Berge und Hügel «schwarz» aussehen lassen, wo sie oberhalb der laubwechselnden Wälder aus Buchen, Birken, Rot- und Zuckerahorn und Roteichen wachsen. Weiter unten mischen sich auch ein paar Linden und Großzähnige Pappeln darunter, und in den Sumpfgebieten Balsamtannen, Rotahorn und Lebensbaum. Amerikanische Vogelkirschen, Virginische Traubenkirschen, Zitterpappeln, Rotahorn und Tannen kommen schnell hoch, wo Windbruch oder Holzeinschläge vorübergehend Luft geschaffen haben. Lichtungen existieren in diesen Wäldern nur vorübergehend. Wo eine entsteht, dringt der Wald unausweichlich ein wie Luft in ein Vakuum.

Oben auf den fichtenbewachsenen Kämmen kommt der Schnee ein bißchen früher und bleibt ein bißchen länger liegen als weiter unten. Dort ist es kühler, und das dichte Nadeldach läßt die Sonne nicht bis auf den Boden dringen und den Schnee schmelzen. Das ist die ganzjährige Heimat der winzigen Satrap-Goldhähnchen, der Schwarzkopf- und Hudsonmeisen sowie des Kanadakleibers.

Die kleinen rostbraunen Zapfen der Rotfichte hängen nur ganz oben im Wipfel. Hier, im Schutz kurzer, dicker grüner Äste voller Zapfen, lasse ich mich nieder. Einen Teil der Zweige habe ich entfernt, um einen Rundblick in alle Richtungen zu haben. Von dieser Bergspitze in der Nähe des Mount Tumbledown aus sieht man, daß sich der Wald ununterbrochen über die umliegenden Höhen und Täler zieht. Wer durch diese Wildnis wandert, kann frische Spuren von Elchen und Hirschen finden sowie die Kratzer von den Krallen der Bären auf der glatten Rinde der Buchen. Niemand käme auf die Idee, daß der Kiefernwald unterhalb meines Hochsitzes vor 40 Jahren noch eine offene Wiese war, umgeben von Obstplantagen und Schafweiden.

Der ehemalige Hof, auf dessen Grund und Boden ich meine Hütte gebaut habe, ist dort im Norden noch erkennbar. Im Frühjahr blüht noch lila Flieder, den die ersten Siedler gepflanzt haben, und im Juni blühen ihre rosa Rosen. Die Lichtung wäre längst keine Lichtung mehr, wenn ich nicht alles einigermaßen kurz hielte. Ich mag den Flieder und die Rosen, weil sie mich an die alten Siedler erinnern, von dem Anblick gar nicht zu reden. Außerdem läßt das Platz für Blaubeeren.

Der vor mehr als hundert Jahren gepflanzte Rhabarber sprießt noch immer jedes Jahr neben den Granitquadern, die einmal das Fundament der Scheune gebildet haben. Dort fand ich auch, als ich zwischen den Spiersträuchern grub, um Blaubeerpflanzen zu setzen, die Überreste von Pflügen, Heuharken und Pferdegeschirren und eine eckige blaue Flasche mit der Aufschrift «Hall's» auf der einen und «Hair Renewer» auf der anderen Seite.

Was ist aus den Menschen geworden, die hier gewohnt haben? Ihre Namen stehen noch auf den Grabsteinen der winzigen Friedhöfe, die man hier und dort im Wald findet. Aber die Witterung beginnt sie schon zu tilgen. Von allem, was sie gebaut haben, sind nur noch Steinmäuerchen, eingefallene Brunnen und die Fundamente der Häuser und Nebengebäude sichtbare Erinnerungen.

Auf den Grabsteinen, die ich noch lesen kann, stehen nur Namen und Daten. Die Namen sind die gleichen wie die der hiesigen Topographie – Holman's Ridge, Gleason Mountain, Houghton Brook. Die Daten spiegeln eine traurige Tatsache:

Von 100 Grabsteinen, die ich im Umkreis gelesen habe, wurden 57 für Kinder unter 20 Jahren aufgestellt. Zwischen 20 und 30 Jahren blieb die Sterblichkeit immer noch hoch (13) und nahm dann ab auf vier bis sieben Sterbefälle pro Jahrzehnt, bis die Leute die Neunziger erreicht hatten. Die Jüngeren und die ganz Jungen starben am häufigsten. Die Alten, wenn sie erst einmal alt waren, ertrugen das Leben und vermißten ihre Kinder. Auf einem Stein für einen Siebenjährigen steht *«Our angel boy»* – «Unser Engel». Es gibt keine Hinweise auf den Grabsteinen, woran die Menschen gestorben sind, außer in einem Fall: «Albert M Son of Rodney and Melissa Stearns, a Member of Co G. 17th Regt. Maine Vols., Shot Near Petersburg Va. June 20, 1864.» Ein Freiwilliger des Bürgerkriegs, der in Virginia den Tod gefunden hat. Im übrigen nehme ich an, daß vor der Erfindung des Penicillins die gleichen Bakterien, die die amerikanischen Ureinwohner dahingerafft haben, auch von den neuen Siedlern ihren Tribut forderten.

Eben unterhalb meines Ausgucks in Richtung Westen liegt ein Steilhang aus Granit voller Höhlen. Darin leben jetzt Baumstachler; sie nagen die Rinde der Ahornbäume an.

Ein paar hundert Fuß unter mir verläuft eine Teerstraße. Ich kann sie von hier aus nicht sehen, höre aber die Holzlaster vorbeirumpeln. Jeder ist mit zwei Lagen Stämmen von 1,20 m Länge beladen; obendrauf ruht ein hydraulisches Hebewerk wie eine Riesenklaue.

Die Laster sind für die Papierfabriken von Jay und Livermore Falls bestimmt. Andere fahren an Mexico vorbei nach Rumford, auch nicht weit von hier. Übrigens liegen ganz in der Nähe Madrid, China, Norway, Peru, Sweden, Denmark, Hanover, Poland, Paris und Berlin. Die Flüsse der Region heißen Androscoggin, Kennebec und Penobscot, zu den Seen gehören Umbagog, Aziscohos, Mooselookmeguntic und Parmachenee.

Die Menschen, die hier wohnten, als die Weißen kamen, gehörten dem Abnaki-Stamm der Algonkin-Familie an. Die Abnaki lebten in Clans und wurden nach den Flußtälern eingeteilt und benannt. Die, die hier im Tal des Sandy River wohnten, gehörten wahrscheinlich zur Kennebec-Gruppe, denn der Sandy fließt in den Kennebec.

Als ich an der University of Maine in Orona zu studieren begann, wohnte ich eine Zeitlang in einem Wohnwagen in Old Town am Penobscot. Old Town ist die Heimat der Penobscot-Indianer; hier warb Thoreau seinen Führer Polis an, als er zum Mount Katahdin wollte. Bei einem Fußballspiel habe ich einmal ihren Häuptling gesehen, Chief Bruce Poolaw. Er trug die Häuptlingstracht der Prärie-Indianer. Poolaw ist ein Kiowa aus Oklahoma.

Nicht lange nach den Pilgervätern kamen sieben Brüder Adams von England herüber. Sechs von ihnen, darunter der Vorfahr des US-Präsidenten John Quincy Adams, siedelten in Massachusetts. Einer ließ sich in York, Maine, nieder. Er hatte einen Enkel namens Moses, geboren 1769 in Bowdoinham.

Moses heiratete 1788 Martha Kinner aus Gardiner. Sie hatten 13 Kinder, von denen die meisten Adams abstammen, die hier in den Telefonbüchern stehen, und viele, die den Namen nicht mehr tragen. Eins der 13 Kinder war Mary, die den Bruder ihres Vaters, Jebediah, heiratete und so den Namen Adams behielt. Ihr Sohn Jebediah II. wurde 1808 geboren und zeugte seinerseits Asa – den Adams, nach dem Adams Hill benannt wurde.

Asa kaufte die Farm auf dem Berg 1856 von Orin Perkins und heiratete Elmira Wilkins. Ihre Tochter Flora wurde 1858 hier geboren; sie heiratete Kendall York und verließ die Farm für mehrere Jahre.

Inzwischen war Adams Hill vorübergehend nicht mehr im Besitz der Familie Adams; Asa hatte die Farm an Frank Morse verkauft, und Frank Morse an Fred Levitt. Aber Floras Ehemann Kendall kaufte sie zurück, und von 1907 bis 1913 wohnten sie hier. Sie hatten neun Kinder.

Auf Adams Hill bauten Kendall und Flora Ben-Davis-Äpfel an, eine Sorte, die sich gut hält, und verschifften sie nach England. Die Äpfel lagerten sie im Keller auf Heu. Überreste der Obstplantage finden sich noch im Wald. Rote Bete, Weiße Rüben und Karotten wurden auch unbehandelt eingelagert, in Sand vergraben. Rhabarber und grüne Bohnen wurden eingekocht.

Kendall und Flora züchteten auch Schafe und Rinder. Sie hatten acht bis zehn Kühe; das galt hier damals als große Herde. Die Sahne der Milch wurde zweimal die Woche mit einem Fuhrwerk nach Weld gebracht, einem fünf Kilometer entfernten Dorf am Ufer des Webb Lake. Sie verkauften auch Eier, hatten aber kein Hühnerhaus. Die Hennen machten sich ihre Nester in der Scheune oder sonstwo, und man suchte Eier, wenn sie gebraucht wurden. Die Adams-Hill-Farm muß ähnlich der von Floyd und Leona Adams im nahen Dryden gewesen sein, wo ich einen ganzen Sommer lang wie im Paradies lebte, als ich zehn war.

Nach 1913, als Kendall und Flora fortgezogen waren, wohnte niemand mehr ständig hier. Sie hatten die Farm an ihren Sohn Richard verkauft, der aber nur im Sommer kam und nur bis 1926. Anfangs wurde noch Heu gemacht. Aber um 1930 brannten das Haus und die große Scheune ab, und es wurde kein Gras mehr geschnitten. Schafe weideten noch eine ganze Weile da, aber die Schwarzbären, die es hier auch jetzt noch viel gibt, hatten eine zu große Vorliebe für Hammel, deshalb wurden die Schafe durch kräftige und kampfbereite Hereford-Rinder ersetzt. Die Rinder wurden bis in die frühen vierziger Jahre im Frühjahr den steilen Berg hinauf- und im Herbst herabgetrieben. Zwanzig Jahre später war dies hervorragendes Weideland für Hirsche.

Die Wälder hier kommen mir immer noch belebt vor, weil die Adams, die hier wohnten, aus der gleichen Familie stammten wie die Adams, die ich seit meiner Kindheit kenne. Ich sehe die Menschen noch in den Resten ihrer Farm. Ich sehe die Jungen Kühe hüten, angeln gehen und den Mais hacken. Ich sehe Floyd, und ich sehe mich selbst.

Kendall und Flora und ihre Tochter Ethel, die Alton Adams heiratete (einen anderen Nachkommen von Martha und Moses), sind mehr als bloße Namen für mich, denn es war die

Farm ihres Sohnes Floyd, auf der ich so wunderbare Zeiten verbracht habe. Leona, seine Frau, besucht mich noch auf dem Berg, und mit ihrem Sohn Bill gehe ich angeln.

Die Verbindung geht sogar noch weiter. Die andere Tochter von Kendall und Flora, Marion, heiratete Ray Ellsworth aus Salem, Maine, und deren Tochter Edna Ellsworth heiratete Donald «Bucky» Buchanan. Der Sohn von Edna und Bucky, Bucky junior, arbeitet in dem Immobilienbüro, das mir 1977 das Land auf Adams Hill verkauft hat. Edna erinnert sich noch an das saure Holzapfelkompott, das ihre Großmutter kochte, und an den Rhabarber, der neben der Scheune wuchs. Er wächst jedes Frühjahr prächtig und liefert noch immer Kompott und Kuchenbelag. (Ich habe Leona und Edna, die beide in Kleinstädten in der Nähe wohnen, Ableger gebracht.)

Um 1958 bauten Edna und Bucky hier am Rand der Felsen eine kleine Hütte, die sie Kamp Kaflunk nannten. Damals waren die Felder noch offen. Edna erinnert sich, daß sie beim Blaubeerenpflücken auf den Webb Lake hinuntersehen konnte. Jetzt verstellen Bäume den Blick auf den See, und ich fälle zum Verkauf geeignete Kiefern, wo vor 35 Jahren auf offenem Gelände Blaubeeren wuchsen.

1917, als Edna vier Jahre alt war, wurde der Bach am Rande des Besitzes – da, wo heute der Fußweg von der Teerstraße abgeht – aufgestaut. In der bereits erwähnten Hildreth's Mill wurde die Wasserkraft zum Schneiden von Brettern zur Möbelherstellung genutzt. Die Mühlenarbeiter wohnten in einer Pension, die Ednas Mutter betrieb. Ednas Vater bediente die Säge, mit der Stämme zerlegt wurden, die man aus dem Mühlenteich fischte; sie waren auf dem Alder Stream von Adams Hill und anderen Bergen weiter oben herabgeflößt worden. Den Leuten zufolge, die ihn gekannt haben, war Ednas Vater «sehr gesetzestreu, außer wenn es ums Forellenfangen ging».

Die Kinder besuchten eine Zwergschule in einem Schuppen, der noch neben dem alten Mühlengelände steht. Die Lehrerin wohnte wie die Mühlenarbeiter in der Pension der

Gesellschaft. Das Schulhaus hat seit 1920 keine Kinder mehr gesehen, aber jedes Jahr zieht ein Phoebepaar seine vier oder fünf Jungen dort auf. Die Vögel kommen durch ein kaputtes Fenster herein und bauen ihr Nest aus Schlamm und Moos drinnen auf einem Türsturz. Auch von dem Damm sind noch Spuren zwischen den Erlenbüschen zu sehen. Die Weymouthskiefern, die im Keller der Pension gewachsen waren, wurden 1991 gefällt und zu Brettern verarbeitet.

Ich war zehn, als ich auf der Farm unserer Nachbarn, der Potters, kleine Aufgaben zu übernehmen begann, vor allem, die Kühe zu melken und täglich den Holzkasten zu füllen. Phil und Myrtle wurden meine besten Freunde. Sie arbeiteten beide in der Wollfabrik in der Stadt, und manchmal gingen wir zusammen auf Jagd oder zum Angeln. Myrtle buk außerdem köstliche Erdbeer-Rhabarber-Torten, und zum Abschluß der Highschool schenkte sie mir den blau-roten Pullover, den ich noch immer trage. Myrtle erzählte mir mal, ihre Vorfahren seien aus dem Dorf Norridgewock am Kennebec gekommen. Sie sagte auch einmal, ihre Vorfahren seien Indianer gewesen, aber ich wußte es natürlich besser.

Der große See am Fuße der Berge ist der Webb Lake. Noch immer ist die Farm an seinem Nordende, wo der See flach wird und in sumpfige Wiesen übergeht, im Besitz der Familie Webb. Oft treten im Juni Elche aus dem Wald, um einen Luftzug zu erhaschen und den Kriebelmücken zu entgehen.

Jenseits des Webb Lake sieht man einen kegelförmigen Berg, den Mount Blue, keine acht Kilometer entfernt. Mit gut 1000 m ist er der höchste Berg in dieser Gegend. Allerdings kann man an klaren Tagen bis nach New Hampshire und auf den wesentlich höheren Mount Washington und die Presidentials sehen, die auch zur Kette der White Mountains gehören.

Einen großen Teil dessen, was in diesen Wäldern existiert, kann ich von meiner Rotfichte aus nicht sehen. Das meiste Leben um uns herum bleibt unbemerkt. Wir sehen nur Bruchstücke, und auch die nur, wenn wir sehr genau und sehr lange hinschauen. Wir müssen diese anderen Bewohner des

Waldes kennen, wenn wir das Land verstehen wollen. Millionen Gerüche, die wir nicht wahrnehmen, werden durch die Luft getragen, jeder hat für irgendein Insekt besondere Bedeutung. Wenn ich diesen Baum im Sommer fälle, werden Hunderte von Käfern, ein halbes Dutzend Arten, das riechen. Gegen den Wind werden sie herbeifliegen und ihre Eier legen, aus denen bald Larven werden. Verschiedene Arten von Wespen werden kommen, um ihre Eier in die Käferlarven zu legen, und Spechte werden später beide fressen. Es gibt Tausende von Käfern mit wunderschöner Zeichnung, und niemand hier kennt all ihre Namen.

Die Vögel kennen wir besser, jedenfalls, was ihre Namen angeht. Ich habe im Lauf der Jahre zwanzig Arten von Waldsängern allein auf diesem Berg festgestellt. Jede Art hat ihr eigenes Lied, manchmal auch mehrere. Durch den Wald laufen und die Lieder nicht kennen, heißt, sie nicht hören. Nicht an ihre einmalig schönen und kunstvoll versteckten Nester denken heißt, den Wald leer erscheinen zu lassen. Die meisten von uns sind wie Schlafwandler, denn wir sehen nur wenig.

Unten im Tal gibt es einen Teich. Dort ziehen im Sommer Eistaucher ihre flaumigen dunklen Küken auf und fangen Forellen. Sie fliegen im Frühling vom offenen Atlantik herein, wo sie den Winter verbracht haben. Manchmal ist das Eis hier noch gar nicht geschmolzen. Dann suchen sie anderswo nach offenem Wasser und kommen später wieder. Ein Rabenpaar ist ebenfalls an dem Teich zu Hause. Es nistet seit vermutlich zwanzig Jahren in den Kiefern am Ufer und wird das vielleicht noch einmal doppelt so lange Zeit tun.

Der Indigofink, der auf der Lichtung bei meiner Hütte wohnt, verbringt den Winter in Mittelamerika. Die Tausende von Meilen legt er nachts zurück und richtet sich dabei nach den Sternen am Himmel. Er lernt die Sternkarte als Nestling kennen, während er noch in den kleinen Grasnapf in den Spierstrauchbüschen geschmiegt ist; er sieht denselben Himmel wie ich, damit er wieder heimfindet zu seinem Zuhause, das ich hier mit ihm teile.

Unten am Fuß des Weges habe ich einen Briefkasten, und die ländliche Zustellung bringt mir die Außenwelt bis dahin. Das ist weit genug. Die Zeitung kommt täglich und ist sehr erwünscht – ich brauche sie morgens zum Feuermachen. Um nichts verkommen zu lassen, lese ich sie gelegentlich sogar.

Ein Stück weiter die Straße entlang wohnen Ron und Syndi; sie haben Telefon. Sie haben außerdem eine Außentoilette. Ich wußte, daß ich meine beiden Kinder und meine Freunde vermissen würde und ihre Stimmen ab und zu hören möchte, deshalb fragte ich Ron: «Sag mal, kann ich mir Telefon in euer Klohäuschen legen lassen?»

«Nur zu», antwortete er.

Der Mann von der Telefongesellschaft konnte es nicht glauben. «Sie wollen... *Wohin* wollen Sie es gelegt haben?»

Ich schloß noch einen Anrufbeantworter für die einlaufenden Gespräche an. Jetzt habe ich meine private (doch, meistens) Telefonzelle.

Eine «Glotze» zum Eintreten habe ich nicht, aber ich stelle manchmal das Autoradio an, wenn ich nach Farmington fahre, um im Diner Kaffee zu trinken und mit Leuten zu plaudern. Sobald Werbung kommt, schalte ich automatisch ab.

Was die Nachrichten angeht, so kann ich da meistens sowieso nichts machen. Ich will auch dieses Jahr all meine Energie und all meine Zuwendung da konzentrieren, wo sie von Bedeutung sind, nämlich hier im Wald in Maine.

Jack fordert fast ständige Aufmerksamkeit. Ich muß mir ein Außenklo bauen. Dann habe ich vor, wilde Raben in einer Voliere zu beobachten und zu versorgen. Schließlich möchte ich ein Fundament unter meine Hütte legen, um sie winterfest zu machen. Holz muß geschlagen und der Garten bestellt werden. Ich will wieder regelmäßig laufen. Und das alles in Verbindung und im Einklang mit den Abläufen in der Natur, die ich in aller Ruhe genießen, an denen ich nicht, von der Herde mitgerissen, vorbeihetzen will.

Früher war ich Langstreckenläufer, und seit neuestem habe ich mein tägliches Joggen zum Briefkasten und zurück mit einem Spurt die Straße entlang zu verbinden begonnen. Ich laufe am See vorbei, um nach dem Eistaucherpaar zu sehen. Ich halte Ausschau nach der Rabenfamilie, die nahe am Ufer horstet. Ich sammle überfahrene Tiere für Jack ein oder pflücke eine Handvoll wilder Erdbeeren für mich selbst. Während ich Beeren oder einen toten Vogel oder ein Streifenhörnchen in der einen Hand halte, trage ich in der anderen meist eine Bierflasche oder -dose, die ich an der Straße gefunden habe. Ich weiß auch nicht, warum ich sie immer aufhebe. Vielleicht muß ich glänzende Dinge sammeln wie eine Krähe? Jedenfalls ist es eine erstklassige Übung für die wahre Unabhängigkeit, denn die Menschen, die vorbeikommen, sehen mich mit einer Bierdose in der Hand laufen, und ich weiß, was sie denken: daß ich unter Alkoholeinfluß stünde. Ich werde mir um ihre Ansichten keine Gedanken machen.

Die Monate Juni und Juli sind eine glückliche Zeit für mich. Viele meiner Tagebucheintragungen sind ganz kurz.
31. Mai – 2. Juni: Hab' mich in der Hütte eingerichtet. Mit Jack gespielt. Feuerholz gemacht. Viele weiße Blumen.
3.–4. Juni: Vogelstimmen notiert.
5.–6. Juni: Latrine zu graben begonnen. Strömender Regen.
7.–8. Juni: Kürbis und Feuerbohnen gesteckt. Blaubeersträucher gepflanzt. Graben für Hüttenfundament gezogen.
9.–17. Juni: An der Quelle Bäume und Gestrüpp gerodet für eventuellen Teich. Erste Glühwürmchen. Erste Goldaugenbremsen. Holz gesägt. Blaubeeren mit Sägemehl gemulcht. Steine für Fundamente herangeschleppt.
15. Juni: Raben beobachtet. In die Stadt gefahren. Weitere Blaubeeren sowie Spargel gesetzt.

16. Juni: An nördlicher Fundamentmauer gearbeitet. Wasser geholt. Ein bißchen geschrieben.
17.–18. Juni: Weg zum Badeloch freigeräumt. Weitere Steine für Westfundament geholt. Am Alder Stream geforscht. Große grüne Edellibellen (*Anax junius*) und kleinere dunkelgrünblaue Segellibellen (*Libellulidae*) dort aktiv (Stechmücken fangend?).
19. Juni: Stadttag. Bücherei, Diner, Kettensäge überholt. Holz gespalten. Zwei Friedhöfe angesehen. Geschwommen.
20.–21. Juni: Holz gespalten und gestapelt. Etwas weniger Kriebelmücken. Fundamentgräben fertig. Steine geholt und an Ort und Stelle gerollt und geruckelt – Rest der Nordwand gebaut. Völlig geschafft hinterher. Brauchte Schläfchen. Die meisten Waldblumen haben ausgeblüht. Wolkenbruch. Winzige Spinne hat über Nacht ganz wunderbares Netz über meinem Tisch gebaut. Hab' ihr zwei Mücken gebracht. Sie packte sie sofort in Seide und zog sie aus dem Netz. Wie gewöhnlich Saftleckerbaum beobachtet.
22.–23. Juni: Holz gemacht. Post erledigt.
24.–25. Juni: Viele Feld- und Wiesenblumen in Blüte, vor allem gelbes und orangenes Habichtskraut. Holz gemacht. Brot gebacken, Kanu-Aufhängung für Pick-up gebaut. Lange Exkursionen mit Jack.
26.–30. Juni: «Saftspecht»-Lecke am Austrocknen? Habichtskraut auf der Lichtung in voller Blüte. Erste Weidenröschen blühen.
1.–2. Juli: Holz gehackt. Förster der Papierfabrik getroffen. Geschrieben.
3. Juli: Zum Tanzen in Weld gewesen. Holz gehackt. Geschrieben.
4. Juli: Regen. In die Stadt, um Kettensäge zu reparieren. Phoebejunge schlüpfen.
5. Juli: An Latrine gegraben. Gezeichnet. Wanderungen mit Jack. Gelesen.
6. Juli: Gezeichnet. Stadt. Post.
7.–9. Juli: Ausflug an die Küste.
10.–13. Juli: Weidenröschen auf dem Höhepunkt ihrer Blü-

te. Junge Hummelköniginnen sind da. Über 200 Hummeln von vier Arten auf 150 Quadratfuß (14 m^2) mit Weidenröschen gezählt. Gestrüpp gerodet. Gelaufen. Gezeichnet.
14.–15. Juli: Keine Schwalbenschwänze mehr, Admiräle auch fast alle fort. Neun Meilen gelaufen.
16. Juli: Vogelstimmen notiert. Gestrüpp gerodet.
17.–18. Juli: Gestrüpp gerodet. Hummeln ziehen sich über Nacht in Weidenröschenblüten zurück. Überwiegend Drohnen, aber auch ein paar Arbeiterinnen. Gelaufen. Überfahrene Tiere jetzt Cybele-Perlmutterfalter, Hummeln, Grasnattern und Bodenvögel (meist Drosseln und Weidengelbkehlchen).
19.–21. Juli: Klohäuschen fertig! Gelesen.
22. Juli: Früchte des Kanadischen Hartriegels sind reif. Sehe immer noch Glühwürmchen. Erste Grille gehört. Eschen- und Zuckerahornsamen sehen reif aus. Mit den Raben in der Voliere gearbeitet.
23.–24. Juli: Große Mengen von Virginiawidderchen fliegen herum und holen Nahrung aus den Spierstrauchbüschen.
25.–29. Juli: Mit den Raben gearbeitet. Gelaufen.
30. Juli: Sehe ersten violetten Schimmer im Rotahorn. Mit Si Balch, dem Förster der Boise-Cascade-Company, über Holzeinschlag gesprochen. Blaubeeren und Himbeeren sind reif. Zerfetzten Mondspinner gefunden. Nest einer Einsiedlerdrossel mit Eiern – muß zweites oder drittes Gelege sein.

ABFALLHOLZ

In den Wäldern von Maine hört man in der Morgendämmerung neben dem Gesang der Vögel vielfach Kettensägen – darunter meine. Ich muß früh anfangen, solange es noch kühl ist, weil die Kriebelmücken Wärme lieben. Wenn sie kommen, kommen sie zu Hunderttausenden, und nicht das kleinste Fleckchen Haut bleibt ungestochen. Sie schweben in so dicken grauen Wolken um dich herum, daß du dich manchmal scheust, tief einzuatmen. Aber eine qualmende Kettensäge, die mit soundsoviel Dezibel kreischt, hält sie ein bißchen in Schach. Ich befreie die Ecke mit den Zuckerahornbäumen von «Unkraut», indem ich Rotahornbäume umlege; im Winter brauche ich Holz, und das muß vorher ein paar Monate trocknen können.

Die Luft ist feucht. Tatsächlich ist sie um diese Tageszeit zu hundert Prozent wassergesättigt – der glitzernde Tau auf dem Gras bestätigt das. Wenn die Temperatur steigt, nimmt die Luft mehr Feuchtigkeit auf und der Tau verdunstet. Nach einer Stunde des Sägens, Abästens und Stämmeschleppens bin ich in Schweiß gebadet. Die Menge der Absonderungen zieht weitere Kriebelmücken an, und sie stürzen sich auf mich, sobald ich die Säge abschalte und nach der Axt greife. Ich habe mich damit abgefunden: es gehört dazu. Diese winzigen Wesen halten schließlich Maine grün, indem sie die Menschen fernhalten.

Nachdem ich meine täglichen Pflichten erledigt und meinen morgendlichen Kampf mit den Kriebelmücken bis zur Toleranzgrenze (die sich nur langsam erhöht) bestanden habe, mache ich Schluß und nehme eine Dusche: unter einem aufgehängten Eimer mit in den Boden genagelten Löchern.

Erfrischt ziehe ich mich dann zu einem zweiten Becher Kaffee in die Hütte zurück. Jetzt kann ich die Fenster aufmachen und die Sonne hereinlassen. Wenn ich nachts die Fenster offenließe, würden die Moskitos hereinkommen und mich plagen, aber die Kriebelmücken, die mir bei Tag draußen wie eine Wolke folgen, fliegen aus irgendeinem Grunde sofort zum Fenster und versuchen ins Freie zu entkommen.

Mein altes Außenklo steht gefährlich kurz vor dem Überlaufen. Es müßte geleert werden, aber ich möchte die Grube noch etwa ein Jahr stehenlassen und dann damit meine Zuckerahornbäume düngen. Die einzige Lösung: ich muß ein neues Klohäuschen bauen.

Hier im Wald eine Grube auszuheben, ist sehr mühsam. Ich dachte, wenn ich erst einmal die oberen mit Wurzelwerk durchwachsenen Lagen mit Spaten und Axt durchstoßen hätte, würde es leichter werden. Aber nein – weiter unten ist der Boden eine fast undurchdringliche Masse aus Lehm und Steinen. Vermutlich sind sie noch vom Gewicht der riesigen Gletscher zusammengepreßt worden, die das Land bis vor 10000 Jahren überzogen. Mit einer Spitzhacke arbeite ich mich täglich ein paar Zentimeter tiefer vor. Jetzt verstehe ich, warum in der guten alten Zeit die Zweisitzerklos hier so verbreitet waren. Man braucht zusätzlich Platz, in dem man stehen und arbeiten kann, deshalb entsteht von selbst eher ein Stück Graben als eine Grube. Und nach all der Arbeit willst du natürlich nichts davon verschwenden. Hiermit verglichen wird es ein Klacks sein, über der Grube das Häuschen zu errichten.

Auf einem handgemalten Schild an der Fernstraße Nr. 4 kurz vor der kleinen Stadt Jay steht: «Thick 'n Thin Lumber – Apfelkisten, Rodelschlitten.» Auf einem zweiten, in den Boden gerammten Schild steht: «Perot – 92 ganz neu.» Es ist Montagmorgen; das Drahtseil über dem Weg zum Holzhof hinunter liegt am Boden. Ich fahre darüber und das zu beiden Seiten mit Pappeln und Weiden bestandene Sträßchen hinab und erreiche den großen freien Platz an einem flachen Tümpel, in dem Ochsenfrösche quaken.

Auf dem Hof ist es still. Eine alte Schäferhündin beäugt mich, während sie an der langen Leine auf und ab läuft, die neben dem Sägemehlhaufen an dem verwitterten grauen Sägeschuppen befestigt ist. Sie bellt nicht. Die Ochsenfrösche kroaxen weiter wie langsame Metronome.

Auf dem Hof liegen keine säuberlichen Stapel von Nutzholz. Zwischen niedrigen Büschen in der Nähe des Teiches sehe ich dafür eine Ansammlung von Weymouthskiefernstämmen, einen halben bis über einen Meter dick. Ich frage mich, wie die jemals auf die Sägebühne im alten Schuppen gehievt werden sollen. Am Ende des Schuppens liegt ein Haufen Abfallholz, Endbretter von Kiefern und Schierlingstannen, an denen noch die Rinde hängt. Das wäre genau das richtige für ein Klohäuschen. Gegenüber steht ein langes flaches Gebäude; auf einer Schindel über der Tür steht handgeschrieben «Büro». Dort finde ich an diesem Morgen Parker Kinney.

Parker – Besitzer und einziger Betreiber von Thick 'n Thin – ist Anfang Sechzig und stabil gebaut. Sein graues Haar ist kurz geschnitten, und er trägt immer entweder eine blaue Mütze mit «Maine» darauf oder eine rote mit «Jonsereds» (einer Kettensägenmarke) darauf. Er hat sein ganzes Leben in North Jay verbracht, erst als Holzarbeiter, dann in der «Mühle» der International Paper Company.

Parkers Büro ist nebenbei Werkstatt: ich sehe Apfelkisten in allen Stadien der Fertigung, einen Schlitten, neue Vogelhäuschen, eine Schablone zum Biegen der Latten für die Herstellung von hölzernen Kanus und eine andere Schablone für die Herstellung von Schneeschuhen. An den Wänden hängen kleine Ölbilder dieser Landschaft, die Parker in der letzten Zeit gemalt hat. In der Ecke steht ein großer Ofen mit Holzbänken rundherum und einer kleinen Bibliothek mit Büchern über den Kennedy-Mord.

Vor sechs Jahren war ich das letztemal hier; damals hatte Parker die Dielen für den Fußboden und die Bretter für das Dach meiner Hütte gesägt. Als er jetzt von seiner Arbeit aufschaut – er nagelt eine Apfelkiste zusammen –, huscht ein Schein des Wiedererkennens über sein Gesicht.

«Sie erinnern sich an mich?» frage ich.

«Klar. Wie geht's Ihrer hübschen Frau?»

«Sie konnte mich nicht ertragen. Oder den Wald. Vielleicht beide. Sie ist fort, aber es geht ihr gut.»

«Unterrichten Sie noch am College?»

«Bisher ja. Im Augenblick will ich ein Klohäuschen bauen. Ich möchte gern Abfallholz von Ihnen kaufen.»

Wir gehen hinaus, und er zeigt mir den Haufen Außenbretter. «Das ist genau das Richtige», sage ich.

«Dann fahren Sie Ihren Pick-up näher heran.»

Auf dem Weg zum Büro ziehe ich meine Kettensäge aus dem Wagen und frage Parker, ob er wüßte, weshalb die Kette festsitzt und sich nicht mehr bewegt. Ich erzähle ihm, daß die Kette an dem Morgen aus der Führung gesprungen ist, und als ich sie wieder aufsetzte, klemmte sie.

«In so einem Fall hat gewöhnlich einer der Antriebszähne eine Macke. Meistens schleift sich das ab, wenn es einem gelingt, sie ein paarmal rundlaufen zu lassen.»

Er zerrt die Kette mit Gewalt ein Stück vor, dann packt er die Säge mit der einen Hand und wirft sie mit der anderen an. Er legt den Hebel um – und siehe da, die Kette läuft, zögernd zunächst, dann schnurrend wie eine Katze.

«Was bin ich Ihnen schuldig ?»

«Nichts. Ich hab' ja nichts gemacht... Es war nur eine Frage der Erfahrung.»

Es mag «nur eine Frage der Erfahrung» für ihn sein, aber mir spart das einen halben Tag, vielleicht sogar die Kosten für eine neue Kette. Ich würde ihm gern 20 Dollar dafür bezahlen und das für eine bescheidene Entschädigung ansehen. Erfahrung bekommt man in Maine nicht umsonst. Parker hat seine aus den Jahren des Arbeitens im Wald. Er weiß alles, was man über Kettensägen wissen kann. Ich würde ihn für vergangene Arbeit bezahlen, vielleicht auch für vergangene Schmerzen (er hat eine böse Narbe auf dem Handrücken).

«Verdammt, Parker, nehmen Sie wenigstens 10 Dollar, sonst fühle ich mich schuldig.»

«Wofür?»

«Fünfzig Cent fürs Tun. Neun fünfzig fürs ‹Gewußt wo›.»

Wir gehen wieder ins Büro und setzen uns an den Ofen.

Parker öffnet die Klappe und wirft ein neues Kiefernscheit hinein. Ein Rauchwölkchen kommt heraus. «Da ist heißes Wasser. Da Kaffee und Zucker. Bedienen Sie sich.»

Wir haben Anfang Juni, aber morgens ist es noch kühl. Das brennende Holz nimmt der Morgenkälte die Spitze und macht unser Kaffeewasser heiß. Wir unterhalten uns über das Holzgewerbe und über die neuesten Possen am Mount Blue, in dem Wald, der sozusagen in meinem Rücken liegt.

Um gegen die geplante Abholzung von 11 600 Cords (etwa 42 000 Festmeter) Holz zu protestieren, soll Earth First angeblich Maschinen sabotiert und Bäume vernagelt haben. Der vorgesehene Einschlag ist vor 26 Jahren zwischen Beauftragten des Bundesstaates Maine und Timberlands, einer großen holzverarbeitenden Gesellschaft, ausgehandelt worden. Es geht um ein Ufergelände am Webb Lake. Was alle aufbringt, ist die «Kriegserklärung» mit dem Vernageln der Bäume, einer bösartigen Attacke, die alle anderen Überlegungen in der Kontroverse verdunkelt und überlagert.

«Nach meiner Ansicht», sagt Parker, «sind das Mörder! Haben Sie je eine von diesen riesigen Sägen auseinanderfliegen sehen? Da sausen einem die Eisenstücke um die Ohren wie Granatsplitter. Ich hab' gesehen, wie ein Mann dabei getötet wurde. Wäre fast selbst umgekommen – ein Stück flog nur Zentimeter an meinem Gesicht vorbei.»

Hier in Maine ist Leben ohne Holz und Wald kaum vorstellbar. Wir verbrennen Holz, um zu heizen. Manche verdienen sich mit dem Bäumefällen ihren Lebensunterhalt. Andere tun es, indem sie Papier herstellen oder Rodelschlitten, Schneeschuhe, Apfelkisten oder Kanus bauen. Bäume liefern alles. Bäume sind unser Lebenssaft, auf mehr als eine Weise. Und das ist das Problem. Wald und Holz haben sehr unterschiedlichen Nutzwert.

Anfang Juni ist die Zeit der Vogelkonzerte; am 3. Juni um genau 20.20 Uhr höre ich den Gesang der Einsiedlerdrosseln und beschließe, genauer hinzuhören. Um 20.17 war Sonnenuntergang. Um 20.25 ist es ziemlich dämmrig, und die Einsiedlerdrosseln kommen in Fahrt. Aber ich höre noch mehr: Walddrossel, Rosenbrustkernknacker, Purpurgimpel, Streifenkauz und drei Waldsänger (Weidengelbkehlchen, Gelbscheitel- und Kletterwaldsänger). Die Hummeln sind trotz der Dunkelheit immer noch in den Blüten der Würgkirschen tätig. Ein Paar Feuerkopfsaftlecker umkreist eine Birke neben der Hütte, um Saft zu sammeln und vielleicht Insekten, die vom Saft angezogen worden sind. Wespen, Kolibris, Motten und Tagfalter ernähren sich auch davon. Ich habe übrigens den Stamm eines Rotahorns mit einem Meißel angebohrt, aber es ist kein Saft gekommen. Wie ein Specht war ich nur durch die Rinde gestoßen und hatte Stücke davon abgeschlagen. Der Saftlecker, der fast nie Ahornbäume anzapft, versuchte jetzt seltsamerweise, direkt über meinen frischen Meißelspuren Löcher zu picken, als glaubte er, jemand anderes wüßte mehr als er.

Um 20.28 Uhr, drei Minuten später, trauen sich die ersten Stechmücken auf die Lichtung. Es ist ein sonniger Tag gewesen, aber obwohl unvorstellbare Mengen von ihnen im Schatten des Waldes warteten, wo keine Großlibellen fliegen, war bisher keine ins Freie gekommen. Erst als die Libellen fort sind, erscheinen sie. Kriebelmücken sind übrigens noch da.

20.30 Uhr: Jetzt kommen die Stechmücken in ganzen Wolken heraus, und ihr Sirren übertönt fast den Gesang der Vögel.

20.35 Uhr: Es ist dunkel, aber ich höre Einsiedlerdrosseln, Hemlockwaldsänger und ein Weidengelbkehlchen singen. Der Pieperwaldsänger oder Ofenvogel, der den größten Teil des Tages auf dem Erdboden verbringt und sein eintöniges «Tihtsch-er, tihtsch-er» flötet, fliegt jetzt eigenartigerweise

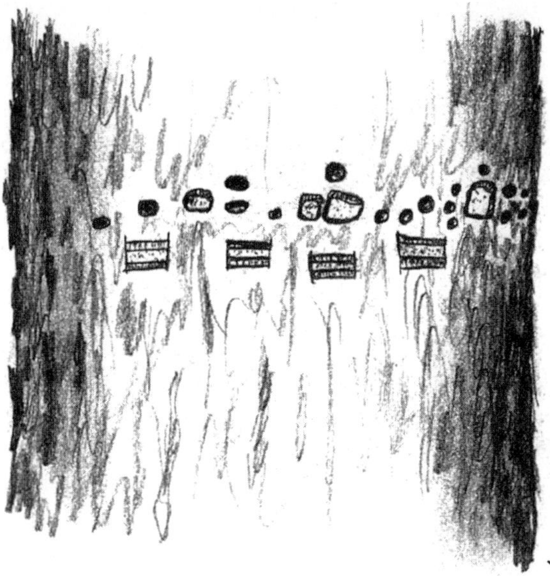

Die 23 Löcher des Feuerkopf-Saftleckers

hoch über den Wipfeln der Bäume und singt eine melodiöse, abwechslungsreiche Strophe, bevor er wieder herabstößt in die Dunkelheit des Waldbodens. Ich habe ihn an bedeckten Abenden sogar noch kurz vor Mitternacht mit einer veränderten Fassung seines Liedes gehört. Dieser benimmt sich ziemlich abartig, wenn er so unheimlich durch die Nacht singt; vermutlich steckt aber eine geheimnisvolle evolutionäre Logik dahinter.

20.40 Uhr: Die Kriebelmücken sind jetzt fort. Ich höre nur das hohe Sirren von Hunderten von Stechmücken um mich herum, und die leise, klare Melodie einer Einsiedlerdrossel in der Ferne.

Nachdem ich den Abendchor gehört habe, will ich auch den in der Morgendämmerung hören. Und zwar jetzt, denn in einer oder zwei Wochen wird das Spektrum von Vogelsang nicht nur anders sein, sondern auch schon wieder abnehmen. Einer Tabelle entnehme ich, daß um 3.57 Uhr (östlicher Normalzeit) Sonnenaufgang ist. (Man muß eine Stunde hinzuzählen, um die Sommerzeit zu errechnen, auf die meine Uhr eingestellt ist.) Ich will mindestens eine Stunde vor Sonnenaufgang auf sein, also stelle ich mir den Wecker auf 3.50 Uhr.

3.53 Uhr: Es herrscht noch nächtliche Finsternis, aber am östlichen Horizont sieht man ein schwaches Leuchten. Irgendwo über mir zirpt eine Sumpfschwalbe ohne Unterlaß.

4.03 Uhr: In dem leicht aufgehellten Himmel sind die Sterne noch sichtbar; auf dem Gras sehe ich Tautropfen. Die Sumpfschwalbe hat ihr Zirpen nicht geändert. Ich kann nicht feststellen, wo sie ist, aber ich habe den Eindruck, daß sie ständig hoch oben unter dem Himmel fliegt. Vielleicht ist sie früh gestartet, und es ist noch zu dunkel, als daß sie einen Platz zum Landen finden könnte? Ich höre auch den ersten Morgenruf des Pieperwaldsängers. Es ist ein unheimlicher und hastiger Ruf, als schliefe der Vogel noch halb. Die Luft ist kühl (15 °C). Es gibt im Augenblick weder Stech- noch Kriebelmücken. Trotzdem piekt und brennt es auf meiner Kopfhaut und auf den Armen und den Handrücken, und als ich mich mit der Taschenlampe anleuchte, wimmelt es auf meiner Haut von winzigen schwarzen Pünktchen. Es sind Bartmücken, noch eine von den vielen Arten stechender Insekten, die dafür sorgen, daß Maine Maine bleibt.

4.09 Uhr: Eine Stockente fliegt in einiger Entfernung vorüber und ruft. Es ist immer noch dunkel. Unten im Sumpf schreit ein Streifenkauz. Die Einsiedlerdrossel beginnt mit ihrer getragenen und so vertrauten Flötenmelodie.

4.14 Uhr: Der Pieperwaldsänger singt ein langatmiges, noch immer nicht «normales» Lied, und die Einsiedlerdrossel flötet weiter ununterbrochen. Ich kann jetzt die Sumpfschwalbe sehen. Sie fliegt tatsächlich über der Lichtung, wie ich es vermutet hatte, und ruft immer noch unheimlich und monoton. Aber fünf Minuten machen doch einen gewaltigen Unterschied, zwischendurch höre ich jetzt die ersten Spätaufsteher: Purpurgimpel, Rosenbrustkernknacker, Weißkehlammer und Weidengelbkehlchen.

4.25 Uhr: Es sind immer noch 32 Minuten bis zum eigentlichen Sonnenaufgang, aber ich brauche keine Taschenlampe mehr zum Schreiben. Stürmisch und mit zunehmender Lautstärke bricht jetzt der Vogelgesang überall los. Ich versuche die einzelnen Arten herauszuhören, aber das ist schwierig. Alle vorigen singen, und dazu kommen Phoebe (Haustyrann), Schwarzkopfmeise, Winterammer und Rubinfleckwaldsänger.

4.35 Uhr: Lachsroter Himmel. Vor ein paar Wochen hätte es um diese Zeit die großartige Morgenvorstellung der Waldschnepfe, aber sonst keine Vögel gegeben. Jetzt ist die Überschwenglichkeit der verschiedenen Sänger fast ohrenbetäubend. Ich frage mich, wie lange in den Tag hinein die Vögel das durchhalten werden. Werden sie in zwei Stunden, wenn die meisten anderen Leute aufstehen, noch so aus voller Kehle singen?

4.50–4.55 Uhr: Die Lautstärke nimmt bereits ab, und ich lausche und schreibe in Fünf-Minuten-Intervallen auf, was ich höre. Wahrscheinlich ist es immer noch zu dunkel zum Futtersuchen. Aber bestimmt werden sie ihre Lieder bald unterbrechen, um zu fressen. Ich höre weiterhin die Schwalbe (die immer noch fliegt und so verrückt ruft), die Weißkehlammer, den Gelbscheitelwaldsänger, den Pieperwaldsänger, Rubinfleckwaldsänger und das Weidengelbkehlchen. Neu außerdem: Rabe, Kanadakleiber, Saftlecker (trommelnd). Winterammer und Einsiedlerdrossel haben aufgehört.

5.05 Uhr: Es ist hell. Ein einsamer Vireo beginnt.

5.07–5.12 Uhr: Die Lautstärke ist beträchtlich reduziert, denn es singen nur noch vier oder fünf Vögel gleichzeitig. Der Pieperwaldsänger gibt jetzt sein gewöhnliches und vertrautes «Tihtsch-er, tihtsch-er» von sich. Ein paar Gelbscheitelwaldsänger flöten aus voller Kehle aus den Himbeersträuchern an der Hütte. Der Rotaugenvireo zwitschert aus den Ahornbäumen beim Klohäuschen (und wird das den ganzen Tag tun, mit kaum einer Unterbrechung). Ein Blauhäher schreit kurz.

5.3 –5.35 Uhr: Die Sonne steht ungefähr fünf Grad hoch. Die Bartmücken sind fort. Für die Stechmücken ist es noch zu kühl, und für die Kriebelmücken zu früh. Der Vogelgesang ist verstummt, selbst die Schwalbe hält sich nun zurück. Ich höre noch Rosenbrustkernknacker, Saftlecker, Schwarzkopfmeise, Rotaugenvireo und mehrere Waldsänger (Pieperwaldsänger, Rubinfleck- und Gelbscheitelwaldsänger).

6.15–6.20 Uhr: Die ersten Kettensägen kreischen, und die ersten Kriebelmücken tauchen auf. Ich höre die gleichen Vögel wie vor einer halben Stunde, außerdem haben Kronwaldsänger, Einsiedlerdrossel und Winterammer den Gesang nach einer Pause wieder aufgenommen. Sind das jetzt ihre Nach-Frühstücks-Lieder? Ich gehe selbst frühstücken und mache ein kurzes Schläfchen.

8.00–8.05 Uhr: Die Sonne brennt. Die Stechmücken haben das Feld bereits verlassen, und die Kriebelmücken haben übernommen. Sie stehen in Wolken über der Lichtung. Es sind neue Vögel zu hören: ein Zaunkönig, Goldzeisige im Vorüberfliegen und drei weitere Waldsänger (Hemlock-, Kanada- und Kletterwaldsänger). Andere singen weiter: Rotaugenvireo, Kronwaldsänger, Gelbkehl- und Rubinfleckwaldsänger, Sumpfschwalbe, Pieperwaldsänger, Rosenbrustkernknacker, Phoebes (kein Lied, nur Kontaktrufe, während sie ihre Jungen über mir füttern, denn ich sitze auf den Stufen zur Tür).

9.40–9.45 Uhr: Das Konzert ist zu Ende. Ab und zu höre ich noch ein Gelbkehlchen, einen Gelbkehlwaldsänger, eine Schwalbe und einen Rotaugenvireo. Ein Rubinkehlkolibri fliegt vorbei. Kurz höre ich das Lied des Indigofinken.

15.07–15.12 Uhr: Der Himmel hat sich bezogen. Man hört: Einsiedlerdrossel, Rubinfleck- und Gelbkehlwaldsänger, Rotaugenvireo, Raben.

Während der nächsten Tage goß es, aber ich fuhr trotz des Regens fort, Feuerholz zu machen und das Klohäuschen zu bauen. Es ist angenehm, bei Regen zu arbeiten, denn der hält die Stech- und Kriebelmücken in Schach. Außerdem mag ich es, wenn der Donner rollt und nachts die Blitze zucken, wenn ich warm und trocken unter meinem Dach liege, auf das der Regen trommelt, der mich nicht erreicht.

Am 7. Juni hatte es die ganze Nacht geregnet, und als ich aufwachte, war der Morgen warm und dunstig. Der Indigofink sang unermüdlich von 6 Uhr morgens bis gegen Mittag. Eine Scharlachtangare kam vorbei (und wurde den ganzen Sommer nicht wieder gesehen oder gehört). Einen halben Kilometer entfernt im Wald singen ein Meisenwaldsänger und ein Fichtenwaldsänger alle Tage vom Morgen bis zum Abend.

Gegen zehn Uhr kam ein Rotkehlhüttensängermännchen und sang seinen weichen trillernden Gesang, nachdem es den Nistkasten inspiziert hatte, den ich neben der Grillgrube angebracht habe. Mindestens zehn Minuten saß er auf einem Baumstumpf und sang und sah sich um. Dann flog er fort. Erst im folgenden Frühling sah ich wieder Hüttensänger, aber auch nur kurz, als ein Pärchen vorbeiflog.

Als ich am 16. Juli, auf dem Höhepunkt des Sommers, die ganztägige Aufnahme des Vogelgesangs wiederholte, waren die Geräusche vergleichsweise gedämpft, denn es waren Partner gefunden und territoriale Ansprüche erhoben und geklärt worden. Inzwischen hatte sich die Vogelpopulation wahrscheinlich verdreifacht; die meisten Vögel hatten ihre erste Brut von vier bis fünf Jungen großgezogen und begannen mit der zweiten Brut. (Die Jungen singen nicht.)

DER FRÜHLING DRÄNGT

Die Sonne schien, und neben unserem gemeinsamen Heim, der Hütte, sangen Phoebe und Wanderdrossel; fast übertönten sie alle anderen Vögel. Ich trank Kaffee und aß Haferbrei. Dann ging ich den Berg hinunter zum Alder Stream, um ein paar Süßwassermuscheln für Jack zu holen. Auf dem Rückweg scheuchte ich eine Einsiedlerdrossel von ihren drei blaßblauen Eiern in einem mit Kiefernnadeln gefütterten

Nest unter einer nur fußhohen jungen Balsamtanne, die am Ende der Zweige neue Triebe mit erbsengrünen Nadeln trug.

Anfang Juni ist eine ganze Wolke von Tigerschwalbenschwänzen aufgetaucht und segelt jetzt in der warmen Brise über dem Gestrüpp auf der Lichtung. Rotaugenvireos singen getragene Lieder im schattigen Zuckerahornhain, aber hinter der Fassade von Sorglosigkeit aller Lebewesen um mich herum regt sich ungestümes Drängen; das ist die evolutionäre Logik, die den meisten von uns und ihnen allen verborgen ist. Für sie herrscht, was Abbey «die Ewigkeit des Augenblicks» genannt hat, denn die Zukunft – der nächste Winter – kommt bestimmt, und nur zu früh.

Weidenröschen und Goldrute sind schon mehr als 30 cm hoch, und als ich mit Messungen beginne, sehe ich, daß sie täglich 12 mm wachsen, dem Gras immer nur knapp voraus in dem unerbittlichen Kampf um ein Dasein im Sonnenlicht. Im Gras leben bereits Heuschreckenlarven und kleine grüne, leuchtend lila beflügelte Zwergzikaden, die Pflanzensaft saugen und unberechenbar hin und her hüpfen.

Auf den Waldboden dringt schon kein direktes Sonnenlicht mehr; die Blätter der Bäume fangen jetzt die Sonnenenergie ab und verwandeln sie in ein phänomenales Wachstum. Ich brauche kein Zentimetermaß, um das zu sehen, trotzdem habe ich ein paar Tage lang jeden Morgen und jeden Abend ein paar bestimmte Baumtriebe nahe der Hütte gemessen. Bei Zuckerahorn und Weißesche sind die jungen Triebe schon mehr als 60 Zentimeter gewachsen, und manche wachsen noch immer eineinhalb beziehungsweise zweieinhalb cm täglich. Wenn sie so weitermachten, würden sie mit weiteren zwei Sommermonaten unglaubliche Größen erreichen. (Ich habe einmal einen Eschentrieb gemessen, der aus einem abgeschnittenen jungen Baum wuchs und in einer einzigen Saison drei Meter hoch schoß.) Aber meistens wachsen die Triebe nur noch kurze Zeit und hören dann plötzlich auf.

Die Frühlingsblumen, die vor zwei oder drei Wochen den Waldboden schmückten, wachsen nicht weiter, nachdem sie vom Sonnenlicht abgeschnitten sind. Der spätblühende Kanadische Hartriegel unternimmt einen letzten Versuch, noch ein paar Sonnenstrahlen zu erwischen, und setzt seine Blüten sogar als Organe der Photosynthese ein. Dieses Hartriegelgewächs, dessen Bäume weiter im Süden so berühmt sind, kriecht hier eben unter der Erdoberfläche entlang. Im Frühjahr schickt es kurze Triebe nach oben, jeweils mit einer Rosette aus sechs Blättern mit einer Blüte von vier Blütenblättern darüber. Um eine Blüte und später die rote Frucht auszubilden, braucht die Pflanze Energie, und alle Individuen, die im tiefen Schatten wachsen, entwickeln keine Blüten. Die am Rande des Schattens wachsenden haben grünliche Blätter, während die, die mehr Licht bekommen, leuchtend weiß sind. Bei den Pflanzen erfolgt die Fortpflanzung in der Regel ohne Hilfe von außen. In harten Zeiten unterbleibt sie, oder Fortpflanzungsorgane wie die Blütenblätter werden zur Photosynthese eingesetzt.

Ich fragte mich, wie die Pflanze mit ihren Ressourcen umgeht. Würden in tieferem Schatten grünliche Blüten noch grüner werden und weiße Blüten grünlich werden? Um das herauszufinden, markierte ich ein paar grüne Blüten und bedeckte ein paar weiße mit schwarzen Plastiktüten. Entgegen meiner Vermutung wurden innerhalb von vier Tagen die weißen Blüten nicht grün, aber die grünen Blüten waren weiß geworden. Offenbar haben nur die jungen Blütenblätter die Fähigkeit, sich wie Blätter zu verhalten. (Im folgenden Frühling beobachtete ich alle Blüten von Anfang an und stellte fest, daß sie alle grün anfangen und dann weiß werden. Die, die in der Sonne stehen, durchlaufen die Blütezeit schneller.)

Im tiefen Schatten der Weymouthskiefern haben die Schößlinge der Blaubeeren zu kämpfen. Sie haben nie Blüten. Aber Schattenblümchen (*Maianthemum*) blühen und gedeihen. Diese zweiblättrigen schattenliebenden Pflanzen bilden ganze Teppiche aus, die jetzt mit ihren weißen Blütenspitzen gesprenkelt sind. «Schattenliebend» ist übrigens eine irreführende Bezeichnung. Wenn es viel Licht gäbe, würden diese Schattenpflanzen verdrängt werden. Sie existieren hier, weil die Bedingungen für die meisten Blütenpflanzen *nicht* ideal sind, und begnügen sich einfach mit weniger als ihre Konkurrenz.

Der Boden ist bedeckt von einem Liliputwald – aus Bäumen! Zum Bach unten hin gibt es auf dem kahlen, schattigen Boden unter den ausgewachsenen Tannen, von deren Zapfen sich im vergangenen Winter Horden von Purpurgimpeln, Fichtenzeisigen und Abendkernbeißern ernährt haben, eine samtene, fast moosartige Decke von frischen, zolllangen Balsamtannensämlingen. Sie stehen ganz dicht, vier bis fünf auf 2,5 cm im Quadrat. Hier oben bei mir im Kiefernwald wächst auf jeweils 15 Quadratzentimeter ein Bäumchen. Auch hier entwickelt sich ein Teppich von Balsamtännchen, die fünf, sechs, sieben Zentimeter hoch sind, und von ähnlich kleinen Rotahornsämlingen. In solchem Schatten und bei solcher Konkurrenz kann im Schnitt nur einer von soundsoviel Tausenden von Bäumchen eine nennenswerte Größe erlangen. Auch jetzt kreiseln in der sanften Brise violette Rotahornsamen zu Boden wie schnell wirbelnde Hubschrauberrotoren und bedecken dann den Boden.

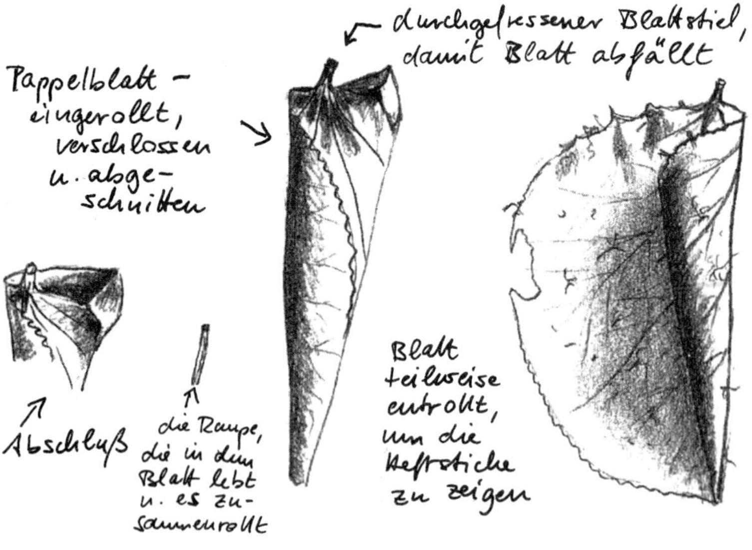

All die Sämlinge und Samen warten. Jahrelang wachsen sie kaum. Wenn aber einmal ein Baum fällt und eine Lichtung geschaffen ist, beginnt der Wettlauf nach dem Licht. Wenn die Nadelbäume gewinnen, verschatten sie den Boden permanent, und nur Moose können sich halten. Unter immergrünen Bäumen ist das Dach das ganze Jahr hindurch geschlossen. Wo sich Laubbäume durchsetzen, gibt es zunächst Futter für die Hasen, dann für Hirsche und schließlich Elche. Eine reiche und vielfältige Flora und Fauna kann sich entwickeln, weil die Sonne den Waldboden immer noch einen ganzen Monat lang erreichen kann, bis Anfang Juni die Blätter ihn abschirmen. Dennoch müssen sich in den Laubwäldern die Kräuter mit ihrer Blüte beeilen, bevor sich das Dach schließt.

Auch die Tiere müssen sich hier an enge Zeitpläne halten. Im April haben sich in den Teichen die Waldfrösche versammelt. Innerhalb von nur drei Tagen haben sie gerufen, sich gepaart, die Eier abgelegt und sich dann wieder weit im Wald verteilt. Sie sind jetzt still, fangen Beute und sammeln Energie, um den nächsten Winter zu überleben, den sie in einer Kältestarre unter dem Teppich von alten Blättern verbringen.

Jede Ritze und jede Spalte ist voller Leben, und neue Winkel werden geschaffen. Während ich fleißig an meinem Klohäuschen baue, das vermutlich eine Heimat für Spinnen und holzbohrende Käferlarven werden wird, bauen sich andere Insekten ihre eigenen Unterkünfte und Behausungen selbst in aller Einfachheit und Schönheit. An einem Weidenbaum ist an Hunderten von Blättern eine Ecke tütenförmig umgebogen und mit Seide befestigt – das Werk einer kleinen Raupe und ihr Versteck. Sie sitzt nun darin und frißt, nachdem sie das Blatthaus abgeschnitten hat, damit sie vor den gefährlichen räuberischen Vögeln verborgen ist, die oben hungrig nach ihr suchen. Ein kleiner Rüsselkäfer baut sich ein noch besseres eßbares Nest. Er schneidet ein Blatt beiderseits der Mittelrippe ein und faltet die beiden Seiten zusammen. Dann rollt er diese Doppelstulle von der Spitze her ein, nachdem er ein kleines gelbes Ei abgelegt hat, das nun im Zentrum liegt. Aus dem so gut eingewickelten kleinen Ei schlüpft später eine Larve, die ihr Haus nach und nach auffrißt. Ich habe auch viele Grashalme gesehen, die säuberlich so gefaltet sind, daß eine kleine Nesthöhlung entstanden ist für eine Menge Eier und die Spinne, die sie bewacht.

Vogelnester sind großartige Bauten, aber manchmal scheinen sie nicht annähernd so pfiffig konstruiert wie die der Spinnen und Insekten, denen man doch sicher keinen Verstand zusprechen möchte.

Überall herrscht Hast, und weder für Spielereien noch für Trauer ist Zeit. Gestern morgen hat Jack den jungen Braunkopfkuhstärling gefressen, den das Phoebepaar in dem Nest über meinem Fenster im Dachgeschoß aufgezogen hat. Die zwei schalten und klagten; sie meinten ja, sie hätten «ihr» Junges verloren. Aber abends sangen sie wieder, und heute morgen sind sie bereits eifrig damit beschäftigt, das Nest wiederherzustellen. In einer Woche wird ein neues Gelege weißer Eier darin liegen, und die scheinbare Tragödie wird ihnen Gelegenheit zur Fortpflanzung geben.

Letzte Woche hat das Sumpfschwalbenpaar den Nistkasten in der alten Birke vor dem Fenster aufgegeben. Aber am nächsten Tag flogen sie im anderen Nistkasten am Pfahl neben der Grillstelle ein und aus. Dann saß das Männchen, leuchtend metallic-blau mit weißem Bauch, auf einem trockenen Zweig über dem Kasten und sang sein zufrieden klingendes glucksendes Lied, während seine Partnerin, weniger leuchtend und eher bräunlich gefärbt, damit beschäftigt war, lange trockene Grashalme ins neue Nest zu schaffen. Bald brachte das Männchen weiße Federn. Mehrmals hielt sie, während er über ihr flatternd sich mit ihr paarte, still.

Ich überprüfte das aufgegebene Nest. Es enthielt fünf durchscheinende weiße Eier. Aber ein anderes Weibchen, die Partnerin von vor zwei Tagen, lag tot im Kasten. Im Nacken hatte sie Klümpchen von geronnenem Blut und am Brustmuskel winzige Bisse. Ich vermutete, daß ein Eichhörnchen dagewesen war.

Das zweite Nest der Sumpfschwalben war sehr erfolgreich. Vier Junge schlüpften – und 156 blutgeschwollene Maden der ektoparasitischen Protocalliphorafliege. Die entdeckte ich nur durch Zufall, als ich den Deckel zu einem Routineblick abhob und den Boden voll von dem weißen Gewimmel mit durchsichtiger Haut und rotgefüllten Innereien sah. Das Sumpfschwalbenweibchen saß in dem Augenblick auf dem Nest drauf und blieb auch da. Ich hob sie heraus, um die Maden entfernen zu können, die sich von ihrem Blut und dem ihrer Jungen ernährten. Den ganzen übrigen Sommer schoß sie immer wieder geräuschvoll auf mich herab, nur Zentimeter an meinem Hinterkopf vorbei, wenn ich nicht aufpaßte. Ich verzichtete darauf, sie aus der Luft zu zerschmettern, was ich leicht hätte tun können. Für sie war ich der Feind. Andere, die kamen, griff sie nie an. Das beweist eine erstaunliche Zurückhaltung. Und vielleicht auch, daß zwar viel Intelligenz gut sein mag, ein wenig aber eher Unglück anrichten kann.

An manchen Tagen sitzt ein Indigofink im Gestrüpp auf meiner Lichtung und singt unermüdlich. Es ist sein akustisches Signal an andere Männchen: Dies ist mein Revier! Zugleich dient es als Willkommensgruß an Weibchen. Kürzlich habe ich entdeckt, daß, wenn er nicht hier ist, ein Indigofink unten an der buschgesäumten Straße sitzt, eine halbe Meile entfernt.

Wir Menschen nehmen uns Zeit zum Trauern, und unser Wertesystem verurteilt ein so effizientes, aber skrupelloses Verhalten wie das der Sumpfschwalben und vielleicht auch des Indigofinken. Aber wir haben schließlich mehr Zeit. Die meisten dieser adulten Vögel werden im nächsten Jahr schon tot sein. Die Chance zur Fortpflanzung ist oft auf ein Jahr beschränkt, und in diesem einen Jahr ist sie vom Zufall abhängig und auf einen ganz bestimmten Zeitraum begrenzt. Eine Woche nachdem ein Vogel seinen Partner verloren hat, wird er keinen neuen mehr finden, selbst wenn einer da wäre, weil die richtige Zeit dafür vorbei ist.

Habe *ich* vielleicht auch zu lange gewartet? Da sitze ich nun auf Adams Hill – ob ich meine Eva noch finde? Trauer kann einer allein tragen, aber zum Glücklichsein gehören zwei.

12. Juni
FRÜHE ERNTEN

Zwei Wochen sind vergangen, seit ich angekommen bin; die Traubenkirschen haben zu blühen begonnen, und die Würgkirschen auf der Lichtung sind schon verblüht. Die glockenförmigen blaßrosa Blüten der Blaubeeren sind abgefallen; zurückgeblieben sind winzige grüne Knubbel, aus denen bald Beeren werden. Die Rotahornbäume haben eben ihre Samen abgeworfen, und zwei Arten von Leuchtkäfern lassen an warmen Abenden ihr weißes Licht blinken. Ich wache morgens um fünf Uhr beim Frühchor der Vögel auf, nachdem ich abends um acht müde ins Bett gegangen bin, um das zu überdenken, was ich an dem Tag getan habe und am nächsten Tag tun möchte.

Der Winter mag noch weit weg sein, aber er kommt bestimmt. Je früher ich mir einen großen Stapel trockenes Holz beschaffe, desto besser. Ich muß ohnehin einen Teil der Rotahornbäume fällen, die den alten Obstgarten übernommen haben. Die meisten der vermutlich 150 Jahre alten Apfelbäume sind inzwischen tot, weil sie von schneller wachsenden Konkurrenten verdrängt worden sind. Ein paar sind noch gesund, aber ohne mein Eingreifen würde der Wald sie alle holen. Ich will nicht den Obstgarten wieder zum Leben erwecken, sondern nur ein paar Apfelbäume erhalten, damit Hirsche, Bären, Rauhfußhühner, Baumstachler und Eichhörnchen sich im Herbst von ihren Früchten ernähren können.

Nachdem ich mit meiner Kettensäge ein Durcheinander von gefällten Rotahornbäumen angerichtet habe, kommt die schwerere Arbeit des Abästens und Aufräumens. Ich muß das Holz auf den «Hof» hinter der Hütte schleifen und die Stämme in ofenkurze Stücke zersägen. Dann muß ich sie spalten und in der Hütte aufstapeln. Obwohl ich noch viel zu tun habe, ehe ich genug Holz für den Winter habe, sieht man im hinteren Raum bereits Erfolge. Jedesmal, wenn ich hineinschaue, spüre ich ein warmes Gefühl von Zufriedenheit. Soll es doch regnen, denke ich, mein Holz kann in aller Ruhe trocknen. Mögen im Herbst und Winter Schnee und Kälte hereinbrechen, ich werde sie willkommen heißen! Ich lasse das Holzmachen zu einer fortdauernden Beschäftigung werden, die nur Spaß macht, und ziehe sie über Wochen hin.

Diese Art Spiel und Spaß zehrt an der Kleidung, und ich habe Löcher und Winkel in den Hosen. Ich könnte mir neue leisten, verbringe aber lieber ein paar ruhige Stunden damit, sie zu flicken.

Die Berge von Sägemehl hinter der Hütte schienen mir zu wertvoll zum Verkommenlassen. Es gibt wunderbaren Mulch für Sumpfheidelbeeren ab, die ich deshalb gepflanzt habe. Aber der Boden ist steinig. Ich mußte kleine Felsblöcke beseitigen, um die Pflanzen einsetzen zu können. Einige dieser Steine wogen fast zwei Zentner. Ich konnte sie benutzen, um den Raum zwischen den sechs Auflagepunkten zu füllen, auf denen die Hütte ruht. Mühsam buddelte ich den ersten aus und rollte ihn an seinen neuen Platz in einem Loch, das ich unter der Hütte gegraben hatte. Warum nicht weiter so, dachte ich dann. Ich suchte und fand weitere Steine, einen dritten, einen vierten, bis eine Wand der Hütte ein steinernes Fundament unter den Balken hatte. Gut sah das aus. Jetzt wollte ich die anderen drei Seiten auch machen. Schließlich braucht man immer mal eine Unterbrechung beim Graben oder Sägen. Manchmal ist es genau das richtige, dann einen kleinen Findling an seinen Platz in einem frisch gebuddelten Loch zu rollen. «Übergeben Sie einem Mann kahle Felsen als sicheren Besitz», schrieb Arthur Young 1787, «und er wird ihn in einen Garten verwandeln; lassen Sie ihn neun Jahre lang einen Garten pachten, und er wird ihn zur Wüste werden lassen ... Der Zauber des Besitzens macht aus Sand Gold.» Ich liebe dieses Land und kann gar nicht genug daran arbeiten.

JACK

Jacks Gegenwart ist mir während dieser Zeit ständig bewußt. Sie ist schließlich durchaus nicht unbedeutend. Als wir am Abend des 30. Mai hier ankamen, war er erst seit ein paar Tagen aus dem Nest. Trotzdem war er voll befiedert, in einem glänzenden, blauviolett schimmernden Kleid. Seine zu Anfang strahlend blauen Augen begannen bereits grau zu werden. (Ausgewachsene Raben haben dunkelbraune Augen.) Sein Schnabelansatz war weiß, Mundinneres, Zunge und Gaumen leuchtend rosa. (Sie werden alle bei erwachsenen Raben tiefschwarz.)

Am ersten Tag in der Hütte verbrachte ich die meiste Zeit mit ihm zusammen, damit er wüßte, daß dies sein Zuhause war und kein vorübergehender Aufenthaltsort. Obwohl er schon ganz gut fliegen konnte, lief er lieber herum. Ich fütterte ihn, wann immer er etwas haben wollte, und er wollte meistens. Was er nicht gleich fressen konnte, stopfte er ins Gras. Im Gegensatz zu älteren Vögeln deckte er jedoch die Nahrungsmittel nicht mit herumliegenden Blättern oder anderen Dingen zu. Die meiste Zeit verbrachte er damit, daß er entweder auf einem Holzstoß neben der Hütte hockte und schlief, oder daß er verspielt Gras, Blüten und Blätter ausrupfte.

Als ich begann, Baumstämme aus dem Wald zu schleifen, kam er mit mir. Aber bald schlief er auf einer Kiefer in der Nähe der Stelle, an der ich Bäume abästete, ein. Später rief ich ihn von der Hütte aus; er wachte auf und kam herbei. Jack kommt immer sofort, wenn ich ihn rufe, sofern er hungrig ist, und das ist er meistens. Wenn er nicht kommt, antwortet er wenigstens «Krrr ... krrr», so daß ich weiß, wo er ist. Er antwortet mir auch, wenn ich in der Hütte bin und er draußen ist. Ich versuche ihm das Gefühl zu geben, daß ich immer in der Nähe bin, damit er nicht zu weit herumstreift.

Auf einem Holzstoß neben der Hintertür direkt unter dem Dach suchte ich Jack einen Schlafplatz aus und trug ihn auf dem Arm dorthin. Er hüpfte gleich auf das Holz, und offenbar gefiel es ihm da, denn er schlief bald ein. Am nächsten Abend suchte er die Stelle von selbst auf. Ich ging mehrfach zu ihm, um ihm gute Nacht zu sagen, und als ich in der Nacht aufwachte, rief ich ihn durch das Holz von drinnen an. Mit seiner Antwort – «Krrr ... krrr» – sagte er mir: «Ich höre dich, mir geht es gut.» Tatsächlich, ich hatte einen Gefährten. Und ich freute mich darüber.

Die beiden nächsten Nächte suchte er wieder den Holzstoß unter dem Dach auf. Aber dann benutzte er eine andere Schlafstelle in der abgestorbenen Birke neben dem Grillplatz, wo ich mich abends gern noch aufhalte. Weder aufsteigender Rauch noch strömender Regen störten ihn.

Die tote Birke wurde auch seine bevorzugte Gesangsbühne. Sein Lied ist ein fast ununterbrochener Monolog aus gurgelnden, im Falsett hervorgebrachten «Quorks», die in Tonhöhe, Geschwindigkeit und Lautstärke wechseln. Es hört sich an wie ein Tonband, das man abwechselnd bremst und beschleunigt, und diese manchmal stundenlangen Solos scheinen ihm ungeheuer Spaß zu machen. Im allgemeinen behält er beim Singen eine neutrale Haltung, mit angelegtem Gefieder, aber manchmal stellt er die «Ohren» auf und plustert seine Halsfedern auf wie ein adulter Macho es macht, wenn er Rivalen oder eine potentielle Partnerin zu beeindrucken versucht. Es geht also nicht nur um ein Lied, sondern auch um eine Darbietung. Gleichzeitig ist er mit seinem Schnabel aktiv: er pickt und hackt nach Blättern und Zweigen und zerrt daran.

Manchmal gießt es in Strömen, und Jack scheint zu dumm zu sein, sich ins Trockene zu retten. Oder es ist ihm egal. Zweimal habe ich ihn bei solchen Wolkenbrüchen auf den Holzstoß unter dem Dach gesetzt, und jedesmal flüchtete er wieder ins Freie.

Am Ende unserer ersten Woche in der Hütte erschienen bereits schwarze Streifen im Weiß seines Schnabelansatzes, und seine Augen waren ganz grau geworden. Obwohl er jetzt ein ausgezeichneter Flieger war, schien er das Fliegen als Spiel noch nicht entdeckt zu haben. Statt dessen begann er sich den Spaß zu machen, das Dichtungsmaterial aus den Zwischenräumen zwischen den Stämmen der Hüttenwand zu zupfen. Er findet offenbar alles, was ich sehe, womit ich mich beschäftige oder was ich für wichtig halte, unwiderstehlich, deshalb ignorierte ich ihn in der Hoffnung, daß ihn die Zupferei dann langweilen würde. Es funktionierte. Bald entdeckte er ein neues Vergnügen: laut über das Blechdach zu laufen, wobei er sich selbst mit Gesang begleitete. Er begann seine Dachwanderungen pünktlich jeden Morgen um 4.30 Uhr. (Gelegentlich zupfte er übrigens weiterhin Werg aus den Spalten, aber zu seiner Ehre sei gesagt, daß er manchmal Gras in dieselben Löcher stopfte.)

Am 12. Juni bettelte Jack immer noch. Aber obwohl ich ihm das schönste Fleisch und selbstgemachte Bratkartoffeln anbot, spie er sie aus, als ob er etwas anderes wollte. Was konnte das sein?

Eines Nachmittags saß ich still da und beobachtete ihn. Er war ständig in Bewegung. Achtmal tauchte er unter wüstem Spritzen in sein Vogelbad, einen alten Wecktopf, und putzte danach in der Sonne sein Gefieder, bis es wieder trocken war. Er schnappte nach Kriebelmücken, die um seinen Kopf flogen, rupfte Gras und Grassoden aus und flog hinter einem Schwalbenschwanzfalter her. Er fing eine Biene, sang und hackte an dem Wassereimer herum.

Mitte Juni hatte er die Freude am Fliegen entdeckt und unternahm wilde und ausgelassene Flüge um die Lichtung, morgens, ehe ich überhaupt auf war, und abends, bevor er sich für die Nacht in den Wipfel der abgestorbenen Birke zurückzog. Während dieser Rundflüge stieß er viele schnelle, heisere Krächzrufe aus. Jack brachte zum Ausdruck, was ich selbst zu spüren begann.

Eine Woche später war Flugakrobatik sein liebstes Spiel geworden. Am 20. Juni zum Beispiel flog er mindestens zehn Runden um die Lichtung, wobei er sich jedesmal weiter entfernte. All diese Flüge waren von heiserem Krächzen begleitet, und er schlug die Luft mit schnellen und wütenden Flügelschlägen, tauchte und stieg, schwenkte und kurvte. Einmal entdeckte er dabei eine Wanderdrossel, jagte ihr nach und hätte sie um ein Haar erwischt, als sie den rettenden Wald erreichte. Ich sah ihn Schmetterlinge und einen Kronwaldsänger jagen. Sogar einen kreisenden Truthahngeier wollte er verfolgen. Nach jedem Flug kehrte er zu seiner Birke zurück und putzte sich.

Einmal begann ich, während er sein Gefieder pflegte, frisch gespaltenes Holz in die Hütte zu tragen. Jack sah die offene Tür, hielt inne, stürzte sich herab und hüpfte uneingeladen herein. Ich warf ihn hinaus, im Wortsinne. Er berührte kaum den Boden draußen, sondern hüpfte gleich flatternd wieder herein. Erneutes Rabenwerfen. Oha! Ein neues Spiel! Er wendete noch in der Luft und kehrte um so schneller zurück. Ich wiederholte den Wurf, um zu sehen, wie schnell er lernte. Er lernte offenbar, daß ich das immer wieder machen würde, und nach dem 15. Mal hatte ich meinerseits gelernt, daß ich das Spiel eher leid sein würde als er. Also ließ ich ihn drinnen. Jetzt rannte er eilig durch die ganze Hütte, hackte nach den Beinen des eisernen Ofens, zerriß Papier und hüpfte auf den Tisch. Es reichte. Raus mit ihm! Diesmal schloß ich die Tür. Er reagierte, indem er mehrfach um die Hütte flog; dabei stieß er nicht sein heiseres Macho-Krächzen aus, sondern gab einen höheren, kürzeren Ruf von sich, der fast so klang, als sei er frustriert.

Seine Morgen- und Abendflüge sind inzwischen schneller und höher geworden, und seine Rufe haben an Umfang und Modulation zugenommen. Diese spielerischen Flüge vermitteln mir neue Einsichten über mein eigenes Lauftraining. Er treibt es nie bis zur Erschöpfung. Er übt nur, wenn ihm danach zumute ist und so, wie ihm ist – oft und in kurzen, ungestümen Spurts.

Fliegen ist für Jack Spiel. Während er fliegt, auch wenn er

gerade zur Landung auf meinem Arm oder meiner Schulter ansetzt, zieht er immer wieder einen Flügel an, kippt über die Seite ab und führt eine halbe Rolle durch. Er ist so ausgelassener Stimmung, daß er, wenn er gefressen hat, wilde Hüpfer unternimmt, als wollte er Fangen spielen. Deshalb jage ich ihn mit vorgetäuschten Angriffen, und er jagt mich seinerseits. Er bettelt weiter. Aber auch wenn er die schönsten Leckerbissen bekommen hat, bettelt er noch, weist jedoch von sich, was ich ihm anbiete. Braucht er etwas anderes, das ihm seine Eltern normalerweise geben würden? Junge Raben folgen ihren Eltern gewöhnlich rund einen Monat lang.

«Wie wär's mit einem Spaziergang zu Ron und Syndi, Jack?» Ich marschiere los, und er hüpft hinter mir her. Bald fliegt er voraus, landet und läuft wieder. Er scheucht kleine weiße Nachtfalter auf. Sie fliegen regellos hin und her, aber es gelingt ihm, sie aus der Luft zu schnappen. Ich halte an, um einen Pilz zu untersuchen. Er kommt herbei und zerrupft ihn mit Genuß. Ich gehe weiter. Er kommt, als ich ihn rufe. Aber nach einer halben Meile, bei der nächsten Ablenkung, verliere ich ihn. Als ich zur Hütte zurückkehre, ist er bereits dort.

Am folgenden Tag, dem 22. Juni, sehe ich zum erstenmal, daß er eine versteckte Beute zudeckt.

In der Nacht hatte es sechs Zentimeter Regen gegeben, und Jack war die ganze Zeit draußen gewesen. Es nieselte den Vormittag über und war auch um 15.45 Uhr noch bedeckt. Aber obwohl er ständig durchnäßt war, sprang Jack fünfmal in sein Bad. Erstmals schüttelte er seinen Kopf zugleich mit den Flügeln und erzielte eine maximale Spritzwirkung.

Es wird immer schwieriger, Holz zu spalten. Jack hat begonnen, auf den Hackklotz zu springen und entweder nach der Axt oder dem frisch gespaltenen Holz zu schnappen und nach meinen Beinen zu hacken, was ziemlich weh tut. Meine «Gewalttätigkeit» scheint ihn zu erregen. Was immer ich anfasse, muß er berühren und mit seinem dicken schwarzen Schnabel untersuchen.

Heute abend hat er einen Bärenspinner aus der Luft gefangen. Aber dann stand er dümmlich da, wo er normalerweise geschluckt hätte. Er ließ den toten Spinner fallen und trank einen Schluck Wasser nach. Bärenspinner, Arctiidae, sind eine Schmetterlingsfamilie mit einem schädlichen, adstringierenden Sekret zu ihrer Verteidigung; sie gehören zu den schönsten, mit den leuchtendsten Farben gezeichneten Faltern hier. Ich bin sicher, Jack wird sich noch lange an das schwarz-gelb-rosa Muster dieser Spezies erinnern.

Bei meinem nächsten Ausflug zu Ron und Syndi laufe ich den Weg hinunter. Jack fliegt mit und landet dann auf meiner Schulter. Ich gehe langsam. Er springt ab, wobei er wieder die kleinen weißen Nachtfalter aufscheucht. Sobald ich zu laufen beginne, fliegt er abermals auf meine Schulter. Wir wiederholen das Spiel mehrmals, bis wir unten an der Straße und an dem Häuschen unter den großen Kiefern sind. Jetzt fliegt er plötzlich, kreist hoch über dem Wald und ist bald nicht mehr zu sehen. Einen Augenblick höre ich seine Flug-Spiel-Geräusche aus der Ferne. Ich rufe, bekomme aber keine Antwort. Ob er sich verirrt hat?

Ich renne zurück, bergauf zur Hütte. Er ist nicht da. Ich schreie mir die Seele aus dem Leib. Keine Antwort. Kein Vogel. Zehn Minuten vergehen. Ich rufe noch einmal, und endlich höre ich sein «Krrr... krrr...». Er kommt über die Wipfel geflogen, landet auf dem Dach der Hütte, schüttelt sich, putzt sich, fliegt schließlich herunter und setzt sich auf meine Schulter. Ich bin erleichtert, lasse mich auf die neuen Steinstufen sinken und genehmige mir ein Bier. Er gesellt sich zu mir. Ich bin überrascht, wie warm seine Füße sind, ebenso sein Schnabel, bis zur Spitze. Anfangs beschäftigt er sich wie immer, pickt nach meinen Schuhen und nach meinem Gürtel, zerrt an meinen Socken und hackt schließlich nach meinem Bein. Das tut weh. Um ihn abzulenken, lasse ich ihn auf meinem Knie sitzen, streichle ihm den Kopf und fahre ihm mit den Fingern durch die Federn. Er sitzt ganz still und schließt die Augen, indem er die Unterlider hochschiebt. Auf meine Gefiederpflege folgt dann seine eigene: Er schiebt den rechten Fuß über den Flügel, um sich die Seite des Kopfes und den Nacken zu kratzen, dann tut er dasselbe mit dem linken Fuß. Heftiges Schütteln. Dann putzt er sich zunächst unter dem rechten Flügel, dann auf der Oberseite. Schließlich ist der andere Flügel dran, der Schwanz, die Brust. Abermals heftiges Schütteln.

Ich gehe jetzt jeden Tag mit ihm spazieren. Ihm machen diese Exkursionen offenbar großen Spaß, und mir auch. Wie wenn man mit einem eifrigen Kind angeln ginge. Und wie ein Kind ist Jack an allem interessiert und läßt sich oft ablenken. Wenn er mich aus den Augen verliert, ruft er «Krrr? Krrr?» mit ziemlich hoher Stimme und einer kleinen Steigung am Schluß, einem Frageton. Ich antworte: «Hier bin ich, Jack!» Er reagiert mit einem tieferen, ausgeglichenen «Krrr... krrr» («Okay, ich höre dich»).

Bei unserem Spaziergang am 24. Juni nieselte es. Ich entdeckte ein Nest auf einer Kiefer und kletterte hinauf, um es zu untersuchen. (Es war ein Blauhähernest vom vergangenen Jahr.) Jack hockte auf einem Ast und sah ruhig zu. Ich stieg wieder herab, und wir gingen weiter. Wir stießen auf mehrere junge Pieperwaldsänger, die gerade erst das Nest verlassen hatten. Er jagte sie, fing einen und tötete ihn mit einem Schnabelbiß. Dann versteckte er ihn unter einem Stein.

Wenn ich mit Jack unterwegs bin, sehe ich die Dinge aus einer anderen Perspektive und verstehe seine Begeisterung trotz des Regens. Als wir zurückkamen, regnete es immer noch. Aber als ich ihm Wasser in seinen Topf goß, sprang er sofort hinein und nahm ein Bad. An diesem Tag wurde er nicht trocken. Patschnaß hockte er auf dem Dach und gurgelte sein Lied.

Er scheint zu wissen, daß er Fühlung halten muß, wenn wir im Wald sind, denn sobald wir getrennt sind, ruft er nach mir. Dabei verbringen wir sonst Stunden ohne jeden Kontakt, und es scheint ihn nicht zu beunruhigen. Wenn ich hier nach ihm rufe, kommt er sofort und bettelt laut um Futter: von seinem Sitz auf meinem Arm kreischt er mir ins Ohr. Aber wenn wir im Wald unterwegs sind, bettelt er nie. Er ist zu sehr mit Entdeckungen beschäftigt und an Futter nicht interessiert.

Letzte Woche kam die vierköpfige Rabenfamilie vom Hills Pond auf die Lichtung. Die beiden Jungen kreischten ständig, als ob sie sehr hungrig wären, und folgten ihren Eltern dichtauf. (Jack läßt mich auch keinen Augenblick in Ruhe, wenn er Hunger hat, deshalb füttere ich ihn gut.) Die beiden alten Raben schienen es eilig zu haben, und die Jungen ließen keinen Abstand aufkommen. Gestern kamen sie wieder. Vielleicht hatten sie das Futter in meiner Voliere für die Studienvögel gesehen. Aber diesmal fehlte einer der Altvögel. War es ihm gelungen, den nun fast selbständigen Jungen zu entwischen?

Um unabhängig zu werden, müssen Raben nicht nur lernen, was sie fressen können und wo sie das finden. Sie müssen auch mit Charakter und Fähigkeiten der anderen Räuber vertraut werden, die Beute töten, öffnen und normalerweise bewachen und ihnen schließlich doch im Winter ihre tägliche Nahrung liefern. Eine Art des Lernens ist das Spielen.

Am 2. Juli hatte Jack Gelegenheit, mit dem Husky eines Freundes zu spielen, der fast 70 Kilo schwer, aber alt und klapprig ist. Er war ihm schon einmal begegnet, am 28. Mai.

Damals hatte sich Jack zunächst klein gemacht, nicht bedrohlich. Aber dann hatte er den alten Hund taxiert und seine Taktik geändert. Er hatte seine «Ohren» aufgestellt, sich groß gemacht, indem er die Flügel öffnete, sich aufgerichtet, sein Gefieder aufgeplustert, um gewaltig auszusehen, und war furchtlos auf den Rachen des Todes zumarschiert. Der Hund hatte sich abgewandt und war fortgegangen, was den Raben nur kühner machte. Der Hund hatte sich ins Haus geflüchtet.

Diesmal lief es ein bißchen anders. Jack schnappte nach dem Schwanz des Hundes, und als er sah, daß er damit durchkam, näherte er sich dem anderen Ende – dem mit den Zähnen. Zunächst hackte er, als der Hund nicht aufpaßte, nach einer Pfote. Sobald er merkte, daß er der Vergeltungsmaßnahme des Hundes leicht ausweichen konnte, ging er auf die Nase los. Die erreichte er nicht einmal! Dafür hatte er gelernt, was er riskieren konnte, wenn solch ein Tier Nahrung bewachte, zum Beispiel einen Hirschkadaver. Ich konnte nur hoffen, daß er nicht zu sehr verallgemeinern würde.

Am 5. Juli um 18.00 Uhr rief ich Jack, und nach einem Rundflug über die Lichtung setzte er sich mir auf die Schulter. Er gab leise Laute der Zufriedenheit von sich, war also nicht hungrig. Plötzlich erstarrte er, stand hochaufgerichtet da, mit geglättetem Gefieder. Dann flog er sehr schnell fort, und ich sah ihn einen Schneeschuhhasen energisch verfolgen. Der Hase entkam in das dichte Spierstrauchgewirr.

Jacks Sitzstange war immer noch in meinem Pick-up. Ich wollte meine Schwester an der Küste besuchen und ihn mitnehmen. Unsere ruhige Nachtfahrt von Vermont hierher war mir in bester Erinnerung. Es ist ein langer Weg über gewundene Nebenstraßen durch die Papierfabrikstädte Jay und Livermore Falls, wo sich die Holzhäuschen dicht an die Straße drängen, wo Läden im Zentrum verfallen, während die Einkaufszentren am Stadtrand blühen. Plötzlich bist du dann auf einer vierspurigen Straße in dem Industrie- und Geschäftsviertel außerhalb von Augusta, wo Autohäuser aller Art mit Fast-food-Restaurants aller Art abwechseln.

Die Sonne begann eben den Morgentau im Gras zu trocknen, als Jack und ich den Weg hinabflogen beziehungsweise -liefen. Der Wagen war neben dem Bach geparkt. Ich wollte gleich los, mit ihm neben mir. Aber Jack zögerte einzusteigen; ich mußte ein bißchen nachhelfen. Drinnen hüpfte er dann nervös herum.

Wir hatten die Teerstraße kaum unter den Rädern, als Jack von seinem Sitz herab und gegen das Heckfenster, dann gegen ein Seitenfenster und die Frontscheibe flatterte. Schon begann auch sein Gedärm zu arbeiten. Es blieb zwei Stunden lang tätig. Ich merkte, daß es nicht möglich ist, alles mit Plastik abzudecken, wo ein Rabe in Panik etwa einmisten konnte. Die meisten nicht bedeckten Ecken fand er durch Zufall. Das ist die Macht der Energie und der Hartnäckigkeit, von dem gut geölten Verdauungssystem gar nicht zu reden. Das Gefühl von Kälte an meinem rechten Arm war doch kein Zug?

Ich kümmerte mich nur noch um das, was ich kontrollieren konnte – die Richtung, in die er schaute. Es schien mir sinnvoll, wenn er nach vorn sah und auf seinem Ast saß, deshalb schubste ich ihn von jeder anderen Sitzgelegenheit herunter in der Hoffnung, daß er endlich kapieren würde, welche Position die ruhevollste wäre. Wenn Ruhe das war, was er suchte, konnte das funktionieren – allerdings war ich dessen nicht sicher. Um ihn dazu zu bringen, nach vorn zu sehen, schob ich sein Schwanzende herum. Ich wußte, je mehr er an einer bestimmten Stelle saß und in eine bestimmte Richtung schaute, desto eher würde er sich auch spontan so setzen. Vielleicht konnte ich ihm das nach und nach zur Gewohnheit machen. Nun ja, vielleicht irgendwann mal, aber nicht mit diesen paar hundert Versuchen, wie sich herausstellte.

In Augusta fuhr ich bei McDonald's vor. Als ich am Drive-in-Fenster einen Kaffee bestellte, mischte sich Jack mit ein paar wohlgewählten Tönen ein. «Mir war doch, als hätt' ich was Komisches gehört», sagte die junge Frau am Fenster, als sie mir meinen Kaffee reichte. «Is' das 'n Raubvogel?» Ich griff nach meinem Kaffee, um ihn in den Halter am Armaturenbrett zu stellen. Jack griff auch zu und riß den Styroporbecher auf. Kochendheißer Kaffee ergoß sich über mein Bein.

Etwas später trabte plötzlich ein Elch vor uns auf die Straße. Jack kümmerte sich nicht um ihn. Auch mich ignorierte er die meiste Zeit. Er gab nur ein Geräusch von sich, ein gleichmäßiges, mißtönendes Knurren von jeweils etwa einer Sekunde Länge. Das wiederholte er ein paar tausend Mal wie ein durchgedrehtes Metronom. Wenn ich das Gas wegnahm, gab er Lautstärke zu, hüpfte noch unruhiger herum und zeigte noch mehr Unzufriedenheit. Er hatte ganz offensichtlich keine Lust, noch länger still zu sitzen. Vielleicht wurde er unabhängig.

Am 10. Juli begannen einige der wilden jungen Raben sich von ihren Eltern zu trennen (oder umgekehrt). Gegen Mittag sah ich vom Fenster aus zwei junge Raben. Der eine war Jack, der andere hätte sein Zwilling sein können. Er pickte nach Schnipseln, trank aus Jacks Topf und badete darin, versuchte einen Fetzen Werg zu zerrupfen, den Jack zuvor aus der Hüttenwand gezogen hatte, zupfte Haare aus einem gegerbten Hirschfell, pickte an einem Aluminiumtopf herum – kurz, er benahm sich genau wie Jack. Jack hielt sich derweil abseits und ignorierte den Besucher, außer daß er sich ihm einmal von hinten näherte und ihn am Schwanz zog.

Nachmittags waren dann mehrere junge Raben ohne ihre Eltern bei der Voliere im Wald. Als ich nach Jack rief, bettelte er laut; einer der Jungvögel reagierte sofort und setzte sich in den Zuckerahorn keine zehn Meter von mir entfernt. Solches Betteln bedeutete, daß in der Nähe Futter angeboten wurde, das wußte er offenbar. Jack bettelte laut weiter, während ich ihn mit dem vorgekauten Schiffszwieback fütterte, den ich selbst aß. Der Fremde sah zu. Auch am nächsten Tag lockte Jacks Betteln fremde Jungvögel herbei.

Die Eltern-Kind-Beziehungen hatten sich bereits gelockert. Ein Altvogel saß mit einem Jungen auf Jacks Birke. Der Jungvogel bettelte nur schwach, der Alte ignorierte das und flog fort ins Tal. Der Jungvogel folgte ihm zwar, aber mehrere andere, die sich in der Nähe aufhielten, kümmerten sich nicht mehr um die Alten.

Jack war noch nicht unabhängig. Er folgte mir weiterhin. Das war mir gar nicht immer recht, zum Beispiel, als ich einen Ausflug zu dem Diner in Farmington machen wollte, um mal wieder ein richtiges Frühstück zu mir zu nehmen. Ich gab ihm also ein überfahrenes Tier und schlich mich auf der anderen Seite der Hütte davon. Aber als ich unten am Wagen ankam, kreiste über mir ein Rabe. Ob das Jack war?

«Jaaack!»

Der Rabe kreiste tiefer. In diesem Augenblick rief Ron: «He, wie wär's mit einer Tasse Kaffee?»

«Gern! Ich komm' gleich rüber.»

Ich ging zu ihrem Häuschen und überredete Jack, sich auf dem Rasen hinter dem Haus niederzulassen.

Wir tranken draußen Kaffee. Syndi fragte: «Magst du Pfannkuchen dazu?»

Und Ron setzte hinzu: «Wie ist es mit Ahornsirup und Bacon zu den Pfannkuchen?»

«Da kann ich nicht nein sagen!»

Inzwischen machte es sich Jack auf einer nahen Kiefer gemütlich; dort sang er seinen gurgelnden Monolog und pickte Ästchen und Rinde ab.

Beim zweiten oder dritten Pfannkuchen mit Sirup und Bacon zum Kaffee fiel mir ein, daß dies eine großartige Gelegenheit für ein Experiment war. Jasper, die getigerte Katze von Ron und Syndi, der Schrecken aller Vögel auf dem Perkinshof, lag schlafend im Haus.

«Laß doch mal die Katze raus», sagte ich zu Ron.

Er lachte. «Auf deine Verantwortung», sagte er und öffnete die Tür.

Jasper hatte schon ein paar Stunden weder einen Vogel noch ein Kaninchen noch auch nur eine Maus gefangen, und Frühstück hatte er auch nicht bekommen. Nichtsahnend kam er über den Rasen auf unseren Tisch zu.

Jack oben in seiner Kiefer unterbrach seine Spielerei. Schlank, groß, vorgebeugt wartete er und stürzte sich dann zu einer genaueren Inspektion herab. Die Katze sah den Raben kommen, duckte sich und starrte ihn mit gelben Augen an. Jack gab ein erschrockenes «Kraak» von sich und kurvte schräg steil nach oben auf den nächsten Baum. Von da aus prüfte er dieses seltsame Wesen. Und umgekehrt.

Nach einigen Minuten hüpfte er auf den Boden. Jasper sprang hinter einem Holzstumpf außer Sicht. Vielleicht würde der Vogel ja näher kommen? Das tat er. Aber Jack war sich durchaus bewußt, daß sich etwas versteckte und wo. Er spielte nur den Ahnungslosen. In sicherer Entfernung hielt er an und zwang die Katze, den ersten Schritt zu tun – einen stürmischen Vorstoß auf Jack, der keine Schwierigkeiten hatte, sich in die Luft zu erheben. Dabei sah er noch über die Schulter zurück.

Jasper tat bald wieder gleichgültig. Jack flog in seine Nähe. Zu unserer Freude wiederholte sich die Szene mit kleineren Variationen immer wieder während der Stunde, die wir mit Kaffeetrinken verbrachten. Zwischendurch gelang es Jack allerdings ein paarmal, an den Tisch zu kommen und sich mit Pfannkuchen füttern zu lassen. Aber schließlich hatte er den Umgang mit einem weiteren Raubtier gelernt. Und erfahren, daß eine Katze kein Hund ist – was für eine Gelegenheit zur Weiterbildung.

«Na komm, Jack», sagte ich, «es ist Zeit, nach Hause zu gehen.»

Drei Tage später, am 14. Juli, wachte ich morgens um 5.30 Uhr von seinen Schritten auf dem Blechdach und seinem melodiösen Gesang auf. Wunderschön. Dann Stille. Ich rief nach ihm. Keine Antwort. Etwas später hörte ich einen Schuß aus der Gegend, in der Bäume gefällt wurden. Die verdammten Wilddiebe!

Sie fangen verflixt früh an dieses Jahr, dachte ich. Die Kettensägen fingen an zu summen wie aufgeregte Bienen. Ich hörte das Krachen stürzender Bäume und das Knirschen und Schleifen der Holzschlitten.

Um 6.30 Uhr rief ich wieder. Ich rief, bis ich heiser war.

Kein Jack. Es war das erste Mal, daß er nicht da war, als ich aufstand. Allerdings hatten seine begeisterten Flüge in der letzten Zeit so ausgesehen, als ob er scharf darauf wäre, mehr von der Welt zu sehen. Ich legte Feuer an und kochte Kaffee und Brei und frühstückte auf den Stufen vor der Tür. Kein Jack. Ich rief immer wieder mal. Nichts.

Ich dachte an den Schuß, den ich gehört hatte, und überlegte, ob ich mich mit den Holzfällern anlegen müßte. Ich machte mich auf in ihre Richtung, kehrte aber wieder um. Was konnte ich schon erreichen?

Auf dem Rückweg bergauf fand ich ein vierblättriges Kleeblatt. Das schien mir erfreulich. Aber dann dachte ich: Spinn doch nicht – das ist Aberglauben! Auch wenn es das erste vierblättrige Kleeblatt dieses Jahres ist, hat das überhaupt nichts zu bedeuten.

Als ich zurückkam, war ich ziemlich deprimiert. Ich kochte mir noch einen Kaffee und machte eine Zeichnung fertig, an der ich gearbeitet hatte. Es war jetzt 9.30 Uhr. Plötzlich hörte ich sein «Krrr ... krrr», den Ruf mit der fragenden Wendung nach oben am Ende. Er war wieder da! Überglücklich lief ich hinaus und gab ihm den Vireo, den ich am Tag vorher auf der Straße gefunden hatte. Dann machten wir einen Spaziergang, und er flog pausenlos auf meine Schulter und von meiner Schulter herab.

Nachmittags war er wieder fort. Aber ich machte mir keine Sorgen mehr.

In den folgenden Tagen wurde er ein immer unaufmerksamerer Schüler. Er kam mit mir, aber plötzlich sah ich, wie er abgelenkt wurde, als wäre er im Geist weit weg. Er starrte etwa in die Ferne und flog plötzlich in scharfem Tempo fort über den Wald, als sei er ungeduldig, weil ich ihm nicht folgte. Wenn ich ihm einen Vogel oder eine Maus von der Straße reichte, flog er damit weg, als wollte er beim Fressen oder Verstecken allein sein. Wenn ich ihm den Kopf kraulte, hielt er nicht wie früher still.

Am 19. Juli verließ er mich für immer. Ich wünschte ihm Glück, aber ich wünschte auch, er wäre geblieben.

Ich sitze auf meiner Fichte und sehe nach Norden zum Mount Blue hinüber und dann nach Westen zum Mount Washington und den Presidentials, und hinab zu der Landstraße, die sich wie ein schmales Band durch die bewaldeten Täler zieht. Es ist kaum zu glauben, daß Berge wie diese kommen und gehen. Aber vor nur 300 Millionen Jahren, im Karbon, gediehen eben westlich von hier ungeheure Sumpfwälder aus riesigen Bärlappgewächsen und Farnen. Aus ihnen wurden die Kohlenlager von Pennsylvania, die – genau wie die in Europa – die industrielle Revolution ermöglichten. Dieses Land lag, als die Kohle entstand, in Äquatornähe, und zwar, wie heute, auf einer Krustenplatte, die auf dem geschmolzenen Gestein der Erde schwimmt. Zur Zeit der Kohlewälder gab es hier noch keine Spur von Bergen, und den Atlantischen Ozean gab es auch nicht.

Im späten Karbon war Neuengland Hochland geworden, weil es durch die von Süden vorstoßende riesige Platte des Gondwanalands gestaucht wurde. Aber in der Trias, vor 220 Millionen Jahren, wurde das Hochland schon langsam wieder abgetragen, so daß sich während der Kreidezeit, vor 100 Millionen Jahren, eine weite Ebene über Neuengland erstreckte.

Vor 200 Millionen Jahren lag der Teil Nordafrikas, der heute Marokko ist, gleich nebenan, und Neuengland lag immer noch 1000 Meilen weiter südlich als heute. Aber aus dem Graben, der sich mit der Verschiebung zwischen den Festlandsplatten aufgetan hatte, sollte der Atlantik werden. Der Granit, das Grundgestein dieser Berge Neuenglands, hatte sich aus den flüssigen Mineralien tiefer im Erdinneren verfestigt. Dieser Granit stieg immer weiter auf und wurde zu Mount Blue, Blueberry Mountain und Mount Bald und den anderen Bergen um mich herum. Einst waren es hohe Berge, aber sie werden schnell abgetragen, rund fünf Zentimeter alle tausend Jahre. Wenn die Hebung nachläßt, wird sogar der

Mount Washington, der größte von ihnen, in nur 30 Millionen Jahren verschwunden sein. Dann ist Neuengland wieder eine Ebene.

Berge kommen und gehen, aber aus dem Alder Stream steigen jetzt Eintagsfliegen auf und tanzen in der Sonne, wie sie es vor 300 Millionen Jahren getan haben; damals lebten sie an Myriaden anderer Bäche, die von Bergen herabflossen, die nun verschwunden sind. Es gab auch schon Libellen, die ebenso hinter ihrer Beute herflitzten wie heute, und das lange vor den Ozeanen.

Obwohl die Bärlappgewächse 30 Meter hoch wurden und an der Basis bis zu einem Meter Durchmesser hatten, können wir sie leicht als größere Versionen des sporenbildenden Bärlapps identifizieren, der jetzt mit Moos zusammen unter den Spierstrauchbüschen auf Adams Hill wächst. Auch Farne sind rundum sehr verbreitet. Ich schaue über die Landschaft und «sehe», wie die Berge aus der Erde wachsen, wieder abgetragen werden, Ebenen hinterlassen und sich wieder heben, während Kontinente auseinandertreiben – und das einzig Dauerhafte, das ich erkennen kann, ist das Leben selbst.

In geologisch neuester Zeit, vor wenigen Augenblicken sozusagen, war das Land hier von kilometerhohen Gletschern bedeckt. Diese Eisfelder hatten sich während der vorausgegangenen drei Millionen Jahre immer wieder einmal ausgedehnt und zurückgezogen; das letzte hatte sich vor rund 100 000 Jahren aufgebaut. Vor 13 000 Jahren begann es mit einem der wenigen Wärmeeinbrüche, der noch anhält, abzuschmelzen. Die letzten Gletscher sind erst vor so kurzer Zeit verschwunden, daß das Land wie ein eben erst verlassenes Haus wirkt, dessen neue Mieter sich noch nicht eingerichtet haben.

Die Spuren der Gletscher finden sich überall. Ich sehe ihre tiefen Rillen auf dem Felsen wie die Kratzer von Bärenkrallen an den Buchenstämmen. Jeder Berghang ist ein unordentlicher Haufen abgeschliffener Felsen, die das Eis mit sich geführt und gerollt und geschoben und dann irgendwo mit Sand und Geröll zusammen abgelagert hat. Da, wo die

Felsen etwas weniger dicht aufgehäuft waren, versuchten die Siedler Felder anzulegen, indem sie mit ihren Ochsen die Steine beiseite schafften und in säuberlichen Reihen oder Mäuerchen aufschichteten.

Steile Kämme, sogenannte Oser, erstrecken sich weit nach Norden und Süden. Den Geologen zufolge entstanden unter den Gletschern Bäche, die sich in der Tiefe des Eises Tunnel schufen. Sie füllten sich nach und nach mit Geröll auf, und als das Eis schmolz, blieben diese langen Geschiebekämme zurück.

Rundherum liegen Teiche, an deren Ufern die Sumpfpflanzen des Nordens wachsen. Diese Teiche entstanden da, wo Eisblöcke zurückblieben und sich tief in den Boden drückten. Als sich das Eis zurückzog, füllten sich diese Gletschermühlen mit Wasser, und an ihren Rändern entwickelte sich die Vegetation. Die letzten Gletscher sind erst vor so kurzer Zeit verschwunden, daß sich der Untergrund noch nicht von ihrem Druck erholt hat und sich die Küste von Maine immer noch hebt. Der Wasserspiegel steigt aber ebenfalls, weil im Norden immer noch Eis schmilzt.

Das Land am Rande des Eises muß ziemlich genauso ausgesehen haben wie heute überall am Rande der Gletscher. Es war eine Tundravegetation: In den Weidenröschen summten Nahrung suchende schwarzgelbe Hummeln, es gab Bären und Karibus. Als sich dann die Gletscher weiter nach Norden zurückzogen, kamen die ersten Bäume: Tannen und Fichten, dann Pappeln, Weymouthskiefern und Birken. Schließlich wurden auch großblättrige Bäume heimisch – Buche, Ahorn, Esche und Linde; in manche Regionen von Maine kehren sie gerade erst zurück.

Die Karibus haben Maine neuerdings verlassen, und ausgedehnte Fichten-Tannen-Wälder gibt es nur im Norden des Staates noch. Der Trend zur Erwärmung hält an; Tiere aus dem Süden, wie Opossums und Kardinale, dringen weiter nach Norden vor, so wie sich die Karibus in der gleichen Richtung zurückziehen. Wir können wahrscheinlich nur wenig tun, um diesem natürlichen Trend entgegenzuwirken. Versuche, das Karibu wieder in einem Gebiet einzuführen, das inzwischen für Hirsche und Elche eher geeignet ist, sind nicht besonders erfolgreich gewesen. Und nur außergewöhnliche Maßnahmen, wie Kahlschläge und der Einsatz von Pflanzengiften, haben es Forstleuten ermöglicht, Koniferen da wachsen zu lassen, wo jetzt Laubbäume gedeihen.

Auf dem Höhepunkt der Eiszeit, als gewaltige Mengen Wasser im Eis der Gletscher gebunden waren, war der Meeresspiegel tief genug, um zwischen Sibirien und Alaska eine Landbrücke von Asien her entstehen zu lassen. Kältesteppenmammut, Mastodon, Bison, Säbelzahntiger und andere Säugetiere kamen herüber und bevölkerten Amerika. Später folgten ihnen die Menschen in dieses Jägerparadies. Innerhalb kurzer Zeit waren Kamel, Rhinozeros, Pferd, Riesenbiber, Riesenfaultier, Mastodon, Mammut und Glyptodon (Riesengürteltier) wieder ausgestorben. Man darf wohl annehmen, daß all diese großen Säuger, wie heute der Elch, friedlich waren und keine Angst vor Menschen hatten. Elch, Bison, Karibu, Hirsch und Wapiti überlebten, wahrscheinlich, weil sie teilweise oder ganz Waldbewohner waren. Trotzdem wären vielleicht viele dieser Arten heute nicht mehr am Leben, und zwar aus dem gleichen Grund, aus dem die anderen ausstarben, wenn nicht die neuzeitlichen Kommunikationssysteme gerade noch rechtzeitig koordinierte Erhaltungsstrategien erlaubt hätten. Die prähistorischen Clovis-Folsom-Jäger, die beim Anblick solcher Mengen von Wild einen großen Teil des Tierlebens in Amerika auslöschten, haben sich wohl kaum mehr Gedanken über ein mögliches Aussterben gemacht, als die amerikanischen Grenzer im 19. Jahrhundert beim Anblick der riesigen Büffelherden. Auch sie wären verschwunden, wenn nicht die Kenntnisse so gewachsen wären, daß Reaktionen über lokale Grenzen hinaus möglich wurden. Zuvor waren die Jäger, wenn das Wild abnahm, hinter den nächsten Höhenzug oder über den nächsten Fluß hinaus weitergezogen. Und wohin sie auch kamen, überall waren die Tiere friedlich gewesen, weil sie in ihrer Entwicklungsgeschichte dem Raubtier Mensch nicht begegnet waren.

So blieben, als sich die Tundra zurückzog und die tiefen, dichten Wälder wuchsen, von den großen Pflanzenfressern nur die im verborgenen lebenden Waldbewohner. Das Land war kein Jägerparadies mehr, wie es die offenen Ebenen der Tundra gewesen waren. Die Menschen lebten an den Waldrändern und schufen sich Lichtungen. Aber sie versuchten das Land nicht mehr mit brutaler Gewalt zu verändern – bis die Europäer kamen. Die waren mit stählernen Äxten und Sägen ausgerüstet und brachten eine andere Philosophie mit, und beinahe hätten sie nicht nur die Tiere, sondern auch gleich den Wald beseitigt. Doch die felsige Hinterlassenschaft der Gletscher, das rauhe Klima und die Schwärme von blutsaugenden Insekten waren eine mächtige Abwehrkraft. Als Anfang des 19. Jahrhunderts das fruchtbare Land im Westen erschlossen wurde, war das auch für die Neuengländer ein Signal: sie zogen in einem großen Exodus westwärts. In Nullkommanichts war ein halber Kontinent entwaldet und die andere Hälfte, die Prärien, in Ackerland verwandelt worden. In Neuengland aber lieferten schnellfließende Gewässer die Kraft, die in Textil- und Sägemühlen die Räder antrieben. Industriestädte ersetzten die bäuerlichen Ortschaften, und der Wald kehrte zurück. Der Wald, der heute diese Berge bedeckt, ist noch jung.

Als Maine 1820 Bundesstaat wurde, war im Inneren noch manches ungeregelt. Der Staat verkaufte riesige Landstriche in «Townships» von sechs mal sechs Meilen (knapp 100 km^2) in der Erwartung neuer Dörfer. Aber dank der Schwierigkeiten, die der Ackerbau in einem Gelände mit sich brachte, das der Müllabladeplatz von Gletschern gewesen war, wurde der Wald gerettet. 1840 hatte die Bevölkerung einen Höhepunkt erreicht, der erst 1980 mit einer Million wieder überschritten wurde.

Ein großer Teil des nicht besiedelten Landes, rund 40 000 Hektar, mehr als die Hälfte des Staates, ist «nicht organisiertes» Gelände. Heute bedecken rund 70 000 Hektar Wald fast 90 Prozent des Bodens, womit Maine der am dichtesten bewaldete Staat der USA ist.

Wald und Land prägen den Menschen. Mein Vater verbrachte Tage damit, daß er Schlupfwespen unter dem Mikroskop betrachtete, und er hoffte, daß ich etwas Ähnliches anfangen würde. Aber ich hing in der Schule fest, während er und meine Mutter für mehrere Jahre erst ins ferne Mexiko und dann nach Afrika gingen. Meine Helden aber wurden die Bergbewohner mit schwieligen Händen, die mit Axt und Flinte umgehen konnten, zähe Kerle, die keine Bücher über ihre Taten schrieben und nicht einmal darüber sprachen. Floyd Adams war als Marinesoldat im Pazifik gewesen; er humpelte und mußte von Zeit zu Zeit ins Veteran's Hospital in Togus. Männer wie er lachten und scherzten, und wenn die Rede auf den Krieg kam, wurden sie still. Im allgemeinen fällten sie keine Urteile.

Ich hatte auch ein Mann der Berge in dieser grenzenlosen Wildnis, in der mich niemand finden würde, werden wollen. Und als ich jetzt auf das eilig plätschernde grüne Wasser des Alder Stream hinuntersah, mußte ich wieder an den übervollen Fluß denken, der uns den Weg verlegt hatte, als wir, meine zwei Kumpels und ich, vor 35 Jahren aus der Schule weggelaufen waren, weil wir versuchen wollten, hier im Wald zu leben. Es ist schon eine Ironie des Schicksals, daß ich jetzt zufällig genau hier bin, auch wenn ich auf einem größeren Umweg als vorgesehen hergelangte.

ZEIT

Die erste Augustwoche. Ich bin jetzt seit mehr als zwei Monaten hier. Ich kam ohne Pläne und ohne Planung und hoffte, daß die Zeit stillstehen würde. Das hat sie in gewisser Weise auch getan. Einfach deshalb, weil jede Minute kostbar war. Wenn der Augenblick verweilt, verschwinden Vergangenheit und Gegenwart.

Aber das Jahr entwickelt sich trotzdem. Draußen läuft die Zeit unerbittlich weiter, und der Gedanke an den kommenden Winter drängt sich in die «freie» Zeit, in der ich doch das Leben von Tieren und Pflanzen im einzelnen beobachten wollte. Es ist noch viel zu tun, bevor der Schnee fällt. Ich kann ja zum Beispiel nicht mal eben zum Telefon greifen und den Ölhändler bitten, mir meinen Tank mit Heizöl für den Winter zu füllen oder mir Energie für Herd und Licht zu liefern.

Wenn ich Feuer mache, um mir Kaffee zu kochen, verbrauche ich wertvolle Zeit, die ich vorher investiert habe. Die Zeit, die damit vergeht, daß ich einen Baum aussuche, ihn fälle, abäste, in kürzere Klötze zersäge, zur Hütte schleife, noch kleiner säge und dann zu Scheiten spalte, die ich in die Hütte trage und stapele, damit ich sie bei Bedarf einen nach dem anderen in den Herd schieben kann. Aus dem Herd muß ich dann hinterher die Asche wieder herausschaufeln und in den Wald tragen, damit die Mineralien den Bäumen wieder zugute kommen. Es tut mir im allgemeinen nicht leid um die Zeit, die ich zum Wärmen und Kochen investiere, denn das Feuer gibt mir noch mehr. Es flackert und knistert oder braust wie ein lebendiges Wesen, das ich berühren und vor dessen Ungestüm ich mich manchmal auch zurückziehen möchte. Ich pflege es wie einen Freund. Fast wie Jack. Es ist wie ein Vertrag, dessen Erfüllung meinem Leben Struktur verleiht. Hier und jetzt möchte ich die Folgen meines Tuns und die Macht des täglichen Lebens erfahren.

Um es im Winter warm zu haben, muß ich dafür sorgen, daß die Schneestürme nicht hereinkönnen; ich muß die Hütte neu abdichten und das Fundament fertigstellen. Zum Dichten muß ich Streifen und Knäuel von Werg in die Ritzen zwischen den Balken stopfen und mit einem spitzen Gegenstand und einem Hammer fest hineinstoßen. Rund um die Hütte habe ich Gräben gegraben, Feldsteine hineingerollt und sie an Ort und Stelle verkeilt; ich habe Säcke voll Zement heraufgeschleppt, um der Konstruktion Festigkeit zu geben, und dann die verbliebenen Löcher wieder mit Erde aufgefüllt. Das ist nicht durchweg lustig. Aber im Gegensatz zum Felsen des Sisyphos bleiben meine wenigstens da, wo sie sind.

Mir wird plötzlich deutlich bewußt, wieviel Zeit ich mit Instandsetzungsarbeiten verbringe. Ich möchte Muße haben an Blumen zu riechen, und vertue statt dessen eine ganze Woche damit, den Ort zu präparieren, an dem ich meine Abfälle loswerden kann. Selbst der freie Blick auf die Berge kostet mich Stunden allzu engen Kontakts mit den Kriebelmücken, weil ich bei der Beseitigung des Gestrüpps so schwitze. Ebenso, daß ich am Bach eine Grasböschung haben möchte. Die Heidelbeeren, die ich im Vorbeigehen pflücke, sind das Ergebnis harter Arbeit: ich habe die Sträucher im Chesterville-Sumpf ausgegraben, mitsamt Wurzelballen hier heraufgeschleppt, wieder eingepflanzt und mit Sägemehl gemulcht. Schneeschuhhasen fressen sie größtenteils ab – das steigert natürlich den Wert der übriggebliebenen.

Obwohl die investierte Zeit meist gut angewandt ist und ich alles gern mache, gibt es Arbeiten, bei denen die Zeit versickert wie Wasser in trockenem Sand. Deshalb plane ich genau und versuche mir alle Umwege zu sparen. Ich will mich ja nicht vor der Arbeit drücken, aber nur zum Arbeiten bin ich nicht hergekommen.

In der Stadt kostet Wasserverbrauch keine Zeit, abgesehen davon, daß man den Wasserhahn auf- und zudrehen muß. Mein Wasser hier kommt aus einem gemauerten Brunnen, der rund 100 Meter unterhalb der Hütte in einer Senke im Wald liegt. Ich steige hinunter und nehme die hölzerne Abdeckung ab, die verhindern soll, daß Laub in den Brunnen fällt. Dann lasse ich einen Eimer am Seil hinab, hole Wasser herauf und gieße es vorsichtig in den Hals einer knapp 20 Liter fassenden Ballonflasche aus Plastik. Die schleppe ich, wenn sie voll ist, bergauf und setze sie neben dem gußeisernen Ausguß ab. Wenn ich sparsam mit dem Wasser umgehe, reicht es eine Woche. Ein paar Bechervoll in der Porzellanschüssel im Ausguß genügen, um mir morgens das Gesicht zu waschen, und später benutze ich das gleiche Wasser, um mir nach harter Arbeit die Hände zu säubern. Schließlich weiche ich Geschirr darin ein, wenn Essensreste angetrocknet sind. Ich spüle nur einmal die Woche, denn das Geschirr ist überwiegend nicht schmutzig nach der Benutzung. Mein Kaffeebecher zum Beispiel wird nur selten abgewaschen. Ein Becher heißes Wasser ist eine Maßeinheit für wertvolle Zeit.

Obwohl es mir nichts ausmachte, meinen Kaffeebecher wochenlang nicht zu spülen, und ich seine braune Patina schließlich liebte, war ich gegenüber Bierflaschen aus der Flaschensammelstelle mißtrauisch. Bevor ich mein eigenes Gebräu da einfüllte, mußte ich sie geradezu zwanghaft säubern. Ich wusch sie in sauberem Wasser, spülte zweimal nach und trocknete sie schließlich im Backofen.

Ich hatte ja die Veranda hinter der Hütte zeit- und wassersparend nutzen wollen – siehe oben. Das war in mancher Hinsicht prima, in anderer aber verdammt lästig. Tatsächlich war das neue Klohäuschen dringend notwendig.

Meine Sorgen um Zeit, wo ich doch zeitlos leben wollte, haben mich offenbar auf einen neuen Gipfel der Verschrobenheit geführt. Freunde auf Urlaub kamen vorbei, und zwei ganze Tage lang machten wir es uns schön, taten nichts, als auf den Steinstufen der Hütte oder an der Grasböschung am Bach herumzusitzen und zu reden, gelegentlich ein paar Beeren zu pflücken, die Aussicht zu genießen und Mahlzeiten zuzubereiten (immer mit sauberem Geschirr und Porzellantellern). Aber ich merkte, wie sehr ich bereits mein eigenes System, meine Routine und meine Ökonomie entwickelt hatte. Ich wurde entsetzlich ungeduldig. War ich schon zum Einsiedler geworden? Als meine Freunde abfuhren, war ich ein Nervenbündel. Ich brachte sie zum Wagen, umarmte sie alle, sagte auf Wiedersehen und lief dann 25 Kilometer. Nachdem ich mich solchermaßen entspannt hatte, schüttete ich einen Sack Zement in die Metallschubkarre, die ich von Ron geliehen hatte, goß Wasser hinein und rührte mit einer Hacke um. Dann packte ich den Zement mit bloßen Händen zwischen die Steine des Fundaments unter der Hütte. Das gab mir soviel Energie, daß ich gleich den nächsten Sack anrührte – und schließlich die acht anderen auch noch, so daß die Arbeit vor Einbruch der Dunkelheit getan war. In der Nacht schlief ich wie von Ambrosia trunken.

4. August
WANDERER

Erst bezieht sich der Himmel. Dann hört man ein leises Grummeln aus der Ferne. Das Grummeln wird lauter und ist mit Blitzen durchsetzt, während der Himmel schwarz wird. Der Wind frischt kurz auf und legt sich dann. Die ersten Tropfen schlagen auf das Dach. Mehr und mehr. Jetzt geht der Donner in einem Brausen unter – dem Trommeln Tausender von Tropfen auf dem Metalldach. Das Tosen der Tropfen verstärkt sich, läßt nach, nimmt wieder zu, und dazu kommt das Platschen und Pladdern des Wassers, das in ununterbrochenen Strömen vom Dach fließt. Es sind nur dünne Strahlen, aber sehr viele, nie mehr als zehn Zentimeter weit auseinander. Ich renne hinaus, um eine Tonne unters Dach zu stellen und wenigstens einen guten halben Meter Breite des Wassers aufzufangen. Innerhalb von 15 Sekunden bin ich durchnäßt.

Es gießt rund vier Stunden, dann flaut der Regen zu einem Murmeln ab. Aus den Strömen werden Tropfen. Der Donner läßt nach. Eine leichte Brise erwacht, und nur in der Ferne sieht man noch Wetterleuchten, das aber den ganzen Himmel erhellt.

Am nächsten Morgen treiben dicke Wolken vorbei, aber der Himmel zwischen ihnen ist tiefblau, und gelegentlich blinzelt die Sonne hindurch. Ich laufe durch die Wiese vor der Hütte und schüttle viele glitzernde Tropfen von Gras und Spierstrauch ab. Da Lederstiefel sich schnell mit Wasser vollsaugen bei der dauernden Feuchtigkeit in dieser Landschaft, habe ich den Gedanken an trockene Füße aufgegeben und trage ein Paar abgewetzter Turnschuhe, die ich extra hierfür aufgehoben habe.

Einigen Tieren bietet diese Nässe die große Chance; vielleicht ist sie für sie das Signal zur Ausbreitung. Normalerweise sind sie an ihre Sümpfe, Teiche, Seen gebunden, aber jetzt hat der Regen sie befreit und Wanderlust in ihnen geweckt. Bei meinem nun nahezu täglichen Lauftraining habe ich drei überfahrene Wassermolche gefunden, die alle vom Teich abgewandt waren, als sie starben. Und dann die vielen Frösche: Leopardfrösche und Ochsenfrösche leben ganzjährig in stehenden Gewässern, aber vor kurzem habe ich mehrere junge Leopardfrösche auf einem Grasstück unterhalb der Hütte gefunden. Ich habe keine Ahnung, woher sie gekommen sind, aber es muß für Hüpfer eine riesige Entfernung gewesen sein. Wenn sie ausgewachsen sind, werden sie sich wieder einen Teich suchen.

In *Vermilion Sea: A Naturalist's Journey in Baja California* bemerkt der Biologe John Janovy jr., daß die Menschen zu den wanderlustigsten Spezies gehörten:

«Pilgerreisen scheinen fast vom Instinkt geleitet zu sein, oder zumindest von Verhaltensweisen bestimmt, die jetzt so tief in der Art verwurzelt sind, daß es schwer ist, zwischen genetischem und sozialem Ursprung zu unterscheiden. Von all den Tieren, die migrieren, sind wir sicher die rastlosesten. Aber die Prägung durch das geophysische Habitat, in dem sie die formenden Jahre verbringen, erhalten sich die Menschen. Und oft werden wir offenbar in die Heimat unserer Kindheit zurückgezogen – wenn nicht physisch, dann psychisch, wenn nicht aus Liebe, dann aus Neugier, wenn nicht aus Notwendigkeit, dann aus einer Sehnsucht heraus. Durch solche Streifzüge erkennen wir, wer wir sind.»

Ich bin es gewohnt, Waldfrösche hier oben auf den Bergkuppen zu finden. Aber Leopardfrösche? Da sieht man, wie wenig ich von Fröschen weiß. Und nicht nur von Fröschen – das gilt auch für Schildkröten und Molche. An einem steilen Hang meines Berges gibt es einen kleinen Tümpel an einer Quelle. Manchmal halte ich nach dem Laufen da an, um einen Schluck Wasser zu trinken. Es ist kein Ort, an dem ich eine Schnappschildkröte erwarten würde. Aber da war eine, eben unter der Wasseroberfläche. Ist sie durch den Wald und die steilen Hänge hinaufgewandert und hat hier zu einem erfrischenden Bad angehalten? Wenn es eine große Schildkröte gewesen wäre, würde ich annehmen, daß sie auf der Wanderschaft wäre, um einen Partner zu suchen oder einen Ort, an dem sie ihre Eier ablegen kann. Aber diese hier war noch jung und nicht ausgewachsen. Ihr Rückenschild war nur zehn Zentimeter lang.

Ich hatte eine riesige Menge Holz gesägt und gespalten und in einem unordentlichen Haufen neben der Hütte liegenlassen, weil ich es erst stapeln wollte, wenn es in der Sonne getrocknet wäre. Aber von dem ständigen Regen wurde es immer wieder naß, und schließlich stapelte ich es, obwohl es naß war: wenn ich warten wollte, bis es getrocknet war, wartete ich vielleicht zu lange.

Inzwischen hatte der Holzhaufen genau wie der Tümpel einen Gast aufgenommen. Er lag unter der untersten Lage von Scheiten in einer Mulde aus feuchtem Sägemehl: ein wunderschönes, glattes schwarzes Geschöpf mit leuchtend gelben Punkten. Fleckenquerzahnmolche sind genau wie Frösche und Schildkröten an Wasser gebunden. Sie paaren sich, laichen, und die Nachkommen durchleben das Larvenstadium in Teichen im Wald. Jetzt lag hier einer unter meinem Holz – und rundherum gab es meilenweit nur Wald mit umgefallenen Baumstämmen, riesigen Felsen, Schluchten und einem Gewirr von Vegetation, die ihn von seinem Heimatgewässer trennten. Wie lange war er unterwegs? Woher kam er? Warum?

Der Fleckenquerzahnmolch, der sich jetzt kaum bewegte, konnte sich nie schnell bewegt haben. Was hatte ihn veranlaßt, überhaupt aufzubrechen? Ich nahm an, daß er den Rest des Sommers und den kommenden Winter hier hatte verbringen wollen, an diesem sicheren Ort. Aber ob er einen solchen Ort finden würde, hatte er nicht im voraus wissen können. Sein Schwanz war geschwollen von Fett – ein

Nährstoffvorrat, der ihn über den Winter bis zum nächsten Frühjahr erhalten würde; dann konnte er zu dem Teich zurückkehren, aus dem er kam. Oder einen anderen suchen.

Wenn ich daran denke, was für Reisen diese langsamen Kreaturen unternehmen, bin ich von Ehrfurcht erfüllt. Diese Wanderung durch unbekanntes Territorium, dieser Spießrutenlauf durch Gefahren ist mit Sicherheit keine Verirrung, keine Unangepaßtheit, und unsere eigene Wanderlust, von der Janovy sprach, könnte tiefer verwurzelt sein, als wir meinen. Wir gehen im allgemeinen davon aus, daß die Evolution nur durch Selektion am Individuum zustande kommt, nicht an der Population als solcher. Aber vielleicht manipulieren die Gene den Organismus manchmal entgegen den individuellen Interessen. Die Ruhelosigkeit, die Schildkröten und Molche treibt, kostet sie häufiger das Leben, als sie Erfolg bringt, aber für die wenigen Wanderer, die neue Ufer erreichen, ist der Lohn beträchtlich. Das alltägliche Überleben trägt vielleicht weniger zur allgemeinen zukünftigen genetischen Investition bei, als die Besiedlung eines neuen Habitats. Wenn ich den neuen Teich in der Nähe meiner Hütte anlege, wird ihn eines Tages einer dieser Frösche mit Freiheitsdrang finden. Hunderte werden auf vergeblichen Reisen sterben, aber der glückliche Finder wird innerhalb weniger Jahre Tausende von Nachfolgern seiner Art hinterlassen, und damit haben die Gene für die Wanderlust in der Lotterie der natürlichen Auslese einen Gewinn gebracht.

6. August
SPÄTSOMMERLICHE STREIFZÜGE

Der Wald ist mittags fast still. Man hört kaum einen Vogel, höchstens mal einen Rotaugenvireo. Auch abends ist es sehr leise. Wie anders als in den Tropen, wo der Wald zu jeder Jahreszeit tagsüber voller Vogelrufe ist und nachts voller Insektengeräusche. Hier haben bisher weder Laubheuschrecken noch Grillen sich hören lassen. Immerhin habe ich heute zum ersten Mal das durchdringende Zirpen einer Feldheuschrecke wahrgenommen. Vor ein paar Tagen habe ich auch eine Zikade gehört, aber seitdem nicht mehr.

Die Schmetterlinge sind fast alle fort. Sie kamen gestaffelt, in einzelnen Schüben, je nach ihrer Spezies. Bläulinge und Trauermäntel waren da, bevor oder als der Schnee schmolz. Dann kamen Tigerschwalbenschwänze, und als sie weg waren, die Weißen Admirale; es folgten Perlmutterfalter und Augenfalter, von denen noch ein paar da sind. Dies sind nur die auffallendsten und verbreitetsten Arten. Wenn man an sie alle zugleich denkt, kommt man leicht zu der Aussage: «Mit den Tagfaltern ist es auch nicht mehr so wie früher.» Die Erinnerung legt sich nicht auf bestimmte Wochen fest.

Die Raupen der Amerikanischen Glucke, die im Mai ihre Gespinste über Apfelbäume und Würgkirschensträucher gebreitet hatten, haben sich verpuppt und kleine braune Falter hervorgebracht. Aber diese Nachtfalter sterben bereits oder sind schon tot. Ein blaßgrüner Mondspinner lag halb tot auf dem Weg. Nur die Eier oder Puppen dieser Nachtfalter sind noch da. Ich habe einen glänzenden braunen Ring von Eiern der Amerikanischen Glucke auf einem Würgkirschenzweig entdeckt. Er wird bis zum nächsten Mai dort bleiben und die große Winterkälte mit Hilfe einer Frostschutzlösung aus süßem Glycerin überleben.

Auf dem Weg zum Hills Pond sah ich beim Lauftraining die bis auf braune Rippen abgefressenen Blätter einer Spierstrauchpflanze. Sie waren von einem Raupengespinst überzogen, und viele kleine graue Raupen saßen darauf und darin. Ich hatte in der vergangenen Woche bereits so eine Raupengemeinschaft auf meiner Lichtung entdeckt: die Raupen dort warfen alle ihre Hinterteile hin und her, und zwar

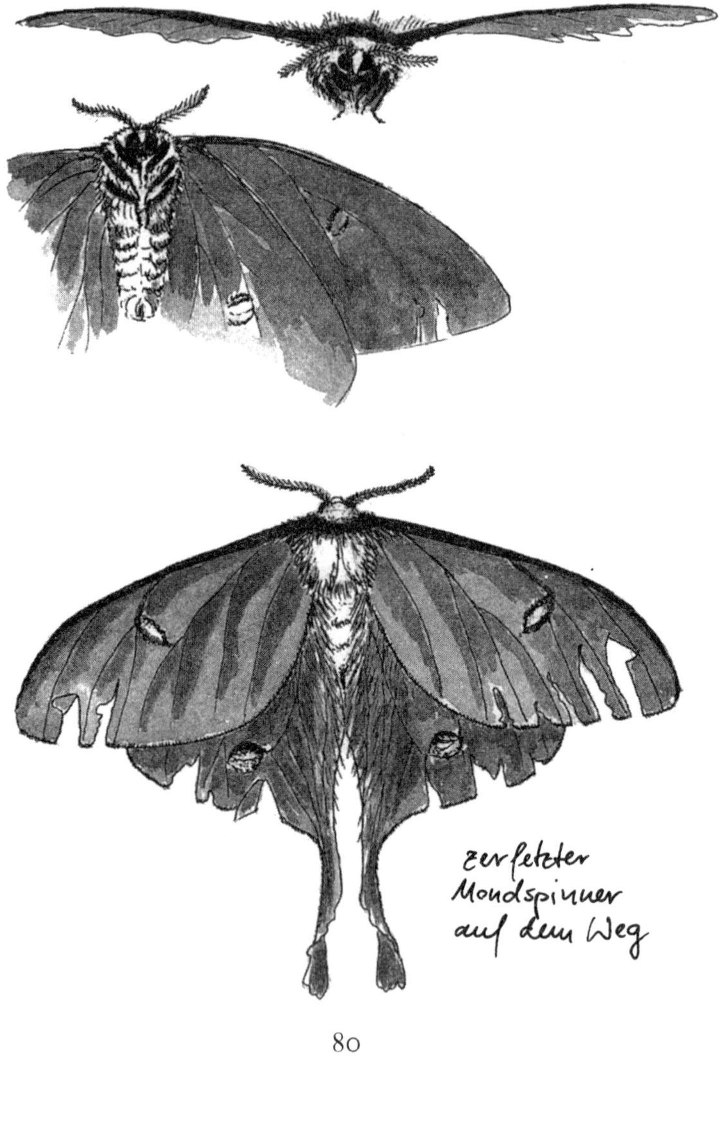

synchron! Wenn die Sonne sie beschien, erhöhte sich die Frequenz ihrer Bewegung, wenn ich sie beschattete, nahm sie ab. Offensichtlich war der Rhythmus abhängig von ihrer Körpertemperatur, was bei kaltblütigen Lebewesen zu erwarten war. Aber wieso schlugen sie überhaupt so aus, und warum synchron? Darüber dachte ich nach, als ich anhielt, um diese zweite Kolonie zu beobachten. Diese Raupen schlugen nicht mit dem Hinterleib. Sie krabbelten langsam herum. Ich klatschte über ihnen in die Hände. Nichts geschah.

Ich wollte gerade ratlos weiterlaufen, als eine Schlupfwespe kam. Es war ein schlankes schwarzes Insekt mit langen gelben Fühlern und gelb geringelten Beinen. Ich erinnerte mich an die Sammlung meines Vaters und wußte, daß es zu den Ophioninae gehörte, denn der Hinterleib, der sich drei Millimeter breit aus der nadeldünnen Taille entwickelte, war seitlich zusammengedrückt. Der Legestachel war zwei Millimeter lang.

Während die Wespe über ihnen schwebte, begannen die Raupen plötzlich mit den Leibern zu peitschen. Die Wespe

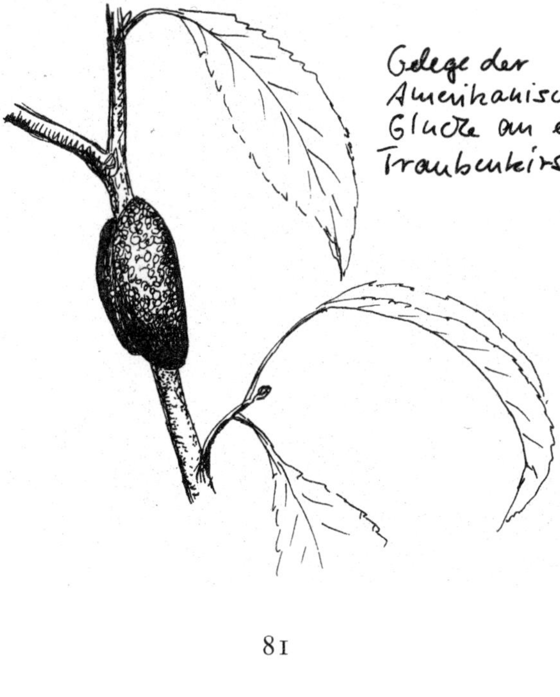

Gelege der Amerikanischen Glucke an einer Traubenkirsche

flog wie erschreckt fort, kam aber gleich wieder. Abermals begannen die Raupen zu schlagen, synchron. Selbst die, die etliche Zentimeter entfernt in einem anderen Teil des Netzes saßen und die Schlupfwespe bestimmt nicht sehen konnten (wenn Raupen überhaupt sehen können), machten mit. Es war, als hätte jemand Alarm geschlagen.

Ich bückte mich, um genauer hinzusehen. Ein Auto fegte vorbei; der Luftzug fuhr durch die Zweige und fegte die Wespe einen oder zwei Meter fort. Aber sie kam sofort zurück.

Jetzt landete sie auf dem Gewebe und machte sich zu Fuß an ihre Beute heran. Während sie sich einer Raupe näherte, schob sie den Hinterleib unterwärts nach vorn. Dann stieß sie zu. Wahrscheinlich injizierte sie ihrem Opfer mit diesem einen schnellen Stoß ein Ei durch den Legestachel. Das ging aber so schnell, daß ich nicht einmal sagen konnte, ob der Kontakt zustande gekommen war oder nicht. Die Raupe schlug immer weiter mit dem Hinterleib. Man darf wohl annehmen, daß dieses Schlagen der Raupen ein Ergebnis der Evolution ist, mit dem solches Schmarotzertum reduziert wird. Das Ei, wenn denn eins abgelegt wurde, wird zu einer Wespenmade werden, die die Raupe von innen her verzehrt. Die Geschwindigkeit, mit der die Wespe zustieß, ist eine Gegenstrategie gegen das Schlagen der Raupen. Wahrscheinlich reagieren verschiedene Raupenindividuen unterschiedlich schnell, so daß zwar auch die schnellsten noch parasitiert werden, aber vielleicht weniger als ihre langsameren Nachbarn. Evolution arbeitet mit relativen Prozentsätzen, nicht mit absoluten Garantien.

Indem sie ihre Hinterleiber so heftig bewegen, erhalten die Raupen nicht nur eine Verteidigung aufrecht, sondern geben auch Alarm. Und hier liegt vielleicht die Antwort auf die Frage, weshalb sie synchron schlagen. Wenn jede im Gegentakt zu anderen schlagen würde, würden sich die Vibrationen aufheben. Durch die Synchronisation, die sie nur erreichen können, indem sie im gleichen Rhythmus wie eine bereits existierende Vibration schlagen, verstärken sie sie. Je mehr sie sie verstärken, desto besser werden ihre Brüder und Schwestern – die mit ihnen viele Gene gemein haben – gewarnt.

Auch wenn wir darüber nachdenken können, was die Wespe und die Raupen da machen und weshalb sie es tun, können wir wohl davon ausgehen, daß sie es nicht wissen. Die Wespe hat keine Ahnung, daß sie Eier legt, die andere Wespen ihrer Art hervorbringen. Sie weiß nicht, weshalb sie so schnell mit dem Hinterleib zustößt. Die Raupen wissen nicht, weshalb sie mit ihren Leibern schlagen, und schon gar nicht, warum sie es im Gleichklang tun. Sie wissen nicht, daß ihr Verhalten etwas damit zu tun hat, daß eine «Saat» in sie gelegt werden könnte, die sich in ihnen zu kleinen weißen Maden entwickelt, die sie von innen auffressen würden, bis nur noch eine trockene Hülle von Haut übrig ist.

Wir rühmen uns, daß wir wissen, was die Insekten nicht wissen. Aber wie viele Dinge tun wir aus den gleichen unbewußten Gründen des Überlebens, ohne eine Ahnung von ihrer Bedeutung zu haben?

9. bis 13. August
BEERENZEIT

Heute fällt leichter Nieselregen, und ich versuche mich aufzuheitern, indem ich das Blaubeerfest im nahen Wilton besuche. Aber die erwarteten fröhlichen, ausgelassen tanzenden Mädchen sehe ich nicht. Tatsächlich sind die Straßen leer. Ich finde nur ein ebenfalls leeres Zelt mit leeren Bänken. Blaubeeren kaufen kann man aber: im Supermarkt, für 2,79 Dollar den Liter. Tolles Fest!

Das Moor von Chesterville ist nur fünf Meilen weiter die Straße entlang, also fahre ich dahin. Man muß durch patschnasse Seggen waten, um die ein bis fast zwei Meter hohen Blaubeerbüsche zu erreichen. Ihre Blätter und Beeren

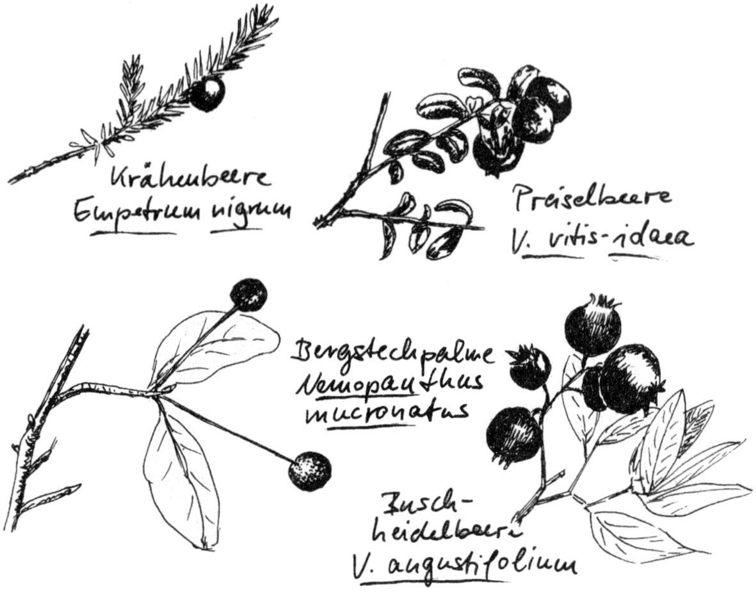

sind von einem Film frischer, glänzender Tröpfchen von dem Nebelregen überzogen. Einen richtigen Jäger und Sammler hält das nicht ab – jedenfalls nicht (auf die Minute genau) eine Stunde lang. In der Zeit habe ich drei Liter gepflückt. Man konnte sehen, wo schon andere Leute gewesen waren und die besten Büsche abgeerntet hatten. Zwei Sorten gab es hier: die hochstämmigen Sumpfheidelbeeren (*Vaccinium corymbosum*), deren blaue Beeren von einem weißlichen Schmelz überzogen sind und ein bißchen herb schmecken, und eine ebenfalls hochwüchsige Buckelbeere (*Gaylussacia baccata*) mit fast schwarzen Früchten ohne Schmelz, die mehr Samenkörner enthalten.

Ein bißchen tiefer im Sumpf könnte man auf dem grünen Torfmoos am Ufer des Pickerel Pond jetzt auch zwei Sorten von Moosbeeren pflücken: Die Kleine Moosbeere (*Vaccinium oxycoccus*) liegt in zarten, schlanken kriechenden Reben mit schuppenartigen Blättern über das Torfmoos gebreitet. Die

Großfrüchtige Moosbeere (*Vaccicinium macrocarpon*) wächst näher am Wasser und hat kurze senkrechte Stengel. Beide Arten schmecken um diese Jahreszeit roh gar nicht, aber sie sind wunderbar, wenn sie mit Zucker gekocht werden. Normalerweise bleiben die Beeren den ganzen Winter und bis in den Juni des folgenden Jahres an den Büschen, und dann schmecken sie sehr gut. Was übrigens von den süßen Heidelbeeren übrig bleibt, fressen die Vögel vor Ende August auf.

Als ich ein Junge war, machten wir im August mindestens einmal einen Familienausflug mit den Adams zum Mount Tumbledown zum Beerenpflücken, ausgerüstet mit Rucksäcken voller Picknick und Beereneimern. Wir wurden vor Bären gewarnt, die möglicherweise auch gerade Beeren pflückten. Wenn wir uns mit Blaubeeren vollgestopft hatten, taten wir den Überschuß in die geflochtene alte Eschenholzkiepe, die Floyd und Papa am Ende des Tages heimtrugen. Abends breiteten wir die Beeren dann auf dem Küchentisch aus und suchten Blätter und unreife grüne Früchte heraus. Leona und Mutter belegten damit Pies und kochten den Rest für den Winter ein.

Auch diesmal schlug ich nach dem Beerensammeln im Moor wieder den Weg den Mount Tumbledown hinauf ein. Ich wanderte durch Laubwald mit sehr dicken Zuckerahornbäumen und Gelbbirken. Bald hatte ich den Gürtel von Rotfichten erreicht, die auf allen Bergen der Region nahe dem Gipfel wachsen. Innerhalb von zehn Minuten war ich jedoch hindurch und oben auf den von Gletschern glattgeschliffenen Felsbändern. Zwischen diesen Granitplatten gibt es Streifen und Fleckchen mit Vegetation, wo sich die Feuchtigkeit hält; die Pflanzen dort sind so ziemlich die gleichen wie auf den schwankenden sauren Sumpfböden, die sich im Lauf der Jahrhunderte immer weiter von den Ufern her in die flachen Seen vorgeschoben haben. In manchen Fällen haben sie die Seen ganz verschwinden lassen.

Auch hier waren die Blaubeeren reif. Die herbe blaue Trunkelbeere (*Vaccinium uliginosum*) wuchs in dicht verzweigten Matten. Am häufigsten war aber die niedrigwachsende Buschheidelbeere (*Vaccinium angustifolium*), die zwischen den Felsen gedeiht. Die Beeren sehen hellblau, fast weiß aus wegen des Überzugs von Schmelz, der aber leicht abgeht; dann sind die Beeren tiefblau. Die dritte, die Schwarze Heidelbeere (*Vaccinium nigrum*), ist ebenfalls von niedrigem, gedrungenem Wuchs, hat aber keinen Schmelz auf den Beeren. Ich aß mehrere Handvoll davon und war schnell satt. Etliche Wanderdrosseln und ein Rabe ernährten sich gleichzeitig von diesen Beeren.

In den Ritzen zwischen den Felsen fand ich auch die kurzen, kriechenden Reben der Preiselbeeren (*Vaccinium vitis-idaea*) mit Büscheln von leuchtend roten Früchten, die zum Teil noch nicht reif waren. Man kann sie roh frühestens nach dem ersten Frost essen. Ebenfalls in dichten Matten wachsen hier schwarze Krähenbeeren (*Empetrum nigrum*). Die Vögel der Arktis sollen sie gern fressen, aber ich fand sie nicht gut. In den Mulden im Gestein, wo größere Pflanzen wuchsen,

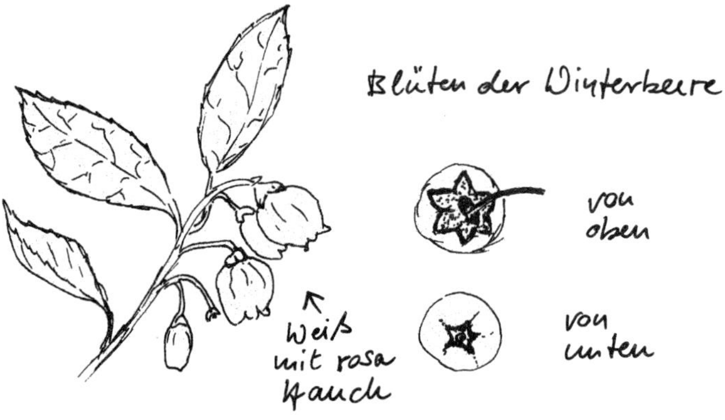

gab es Bergstechpalmen (*Nemopanthus mucronatus*) mit tiefroten Beeren an langen schlanken Stengeln. Sie schmecken fade und enthalten mehrere große weiße Samenkörner. Eine andere Stechpalmenart, die sowohl hier auf den Felsen als auch unten im Moor gedeiht, ist die Winterbeere (*Ilex verticillata*), deren hübsche rote Beeren noch nicht reif waren. Aber sie werden spät wandernde Vögel und wahrscheinlich auch

Rauhfußhühner ernähren, die dafür ihre Samen verbreiten werden. All diese Beeren sind dazu da, gegessen zu werden, jede schmeckt verschiedenen Tierarten oder einer Art zu verschiedenen Zeiten. Gerade jetzt reifen die roten Beeren des Teebeerenstrauchs vom letzten Jahr, und die weißen Blüten dieses Jahres locken späte Hummeln an.

Eine Freundin aus einer fernen Stadt kam zu Besuch und beschloß, Marmelade zu machen. Da der gußeiserne Herd in der Küche ohnehin heiß war vom Blaubeerenkochen, schien es sinnvoll, auch gleich eine Früchtepastete in den Ofen zu schieben. Ich legte mehrere Schichten Blaubeeren und Himbeeren abwechselnd mit einem Teig aus Weizenvollkorn- und Hafermehl, Butter und Zucker in die Form. Und da dann noch Platz im Backofen war, warum nicht lauwarmes Wasser mit Hefe und Mehl mischen, gehen lassen und gleichfalls backen? Als das Brot fertig war und immer noch so heiß, daß wir es kaum anfassen konnten, brachen wir es auseinander, schnupperten, strichen Butter auf dicke Scheiben und schmausten.

Der Mond stieg groß und golden über Kinney's Head auf – es war Zeit für Musik – nicht um Stimmung zu erzeugen, die war schon da, sondern um uns Rhythmus zu liefern. Es war eine der wenigen Gelegenheiten, für die ich meinen Pick-up mit Vierradantrieb den felsigen, halb verschlammten Weg zur Lichtung heraufgefahren habe. Wir legten eine Kassette von Kathy Mattea in den Rekorder, drehten auf und traten im Mondlicht ins taufeuchte Gras neben den Weidenröschen. Wir lachten, tanzten Texas-Twostep und hatten schließlich doch ein perfektes Blaubeerenfest.

14. August
HERBSTGRÜSSE

Auf Feldern, Wiesen und Lichtungen sind jetzt die Grillen und Heuschrecken zu hören – ein sicheres Zeichen, daß der Herbst naht. Daß ich jetzt beim Aufwachen keinen einzigen Vogel höre, kommt mir eigenartig vor! Manchmal, wenn man Glück hat, hört man ein paar schwache, zaghafte Töne des Rotaugenvireos, aber er gibt immer gleich wieder auf, als hätte er gemerkt, daß er einen Fehler gemacht hat. Waldsänger huschen in kleinen Gruppen herum, und wenn sie nahe genug sind, hört man gelegentlich leises Zwitschern und Zirpen. Sonst ist es still im Wald, abgesehen von dem zikadenähnlichen Summen ferner Kettensägen und dem gelegentlichen Schnarren eines Roten Eichhörnchens.

Die Farben haben sich bisher kaum verändert – der Wald ist noch grün. Aber hier und da beginnen rote Flecken aus Rotahornbäumen zu leuchten.

Es gibt viele Raupen. Um diese Jahreszeit suchte ich sie früher, indem ich auf glatten Wegen nach ihrem Kot und nach den von ihnen angerichteten Freßschäden Ausschau hielt. Später stellte ich fest, daß viele Vögel die Schäden ebenfalls als Hinweis auf Raupen nutzen. Ein paar Raupenarten haben dagegen die Strategie entwickelt, daß sie die Freßschäden verbergen, indem sie die Beweismittel verschwinden lassen: sie schneiden die Blätter nach der Mahlzeit am Stiel ab und verstecken sich dann. Bei meinem Lauftraining finde ich nun immer diese frisch abgeschnittenen, halb gefressenen Blätter und frage mich, welche Raupe das war und wo und wie sie verborgen ist.

Die Pilze sind da. In den dunklen, feuchten Fichten- und Tannenwäldern ist jetzt der weiche Boden aus modernden Nadeln und Ästen gesprenkelt von Farbflecken in leuchtendem Rot, Gelb, Orange, Grün, Violett, Rosa oder Weiß, ein Pilzhut am anderen, und gelegentlich zeigt sich flammendes Orange an einem Baumstamm.

Die Weidenröschen vor der Hütte sind so gut wie verblüht. Nur an den Spitzen sieht man noch ein paar Blüten. Die untersten streuen bereits Samen aus. Bei jeder Brise treiben kleine weiße Bäusche durch die Luft aufwärts und fort – Millionen Samen werden in die Welt geschickt. Die Luft ist tagsüber voll von winzigen weißen Fläumchen, die man nur sieht, wenn das Sonnenlicht sie gegen den schwarzen Wald im Hintergrund beleuchtet. Sie steigen hoch über die Bäume auf und verschwinden im Himmel. Örtliche Ereignisse können unbeobachtet große Wirkung anderswo haben.

Heute morgen hab' ich Wäsche gewaschen und im Diner gefrühstückt, dann eine Ladung Hemlocktannenbretter und fünf mal zehn Zentimeter starke Latten an Parker Kinneys Thick'n Thin Lumber abgeholt und bin schließlich die 35 Kilometer um den See gelaufen. Ich kam mir dabei ziemlich langsam vor, war aber nicht erschöpft. Vielleicht bedrückte mich der kühle, bedeckte Himmel. Er wirkte so tot. Die ganze Zeit sang nicht ein einziger Vogel; selbst die Grillen waren von der Kühle gehemmt. Unterwegs fand ich die ersten Brombeeren und sah, daß die Würgkirschen reif, aber die Virginischen Traubenkirschen noch grün waren. Von beiden werden sich demnächst die Zugvögel aus dem Norden auf dem Weg nach Süden ernähren.

Als ich nach Hause kam, legte ich schnell Feuer an, um wieder warm zu werden, machte Kaffee und labte mich an frischem Brot. Danach spaltete ich Holz und arbeitete noch an einer Zeichnung, bis es dunkel wurde. Eine Lampe brauchte ich nicht. Ich bin bei Dunkelwerden meistens völlig erschöpft und sinke ins Bett.

Mein Neffe Charlie und mein Sohn Stuart sind zu Besuch; wir stehen bei Morgengrauen auf, um einen Ausflug zum Pease Pond zu unternehmen.

Hier habe ich meine ersten Fische geangelt. Es waren Sonnenbarsche, wunderschön grüngoldene Fische mit einem leuchtendroten Fleck am Rand der Kiemendeckel. Ein Eistaucherpaar mit einem sehr kleinen Jungen schwamm jetzt auf dem glasklaren Wasser. Wir paddelten durch den Ausfluß auf den See, zwischen Seerosenblättern hindurch, die mit unzähligen kleinen schwarzen Käferlarven bedeckt waren; sie sahen aus wie schmutzige Mauseköttel. Dann betraten wir den schwimmenden Teppich von Sumpfpflanzen. Die Moosbeeren waren noch grün. In der Nähe des Ufers blühte eine leuchtend rosa Wiesenrose; die winzigen Schwarzen Zwergvogelbeeren (*Pyrus melanocarpa*) waren reif, aber nicht besonders schmackhaft. Knopfbusch, blaue Pontederia, weiße Seerosen und weißes Pfeilkraut blühten ebenfalls noch. Aber die Rotahornbäume hier hatten schon einen roten Schimmer. Die im Sumpf sind immer die ersten, die Herbstfarben zeigen.

Bei mir vermischen sich die Erinnerungen mit der Gegenwart, als wir das Kanu in der Nähe der Felswand unter der dicken Schierlingstanne an Land bringen. Ganze Schulen von Sonnenbarschen stehen im Wasser, und Stuart angelt einen und schnellt ihn an der Angel aus dem Wasser. Ihn scheint das längst nicht so zu erregen wie mich in seinem Alter. Ich frage mich besorgt, ob er durch zuviel «Raumschiff Enterprise» abgestumpft ist. Andererseits hat er die Sesamstraße auch hinter sich gelassen. Wieviel von der künstlichen Scheinwelt wird noch Bedeutung für ihn haben, wenn er erwachsen ist? Mich bewegt der Fisch von damals und von heute noch immer; es ist eine vor langer Zeit in einer noch intakten Welt etablierte Verankerung in der Realität.

Charlie spielt mit den Fischen, die anbeißen. Dann baden wir am Rande des schwimmenden Sumpfes. Um die grünen Preiselbeeren zu entdecken, muß man schon genau hinsehen, aber die Kannenpflanzen erkennt man überall – es sind merkwürdige, exotische Pflanzen, die man nur in schwimmenden Sümpfen aus der Eiszeit wie diesem findet.

«Seht doch mal – die sind voller Wasser wie kleine Tassen», sagt Stuart. Er will eben eine davon leeren, als er entdeckt, daß fast in jeder ein Insekt steckt – eine Fliege, ein Käfer oder ein anderer halb zersetzter Gliederfüßer. «Wie fressen sie sie?»

«Das ganze Blatt, wie ein Becher geformt, mit glitschigen Wänden, arbeitet wie ein Magen. Es sondert Säfte ab, die die gefangenen Insekten verdauen, und dann absorbiert die Pflanze sie.»

Die Sonne wird im Dunst rötlich, und das Wasser ist vollkommen unbewegt. Am gegenüberliegenden Ufer wirkt die Oberfläche schwarz; dort haben wir vor 40 Jahren gegen Abend den großen Wels gefangen. Wenn es dämmerte, angelten Billy, Floyd, Robert (ein Teenager, der auch auf der Farm arbeitete) und ich oft vom Boot aus den Weißen Flußbarsch. Heute paddeln wir nur hinüber, um unser Kanu wieder aufzuladen und zur Hütte zurückzukehren.

Meine Tochter Erica und ihr Freund Robin sind ebenfalls für einen Tag da, und als wir heimkommen, haben sie bereits ein Feuer an der Grillstelle hinter der Hütte brennen. Wir schüren die Flammen, setzen einen Topf mit Kartoffeln auf und legen fünf Schweinekoteletts auf den Grill. Es ist um die 30 Grad warm geworden heute, und die Feuchtigkeit läßt die Berge im Dunst verschwimmen. Der blaue Rauch steigt senkrecht auf und mischt sich mit dem Dunst. Aus dem Topf quillt der Dampf, die Koteletts brutzeln, Flammen schlagen daran hoch, weil das Fett tropft. Vor dem dunkler werdenden Himmel sehen wir Bockkäfer schwerfällig fliegen; sie werden von dem Geruch frischen Holzes angezogen, das wir gesägt und an der Hüttenwand aufgestapelt haben, und brummen nun lärmend heran. Die Laubheuschrecken zirpen schrill, es wird dunkel. Wir ziehen uns in die Hütte zurück, wo wir bei Kerzenlicht essen, und setzen uns hinterher wieder ans Feuer draußen.

Ich fange zwei der Bockkäfer und freue mich an ihrer vollkommenen Gestalt. Bei dem einen sind die Fühler wesentlich länger als sein Körper. Der andere, von gleicher Größe, hat kürzere Fühler. Ich vermute, daß die Länge der Fühler

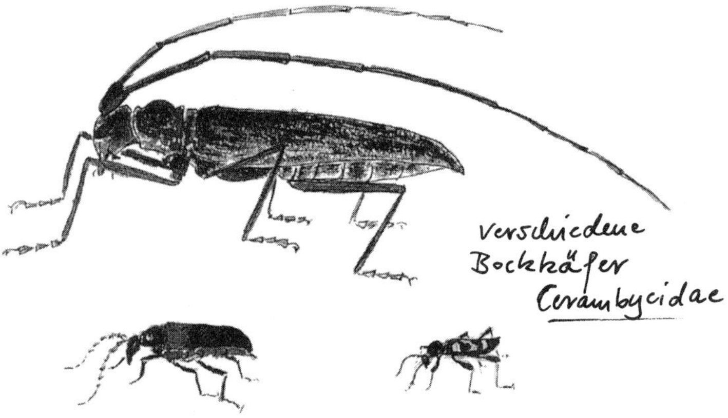

von der Mindestzahl der Sensoren abhängig ist, die die Käfer benötigen, um zu riechen; um Holz zu riechen, was die Weibchen betrifft, und um Holz *und* Weibchen zu entdecken, was die Männchen angeht. Demnach ist der mit den längeren Fühlern wahrscheinlich das Männchen. Vor kurzer Zeit erst habe ich zwei andere Bockkäfer gefunden. Der eine hatte schwarzweiße Fühler, und sein Rücken war vorn rot und hinten schwarz. Der andere war kleiner, wespengroß. Wie bei einer Wespe war sein Rücken schwarzgelb. Ich werde sie sammeln. Im Juni habe ich sehr interessant aussehende Bockkäfer auf den Blüten der Amerikanischen Eberesche nahe der alten Hütte gesehen. Mich hat die Sammelleidenschaft gepackt: ich spüre wieder, wie es ist, wenn man all die ver-

schiedenen und die schönen und die seltenen Vertreter entdeckt und haben möchte – wie damals, als ich klein war. Bockkäfer sind als Einstieg nicht schlecht. Diese Gruppe ist nicht so groß, daß sie unübersichtlich wäre, denn ein bißchen muß der Sammler natürlich wissen. Ihre Vertreter sind aber auch schön und mannigfaltig genug, um einen nach immer neuen suchen zu lassen. Da es viele Spezies gibt, kann man auch hoffen, noch eine neue zu entdecken. Wer weiß, wohin das führt? Es ist einfach ein gutes Gefühl, etwas dazuzulernen. Kaum habe ich beschlossen, diese Käfer zu sammeln, finde ich einen langsamen blauen Blasenkäfer, der sich totstellt und scheußliche gelbe Sekrete aus den Gelenken absondert, als ich ihn berühre. Die Larven dieses Käfers warten in Blüten, um sich von Bienen in ihren Bau tragen zu lassen, wo sie sich von den Nahrungsmittelvorräten der Bienen ernähren, bis ihre Entwicklung abgeschlossen ist.
Wir schliefen alle gut. Ich hörte wenig nächtliche Geräusche, nur eine kurze Sequenz vom Gesang des Gelbschnabelkuckucks. Seltsam, daß man diesen Singvogel fast nur nachts hört. Ich denke dabei an das Erlen-Weiden-Dickicht neben

ein Blasenkäfer – dunkelblau u. weich

der alten Scheune damals. Seit mehr als 30 Jahren habe ich diesen Vogel nicht gehört, und jetzt auch nur ein paar Sekunden lang. Dann schwieg er wieder.

Die Freuden des Sommers, wie ich sie hier oben erlebt habe – mit dem Gesang der Vögel, den wunderschön farbigen Schmetterlingen, der Freude am Schwimmen im Bach –, sind jetzt vorbei. Wie schnell die Zeit vergangen ist.

Ich fühle sehr konkret, daß Leben vergangen ist, aber ich bin zufrieden, daß ich es gelebt habe. Ich versuche mir vorzustellen, wie es wäre, wenn ich wüßte, daß ich nie sterben würde, und frage mich, ob dann das Leben so schön wäre. Die Regierung hat versucht, Wölfe, Berglöwen und Adler auszurotten – bis sie selten geworden waren. Jetzt versucht sie sie wieder zurückzuholen – *weil* sie selten sind.

30. August

Die Brombeeren wachsen in undurchdringlichen Dickichten an alten Holzeinschlägen. Elche und Bären wandern hier durch und haben Pfade getreten; ich sagte Stuart nichts davon, um ihn nicht ängstlich zu machen. «Wir» pflückten eine gute Stunde lang Brombeeren und sammelten mehr als drei Liter, aber schon nach zehn Minuten wurde es für ihn langweilig. Das war in Ordnung, denn es führte dazu, daß er den Kothaufen eines Koyoten fand, der voller Brombeersamen war.

«Hier wird es mal ein Brombeerdickicht geben», bemerkte er. Er hatte den Mutualismus entdeckt. Der Koyote ernährt sich von den Beeren und hilft dadurch der Art, zu überleben.

Als wir zurückkamen, kochte ich aus den Beeren Marmelade. Dann pflanzten wir einen Erinnerungsbaum. Südlich der Hütte hoben wir eine Grube von 1,50 m Durchmesser aus. Dann gingen wir ein Stück den Weg hinunter, um eine Roteiche auszugraben und von den Wurzeln der Nachbarbäume zu befreien, die ich schon lange im Auge gehabt hatte. Der Baum war knapp fünf Meter hoch und hatte einen Umfang von zwölf Zentimetern; mit seinem riesigen Wurzelballen wog er runde 80 Kilo. Auf der Schubkarre brachte ich ihn nach oben. Wir rissen ungefähr die Hälfte der Blätter ab, um den Wasserverlust zu reduzieren. Dann setzten wir den Baum in das Loch, glätteten den Boden rundherum, kippten noch einen großen Eimer Sägemehl darauf und legten Äste und Zweige darüber. Dann bewunderten wir unser Werk.

«Eines Tages, Stuart, wenn er wirklich groß ist, kannst du sagen: ‹Den Baum haben mein Dad und ich gepflanzt!›»

«Dad, wenn du stirbst, kann ich dann die Hütte haben?»

«Klar. Aber laß uns jetzt das Gestrüpp wegräumen.»

Wir rodeten Gestrüpp und stapelten es auf. Dann zündeten wir auf dem Grillplatz ein Feuer an und kochten Kartoffeln und machten rote Bohnen heiß zum Abendessen.

Als es dunkel wurde, wollte Stuart statt einer Gutenachtgeschichte einen Gang durch den Wald mit mir machen. Genau wie mein Rabe Jack, dachte ich. Es hatte ein bißchen geregnet, aber die Wolken zogen ab, und nur von den Bäumen tropfte es noch. Wir gingen durch die Kiefern und setzten uns auf einem Stein nieder. Wir lauschten. Das von den Ahornbäumen zwischen den Kiefern tropfende Wasser klang, als wanderten Tiere umher, denn an Tiere dachten wir.

«Hast du das gehört?» fragte er immer wieder. Schließlich schlief der Wind ein und es wurde ganz still. Weit in der Ferne rief ein Streifenkauz. «Hu-Huu», rief Stuart. Der Kauz antwortete nicht.

Wir lauschten noch ein wenig, und als es noch dunkler wurde, hockte sich Stuart auf meinen Schoß und kuschelte sich an. Wir hörten einen unheimlichen, hohen Kreischton.

«Was war das?»

«Ich weiß es nicht. Vielleicht ein Koyote.»

Wir hatten über eine Stunde dagesessen und gelauscht. Über eine Stunde dagesessen und zugehört und unsere Sinne für eigenartige Rufe in der Nacht oder für die Geschichten geöffnet, die der Wald uns erzählen könnte.

Um diese Jahreszeit flattern endlich leuchtende Gelblinge (*Colias*) und schneeige Weißlinge (*Pieris*) über das Land. Wo sind sie bis jetzt gewesen? Schwarze Trauermäntel sind auch wieder da. Die hab' ich im Frühjahr zuletzt gesehen, als der Schnee schmolz. Später sah ich ihre dornigen schwarzen Raupen in großer Zahl auf den Weidenbäumen. Jetzt ist die zweite Generation da; sie werden als ausgewachsene Schmetterlinge überwintern. Einer hat bereits die Spalten im Holz der Hütte geprüft, vielleicht suchte er nach einem geschützten Ort für den Winter.

Unter den auf der Straße überfahrenen Tieren, die ich beim Laufen finde, sind jetzt die Raupen des dicken, durchsichtig grünen Mondspinners, die von den Bäumen fallen. Sie wandern kurze Zeit umher und spinnen sich dann in einen Kokon ein, in dem die Puppen den Winter überstehen können. Ich sehe auch die blaßblaugrünen, mit roten Punkten verzierten Raupen des Prometheus-Spinners auf den Eschen. Sie sind noch klein. Sie fallen auch nicht ab, wenn sie ausgewachsen sind, sondern wickeln sich in ein Blatt ein und spinnen einen Kokon drumherum, den sie mit einem starken Seidenfaden am Ast befestigen.

Die Zeit der Blaubeeren und Himbeeren ist vorbei. Die ziehenden Wanderdrosseln finden aber Würgkirschen und Brombeeren, deren Samen sie ausbreiten werden. Der Wind trägt den Samen der Zuckerahornbäume millionenfach aus, und Eichhörnchen und Abendkernbeißer schwelgen. Die Teebeeren mit ihrem eigenen Zeitplan blühen gerade. Sie gehören in die Familie der Heidekrautgewächse (*Ericaceae*), zu der auch Heidelbeeren und Rhododendren gehören, die im Frühling blühen.

Ein alter Apfelbaum auf der Lichtung trägt köstliche, säuerliche gelbe Äpfel einer längst vergessenen Sorte. Es wird schnell deutlich, weshalb es diese Äpfel nicht mehr zu kaufen gibt, obwohl sie so gut schmecken: sie sind mürbe und bekommen sofort Druckstellen, eine Eigenschaft, die sie für neuzeitliche Vertriebsformen ungeeignet macht.

Gestern morgen war ich ziemlich energielos und spürte, daß ich in Mattigkeit versank. Deshalb tat ich, was ich immer tue, um die Maschine wieder in Gang zu bringen – ich lief. Danach fühlte ich mich besser. Ich knetete einen Brotteig, buk Brot, sammelte Äpfel auf, machte einen Apfelgratin und sägte ein Loch für Stuarts neue Baumfestung in einen hohlen Ahornbaum. Dann fuhren wir zum Markt nach Windsor, um ein geöltes Schwein zu fangen.

Wir brauchten anderthalb Stunden für die Fahrt – lange genug, um die Spannung steigen zu lassen. Aber als wir ankamen, stellten wir fest, daß die Schweine nicht mehr geölt werden, und daß der Wettkampf nicht für jedermann offen war.

Statt dessen sollten Namen ausgelost werden zu einer Balgerei um zwölf saubere Ferkel. Dieser Wettkampf war nicht nur hygienischer, sondern zu einer Sache des Glücks gemacht worden, um individuelle Unterschiede bei der Fähigkeit zum Schweinefangen zu verwischen.

Diese Nivellierung betraf jedoch nur die Menschen. Tiere und Gemüse wurden noch immer nach den strengen Maßstäben individueller Leistung beurteilt. Die Stärke von Arbeitspferden und Ochsen sollte demonstriert werden, ebenso die Schnelligkeit und Schönheit von Trabern. Ganz normal wirkende Tomaten und Gurken – die genauso aussahen wie die aus dem nächsten Gemüseladen – wurden kritisch beurteilt und mit blauen oder roten Bändern zur Schau gestellt, die ihre Vorzüglichkeit kundtaten.

Wir warteten am Kampfplatz, auf dem die Schweinejagd stattfinden sollte, aber einstweilen war der Wettkampf der Ochsen noch im Gang. Die großen, schwerfälligen Tiere marschierten in Zweiergespannen auf, nachdem ein großer Traktor den Schlitten mit den aufgestapelten Zementblöcken zur Startlinie zurückgeschleift hatte. Auf ein Kommando des Fuhrmanns beugten die beiden Ochsen den Kopf zu Boden und legten sich ins Zeug, daß man das Weiße in ihren rollenden Augen sehen konnte. Keuchend arbeiteten sie unter dem Aufstacheln und den Schreien des Fuhrmanns, der ihre Bemühungen zu koordinieren versuchte. Nach wenigen Metern hielten sie an, um Atem zu holen, dann wurden sie wieder angetrieben. Nach genau zwei Minuten war ihre Arbeit beendet, das Maßband wurde ausgerollt, die zurückgelegte Strecke notiert. Schon schleifte der Traktor die Ladung für die nächsten Wettbewerbsteilnehmer zurück zur Startlinie.

Dann folgte die Arbeitsprüfung für Pferde. Es waren riesige, muskulöse Belgier und Percherons. Ihre Gewichtsklasse war 1440 kg pro Gespann, und das Totgewicht, das sie fünf Minuten zogen, betrug 32,659 Tonnen.

Alle Gespanne kamen mit erhobenen Köpfen herein. Allen Pferden waren die Mähnen geschnitten worden, die Schwänze aber waren lang und gepflegt. Diese Tiere brauchten nicht angestachelt zu werden. Sie kauten vielmehr erregt am Gebiß, und der Besitzer mußte sie zurückhalten. Die Pferde hatten Feuer – sie waren nicht unsicher und verfolgten keine eigenen Absichten, man mußte sie nur machen lassen.

Sie durften immer nur ein paar Sekunden lang arbeiten. Hätten sie ständig oder nur ein bißchen ungleichmäßig gezogen, hätte ihre Stärke nicht gereicht, diese ungeheure Ladung zu bewegen, dann wäre *alle* Energie vergeudet gewesen. Es kam darauf an, alle Kräfte einzusetzen, solange die Ladung sich bewegte, aber ganz und gar anzuhalten, wenn sie langsam wurde. So schleiften die Gespanne ihre Ladung schrittweise voran, und obwohl ich mir kaum Spannung davon versprochen hatte, fand ich mich seltsam in dieses Schauspiel hineingezogen. Die Pferde wußten nicht, wieviel Zentimeter oder Meter die Konkurrenten geschafft hatten oder schaffen würden, und es war ihnen auch egal. Ich feuerte innerlich die an, die sich so ins Zeug legten, daß ihre Muskeln sich herauswölbten und man sehen konnte, wie ihre Flanken vom schweren Atmen bewegt wurden; der Schweiß floß an ihnen herab, und Klumpen von Erde flogen hinter ihnen hoch, wenn sie ihre Hufe in den Boden stemmten – und all das freiwillig und aus Begeisterung. Nach jeder Anstrengung klopfte ihnen der Gespannführer liebevoll und anerkennend den Hals.

Bis zur Auslosung der Namen für das Schweinefangen machten wir eine Runde zu den Buden und Ständen und Karussells. Ich bekam einen Kaffee, und Stuart ein Stück Schmalzgebäck mit Zucker und Zimt.

Dann war es soweit. Zwölf Jutesäcke mit Schnur waren in die jetzt leere Arena gelegt worden. Ein Lastwagen mit zwölf Ferkeln fuhr heran, und ein Mann, dessen Bauch über den Gürtel fast bis zu den Knien hing, wartete darauf, sie freizulassen. Die Zuschauer drängten sich am Zaun.

Einer nach dem anderen wurden die Wettkampfteilnehmer aufgerufen, unter ihnen Stuart. Ich hatte ihm ein paar Tricks für die geölten Schweinchen eingepaukt, und seit Tagen hatte er eine Schweinejagdstrategie im Kopf ausgearbeitet. Noch am Morgen hatte er mir eine schematische Darstellung gezeigt, die zeigte, wie er ein flüchtendes Ferkel aufhalten wollte. Er hatte sogar einen Holzklotz aus dem Wald gezerrt, an dem er «Packen und Festhalten» übte.

Die Ferkel wurden freigelassen, der Ansager rief «Los!», und die Kinder stürzten hinter ihnen her. Die Schweinchen drängten sich erschrocken zusammen, als die Kinder kamen; innerhalb von fünf Sekunden hatten Stuart und ein paar von den anderen sich auf sie geworfen und bugsierten je eins der quiekenden Tierchen in einen Sack. Schon war alles vorbei. Mit ihren eingesackten Ferkeln kamen sie an die Seitenlinie um zu warten, denn drei kleine Mädchen waren noch hinter dem letzten freien Schweinchen her, das inzwischen schlauer war. Das Tier hier zeigte gar keine Unruhe, bis die Kinder heran waren. Es wartete keck auf sie und wich dann geschickt zur Seite aus. Dazu gab es zufriedene kleine Grunzer von sich und reagierte immer pfiffiger. Es war bald schmerzvoll deutlich, wer hier der Gewinner war. Die kleinen Mädchen waren bald erschöpft, das Schweinchen nicht. Aber ein Mißerfolg war hier, anders als in der Natur, nicht vorgesehen. Der Ansager rief die Kinder zu sich und überreichte jedem eine Fünf-Dollar-Note.

«Was willst du mit deinem Ferkel machen, Stuart? Du weißt doch, daß du es nicht behalten kannst? Deine Mutter wird es nicht zulassen.» So weit hatten wir bisher noch nicht wirklich gedacht, aber jetzt, wo ein Ferkel in seinem Sack quiekte und kämpfte, trat dieser zweite Schritt in dem logischen Prozeß in den Vordergrund. «Ich wette, du könntest das Ferkel verkaufen. Ich wette, du würdest zehn Dollar dafür bekommen.» Er konnte mehr bekommen, aber ich wollte, daß er das Gefühl hätte, ein gutes Geschäft zu machen.

«Sollen wir den Mann am Ring, der die Schweine gebracht hat, fragen, was er bietet? Fragen kostet nichts.»

«Ja gut.»

Wir fragten. «Ich geb' dir zwanzig», antwortete der Mann und griff nach der Brieftasche. Stuart strahlte und reichte ihm das Schweinchen im Sack.

Auf dem Viehmarkt stand neben den Boxen mit den Ziegen ein riesiger Mann und verkaufte Kaninchen. Stuart entdeckte in einem Käfig ein schwarzes Zwergkaninchen. So ein Tier war harmlos. Es ist niedlich, beißt nicht und ist leicht zu füttern und zu halten. Auch ohne besondere Zuneigung ist es zufrieden. Ein Kaninchen war vielleicht genau das richtige für einen Jungen, der noch lernen mußte, Verantwortung für ein anderes Lebewesen zu übernehmen.

«Dad, ich möchte eins von denen! Kann ich eins haben?»

«Du weißt, daß du dich um so ein Tier kümmern mußt?»

«Ja, ich mach' alles. Ich bau' ihm einen großen Käfig. Und ich geb' ihm alle Tage Möhren!»

«Okay.»

Der Mann griff hinein und setzte das Kaninchen für uns in einen Karton.

«Shadow Black» nannte Stuart das Kaninchen, das dann einen Käfig an der Hütte bekam. Stuart fütterte es täglich mit Möhren. Er nahm es heraus und sah ihm zu, während es Klee fraß. Er schrieb «Shadow Black» auf ein Stück Pappe und heftete es an den Käfig. Die Möhren schob er durch ein besonderes Loch hinein. Später ließen wir es um die Hütte herum frei laufen. Es baute sich eine Höhle hinter dem Holzstoß an der Hüttenwand. Aber in solcher Nähe zum Wald hielt es sich nur eine Woche. Eines Nachts hörte ich einen Schrei und dann schwere Flügelschläge.

13. September

Wenn man zu Fuß auf der Landstraße unterwegs ist, ist das besser als Auto fahren, weil man langsamer ist und mehr sieht. Zum Beispiel Raupen. Um diese Jahreszeit sieht man viele pelzige Bärenspinnerraupen, glatte braune Eulenfalterraupen mit roten und gelben Streifen, dicke fette Schwärmer- und plumpe grüne Seidenspinnerraupen. Aber am häufigsten, in ungeheuren Mengen, findet man Feldheuschrecken und Grillen auf der Straße.

Ich verfolgte am Center Hill über mehr als einen halben Kilometer Elchspuren, untersuchte sich rot färbende Ahornblätter aus der Nähe und lauschte dem ständigen Zirpen der Grillen. An ein paar Brombeerbüschen hielt ich an und aß mich satt. Auch ein Blauhäher war da, und ein Rabe gab tiefe, heisere Rufe zur Wahrung seines Reviers von sich. Eine Gesellschaft von dreizehn Blauhähern flog schnatternd und alle möglichen seltsamen Rufe ausstoßend über uns hinweg.

Plötzlich hörte ich direkt über mir Raben helle Rufe ausstoßen und sah nach oben: es waren acht, die in rund 600 m Höhe spielten; sie sangen und schrien, führten Sturzflüge und Rollen vor, stiegen wieder auf; langsam trieben sie in Richtung Norden ab. Zwei trennten sich von den anderen und flogen südwärts davon.

Auf den blauvioletten Rauhblattastern am Straßenrand sah ich Fliegen, die in ihrem Aussehen Hornissen, Faltenwespen, Bienen und sogar Hummeln nachahmen, und andere Fliegen ebenfalls. Ich entdeckte außerdem ein Schlupfwespenweibchen mit zitternden weißberingten Fühlern an einem Grashalm. Sie hatte ein gelbes Schildchen, rötlichbraune Beine und einen gelbgebänderten Hinterleib, im übrigen war sie schwarz. So eine hatte ich noch nie gesehen.

Als ich hinterher zu Hause dasaß und meinen Schweiß verdunsten ließ, war ich hungrig und durstig, spürte aber auch tiefe Entspannung und Frieden. Wenn man vor dem Lunch 30 Kilometer rennt, ist der Rest des Tages kein Problem.

18. September

Beim täglichen Laufen merke ich jetzt, daß sogar der Lärm der Insekten nachläßt. Meist höre ich nur meine eigenen Schritte und das entsprechende Rauschen des Windes an den Ohren. Gelegentlich kommt mir einer meiner alten Freunde über der Straße entgegen. Ich höre seine oder ihre gleichmäßigen Flügelschläge, und der Vogel wendet den Kopf nur andeutungsweise mir zu. Es ist einer der Raben aus dem Nest am Hills Pond. Ich kenne das Paar seit 1984. Sie fliegen meist sieben bis zehn Meter über der Straße und halten Ausschau nach überfahrenen Vögeln oder Mäusen oder anderen Tieren. Ich hebe Bierdosen auf und überlasse ihnen die Tiere. Vereint halten wir unser Stück Straße sauber.

Die Leute fragen: «Warum fangen Sie nicht etwas Vernünftiges mit Ihrer Energie an?» Aber das tue ich doch.

Die täglichen Pflichten nehmen zuviel Zeit in Anspruch, und nach ein paar Monaten drehen meine Räder durch. Ich brauche etwas Reibung und muß irgendwohin fahren.

Es ist wieder ein schwüler Tag. Morgens hängt Dunst über den Bergen. Nachmittags wirkt die Atmosphäre durchsichtig blau, wie ein trüber Blick durch ein silurisches Meer. In der Dämmerung hat man fast den Eindruck, als löschten Schneestürme den Blick in die Ferne aus. Ich bin von der letzten Anstrengung schweißgebadet. Bevor ich zu laufen anfange, bin ich schon erhitzt, kühle aber merkwürdigerweise ab, wenn ich erst mal unterwegs bin, weil sich die Luft um meinen Körper wenigstens bewegt und der Schweiß mich dann kühlen kann.

Bartmücken lieben dieses feuchte Wetter. Diese mikroskopisch kleinen stechenden Mücken würden in der Sonne innerhalb von Minuten austrocknen und zusammenschrumpfen. Jetzt kommen sie aus ihren Verstecken ins Helle. Die Haut juckt und brennt trotz des Schweißfilms. Ich bin jetzt aber schneller als sie, eine der schönen Folgen des Laufens.

Die ersten leuchtend purpurnen, blaßlila und scharlachroten Ahornblätter liegen auf meinem Weg; ich halte an und hebe ein paar auf. Ich freue mich an diesen von den Bäumen fallenden Wundern und würde sie gern bewahren, aber ich weiß natürlich, daß ich ihre Schönheit jetzt in mich aufnehmen muß, denn nichts kann die volle Schönheit dieser Farben erhalten. Sobald ein Blatt austrocknet, beginnen seine Farben stumpf auszusehen, es fehlt ihnen das Leuchten, das ein Blatt voller Saft hat. Ich muß sie jeden Tag neu ansehen.

Heute bin ich dreißig Meilen (50 km) gelaufen, und erlebte dann den absoluten Höhepunkt des Wohlseins. Dieser absolute Höhepunkt besteht darin, daß du dich an deinen Tisch vor dem Fenster mit dem Blick auf den Mount Bald setzt, eine heiße Tasse Kaffee neben dir, und nichts tust, als ein bißchen über dies und das nachdenken und in deinem Notizbuch herumkritzeln.

20. September
KAHLSCHLÄGE

Heute morgen lag eindeutig weißer Reif auf dem Gras. Trotzdem mußte ich ihn anfassen, um mich zu überzeugen.

Der Tag wurde sonnig, blieb aber kühl, und ich bekam Lust, durch den Wald zu wandern. Ich brauche das, um mich auf meine Basis zu besinnen, vielleicht in ähnlicher Weise, wie ich mit meinen Freunden telefoniere, im Diner Kaffee trinke oder die Zeitung lese.

Ich startete in Richtung Norden durch das Zuckerahornwäldchen, wo ich das Wachstum des eben vergangenen Sommers bewunderte und mich an dem schimmernden, durchsichtigen Grün des Blätterdachs freute. Hier wuchs jetzt schon Farn, und ein paar leuchtende Rotahornblätter lagen auf den modernden alten Blättern. Weiße Fichtenspargel («Indianerpfeifen») richteten die Blüten nach oben; die bestäubten

Stempel bildeten Samen aus. Diese Pflanze wächst nur in tiefem Schatten.

Mehrere Schlupfwespen waren hier, wo das Sonnenlicht helle Flecken auf die Farne zauberte, unterwegs. Ich fand sie sehr auffallend und sehr schön. Aber ihre Farben – Rot, Blau, Gelb, Schwarz und Weiß – kann man nur erkennen, wenn man die Tiere in der Hand hält. Ich sah ihre Schönheit wohl überwiegend mit dem inneren Auge, das mir mein Vater geöffnet hatte, als ich so alt war, wie Stuart jetzt ist. Ich habe Glück, daß ich auf sie hingewiesen wurde.

Die meisten dieser Schlupfwespen waren Weibchen, die nach Raupen suchten, und sie hielten nur kurz beim Farn an, um das Sonnenlicht zu nutzen. Ich habe dieses Jahr schon fast ein Dutzend von einer großen, blauschwarzen Art gesehen, mit blauen Flügeln und rotem Hinterleib. Diese Wespen schmarotzen in Schwärmerraupen, und zwar nur in diesen, und sind notwendig seltener als die Wirtstiere, die ihrerseits schon ziemlich selten sind. Jahrelang habe ich diese Spezies überhaupt nicht gesehen. In der Sammlung meines Vaters, der 35 Jahre lang jeden Sommer jede freie Minute mit Suchen verbracht hat, waren manche Spezies nur zwei- oder dreimal vertreten. Viele Arten von Schlupfwespen sind extrem selten – was sicher dazu beiträgt, daß ich sie so hübsch finde.

Eine Schar Blauhäher flog in Richtung Süden über mich hinweg, aber viele Blauhäher bleiben den ganzen Winter über hier. Ein Winterzaunkönig, der kurzschwänzige Zwerg der nördlichen Wälder, interessierte sich kurz für mich. Mit einem scharfen «Tick, tick, tick» kam er bis auf 1,20 m an mich heran, während ich unbeweglich stehenblieb. Mit hastigen Kniebeugen ruckte er nervös auf und ab und begann dann wieder auf dem Boden nach Futter zu suchen. Wie eine zeitweise flugfähige Maus kam er mir vor. Er plusterte sich eine Sekunde lang auf, schüttelte sich, zitternd wie eine Biene, und flog davon. Zaunkönige gibt es nur deshalb in diesem Wald, wurde mir klar, weil ein Sturm irgendwo Bäume umgestürzt hat. Das Gewirr der Zweige bietet ihnen Schutz und das struppig emporragende Wurzelwerk einen Platz zum Nisten.

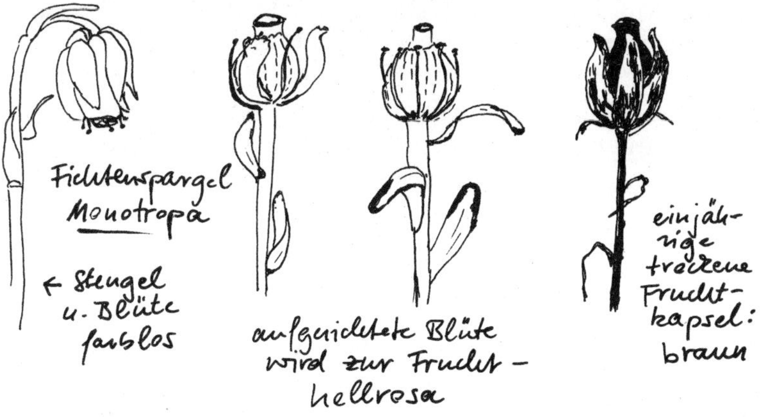

Meistens gehe ich einfach, wohin mich meine Füße tragen, aber heute hatte ich ein Ziel ins Auge gefaßt: auf meine Lieblingsklippe zu steigen. Bis vor drei Jahren hatte es da ein Musterbeispiel für einen Urwald gegeben – riesige Zuckerahornbäume, Eschen, Linden, Buchen und Roteichen. Viele der 200 Jahre alten Bäume stürzten vor Altersschwäche um. Neue Bäume jeden Alters hatten ihre Plätze eingenommen. Es war ein Wald auf seinem Höhepunkt: Die großen alten Bäume konnten nicht mehr viel größer und älter werden, und die neu heranwachsenden gehörten denselben Arten an. Ohne Störung von außen hätten dieses System und diese Mischung von Spezies sich unbegrenzt erhalten können. Der Wald war nie angetastet worden, weil es bis zu diesem Jahrhundert weder Bulldozer noch Transportmittel gegeben hatte, die sich zu diesem zwischen steilen Felswänden und gefährlichen Schluchten liegenden Waldstück den Zugang hätten bahnen können. Aber vor drei Jahren waren die Maschinen durchgebrochen, und als sie wieder fort waren, stand da nichts mehr, nicht ein einziger Baum. Zurückgeblieben war ein gigantisches Gewirr von Trümmerholz, durch das ein Mensch nicht durchkam.

Als ich nun diesen – für mich fast heiligen – Ort erreichte, sah er schon erheblich verändert aus. Der Schnee von drei Wintern hatte das Rauhholz zu Boden gedrückt, wo es im Sommer zu vermodern begonnen hatte. Als ich jetzt über diesen riesigen Kahlschlag blickte, sah ich ein Meer von gesundem Grün. Das neue Wachstum hatte das alte Trümmerholz überwuchert, das nun als Düngemittel diente. Frische Elch- und Hirschspuren führten aus dem Wald darunter in das neue Weideland.

Es gab noch Reste von Himbeer- und Brombeersträuchern, die sich nach einem Kahlschlag sofort entwickeln, und ich labte mich an besonders süßen Brombeeren. Aber der größte Teil des Einschlags war nun von Bäumen meiner Größe und etwas größer bewachsen; es war nicht leicht, mich über die Reste des am Boden liegenden Trümmerholzes hinweg und zwischen den neuen aufstrebenden Trieben von ein bis drei Zentimeter Dicke hindurchzuarbeiten.

Ich hatte Kamera und Maßband mitgebracht und maß nun an fünf zufällig gewählten, aber einigermaßen repräsentativen Stellen Quadrate von drei mal drei Metern aus, in denen ich die Bäume zählte. Aber die Verteilung der Baumarten war doch unterschiedlich.

Die Zusammensetzung der Spezies

Die Quadrate	Amerikanische Vogelkirsche	Amerikanische Buche	Pennsylvan. Ahorn	Roteiche	Birke	Zuckerahorn	Rotahorn	Zitterespe	Hainbuche	Rotfichte
1.	29	16	5	0	0	3	1	0	0	0
2.	4	10	4	3	2	0	13	0	0	0
3.	26	6	15	0	1	0	5	0	0	0
4.	34	5	2	0	1	14	0	1	1	0
5.	13	4	3	0	6	0	0	0	3	1
	106	41	29	3	10	17	19	1	4	1

Wenn man über die Lichtung schaut, hat man den Eindruck, daß das Gelände von Amerikanischen Vogelkirschen übernommen worden ist, und meine Zählung hat das in jedem der Quadrate bestätigt. Aber bei den vielen Malen, die ich vor dem Kahlschlag hier gewesen bin, hab' ich nicht ein einziges Mal Vogelkirschen gesehen. Wie und woher sind sie so schnell gekommen? Wenn Vögel ihre Samen ausgestreut haben, warum gibt es dann nicht auch Würgkirschen und Traubenkirschen? Beide sind in dieser Gegend viel verbreiteter als die Vogelkirsche, allerdings ist diese als Pionierart bekannt.

Die Vogelkirschen werden in weniger als 20 Jahren gestorben sein. Welche von den Bäumen, die sie ersetzen werden, die wirtschaftlich «wertvollsten» sein werden, läßt sich kaum voraussagen. Die Spezies, die jetzt verlangt wird, ist zur «Erntezeit», in 40 Jahren, vielleicht nicht mehr die wertvollste, weil Geschmack, Technik und Markterfordernisse sich schneller ändern. Vielfalt der Arten sorgt für wirtschaftliche wie für biologische Absicherung gegen natürliche Instabilität.

Ich ließ den Einschlag hinter mir und betrat einen Mischwald, in dem die Koniferen vorherrschten und der Boden unfruchtbar wirkte, weil er nicht grün und nicht von Farn und anderen welkenden Blattpflanzen bedeckt war, wie im Laubwald. Aber hier und da gab es eine Öffnung im Dach, wo Sonnenlicht eindringen konnte, weil ein Baum umgestürzt war. An diesen Stellen hatte sich ein Teppich von winzigen Bäumen entwickelt, die nur zentimeterhoch waren.

Selbst im tiefen Schatten gab es diese Bedeckung von Minibäumen; sie waren so winzig, daß ich mich auf alle viere niederlassen mußte, um sie zu sehen. Auf einem Quadratfuß, 30 x 30 cm, zählte ich 14 Balsamtannen- und drei Rotahornsämlinge – 17 Bäume!

Wo große Bäume verschwinden, entbrennt ein wahnsinniger Kampf zwischen noch viel mehr Konkurrenten als denen, die jetzt sichtbar sind, denn das sind nur die Überlebenden der letzten paar Jahre. Neue Samen dieser und anderer Spezies fallen jedes Jahr herab.

Irgendwo hatte der Sturm mehrere Tannen umgebrochen – kleine Stellen voller Trümmerholz. Hier hatte ein undurchdringliches Dickicht von Sämlingen buchstäblich einen Teppich gebildet. Meist waren es Balsamtannen, aber ich sah auch Birke, Buche, Esche, Ahorn und Kiefer. Einige der jungen Kiefern zeigten Triebe von 30 cm Länge von diesem Jahr. Die Tannen wachsen nur halb so schnell, und die Laubbäume wachsen noch langsamer, rund zwei Zentimeter pro Jahr. Es war mit einem Blick zu sehen, daß hier die schnellwachsenden Kiefern Tausende von winzigen Laubbäumen verdrängen würden, indem sie ihnen das Licht wegnahmen. Und wenn es nicht die Kiefern wären, würden die Tannen den Wettkampf gegen die Laubbäume gewinnen.

Laubbäume regenerieren sich auf Kahlschlägen in Laubwäldern aber aus Schößlingen und Seitentrieben, die viel schneller wachsen als Sämlinge. Da nur Laubbäume das tun, wachsen auf solchen Lichtungen oft nur laubwechselnde Bäume nach, weil die Koniferen hier keine Chance haben. Die Gewohnheit des Kahlschlags macht deshalb den Einsatz von Herbiziden «nötig», um das Wachsen von Nadelbäumen zu fördern, die die Papierfabriken vorwiegend haben wollen. Dafür gewährt die Regierung den Papierfirmen Steuernachlässe. Wieso? Weil es um «Waldwirtschaft» geht, und «bewirtschaften» oft bedeutet, daß man kultiviert und unterstützt, was das Land normalerweise ablehnt. Vielleicht hat Barry Lopez recht: «Wenn sich im Land etwas nicht halten kann, gehört es nicht dahin.»

Ich liebe diese Wälder, auch wenn wir in ihnen Holz schlagen. Aber es gibt verschiedene Arten, das zu tun. An einigen Stellen in den Wäldern von Maine arbeiten Maschinen, die ganze, ausgewachsene Bäume absägen, von Ästen befreien, in Teile zerlegen und ins Freie hieven. Sie werden gesteuert von einem Mann in einer Plexiglaskabine, der nur Knöpfe drückt und Hebel betätigt. Die Monstermaschinen ersetzen Scharen von harten Männern, die früher bei Morgengrauen mit ihrem Gespann von Percherons, mit Kettensägen und Äxten aufbrachen. Diese Männer waren von Kopf bis Fuß mit Harz bedeckt, das schwarz trocknete und auf ihren Hemden und Hosen einen regelrechten Panzer bildete. Sie schwitzten und fluchten und sangen und kehrten abends mit der Befriedigung ins Lager zurück, eine Tagesarbeit anständig erledigt zu haben. Die Monstermaschinen nehmen ihnen ihre Arbeit weg, und um sie auszulasten, lassen die Holzfirmen riesige Gebiete von altem Mischwald einfach kahlschlagen und ersetzen den Bewuchs mit einer einzigen Spezies von Nadelbäumen. Sie versprühen Herbizide der Agent-Orange-Art aus Hubschraubern und nennen das «Waldbewirtschaftung» im allgemeinen und «Bäumepflanzen» im besonderen. Dafür muß die Öffentlichkeit aufkommen, und sie tut es nur zu gern. Wie Melbourne sagte: «Nie hat jemand etwas Unsinniges getan, es sei denn, aus Prinzip.» Was flößte den Liebhabern von Bäumen mehr Aufopferungswillen ein als das Pflanzen von Bäumen?

HERBST

23.–26. September
DER GARTEN

Die Feuerbohnen an fünf Stangenpaaren, die ich am 8. Juni gleichzeitig mit Kürbiskernen gesteckt hatte, waren aufgegangen, aber dann überwiegend verwelkt. Eine Ranke war ganze 75 cm hochgeklettert, hatte ein paar rote Blüten bekommen und zwei Bohnenschoten produziert – zwei! «Blüht bis zum Frosteinbruch», hatte auf der Samentüte gestanden, «trägt lange, gefleckte Schoten.» Und auf der Tüte mit den Buttercup-Kürbiskernen: «Reift innerhalb von 90 Tagen.» Inzwischen waren 100 Tage vergangen. Nur eine Ranke hat sich entwickelt, mit einem Kürbis von gut sieben Zentimeter Durchmesser und zehn Blüten. Die habe ich gestern abend abgenommen und in einem Eierkuchenteig gebacken, denn die Hummeln sind fort, und sogar die Goldrute ist verblüht: für dieses Jahr hat der Anbau keine Zukunft mehr.

In den letzten Tagen habe ich weiteres Holz herbeigeschleppt, darunter einen riesigen Traubenkirschbaum, den ich vor drei Jahren gefällt habe, weil ich sein rötliches Holz für Hocker und Küchenbretter haben wollte. Die Lichtung, die der Baum hinterließ, ist ungefähr 6 x 4,5 m groß. Dort wachsen inzwischen kräftige junge Bäume, die so groß sind wie ich: 30 Zuckerahornbäume, drei Eschen und ein Rotahorn wetteifern darum, den Kirschbaum zu ersetzen. Ich bin noch einmal über meine Lichtung gegangen und habe die jeweils zwei bis zehn Triebe abgeschnitten, die im Lauf des Sommers überall da gesprossen sind, wo ich einen alten Baum zuvor gefällt hatte.

Ich hatte in Farmington einiges zu erledigen, kehrte im Diner ein und fuhr dann noch eine Meile weiter zum Markt.

Als ich abends in die Stille auf Adams Hill zurückkehrte, betrachtete ich lange Zeit die Berge. Ich fühlte mich einsam – oder war es der Wunsch, diese Schönheit und Stille mit jemandem zu teilen? Ein warmes Abendessen schien mir zu aufwendig, deshalb aß ich einen Teller Cornflakes und trank ein Bier.

Am nächsten Morgen hatte es kräftig gefroren. Das Gras vor der Hütte war weiß bereift und knirschte. Als die Sonne herauskam, glitzerten die Eiskristalle wie Millionen von Diamanten. Die Blätter auf meiner Kürbisranke welkten und waren bis zum Mittag dunkel, schlapp, tot.

27. September
DER BAU EINER HÜTTE ZUM ZUCKERSIEDEN

Gestern abend leuchteten die Sterne so strahlend, daß man hätte meinen können, sie knisterten. Aber heute morgen liegt ein träumerischer Nebel über Wiese und Wald. Der Himmel ist bleigrau; vor diesem Hintergrund heben sich die Orange- und Gelbtöne der Ahornbäume besonders deutlich ab. Der Nebel läßt alles ein bißchen unscharf aussehen, verwischt die Kanten, deshalb sieht man nur Farbflecken. Das Moos ist leuchtendgrün von dem Nebelnässen, und es liegt ein Nußgeruch von vergehender Vegetation in der Luft.

Ich bin 33 km durch hügeliges Gelände gelaufen, durch eine Welt von grandiosen Herbstfarben. Aus irgendeinem Grunde hat mich das Laufen heute angestrengt; um so mehr genieße ich meine allmähliche Wiederbelebung. Im Augenblick ist es der heiße Kaffee mit frischer Milch und Honig.

Als ich nach Hause kam, habe ich als erstes ein paar Dosen Saft getrunken und dann Feuer gemacht, um Wasser für eine heiße Dusche zu wärmen, weil ich verschwitzt war. Ich brauchte bloß rund zwei Liter, aber als das Wasser mir über Kopf und Schultern und Seiten lief, habe ich jede Sekunde der zwei Minuten genossen.

Jetzt habe ich wieder dieses herrliche Gefühl von Entspannung, das ich früher nicht kannte – bis ich mit dem Langstreckenlaufen begann. Ich empfinde den Frieden und die Entspannung, die geistige Konzentration möglich machen. Es ist etwas anderes als bei Faulheit, die mir mehr wie ein Mangel an Energie nach dem Nichtstun vorkommt, wenn nichts Dringendes zu erledigen ist. Jetzt fühle ich mich dagegen zugleich entspannt und energiegeladen – begierig, nachzuholen, was ich während der zweieinhalb Stunden auf der Straße vielleicht verpaßt habe.

Ich brauchte das Laufen zum Nachdenken und als abschließendes Satzzeichen nach einem wunderbaren Wochenende. Freitagabend kam meine Tochter Erica und brachte Stuart mit. Mein Freund Glenn Booma, ein ehemaliger Student, kam ebenfalls. Er hatte dunkles Bier und Steaks mit. Wir machten draußen ein großes Feuer und grillten die Steaks, tranken Bier und redeten. Samstag früh ging Glenn zum Angeln, aber vorher holte er Wasser, half mir weiteres Brennholz aus dem Wald zu schleifen und brachte den Müll weg. Als er am Samstagabend zurückkam, hatte er zwar keine Fische gefangen, aber dafür die Zutaten zu einem großartigen Spaghettifest besorgt.

Stuart hatte sein Kaninchen inzwischen vergessen. Er erwähnte es nicht mehr. Wir arbeiteten anderthalb Stunden an dem Zuckersiedeschuppen: ich hielt die Bretter und er schlug die Nägel ein. Es funktionierte prima. Vielleicht war ich deshalb so zufrieden an dem Abend. Ich balgte und rang mit Stuart, während Erica und Glenn in dem weichen goldenen Licht der Öllaterne auf dem gußeisernen Herd Spaghetti kochten.

1. Oktober
DAS LAUB

Fast jede Nacht und jeden Tag fliegen Kanadagänse über mich hinweg. Sie fliegen zu Hunderten, in langen, geordneten, pfeilförmigen Formationen, deren Spitze nach Süden weist. Die Vögel rufen ständig, mit hohen, eindringlichen Schreien, so daß du schon zum Himmel schaust, wenn sie noch weit weg sind. Außerdem sah ich eine Gruppe von 14 Raben südwärts fliegen. Die Raben spielen dabei – einzeln, paarweise oder in kleinen Gruppen. Sie kreisen, tauchen plötzlich ab, trudeln, legen die Flügel an und schießen mit einem oder mehreren ihrer Kameraden abwärts oder auch wieder aufwärts. Sie jagen und necken einander, bummeln, führen Loopings aus; sie krächzen oder kreisen oder geben rasselnde Geräusche von sich. Sie machen alles mögliche, nur in Formation fliegen tun sie nicht. Sie erinnern an einen Haufen Schuljungen auf dem Heimweg auf einer einsamen Landstraße, die einen Ball vor sich her kicken. Die Gänse fliegen geordnet, stoßen ihre Rufe aus und schlagen gleichmäßig diszipliniert mit den Flügeln; sie erinnern eher an marschierende Soldaten.

Zweieinhalb Zentimeter Eis waren heute morgen auf dem Wassereimer, und von Norden trieben dicke graue und schwarze Wolken heran. Dann fielen geheimnisvoll die ersten Schneeflocken. Aber ich bin zufrieden: Ich hab' mein Feuerholz gesägt und gespalten, zwölf Festmeter oder mehr. Es ist draußen an der Rückwand der Hütte bis zum Dach und an zwei Seiten bis in Fensterhöhe gestapelt, sowie drinnen in vier Lagen bis zur Decke. Der Schnee kann kommen.

Die Zugvögel sind fort, bis auf ein paar verwegene einzelne. Ich habe einen Flug von fünf Rotkehlhüttensängern gesehen, eine Phoebe und eine Einsiedlerdrossel. Eine Wanderdrossel fraß noch von den letzten Traubenkirschen; die Würgkirschen sind längst abgeerntet. Ein paar Weißkehlammern hüpfen noch in den Spiersträuchern herum. Gelegentlich singt sogar eine, aber nur verhalten. Wenn sich die Luft erwärmt, hört man noch Grillen, aber die Laubheuschrecken sind schon lange tot. Borstige rostbraune Raupen mit einem breiten schwarzen Band auf dem Rücken, Bärenspinnerraupen, überqueren nun die Straßen auf der Suche nach Winterquartieren; sie finde ich jetzt am häufigsten unter den überfahrenen Tieren. Einem Volksglauben zufolge kann man die Härte des kommenden Winters aus der Breite des schwarzen Streifens auf ihrem Rücken entnehmen; in Wirklichkeit bleibt die Breite unverändert, während die Winter unterschiedlich sind.

Die Eschen, die ihre Blätter im Frühjahr als letzte entfalten, sind jetzt die ersten, die sie abwerfen. Die Hälfte liegt bereits am Boden. Ich war deshalb überrascht, daß ich noch drei Schwärmerraupen fand, die auf der jungen Esche neben der Hütte fraßen. Eine war erbsengrün mit diagonalen hellen Streifen, die anderen waren gelblichgrün mit braunroten Flecken; sie paßten hervorragend in die sich nun ändernden Farben der Eschenblätter. Eine weitere Art von Schwärmerraupen sitzt ähnlich getarnt auf einem Würgkirschenstrauch, der seine Blätter noch hat. Im Gegensatz zu allen anderen, früher ausgewachsenen Schwärmerraupen, haben diese die halb gefressenen Blätter ihrer Bäume *nicht* abgeschnitten. Vielleicht läßt der schnell schwindende Vorrat an Nahrungsmitteln das nicht mehr zu, vielleicht sind auch einfach weniger Räuber unterwegs, die ihre Freßspuren wahrnehmen könnten. Auch wenn sie den Vögeln nun leichter entgehen: ihnen droht eine andere Gefahr. Da sie nicht überwintern können, müssen sie ihre Entwicklung beenden, denn die Blätter, auf denen sie sitzen und von denen sie sich ernähren, können jeden Augenblick abfallen.

So ziemlich die einzigen grünen Blätter an der Hütte sind die des Fingerhuts. Die Pflanzen haben sich aus ein paar stecknadelkopfgroßen dunklen Samenkörnern entwickelt, die mir Ernst Mayr vor Jahren geschenkt hat. Er hatte sie viele Jahre zuvor von Niko Tinbergen bekommen, dem Verhaltensforscher und Nobelpreisträger, dem die Raupen sicher Spaß gemacht hätten. Er hätte sich sicher nicht träumen lassen, daß diese Samen aus seinem Garten an einem abgelegenen Berghang tief im Wald von Maine weiterwachsen, von einem unbekannten Bewunderer gepflegt. Digitalis ist zweijährig: nächstes Jahr werden sie blühen. Ich bin neugierig, ob die Hummeln diese ihnen unbekannten Pflanzen anfliegen werden. (Sie taten es.)

Was mich im Augenblick am meisten beschäftigt, sind die Herbstfarben. Ich laufe staunend und gaffend herum, als hätte ich so etwas noch nie gesehen. Vielleicht stimmt das: ich bin mir da nie ganz sicher. Ich sehe dieses Schauspiel jedes Jahr und werde es nicht leid, so wenig wie ich es leid werde, den Flug der Gänse zu sehen oder im Frühling den Gesang der Vögel zu hören. Ich erinnere mich, und das könnte das Staunen reduzieren. Aber ich erinnere mich nicht mit aller Deutlichkeit an die Lebhaftigkeit des Anblicks.

Ich betrachte den Wald am Mount Bald, der noch vor wenigen Tagen tiefgrün war. Jetzt sehe ich dort einen Fleckenteppich aus Orange, Blaßlila, Gold, Purpur, Zitronengelb, Zinnoberrot, Kadmiumrot, Karmesinrot, Violett und Pfirsichrosa. Die Bäume leuchten, als strahlten sie die Farben aus, statt Licht nur zu reflektieren. Bei einer so vielfältigen Mischung aus Farbtönen würde man erwarten, daß die Farben verschwimmen, aber das tun sie erst in einer Entfernung von mehreren Kilometern; da laufen sie zu einem orangeroten Glühen an den Hängen zusammen. Und auch dort hebt sich diese Mischung noch deutlich gegen das in der Entfernung fast schwarze Grün der weiter oben wachsenden Fichten ab. Näher an der Lichtung unterscheidet sich jeder Baum von allen anderen: man sieht ein reines, leuchtendes Purpur neben einem reinen Goldton oder Hellrot oder Braun.

Der Höhepunkt der Färbung ist erst in ein paar Tagen zu erwarten, aber der Anblick ist jetzt eher noch schöner, weil das erhaltene Grün diejenigen Bäume, die den Gipfel ihrer Farbe schon erreicht haben, um so mehr hervortreten läßt. Die Imagination kann sich lebhafte, leuchtende Farben nicht erhalten, Beschreibungen sind notwendig unzureichend.

Wenn ich über die Wälder schaue oder meilenweit die Landstraßen entlanglaufe, sehe ich kaum einmal eine Unterbrechung in den Farben, aber die Zusammensetzung ist überall unterschiedlich. An welchen Bäumen liegt das? Ich überprüfte jeweils mindestens 100 Bäume der verbreitetsten Arten und war überrascht, als ich sah, daß die Antwort bei nur einer Art lag: dem Rotahorn. Wenn man diese Art entfernte, wäre das ganze Spektakel auf eine Mischung von Grün-, Gelb- und Brauntönen mit einem Hauch Orange reduziert.

Fast alle Laubbäume hier oben (siebzehn Spezies) gehen von Grün zu Gelb über, das bei einigen Arten (Zuckerahorn) zu einem Goldgelb bis Orange tendiert, bei anderen zum Braun (Buche) und manchmal (bei Roteiche und Weißesche) zum Purpurnen. Selbst die Nadelbäume, sogenannte immergrüne Bäume, werfen jetzt alte Nadeln ab (die Lärchen alle Nadeln), und die sind auch gelb. Aber obwohl Gelb die Grundfarbe ist, ist es nicht für die umwerfende Wirkung verantwortlich.

Die Ahornbäume sind also das Entscheidende – besonders die zwei Waldarten Zuckerahorn (*Acer saccharum*) und Rotahorn (*Acer rubrum*). Von den 100 Zuckerahornbäumen, die ich untersucht habe, habe ich vier als «orange» eingestuft, vier als bräunlich und alle anderen als goldgelb. Die goldgelbe, ins Orange spielende Krone eines Zuckerahorns kann dich mit ihrer Leuchtkraft verblüffen. Aber mit dem Rotahorn ist sie nicht zu vergleichen. Seine Farbe spielt von Zitronengelb über Scharlachrot bis zu tiefem Purpur, mit allen denkbaren Schattierungen und Übergängen dazwischen. Von den 128 Rotahornbäumen, die ich um meine Lichtung herum untersucht habe, habe ich 33 als «purpurfarben» eingestuft, 21 als «tiefrosa», 52 als «rot bis orange» und 22 als «hellgelb». Es schien keinen bestimmten Grund für die jeweilige Färbung zu geben. Selbst die ersten zwei Blätter eines kleinen Sämlings leuchten im Herbst, genau wie die der riesigen alten Bäume. Ich konnte keinen Zusammenhang mit dem Alter oder dem Standort feststellen, jedenfalls nicht beim Rotahorn. Ein purpurroter Baum konnte direkt neben einem gelben stehen. Dagegen wuchsen die wenigen Bergahorne, deren Gelb zum Orange neigte, an sonnigen Standorten, und die wenigen purpur- oder kupferfarbenen Eschen waren ebenfalls diejenigen, die der Sonne besonders ausgesetzt waren.

Obwohl die Farbe der Rotahornbäume aus einiger Entfernung jeweils einheitlich wirkte, verschwand diese Einheitlichkeit bei näherer Betrachtung. Die Kronen und die äußeren Enden der Zweige färbten sich zuerst, so daß sie sich, wenn sie in Zeitrafferaufnahmen betrachtet würden, nach und nach und von außen nach innen verändert hätten.

Wenn man einen einzelnen Rotahornbaum näher untersucht, sieht man noch stärkere Unterschiede. An manchen Bäumen sind die einzelnen Blätter einheitlich gefärbt wie der ganze Baum. An anderen aber hat man den Eindruck, als hätte ein verrückter Sprayer hier gewirkt: gelbe Blätter sind mit dicken roten Flecken bespritzt oder fein rot oder rosa getüpfelt.

Die Blätter des Rotahorns fallen auf dem Höhepunkt ihrer Färbung ab. Und während der Wald vom Unterholz bis zu den Wipfeln leuchtet, glüht auch der Boden darunter, weil sich das Wunder auf den welkenden Farnen und den vergehenden braunen Blättern des Vorjahres niederläßt. Ich möchte jedes einzelne Blatt aufheben, denn jedes scheint einmalig zu sein. Die Farben sind besonders kostbar, weil sie vergänglich sind – in ein paar Tagen werden sie alle zu einem einheitlichen Braun verblaßt sein.

Um mich daran erinnern zu können, wie sie aussehen – denn meine Erinnerung wird fast ebenso verblassen wie die Blätter selbst –, hebe ich auf dem Rückweg vom Joggen auf dem Weg von der Straße zur Hütte hinauf die auf, die mir besonders gefallen. Daraus stelle ich die folgende Liste zusammen, zum Beweis der verblüffenden Vielfalt von Farben, die man nebenbei in sich aufnehmen kann, wie die Blätter selbst:

Gelb mit kleinen purpurvioletten Flecken
Grüne Mitte mit leuchtend roten Rändern
Helles Zitronengelb
Gelb mit winzigen roten Tupfen
Einheitlich strahlend zinnoberrot
Einheitlich rosa
Gelb mit verwaschen roten und orangefarbenen Stellen
Grünlichgelb mit einer leuchtend roten Ecke
Orange mit großen roten Flecken
Einheitlich leuchtend rot
Blaßgelb mit grünen Adern
Grün mit roten Punkten
Gelb, stellenweise ins Rot hinüberspielend, entlang den Adern getüpfelt
Grünlichgelb mit verwaschenen roten Flecken
Rot mit violetten Adern
Gelb mit purpurnen Rändern
Goldgelb, rot getüpfelt
Gelb mit grünen Tupfen
Rot mit gelben Adern
Blaßgelb (fast weiß)
Goldgelb mit drei leuchtend roten Flecken
Purpurrot mit grünen Flecken
Leuchtend zinnoberrot mit gelben Adern
Einheitlich pfirsichfarben
Einheitlich orange
Pfirsichfarben mit Übergängen zu Rosa und Gelb
Gelb, rot getüpfelt wie mit Blutspritzern

Es schien mir eigenartig, daß so verschiedene Farben in einem einzigen Blatt erschienen. Und wieso zeigten zwei Blätter des gleichen Baums mit den genetisch gleichen Zellen so absolut verschiedene Farben? Gab es vielleicht eine Entwicklung der Farben, die alle Blätter durchmachten? Etwa von Grün über Getüpfelt bis zu Rot oder Purpur? Um das festzustellen, markierte ich 20 einzelne Blätter mit Etiketts, die ich mit Zahnseide befestigte, und überprüfte sie, als die volle Färbung erreicht war und sie abzufallen begannen. Ich stellte fest, daß ein Blatt, das gelb zu werden begann, dabei blieb, bis es ganz gelb war, und dann abfiel. Der gleiche Ablauf zeigte sich bei einem roten oder purpurnen Blatt. Flecken waren früh sichtbar und wurden weder größer noch kleiner, nahmen weder zu noch ab. Als ob jedes grüne Blatt, das bestimmt war, Flecken zu bekommen, ein Fleckenprogramm in sich trüge, das sein eigenes spezifisches Muster festlegte. Andererseits kann das Fleckenmuster oder die Grundfarbe nicht vollkommen unveränderlich sein, denn wenn ein Ast angebrochen oder beschädigt ist, zeigen die Blätter daran andere Farben als die übrigen. Je später die Beschädigung, desto kleiner der Unterschied. Ebenso wird die Farbentwicklung bei Blättern, die man abgepflückt und getrocknet hat, unterbrochen – sie trocknen grün oder grüngelb oder grünrot, eben so, wie sie gepflückt wurden.

Als ich im vergangenen Jahr die Rotahornbäume in meinem Zuckerahornhain ausgedünnt hatte, war ich bereits von den Herbstfarben an den Blättern der Rotahornschößlinge beeindruckt, die bis zum Herbst nachgewachsen waren. Ich hatte einzelne Bäume gekennzeichnet und fotografiert, um sie mit den Farben des folgenden – dieses – Jahres vergleichen zu können. Die 15 Bäumchen, die ich jetzt wieder aufsuchte, hatten alle die gleiche Farbe wie im Vorjahr: damals purpurrote Bäumchen waren wieder im wesentlichen purpurrot, gelbe wieder gelb und so weiter. Es gab also doch eine Einheitlichkeit in den Herbstfarben.

3. Oktober
DAS ALLJÄHRLICHE FEST

Vor ein paar Jahren hatte ich einmal auf dem Höhepunkt der Herbstfärbung alle Freunde und Bekannten zu einem Fest auf dem Adams Hill eingeladen. Wir feierten. Wir beschlossen außerdem, das zu wiederholen. Also kamen wir im folgenden Jahr hierher zurück, und im darauf folgenden ebenfalls. Jetzt ist das erste Wochenende im Oktober zur Tradition geworden.

Bill Adams und sein Sohn Cutter – mit Irokesenschnitt –

kamen um 10 Uhr morgens mit dem 30-Kilo-Lamm, das am offenen Feuer gebraten werden sollte. Ich nahm es auf die Schultern und trug es ganz herauf, ohne abzusetzen; offenbar mußte ich mir wieder mal beweisen, daß sich mein Rücken von einem früheren Autounfall vollkommen erholt hatte. Wir befestigten das Fleisch mit Draht an einer langen frischen Rotahornstange und machten an der Grillstelle Feuer; bald hing das Lammfleisch an der Stange zwischen zwei in den Boden getriebenen Pfählen über rotglühenden Kohlen.

Den ganzen Tag über kamen die Leute den Berg herauf und sammelten sich um die Feuerstelle und das Bier, und da waren wir auch noch lange nach Einbruch der Dunkelheit versammelt. Bruce, mein alter Laufkamerad an der Uni, war von Rhode Island heraufgekommen; er träumt immer noch vom Marathon. Wolfe und seine Frau Denise kamen aus Boston. Er ist wohl der einzige Mann, den ich je umarmt habe. Er ist ein Bär von einem Kerl und war auch bei dem ersten Fest dabei. Alice aus New Jersey hat mir erzählt, daß er gesagt hätte, ich sei der einzige Mann, zu dessen Beerdigung er gehen würde. Ich weiß warum: Ich habe ihm Anweisungen gegeben, was zu tun ist. Er soll meine Asche rund um einen Ahornbaum verstreuen. Dann soll er soviel Geld von meinem Konto abheben, wie er braucht, um genügend Bier für ein Gelage anzuschaffen – am liebsten mit nacktem Tanzen ums Lagerfeuer. Jack Daniels war auch dabei, mitgebracht von Delia, zur Erinnerung an den Bau der Rabenkäfige und frühere Rabenfangaktionen.

Ich mag diese Gesellschaft, und als ich sehe, wie auch die anderen die Schönheit dieses Landes in sich aufnehmen, habe ich lebhafte Träume: Daß Stuart hier aufwachsen und die Stabilität und Sicherheit und Kameradschaftlichkeit und Verwurzelung an einem solchen Ort kennenlernen könnte. Daß ich selbst mit meiner Eva hier leben könnte. Wir würden arbeiten, bis wir verschwitzt und todmüde sind – den Wald roden, Schafe und Bienen züchten, Ahornsirup sieden, Forellenteiche und Beerenplantagen anlegen... Wir würden uns eine richtige Heimstätte schaffen.

Ich spüre, wie Energie uns alle durchströmt, als wir uns ums Lagerfeuer drängen. Wir sind alle «Brüder und Schwestern der Raben». Beunruhigend ist nur, daß sich das alles so idyllisch anhört, so unwirklich im Vergleich zu der Wirklichkeit, in der wir leben, so daß wir solche Gedanken fast automatisch von uns weisen. Aber wäre so etwas nicht möglich?

Stuart hat den ganzen Tag über an der Aufregung teilgehabt. Aber abends wollte er ein bißchen Ruhe mit mir zusammen – er wollte im Wald sitzen und lauschen. Wir sahen eine Waldschnepfe mit schnellem Flügelschlag über uns hinwegfliegen wie einen riesigen nächtlichen Kolibri. Wir hörten einen Streifenkauz rufen, und als Stuart antwortete, rief er abermals.

6. Oktober

FAHRT ZUM CHERRY HILL

Die Bäume werfen ihr Laub jetzt ab. Die Blätter segeln in großen Mengen herab, wenn die Sonne sie morgens trifft, und sie landen auf weißem Reif. Über dem Teich hängt der Nebel in der kühlen Morgenluft wie Dampf, bis ihn die Sonne auflöst. Die Eistaucher schwimmen gelassen auf der glatten Oberfläche.

Ich fuhr am Hills Pond vorbei und dann den Holzweg zum Cherry Hill hinauf. Vor zwanzig Jahren begannen Erlen den Weg zu überwuchern, aber man konnte sich noch durchzwängen. Damals ging der Weg nach einer Meile noch weiter, durch den Wald bis zu dem kleinen Dorf Carthage, aber wir hielten uns an der Stelle scharf links und nahmen einen Weg steil bergan zu einem kleinen Plateau, wo es noch eine Wiese gab, an der die Pappeln aber von den Rändern her hereindrängten. Ich liebte diesen Ort. Es war der schönste Ort der Welt. Man hatte einen Blick auf all die Berge. Die Hänge des Mount Bald, überwiegend mit Laubwald bewachsen und oben mit Rotfichten, lagen zur Rechten, wenn man zwischen der halb verfallenen Scheune aus grauen, verwitterten Brettern und dem aufgegebenen kleinen Holzhaus mit Keller und zwei Dachfenstern stand. Ich hatte mir vorgestellt, wie hier in der Einsamkeit, wo noch Elche, Hirsche und Bären herumstreiften, Kinder aufwüchsen. Im Norden hätten sie den Blick auf den Mount Blue gehabt, und im Westen lag der große Webb Lake mit Mount Tumbledown und Mount Jackson dahinter.

Von der Farm ist heute kaum noch etwas zu sehen, nur die steinerne Umrandung des Kellerlochs und die alten Scheunenfundamente aus Granitbruch. Der Wald hat in der kurzen Zeit, in der ich nicht hier war, die Wiesen wieder in Besitz genommen. Weite Ausblicke gibt es nicht mehr.

Die Straße war auch von den Leuten von noch weiter entfernt liegenden Farmen benutzt worden, und Pferdefuhrwerke, Buggys und Schlitten waren auf ihr gefahren; später wurde sie nur noch im Herbst von Jägern benutzt. Der alte Obstgarten, der damals Hirsche angelockt hatte, ist nun, wie so viele alte Obstgärten, von dem Wald aus Eschen, Rotahorn, Zuckerahorn, Birken und Pappeln übernommen worden.

Heute dient die Straße Pick-ups, Holzlastern und Skidders, den geländegängigen Fahrzeugen mit den großen Rädern, die die Stämme aus dem Wald schleifen. In diesen Wäldern sind in den letzten Jahren viele Bäume gefällt worden und werden noch gefällt. Zwei Meilen weiter stieß ich auf einen Holzplatz mit vielen frischen Stämmen und einem Skidder. Auf dem Weg bergauf hatte ich die vielen Holzstümpfe der letzten Jahre bemerkt. Die Gegend war, so könnte man sagen, intensiv «abgeerntet» worden. Aber Kahlschläge, wo gezielt alles umgelegt und mit Herbiziden behandelt wird, um etwas Fremdes anzupflanzen, etwa Fichten auf Ahornterritorium, hatte es hier nicht gegeben. Die Holzfäller hatten nur die größten Bäume gefällt und alles andere stehenlassen. Das Licht, das nach diesem selektiven Abholzen eindringen konnte, war von den jungen Bäumen, die im Schatten gestanden hatten, genutzt worden. Innerhalb von nur zehn Jahren hatte sich hier ein Wald entwickelt, dessen Bäume zwar nicht so groß waren wie die alten, dafür aber viel zahlreicher.

Kojoten- und Bärenkot fanden sich auf der Schotterstraße. Außerdem entdeckte ich frische Hirsch- und Elchspuren. Ahornbäume und Pappeln am Weg glühten vor Farbe. Die Gegend sah wie ein erstklassiges Habitat für Rauhfußhühner, Waldschnepfen und kleinere Waldvögel aus. Tote und sterbende Bäume hatte man ebenso wie das Trümmerholz zurückgelassen, damit sie an Ort und Stelle verwesen konnten. In nur 50 Jahren würde auch ein Fachmann keinen Unterschied mehr zwischen diesem Wald und einem nie berührten feststellen können. Wenn wir schon Holz schlagen müssen, und ich glaube, daß wir das müssen, dann ist diese «unordentliche» Art des Vorgehens ohne «Bewirtschaftung» keine schlechte Art. Jedenfalls in Maine.

7. Oktober
HAUSGENOSSEN

Der Winter naht, und allerlei Lebewesen ziehen in die Hütte ein. In den letzten Wochen haben mich die Mäuse ziemlich irritiert. Es sind Hirschmäuse – süße Tierchen mit großen schwarzen Augen und samtenem Pelz, der auf dem Rücken grau oder hellbraun ist und am Bauch weiß. Ich war ja bereit, meine Lebensmittel unten mit ihnen zu teilen, aber oben geraten mit dem Lärm die Dinge außer Kontrolle. Das lebhafte Piepsen und Quietschen und Herumrennen einer großen Zahl von Mäusen mitten in der Nacht im Dach direkt über meinem Bett macht sie schließlich doch etwas weniger reizend. Übrigens kann schon eine einzige zum Ärgernis werden, wenn man weiß, daß sie regelmäßig alle vierzehn Tage ein Dutzend Junge zur Welt bringen.

Ich fange die Mäuse eine nach der anderen in den sechs Fallen, die ich jede Nacht aufstelle. Nach und nach läßt das Getöse nach. Letzte Nacht blieb es friedlich; vielleicht habe ich die letzte gefangen.

Tagsüber gibt es ein anderes Problem. Obwohl ich die Hütte so sorgfältig abgedichtet habe, sind jetzt große Mengen von Pollenia-Schmeißfliegen im Haus. Es sind borstige graue Insekten, etwa fünfmal so groß wie Stubenfliegen *(Musca domestica)*. Sie sind im Prinzip ganz harmlos und eigentlich auch im Freien lebende Tiere. Ihre einzige Sünde ist, daß sie Regenwürmer parasitieren: sie legen ihre Eier in die lebenden Würmer, und ihre Larven fressen sie dann von innen auf. Aber im Winter versammeln sich die erwachsenen Fliegen in großen Mengen in den Ritzen und Spalten von Häusern. Das wäre schön und gut, aber wenn die Temperatur über Null steigt, betrachten sie das als Frühling. Und wenn sie in Massen aus tiefem Schlaf erwachen, fliegen sie wie verrückt zum nächsten Fenster und wollen hinaus. Sie ahnen nicht, daß es draußen vielleicht –35 °C kalt ist. In vergangenen Wintern habe ich dann das Fenster geöffnet und gesagt «Raus mit euch!» In einer dicken schwarzen Wolke flogen sie hinaus – und waren nach einer Sekunde oder so erfroren und stürzten ab in den Schnee. Die Spitzmäuse und Schwarzkopfmeisen warteten schon auf sie. Mit selbstzufriedenem Lächeln schloß ich das Fenster wieder und wartete auf das nächste Pollenia-Heer.

Es ist noch nicht kalt. Aber die Fliegen haben den Winter doch geahnt und es sich in den Ritzen der Hütte bereits bequem gemacht. Ich entdecke ab und zu ein paar an den Fenstern und frage mich, wie sie meine sorgfältigen Dichtungsbemühungen überwinden konnten. Hoffentlich habe ich wenigstens die Kälte ausgeschlossen, wenn schon nicht sie.

Heute ist es warm. Tatsächlich ist es sogar regelrecht gemütlich in der Hütte, nachdem ich Feuer gemacht habe, um mir Kaffee und meinen Haferflockenbrei zu kochen. Ich höre Brummen – da, sie haben sich am Fenster des Obergeschosses versammelt. Ich schätze ihre Zahl auf über 1000. Jede knallt voller Energie gegen eine Fensterscheibe. Wenn eine nach mehrfachen Zusammenstößen endlich abstürzt, berappelt sie sich nach kurzer Zeit wieder. Sie streicht sich mit einem der vier Hinterbeine über die Flügel und reibt Vorder- und Hinterbeine aneinander, als müßte sie ein lästiges Spinngewebe loswerden. Dann reibt sie sich mit den Vorderbeinen die hervortretenden großen Augen und ist bereit zu neuen Angriffen auf die unnachgiebige Fensterscheibe.

8. Oktober

DER ELCH

«Elche» war Thoreaus letztes Wort, als er starb; Elche scheinen heute jedermann in Maine zu beschäftigen. In der Zeitung war ein Bild von einem großen Elchbullen, der ein Bad in einem Swimmingpool in Lewiston nahm, einer der größten Städte Maines. Fast jeden Tag findet man ein Foto von einem lächelnden Menschen mit Gewehr neben einem toten Elch im «Sportteil» der Zeitung.

Die sechstägige Elchjagd ist in zwei Tagen zu Ende. Die Namen von 900 Einwohnern dieses Staates und von 100 anderen sind ausgelost worden. Die Erfolgsrate dieser Jäger liegt gewöhnlich bei über 90 Prozent, und die meisten von ihnen sind wählerisch – sie wollen Elchbullen. Auf jede Elchkuh kommen bei dem Abschuß drei Bullen. Einstweilen wächst die Population noch, dank des massiven Holzeinschlags in Maine, der hervorragendes Weideland für Elche geschaffen hat. Nächstes Jahr werden vermutlich noch mehr Namen ausgelost werden. Ich habe mich nicht beworben. Zum einen brauche ich nicht ein paar hundert Pfund Fleisch. Zum anderen bin ich ein Hirschjäger. Ich jage aber nicht aus sportlichen Gründen. Ein Tier zu schießen, das groß, arglos, majestätisch und dumm ist – wie ein Elch –, entspricht nicht meiner Vorstellung von Vergnügen. Das ist ja fast, als nähme man große Mengen Fleisch aus der Tiefkühltruhe im Lebensmittelladen, nur ein bißchen aufwendiger. Übrigens habe ich nie Fotos von lächelnden Leuten neben Einkaufswagen voller Fleisch gesehen.

Ich habe aber schon Elch gegessen. Im Castonguay-Schlachthaus in Livermore Falls, wo ich Abfälle für meine Raben hole, habe ich einen Elchkopf mitgenommen. Es war der eines Bullen, nehme ich an, denn das Schädeldach war abgesägt, um die Schaufeln abzunehmen, und am Kinn hing die lange Wamme. Das Hirn lag bloß. Für die Kommandozentrale und das Kontrollzentrum eines eine halbe Tonne schweren Tieres ist ein Elchgehirn eher klein – nicht größer als meine Faust. Ich war überrascht, daß die Zunge noch erhalten war. Zu der Zeit, als Thoreau in Maine wanderte oder paddelte, wurde die Zunge als das beste Teil angesehen. Elche (und Bisons) wurden nur der Zunge wegen getötet, den Rest ließ man liegen. Heute nehmen die Leute den Rest und lassen die Zunge zurück. Ich habe keine besondere Vorliebe für das eine oder das andere, deshalb kochte ich mir die Zunge und aß zwei oder drei Male davon. Sie war von glatter, geschmeidiger Beschaffenheit und schmeckte gut. Den Rest des Kopfes legte ich für die Raben auf die Klippe oben auf dem Berg. Als ich dann eines Morgens in der Dämmerung nachschauen ging, fand ich rundherum Raben sitzen und die Sache «bereden». Anfangs redeten sie nur. Mit Reden fängt es immer an, dann kommt das Fressen. Es schien ihnen auch zu schmecken, nachdem sie ihr Mißtrauen überwunden hatten.

In der Hoffnung, mal einen lebenden Elch zu sehen, habe ich in der letzten Zeit die Bierdosenallee, die Teerstraße, gemieden und bin auf einsamen Holzwegen gerannt. Am liebsten laufe ich auf einem unbefestigten Weg, der in der Nähe des Hills Pond von der Straße abgeht und nach einer Meile zu einer Brücke über den Alder Stream und zwei Sommerlagern führt. Dahinter wohnt dann niemand mehr. Auf einer Notbrücke aus verbundenen Pappelstämmen geht es über den Bach. Es folgt ein Holzweg, der bis vor sieben Jahren genutzt wurde. Auf der oberen, von Bulldozern festgefahrenen Decke wächst schon wieder eine Schicht von grünem Haarmützenmoos. Meine Füße rascheln durch die nun trockenen Stengel von Kanadischen Katzenpfötchen *(Antennaria canadensis)*, Kanadischer und Lanzettblättriger Goldrute *(Solidago canadensis* und *Solidago graminifolia)* sowie verschiedene Seggen, Astern und Berufkraut *(Erigeron)*. In den alten Fahrspuren wachsen Erdbeerpflanzen, mit Birkensämlingen dazwischen. Hier dürfte es im Sommer auch die Tunnels der Solitärbienen geben, die sich im sonnenwarmen Boden einnisten.

Hinter der Brücke führt der Weg aufwärts am Bach entlang, der voller schwarzer Felsen und Kies ist. Ein Wald von Fichten und Balsamtannen, mit Pappeln vermischt, drängt sich so dicht am Straßenrand, daß man kaum vier oder fünf Meter weit ins dunkle Innere hineinsehen kann. Aber nach einer Meile erreiche ich einen alten Holzschlag, der sich über etliche Meilen bis fast zum Mount Blue erstreckt.

Technisch war das ein Kahlschlag. Vor sieben Jahren muß es hier schlimm ausgesehen haben: die Straße von Bulldozern zerpflügt, Skidderspuren, die in alle Richtungen führten, ein unendliches Feld der Zerstörung, auf dem nur noch alte oder abgestorbene Bäume standen.

Hier hat sich die Natur behauptet. Eine objektive Einschätzung, die sich nicht auf das bezieht, was einmal war, vermittelt einen günstigen, wenn nicht großartigen Eindruck.

Die Berge waren jetzt sichtbar, und ich freute mich an dem wunderbaren Blick auf den Mount Blue vor mir. Rechts und links sah ich die Höhenzüge, deren Wellen diese imposante Landschaft bestimmten. Schnellwachsende junge Bäume standen im Wettstreit um die Sonnenenergie, nachdem sie jahrzehntelang von der vorhergehenden Generation großer Bäume kleingehalten worden waren.

Im Augenblick hatten Amerikanische Vogelkirschen und Pennsylvanischer Ahorn einen Vorsprung. Das ist meistens so. Sie wuchsen dicht an dicht und waren stellenweise schon fast fünf Meter hoch. Die lanzettförmigen Blätter der Kirschen leuchteten tief karmesinrot neben dem strahlenden Zitronengelb der breiten Blätter des Ahorns. Und der Fleckenteppich intensiver Farben erstreckte sich, so weit das Auge reichte. Birken, Buchen, Rotahorn und Zuckerahorn lagen in dem Kampf ums Licht nicht weit zurück. Dies war jetzt Elchland.

Unter diesem schwellenden, ja gärenden Heranwachsen eines neuen Waldes lag das vermodernde alte Trümmerholz. In jedem Winter war Schnee gefallen, hatte sich auf die Zweige gelegt und sie nach unten gedrückt. In jedem Sommer waren die Farne durch die heruntergedrückten Zweige und über sie hinaus gewachsen. Jeden Herbst waren Blätter auf die niedergedrückten Zweige und die welkenden Farne gefallen, und hatten dem neuen Schnee neue Auflagepunkte geliefert. Darunter lag nun ein Paradies für Spitzmäuse, Grappers Rötelmäuse und (stellenweise) Schneeschuhhasen. Die Nager vermehrten sich kräftig, und die Insekten ebenfalls. Bald zogen sie Räuber an – Wiesel, Füchse, Fischermarder. Der vergehende Holzbruch diente als Dünger. Er unterstützte das Wachstum auch damit, daß er die direkte Sonneneinstrahlung auf den Boden und damit die Austrocknung verhinderte und zum Teil den Boden durch Isolierung vor intensiver Winterkälte bewahrte. Trümmerholz mag nicht hübsch anzusehen sein, ist aber wie Dünger eine reiche und nützliche Rohstoffreserve.

Jetzt, sieben Jahre später, verlieh, was die Holzfäller hinterlassen haben, der Landschaft einen Anstrich von Wildheit. Der Wind hatte einige der stehengebliebenen Bäume umgelegt. Andere waren abgestorben. Manche hatten wieder ausgeschlagen. Überall gab es die toten, zerbrochenen Baumstümpfe von Balsamtannen, deren schuppig abblätternde Borke neue Nistplätze für Andenbaumläufer bot. Ich sah dicht stehende dunkelgrüne Fichten, die ideal sind für Grünwaldsänger und Kronwaldsänger. An den splittrigen toten oder wieder zum Leben erwachten Zuckerahornstümpfen konnten Kleiber und Haarspecht nisten. Es war eine Wildnis im Umbruch mit der Vielfalt junger und alter Bäume, eine

Wildnis, die in sieben Jahren anders aussehen würde als jetzt, so wie sie jetzt anders aussah als vor sieben Jahren.

Auf dem Schleifweg neben meinem Sträßchen, auf dem die Baumstämme aus dem Wald geschleift worden waren, hatte sich ein undurchdringliches Gewirr von Brombeer- und Himbeerranken entwickelt, aber schon begannen sich Birken- und Ahornbäumchen durchzusetzen. Jetzt benutzten statt der Lastwagen Elche, Bären, Kojoten und Hirsche den Weg. Die Elche hatten die deutlichsten Spuren hinterlassen: ihre großen Trittsiegel waren tief in den Boden gedrückt, und hier und dort waren junge Bäume zerbrochen und zerfetzt, mit abgewetzter Rinde und lose baumelnden Zweigen. Es ist nicht ganz klar, weshalb Elchbullen junge Bäume und Büsche angehen, aber wenn man ein 500-Kilo-Elchbulle ist, braucht man wohl keinen triftigen Grund, um das zu tun, wonach einem ist.

Je weiter ich kam, desto mehr sah der Weg nach einem regelrechten Elchwechsel aus. In den Pfützen voller Wasser neben dem Weg waren Trittspuren, in denen sich der Schlamm noch nicht wieder gesetzt hatte. Ich war jederzeit darauf gefaßt, einem Elch zu begegnen. Und wie aufs Stichwort erschien einer.

Er kam auf dem Weg auf mich zu, als ich bergan joggte. Ich hielt an. Er hielt an. Wir standen keine 100 m auseinander und starrten uns an. Ich begann jetzt unbefangen auf ihn zuzugehen. Er tat das gleiche und stieß dabei leise greinende Brummtöne aus. Als wir nur noch 20 m auseinander waren, wurde klar, daß diese halbe Tonne Tier nicht wegen so eines Leichtgewichts wie mir ausbiegen würde. Ich beschleunigte, aber nur, um schnell einen jungen Ahorn zu erreichen, der zwischen ihm und mir am Weg stand. Ich kletterte hinauf. Er stand da und beobachtete mich.

Nachdem ich mehr als vier Meter hoch gut saß, beobachtete ich ihn auch. Der Elch nahm seinen Weg auf mich zu gelassen wieder auf, und seine Grunztöne ebenfalls. Als er näher kam, hörte ich ihn auch atmen. Er fuhr sich mit seiner rosa Zunge über die Lippen. Ich sah das Weiße um seine schwarzen Augen, als er zu mir heraufschaute, und sie waren blutunterlaufen.

Als er direkt unter mir war, hielt er wieder an und betrachtete diese eigenartige Kreatur im blauen T-Shirt und Joggingshorts oben in dem Zuckerahorn. Ich zählte 13 Sprossen auf der linken und zwölf auf der rechten Seite seiner majestätischen Schaufeln. Eine der Sprossen war kürzlich abgebrochen, vielleicht im Kampf mit einem Rivalen oder auch einem Baum. Ich brach einen kleinen Zweig ab und warf ihn hinunter. Er traf seine Schaufeln und fiel dann zu Boden. Der Elch schaute gleichgültig darauf hinunter, dann wieder zu mir herauf. Das schwarze Fell oben auf seinem Rücken, mehr als zwei Meter über dem Boden, begann sich zu sträuben, als er mich ansah. Er rollte noch einmal mit den Augen und hob dann langsam einen seiner weißen Füße nach dem anderen und schlenderte davon. So mußte das im Pleistozän ausgesehen haben! Nach fünfzehn Metern bog er links ab, einen anderen überwachenden Holzweg entlang.

Die Dämmerung kam herauf. Der Himmel war lachsfarben. Ich hörte Krächzen, sah auf und entdeckte sechs Raben in drei Paaren, die hoch oben in Richtung Osten flogen. Ich rutschte an meinem Baum hinunter, putzte Rinde und Flechten vom Hemd und fühlte mich sehr erfrischt und ein bißchen übermütig. Ich lief weiter, und auf dem Rückweg hielt ich kurz bei Ron und Syndi an, um ihnen von dem Elch zu berichten. Das verlangte nach einem oder zwei Bierchen, und nach einem Abendessen mit frischem Mais, wobei wir draußen am Feuer saßen. Ron sagte: «Was wohl reiche Leute heute abend machen.»

Es war schon lange dunkel, als ich endlich im Mondschein den Weg zu meiner Hütte hinauftrabte.

Die Bäume wirkten größer als sonst. Ich sah Flecken von Mondlicht auf den verschiedenen Lagen von Laub über mir liegen, und die Blätter, die bereits abgefallen waren, glänzten silbern.

10. Oktober
HÄUSLICHE PFLICHTEN

Nachts wachte ich auf, weil es stürmte; gleich darauf trommelte Regen tosend aufs Dach. Bei so einem Unwetter erwartete ich irgendwie, daß Wasser in die Hütte eindränge, deshalb stand ich auf und leuchtete mit der Taschenlampe in die Ecken und Winkel. Aber es war alles in Ordnung, und ich schlief um so besser, trotz des Getöses.

Morgens hörte es auf zu regnen. Um die fernen Berge und um einige der näheren hängt Nebel. Der Wind hat viele Blätter von den Rotahornbäumen gerissen, und die Färbung des durchgehenden Teppichs darunter ist raffiniert kompliziert. Es ist ein zufälliges Arrangement aller nur vorstellbaren Farben mit immer neuen Kombinationen, wohin man auch blickt. Die Blätter, die mit der Unterseite nach oben liegen, glitzern, weil sich das Wasser in kleinen Perlen gesammelt hat, während die mit der Oberseite nach oben gleichmäßig feucht sind.

Der Nebel steigt von den fernen rot-gelben Bergen, einen Augenblick sieht das aus wie ein riesiges Buschfeuer. Aber da ich weiß, daß es nur die kühle Feuchtigkeit des durch leuchtendes Laub aufsteigenden Nebels ist, wirkt es tröstlich und gutartig auf mich. Der Anblick verändert sich auch wie bei einem Waldbrand, aber in Zeitlupe. Der Ahorn am Rande meiner Lichtung, der bisher rot und violett war, ist jetzt ganz kahl. Der bisher grüne Zuckerahorn daneben leuchtet jetzt goldgelb, mit einem orangefarbenen Schimmer über den äußeren Zweigen, als hätte ihn ein heißer Atem gestreift.

Ich bleibe an diesem Morgen im Haus und erledige Aufgaben, die ich hasse. Im Laufe des Sommers habe ich Gewohnheiten angenommen, die diese Pflichten auf ein Minimum reduzieren. Das war keine bewußte Planung; wie bei der organischen Evolution haben sich die Dinge eben so entwickelt, weil ich immer den Weg des geringsten Widerstands mit den zur Verfügung stehenden Mitteln ging.

Ich bin sehr gut ohne Kühlschrank ausgekommen und habe daneben ungeheuer viel Zeit durch Nichtabwaschen gespart. Und zwar wegen meines großen roten Kochtopfs. Ich koche mein Essen darin und esse daraus, und er muß nur selten abgewaschen werden. Dieser rote Emailletopf steht immer hinten auf dem Herd. Wenn Fleisch oder Gemüse übrig ist, kommt es in den Topf. Wenn ich Kartoffeln essen möchte – hinein damit. Erbsen? Ebenfalls. Gelegentlich gebe ich ein bißchen Oregano, Knoblauch, Zwiebeln, Salz und Butter dazu. Aber im Prinzip ist dieser Topf mein umgekehrter Kühlschrank. Er wird täglich ein- bis zweimal zum Kochen gebracht, dann sind alle Bakterien tot. Der Deckel wird draufgelassen, um Neuzugänge zu vermeiden. Wo also ein Kühlschrank die Bakterien durch Kälte behindert, töte ich sie in dem Topf durch Hitze.

Das Frühstück ist etwas ganz anderes. Wenn ich aufstehe, mache ich als erstes Feuer und setze einen Edelstahltiegel mit Wasser auf. Es kocht innerhalb von zehn Minuten. Einen Teil verwende ich für meinen Kaffee, der Rest bleibt im Topf, da hinein gebe ich meine Hafergrütze oder sonstige Körner. Innerhalb von fünf Minuten ist alles fertig, und ich esse aus dem Tiegel. Dann bedecke ich den Boden mit Wasser und setze den Topf zum Einweichen auf den Herdrand. Am nächsten Morgen kann ich ihn mit wenig sauberem Wasser mühelos ausspülen. Schon bin ich zum nächsten Frühstück bereit. Ich benutze einen Löffel für die Suppe und einen anderen für Kaffee und Brei.

Es gibt keinen Vorwand für im Laden gekauftes Brot, wenn es so leicht ist, selbst welches zu backen. Die Kochbücher behandeln das Brotbacken wie eine Art Voodookunst, und eines versucht das andere mit immer «kreativeren» Rezepten auszustechen. Ich krieg' Kopfschmerzen, wenn ich so ein Kochbuch auch nur sehe. Rezepte, in denen gesagt wird, wieviel Teelöffel hiervon und wieviel Pfund davon man zugeben muß, wie man es mischen und bei welcher Temperatur man es aufheben muß, wie man es formen muß, in welchem Behälter und wie lange der Teig gehen muß, welche Temperatur der Backofen haben muß und wie lange es gebacken werden muß. Ganz davon zu schweigen, daß Meßbecher, Waage, Thermometer, Uhr und die Fähigkeit vorausgesetzt werden, diese Angaben auch zu befolgen! Ich habe das alles nicht und backe trotzdem brauchbares Brot.

Klar, wenn so viele Anweisungen gegeben werden, verliert man leicht das Wesentliche aus den Augen. Man ist wie gelähmt bei dem Gedanken, man könnte etwas auslassen und alles verderben. Wenn man etwa den Teig statt mit 40 mit 42° erhitzt – entstehen dann Brötchen, so hart wie Stein und ebenso unschmackhaft? Die Anweisungen sind deshalb so wenig hilfreich, weil man nicht weiß, welche der Faktoren relevant sind – ob die Form der Form wichtiger ist oder die Menge Hefe, die man zugibt. Also muß man jeden Schritt sklavisch nachvollziehen. Tatsächlich ist weder die Menge Hefe noch die Größe der Form wirklich entscheidend. Wenn nur erklärt würde, *wie* Brot entsteht, so daß man den Prozeß begreift, dann könnte man Brot backen und brauchte nie wieder welches zu kaufen.

Brotbacken mag ja eine Wissenschaft sein – die Kunst, die Einzelheiten zu meistern, ohne das Ziel aus den Augen zu verlieren –, aber es ist nicht zu vergleichen mit dem Versuch, die freie Natur zu verstehen und zu beeinflussen. Wer Brot backt, muß nur *eine* Art von Organismus kontrollieren. In einem Ökosystem wie einem Wald (nicht zu verwechseln mit einem Fichtenforst!) sind das buchstäblich Millionen. Und wenn es ein Gesetz der Natur gibt, dann ist das nach meiner Kenntnis am ehesten dieses: daß jene, die versuchen, ein Ökosystem zu steuern, Ergebnisse erzielen, die den angestrebten auf jeden Fall entgegengesetzt sind. Und zwar, weil so etwas einfach zu komplex ist.

Und dies ist mein «Rezept» für Brot: Zum Brotteig gehört eine Kultur von Hefezellen. Die brauchen ein bißchen Salz als Mineral, Mehl oder Zucker als Energiequelle, und warme Temperaturen (Hitze tötet sie ab, Kälte lähmt sie). Wenn die Zellen wachsen, geben sie Kohlendioxid ab. Die Gasbläschen werden eingeschlossen, wenn man Mehl zugibt, sie lassen den

Teig aufgehen und machen ihn porös. Je mehr Hefezellen, desto mehr Nährstoff und Aroma. Aber Hefezellen hören auf zu wachsen, wenn ihnen der Sauerstoff ausgeht oder sie in ihrem eigenen Kohlendioxid ersticken. Deshalb knete ich den Teig hin und wieder durch, damit das überschüssige Kohlendioxid entweichen und neuer Sauerstoff eindringen kann. Dann lasse ich den Teig vor dem Backen noch einmal gehen und backe ihn in einer gefetteten Form, bis er obenauf braun wird. Das ist mein Brot. Wenn ich einen anderen Geschmack haben will, füge ich dem Teig vor dem Backen irgendwas zu: Möhren, Zucchini, Äpfel, Rosinen oder was sich sonst anbietet.

Mein Brot heute habe ich gebacken, während ich dies schrieb. Den Teig hatte ich in weniger als fünf Minuten gemischt. Heute habe ich einen Rest Hafergrütze dazugegeben, einen Rest Kondensmilch, die ich nicht schnell genug verbrauche, und ein bißchen Vollkornweizenmehl. Käse oder Wurst oder sonst ein Belag ist nicht nötig, Butter reicht vollkommen.

11.–13. Oktober

Was habe ich in den vergangenen zwei Tagen getan? Lauter Kleinigkeiten erledigt. Ich habe die Birke mit dem Baumkrebs neben der Hütte gefällt und zersägt und die große gesunde daneben stehenlassen. Und weil ich die Kettensäge nun schon einmal draußen hatte, habe ich gleich noch ein paar weitere Stämme zersägt. Dann habe ich geschrieben, aber ich weiß nicht, wie lange. Manchmal verfliegen Stunden, während ich ein paar Absätze schreibe, und ich merke es nicht einmal. Ich telefonierte mit Erica und Stuart, kam zurück und beschnitt zwei Apfelbäume. Die Sonne schien für eine Weile verschwommen durch den Dunst, und ich spazierte zwischen

Ahorn- und Apfelbäumen, die ich ausgedünnt hatte. Im Ahornhain ergriff mich die Ehrfurcht, denn ich versank ganz in dem leuchtenden Gelb ringsum. Gelb über mir, Gelb um mich, Gelb unter mir. Ich war von dem Goldgelb wie geblendet.

Einige der Apfelbäume, die ich von der erstickenden Umarmung durch Rotahorn befreit hatte, trugen Äpfel, und ich nahm ein paar mit zurück. Sie waren gleichmäßig in der Form, hatten keine Stellen und keine Schäden durch Insekten oder Pilzbefall. Man könnte glauben, sie seien gespritzt worden. Im allgemeinen habe ich Äpfel gern mit Wurm – es ist das zuverlässigste Zeichen dafür, daß sie nicht gespritzt sind, und eine kleine Raupe beeinflußt den Geschmack nicht. Sie sitzt im Kerngehäuse und läßt vielleicht die Frucht ein bißchen eher reifen. Ich habe ein-, zweimal eine Raupe absichtlich gegessen. Sie schmeckten nach nichts, kein Grund zur Aufregung.

Gestern nachmittag bin ich auf meinen Beobachtungsbaum gestiegen, um das Herbstpanorama noch ein letztes Mal zu genießen. Es war windstill, mit bedecktem Himmel, aber die Luft war frisch und klar, und man konnte Berge und Berggipfel noch in 80 km Entfernung sehen.

Ein Rabe kam mit gleichmäßig fließenden Flügelschlägen aus der Richtung des Sees im Westen geflogen und kreiste dann auf unbewegt ausgebreiteten Flügeln hinter den dunkelgrünen Fichten abwärts, wo seine Kameraden schon an dem von mir ausgelegten Futter fraßen. Ich lauschte den Rabengesängen, und meine Augen folgten ihren unberechenbaren Flugbewegungen über der pastellfarbenen Landschaft. Die Zeit stand still.

Ich hatte vielleicht eine halbe Stunde, vielleicht aber auch anderthalb Stunden da gesessen. Mir wurde klar, daß ich wie ein Kind beobachtet und erlebt hatte, zum ersten Mal nach langer, langer Zeit, wahrscheinlich zum ersten Mal in meinen fünf Monaten hier. An Vergangenheit oder Zukunft hatte ich nicht gedacht. Ich war von dem Augenblick hypnotisiert, und diese Befreiung von Vergangenheit und Zukunft hatte mich in die unglaubliche Schönheit ringsherum eingehüllt. Vergangenheit und Gegenwart waren auf das unmittelbare, aber zeitlose Erleben zusammengeschnurrt, und das Echo war verschwunden.

Langsam stieg ich von meiner Fichte herab und bewegte mich vorsichtig auf die fressenden Raben zu. Die feuchten Blätter dämpften meine Schritte. Ich machte nur geringe Fortschritte, immer beobachtend und lauschend, wie eine Katze auf der Jagd – und das vielleicht eine, vielleicht auch mehrere Stunden lang. Dabei sah ich ihre schwarzen Umrisse durch die Bäume jagen und hörte das Singen ihrer Schwingen über mir, als sie zum Köder flogen oder ihn verließen. Wenn ich mich still verhielt, schien meine Gegenwart sie seltsamerweise nicht zu beunruhigen. Sobald ein Rabe etwas Ungewohntes im Wald entdeckt, ändert er seinen Kurs und schwenkt mit energischem Flügelschlag nach links oder rechts. Aber keiner der Vögel, die mir nahe kamen, tat das. War ich für sie unsichtbar geworden?

Schließlich sah ich, durch Tannenäste abgeschirmt, ihre schwarzen Gestalten um den Fleischhaufen herumtanzen und -hüpfen. Ob Jack wohl bei ihnen war? Ich ging noch ein paar Meter weiter, und nun flogen sie schließlich mit wildem Geflatter auf. Aber statt fortzufliegen, hockten sie sich in die Bäume rundherum.

FLÜGELFRÜCHTE UND BEWUSSTSEIN

Die Blätter sind alle abgefallen, aber an windigen Tagen sieht man statt ihrer Hunderte, vielleicht auch Tausende kleiner Rotorblätter sich in der Luft drehen. In ganzen Wolken wirbeln die Zuckerahornsamen mit dem Wind dahin. Überall sind sie, und jeder Windstoß löst weitere aus den großen Zuckerahornbäumen. Rotahorn und Silberahorn haben ihre Samen schon Ende Mai und Anfang Juni abgeworfen, bevor sich ihre Blätter überhaupt voll entwickelt hatten. (Eigenartigerweise habe ich im folgenden Herbst überhaupt keine Zuckerahornsamen gefunden, dafür war der Boden noch bedeckt von den diesjährigen.)

Ich war beeindruckt, hob Samen auf, untersuchte sie und machte mir zum ersten Mal klar, was für ein Wunder der Schöpfung sie sind. Ahornsamen sind schwer, verglichen mit den Samen mancher anderen Waldbäume. Der Baum hat ausreichend Nährstoffe hineingepackt, um dem sich entwickelnden Sprößling einen guten Start zu ermöglichen. Dieser Nahrungsmittelvorrat macht es dem Sämling leicht, den kritischen ersten Schritt in seinem Leben zu tun. Ein großer Nachteil bei dieser hohen Investition des Alternbaums ist es allerdings, daß die Samen, je schwerer sie sind, desto näher am alten Baum zu Boden fallen. Direkt im Schatten des alten Baumes sind die Chancen zum Aufwachsen aber nicht sehr gut. Ahornsamen sind ein Beispiel für Kompromisse. Sie sind mit einem vernünftigen, aber nicht übermäßigen Vorrat an Nährstoffen ausgestattet. Sie fliegen aus dem Schatten des alten Baums heraus, aber nicht sehr weit. Die Natur hat schon für sie getan, was möglich war, als sie ihnen Flügel gab.

Pappeln und Weidenröschen haben ganz auf das Fliegen gesetzt und verzichten auf Kompromisse. Ihre Keime sind winzig, so daß der Wind sie an ihren zarten Schirmchen weit forttragen kann. Zum Ausgleich können sich diese Samen nur da entwickeln, wo es keine Konkurrenz gibt und sie gleich nach dem Keimen an Nahrungsmittel herankommen. Sie wachsen nur in dem seltenen Fall, daß sie auf offenem Boden mit Sonneneinstrahlung landen und daß gleichzeitig der Wurzelkeim sofort auf Wasser stößt. Sonst vertrocknen und sterben sie fast umgehend.

Eicheln stehen am anderen Ende des Spektrums: sie können überall keimen, aber überhaupt nicht fliegen. Zu ihrer Verbreitung sind sie darauf angewiesen, daß sie von Hähern oder Eichhörnchen fortgetragen werden. Dabei sind aber die Chancen, daß sie gefressen werden, sehr groß.

Wie die aerodynamischen Prinzipien, die die Ahornbäume sich während ihrer Evolution zunutze gemacht haben, um ihre relativ schweren Samen fliegen zu lassen, aussehen, ist mir nicht klar. Das gesamte Gewicht des Samens ist am einen Ende konzentriert, und der «Flügel», ein dünnes Blättchen, am anderen. Man würde meinen, daß so ein Same direkt nach unten fallen müßte, wie ein Pfeil mit einer schweren Spitze am einen und einer Befiederung am anderen Ende. Was bewirkt, daß der Samen rotiert wie ein Propeller? Ich weiß es nicht. Ich habe Samen in ruhiger Luft fallen lassen, und sie alle fielen 30 oder 40 cm direkt nach unten, fingen dann aber Luft und begannen zu wirbeln. Sobald sie wirbelten, nahm der Wind sie mit sich fort. Und da Wind benötigt wird, um sie fortzutragen, hat offenbar der Baum die Strategie entwickelt, daß er Samen nur abwirft, wenn Wind weht.

Man könnte meinen, ein so faszinierendes Phänomen, das noch dazu jedermann zugänglich ist, wäre längst zu Tode untersucht worden. Aber als ich mit gut informierten Leuten am Vermont Maple Laboratory sprach, erfuhr ich, daß es praktisch keine Literatur zu dem Thema gibt. Ich lernte, daß die durch die Luft fliegenden Samen «Samara» heißen, und daß sie, solange sie noch zu zweit zusammensitzen, wie es der Fall ist, bevor der Baum sie abwirft, «Frucht» genannt werden. Nach der ältesten Literatur können sie bis zu 100 m weit fliegen. In einer Studie aus Nordmichigan wurde festgestellt, daß im Zentrum eines 40 000-m^2-Kahlschlags auf einem Gebiet von 4000 m^2 70 000 Ahornsamen gelandet waren. Aber offenbar hatte sich nie jemand dafür interessiert, *wie* sie dahingeflogen waren.

Im Frühling hatte ich auf dem Parkplatz am Fluß hinter dem Diner in Farmington Silberahorn-Samaras aufgehoben. In einer leichten Brise wirbelten sie sehr hübsch, fielen aber in stiller Luft zu Boden wie ein Stein. Rotahornsamen dagegen wirbelte auch dann, wenn man ihn in stiller Luft losließ. So können Rotahornsamen schon in einer leichten Brise

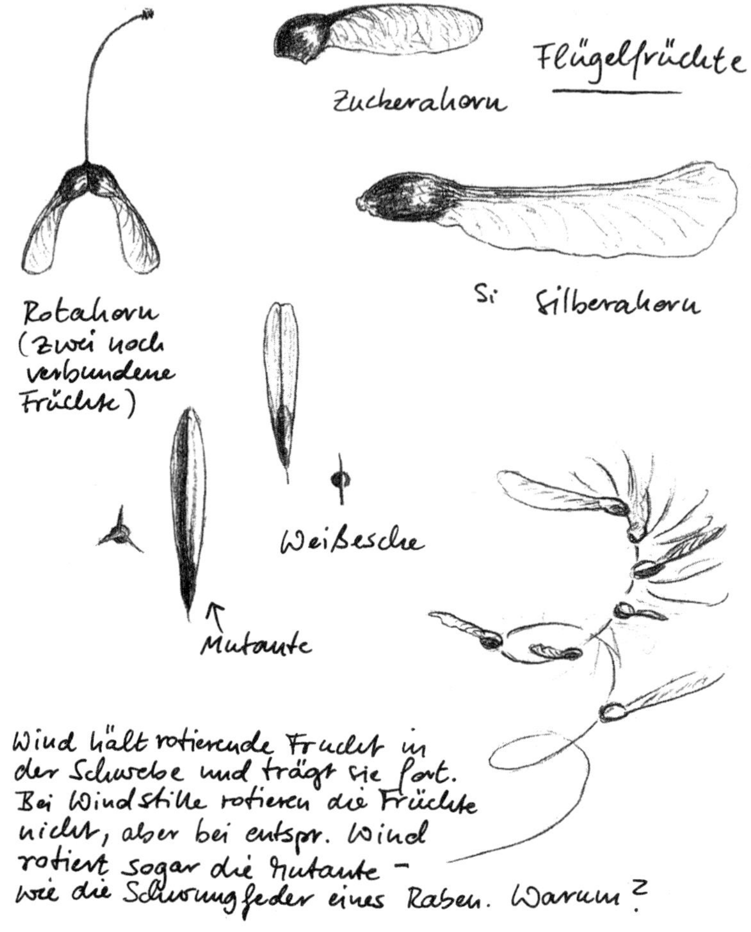

wegfliegen, Silberahornsamen brauchen Wind. Meine ersten Versuche jedoch zeigten, daß Silberahornsamen weiter fliegen, wenn sie erst mal anfangen zu wirbeln.

Ob die Rippe an der Seite der Samaras von Bedeutung war? Denn die haben alle Ahornsamen. Ich machte Versuche mit Eschensamaras, die diese Rippe nicht haben, und sie wirbelten genauso im Wind. Ich fand eine Eschensamenmutation mit drei Flügelbättern, und auch sie wirbelte, allerdings nur bei sehr starkem Wind. Vielleicht wissen Aerodynamiker die Antwort. Aber wenn sie zu dem Schluß gekommen sind, daß Hummeln nicht fliegen können, was sollen sie dann zu Ahornsamaras sagen?

Die Fähigkeit zum Staunen und Nachdenken gestattet es uns, etwas vorauszusehen, und das ist ein sehr großer Schritt in Richtung Anpassung. Wenn du im voraus «siehst», wie sich etwas bewegen wird, bevor es das wirklich tut, kannst du dich darauf einstellen oder es sogar verhindern.

Wir alle haben die Fähigkeit zum Staunen und Nachdenken. Wir alle benutzen sie. Aber die meisten müssen sich dabei auf die für das Wohlbefinden unmittelbar notwendigen Dinge beschränken. Ich dagegen lebe zur Zeit im Luxus und kann Stunden damit zubringen, über «nutzlose» Dinge nachzudenken, über die dreiteilige Fiederung an einem Pfeil (statt des einen Blättchens für einen Flügel) etwa, oder darüber, wie eine Flügelfrucht im Wind wirbelt. Diese Fähigkeit, die ich normalerweise dazu benutze, um für die Familie und mich den Lebensunterhalt zu besorgen, kann ich vorübergehend ganz unbelastet spielen lassen.

Die Evolution bringt nichts «Überflüssiges» hervor, weil alles, was sie produziert, seinen Preis hat. Unsere außergewöhnliche Fähigkeit zum Staunen und Nachdenken macht deutlich, wie sehr Überleben und Fortpflanzung einmal von der Fähigkeit zur Vorstellung, von der Imagination abhängig gewesen sind. Wenn es, wie die Untersuchung sogenannter primitiver Gesellschaften nahelegt, nicht schwer war, in Verbindung mit der Natur zu überleben, dann war die Fähigkeit zur Imagination sicher verbunden mit dem Vorausahnen des Verhaltens anderer, und vielleicht auch mit der sexuellen Selektion. Eine Maschine kann einen Schachmeister schlagen. Na großartig. Aber kann sie um jemanden werben, beischlafen, zeugen oder empfangen?

Manche Leute behaupten, Bewußtsein und sogar Schmerzen seien «nicht lebensnotwendig». Man kann Roboter bauen, die vor einer Wand bremsen und vor großer

Hitze zurückweichen, dabei aber weder Schmerz empfinden noch bewußt handeln. Weshalb also, sagen diese Menschen, sind wir so spezifisch mit Bewußtsein ausgestattet? Warum fühlen wir Schmerzen, Hunger, Durst, Liebe, Haß, Eifersucht? Die Antwort ist nach meiner Ansicht nicht so kompliziert, wie uns die Philosophen glauben machen wollen. Natürliche Experimente beweisen das. Es gibt ein selten auftretendes medizinisches Phänomen, einen Zustand, in dem ein Mensch Schmerz nicht spürt. Er oder sie hat keine Angst, sich zu stoßen, solange Verletzungen nicht sichtbar sind. Der Schmerz ist also ein Warnsystem, das zusammen mit dem Lernen aus Erfahrung uns das meiden läßt, was schädlich sein könnte. Wissen oder Bewußtheit ist für so komplexe Kreaturen, wie wir es sind, günstig: Wenn wir den Schmerz eines Nadelstichs spüren, brauchen wir uns keinen Bolzen in den Leib zu treiben, um festzustellen, ob der weh tut oder nicht. Ebenso brauchen wir, wenn wir ein paar Stufen hinuntergesprungen sind, nicht mehr vom Dach zu springen, um festzustellen, wie das ist. Nicht bewußt handelnde Vögel und Säugetiere scheinen manchmal vorauszuplanen, reagieren aber in Wirklichkeit nach festgelegten Mustern. Das könnte allgemein ausreichen, bis tatsächlich einmal jemand zu planen beginnt. Dann wären alle anderen im Nachteil. Eine Fluggesellschaft kann es sich nicht leisten, keine DC-10 und 747 zu haben, wenn die anderen Gesellschaften diese Maschinen einsetzen, obwohl Twin Otter und Piper Cub Passagiere befördern können. Es reicht nicht, wenn etwas nur funktioniert – der Wettbewerb ist dabei wesentlich. Bewußtes Denken erlaubt es uns, uns die Folgen unseres Verhaltens vorzustellen, bevor wir sie tatsächlich erleben müssen, und jemand ohne bewußtes Denken ist verglichen mit einem im Besitz dieser Fähigkeiten im Nachteil.

Empfindet ein Wurm Schmerzen, wenn er sich am Angelhaken eines Anglers windet? Das ist sehr zu bezweifeln. Ein Wurm ist in seinem normalen Leben mechanischen Verletzungen nicht ausgesetzt, also ist einer mit Schmerzfähigkeit einem ohne nicht überlegen. Ein Wurm muß jedoch auf Behinderungen zu reagieren imstande sein, deshalb windet er sich – eine Rektion wie bei uns der Kniereflex. Empfindet ein Hummer Schmerz, wenn er in kochendes Wasser geworfen wird? Auch das ist ziemlich unwahrscheinlich. Es gibt keinen Grund zu der Annahme, daß die Natur ihn damit ausgerüstet haben sollte, damit er einer bestimmten Gefahr ausweichen könnte – einem Temperaturschock etwa –, die der Spezies in den letzten 100 Millionen Jahren ihrer Evolution jedenfalls nicht gedroht hat. (Ein Wal dagegen würde diesen Schmerz sicher empfinden. Seine Vorfahren waren Landbewohner, die mit Temperaturschwankungen fertig werden können mußten. Er reguliert seine Körpertemperatur ja auch nach wie vor.) Ein Hummer fühlt die Hitze weder bewußt noch unbewußt. Ein Wurm spürt den Haken, aber nicht bewußt, also nicht als «Schmerz».

Einige Mechanismen sind sehr viel einfacher als andere. Ein Nachtfaltermännchen fliegt auf ein Duftsignal hin gegen den Wind. Es durchläuft dazu ein kompliziertes System von Reaktionen. Aber es muß das nicht bewußt tun, und es braucht auch weder Schmerz noch Vergnügen zu empfinden. Warum ich das behaupte? Weil die Entscheidungen des Falters binär sind, wie die eines Computers. Die Fühlerrezeptoren des Faltermännchens nehmen ein Duftmolekül wahr. Es ist ein Signal zur Bereitschaft, der «An»-Knopf. Die Frage ist jetzt, ob es dorthin fliegen soll: «ja» oder «nein». Das «Nein» könnte sich anbieten, wenn es zu kalt ist oder zu früh am Morgen. «Ja» bedeutet, «anfangen zu zittern». Das Zittern hört bei einer bestimmten Temperatur auf, die automatisch «Fliegen» auslöst. Fliegen gegen den Wind, wenn der Duft noch empfangen wird, im Zickzack, wenn nicht, bis er wiedergefunden ist, und so weiter, bis der weibliche Nachtfalter erreicht ist. Das System von Reaktionen ändert sich kaum. Ob der Falter dabei etwas empfindet oder nicht, führt zu keinem merkbaren Unterschied im Erfolg. Die Evolution würde deshalb den Schmetterling nicht mit diesem zusätzlichen Gepäck belasten.

Warum ist es bei Mensch oder Hund keine überflüssige Belastung? Unsere Entscheidungen sind im allgemeinen nicht binär, außer vielleicht, wenn wir Schach spielen und ein bestimmtes Ziel anstreben. Wenn ich aus der Hütte trete, habe ich vielleicht «nur» ein bestimmtes Ziel im Auge, vielleicht auch nicht. Aber jeder Entschluß, hinauszugehen, ist einer, den ich noch nie in meinem Leben so gefaßt habe und nie wieder so fassen werde. Bevor ich durch die Tür gehe, habe ich zwischen Hunderten von Möglichkeiten zu entscheiden. Soll ich drinnen bleiben und ausfegen? Geschirr waschen? Schreiben? Briefe beantworten (und welche)? Zeichnen? Lesen (hundert Optionen)? Soll ich jetzt laufen? Den Anrufbeantworter abhören? Nach einem Zaunkönignest sehen? Das Gestrüpp beseitigen? Holz spalten?... Jeder Schritt stellt einen Kompromiß zwischen ungezählten Hunderten von Möglichkeiten dar, jede mit unzähligen Konsequenzen, die ich im Auge haben muß. Um die optimale Entscheidung zu treffen, muß ich so viele Optionen wie möglich im Kopf überprüfen. Das dauert vielleicht nur ein paar Sekunden, wird aber getan. Dabei sehe ich mich in vielen der Situationen und wäge das wahrscheinliche Ergebnis jeder der Möglichkeiten ab. Die Bedeutung der Alternativen ändert sich ständig: Der abzuwaschende Geschirrstapel wächst; ich sehe die Würgkirschensämlinge und denke an die Bäume, die in 15 Jahren daraus wachsen könnten; dabei höre ich einen Zaunkönig rufen und so weiter. Binäre Entscheidungen sind ausgeschlossen, weil es keinen Endpunkt für mein Handeln gibt, weil ich frei bin. Man kann einen Computer programmieren, daß er *etwas* tut. Nimm das «etwas» weg, und er kann keine Entscheidungen mehr fällen. Er ist tot.

Wenn ich mich nun nach alledem für Schritte in Richtung auf ein Treffen mit Jane entscheide, dann muß ich, wenn ich auch nur einen Schimmer von Erfolg haben will, überlegen, was Jane im Augenblick tut, wie sie in der letzten Zeit reagiert hat, was sie beschäftigt, wo sie gerade sein könnte und warum. Wenn ich mich nicht in ihre Lage versetze, kann ich ja überhaupt nicht ermessen, wie sie reagieren wird auf das, was ich sagen könnte: «Laß uns ausgehen und Ente essen.» – «Komm mit, wir klettern auf den Mount Katahdin!» – «Sehen wir uns Sonntag?» – «Wie geht es deiner Mutter?» – Ich muß mir eine Vorstellung machen können, wie sie reagiert, bevor sie reagiert. Je besser ich mich an ihre Stelle versetzen kann, desto genauer kann ich ihr Verhalten voraussagen und mich darauf einstellen. Kurz, bewußtes Nachdenken und Imaginieren ist kein überflüssiges Gepäck. Für uns ist es *notwendig.*

Und Liebe? Sie besteht, Saint-Exupéry zufolge, «nicht darin, daß man einander ansieht, sondern daß man gemeinsam in dieselbe Richtung blickt». Anders ausgedrückt darin, daß man ein gemeinsames Ziel hat. Ist Liebe nötig? Für Nachtfalter nicht. Ihre Begegnung, ihr ganzes Leben ist so kurz, daß pure sexuelle Anziehung reicht, um zu erreichen, was notwendig ist. Alles Weitere wäre überflüssig und ist deshalb von der Evolution nicht entwickelt worden. Tatsächlich ist vermutlich nicht einmal die sexuelle Anziehung den Nachtfaltern bewußt.

Alle Arten von Liebe aber verbinden sich mit sozialen Interaktionen: zwischen Eltern und Kindern, Kindern und Eltern, Partnern, Freunden, Kumpels. In jedem Fall ist Liebe der Kleber, der die Beziehung erhält. Und der einzige Grund, weshalb die Evolution Beziehungen erhalten würde, ist der, daß sie nützlich sind. Sonst wäre Liebe überflüssig und hätte sich nicht entwickelt. Für Schmetterlinge besteht keine Notwendigkeit, zusammenzubleiben. Aber die Eltern vieler Vögel und Säugetiere müssen sich längere Zeit um ihre Jungen kümmern, um sicherzustellen, daß sie überleben und daß die elterliche Investition erfolgreich war – deshalb sind Bindungen notwendig. Die Nachkommen brauchen ihre Eltern offenbar, deshalb haben sie die Liebe entwickelt, die nötig ist, ihre Zuwendung und Hilfe zu bekommen. Jede Partnerschaft erfordert Liebe, ob es um die Aufzucht von Kindern geht oder um wirtschaftliche Gründe oder sonstige gemeinsame Projekte. Je unabhängiger die Partner voneinander sind, desto weniger Liebe ist vonnöten, und desto weniger wird sie – vom evolutionären Standpunkt aus – entwickelt werden. Je stärker ich vom Wald abhängig werde, desto stärker werde ich ihn lieben. Ich bin nun schon in vielen Dingen eine ganze Weile vom Wald abhängig, selbst bei dem Vergnügen, Flügelfrüchte im Wind zu beobachten.

14. Oktober
KLEINE RAUPEN ENTDECKEN

Als Jack gerade erst aus dem Nest gekommen war, verbrachte er Tage damit, alles aufzuheben und auseinanderzunehmen, was er fand. Er pickte jedes Blatt auf und zerriß es. Er zerfetzte Grashalme und riß Moos auseinander; er nahm Steinchen, Stöcke und Zweige auf. Nach und nach wurde er wählerischer. Er rupfte das Dichtungsmaterial aus den Hüttenwänden. Er beschäftigte sich mit Gegenständen in wiederkehrender Gestalt, wie Tassen, Löffeln, Bleistiften, Weidenkätzchen, Fichtenzapfen und den Blüten der Blumen. Dann entdeckte er Käfer. Er fraß sie und kümmerte sich bald nicht mehr um anderes Spielzeug. Er lernte Neues und Wichtiges von dem bereits bekannten Hintergrund seiner Umwelt zu unterscheiden: mit einem Blick entdeckte er einen Käfer, eine Fliege oder eine Raupe, die zu fressen sich lohnte, vor dem unglaublich vielfältigen, komplexen Hintergrund der Wiese oder des Waldbodens.

Bei mir trat die gleiche Entwicklung ein. Nach der langen und täglichen Einbindung in meine Umgebung stellte ich erschrocken fest, daß ich die Einsiedlerdrossel kaum noch hörte. Ihr wunderschöner Gesang war zum Hintergrundgeräusch geworden, über das ich hinweghörte, um Neues wahrzunehmen. Wenn es ein winziges Zwitschern am Weg gab, das ich bisher noch nicht gehört hatte, fuhr mein Kopf sofort herum, bevor ich mir des Geräusches überhaupt bewußt war. Ich hatte reagiert, ehe ich gedacht hatte. Ich nahm das Alltägliche immer noch wahr, aber ich beschäftigte mich nicht in Form von deutlichen Gedanken damit. Ich war dem Raben ähnlich geworden.

HOLZ VERBRENNEN

Die Berge wirken jetzt grau, weil die Zweige der Laubbäume kahl sind. Hier und da entdeckt man noch einen Anflug von Rostbraun, und aus einiger Entfernung heben sich senkrechte helle Streifen vom Waldrand ab – die Stämme weißer Birken leuchten wie Kerzen.

Der Laubfall kam als Welle aus dem Norden, die rasch nach Süden weitergewandert ist. Die Farbe der abgefallenen Blätter ist ebenso schnell verblaßt. Nach nur wenigen Tagen war kein gelbes oder rotes Blatt mehr zu sehen. Sie zeigen jetzt alle möglichen hellbraunen, braunen und rotbraunen Töne. Bald werden sie alle dunkelbraun sein.

Das viele Holzmachen für den Winter bedeutet, daß ich meine Waldparzelle tüchtig ausgedünnt habe; das gibt einigen hübschen Ahornbäumen, Birken oder Eschen die Möglichkeit, zu schönen großen Bäumen zu werden. Es bedeutet außerdem, daß ich einen beruhigenden Holzvorrat besitze und mich wunderbar ausgearbeitet habe. Schließlich ist es ein befriedigendes Gefühl, das Holz zu verbrauchen, weil ich daran denke, wieviel Arbeit darin steckt.

Mein kleiner Ofen im Obergeschoß gibt viel Hitze ab und hat wahrscheinlich eine große Energienutzung. Wenn ich ihn nachts schließe, finde ich morgens oft noch heiße Glut darin. Mein alter gußeiserner Küchenherd dagegen, mit Backofen und einer großen Heizplatte, ist wunderbar ineffizient. «Wunderbar» sage ich, weil er so wenig Hitze abgibt. Ich kann den Herd anheizen und das Essen eben über der Flamme kochen, aber die meiste Hitze geht durch den Schornstein. Im Sommer ist das genau das richtige. Der Herd ist nicht dicht, deshalb wird trockenes Holz innerhalb einer Stunde vollkommen verbrannt, «effektiv» und mit wenig Emissionen.

Der Wirkungsgrad läßt sich auf mehr als eine Art und Weise messen. Mein Küchenherd verbrennt das Holz effektiv, heizt aber die Hütte nicht effektiv. Wenn ich die Schornsteinklappe schließe, entweicht weniger Hitze nach draußen. Wenn der Herd völlig geschlossen ist, setzt er die Holzenergie fast zu 100 Prozent in Wärmeenergie um. Aber dann ist das Holz nicht nur voller Wärme, sondern auch voller Rauch. Ich verbrenne das Holz effizienter, wenn ich die Zugklappe am Boden öffne und mehr Sauerstoff einlasse, dann gibt es weniger Rauch; wenn ich dann allerdings den Schornsteinzug schließe, wird die Rauchentwicklung zu stark.

Wie beim Brotbacken mußt du einfach wissen, was du tust. Aber ich brauche nicht darüber nachzudenken, nicht mehr, als ich es tue, wenn ich die außerordentlich komplizierte (und binäre Entscheidungen einschließende) Aufgabe erledige, ein Butterbrot zu essen. Mir war gar nicht klar, daß das Verbrennen von Holz schwierig sein könnte, bis ein Freund aus der Stadt eines Tages allein in meiner Hütte war. Als ich heimkam, hustete und bibberte er. Die ganze Hütte war voll von erstickendem Rauch, aber ein Feuer brannte noch nicht.

Letzte Nacht hat wieder ein Haufen Raben in den Kiefern keine hundert Meter von der Hütte entfernt geschlafen, wie nun schon seit vielen Nächten. Bei ihren abendlichen Versammlungen brechen die Vögel manchmal in wilden, geradezu unglaublichen Jubel aus, der auch den Müdesten munter macht und mitreißt. Gestern abend waren sie allerdings still bis auf gelegentliches kurzes Zanken. Ich kann ihre Stimmung sehr oft interpretieren, nicht so sehr, weil sie bestimmte Rufe ausstoßen, sondern wegen des Tonfalls. So als ob ich in einer Bar neben einem stünde, der nur Schwedisch spricht, aber das große Los mit Millionen Dollar gewonnen hat. Die Feste der Raben haben wahrscheinlich ähnliche Bedeutung. Vielleicht hat ein Mitglied der Gruppe einen Elchkadaver entdeckt, während die anderen noch hungrig sind. Er macht seiner Freude Luft. Dann wissen die anderen, daß er in der Lotterie gewonnen hat, und in der Gewißheit, daß sie etwas abbekommen werden, werden sie auch vergnügt.

Tiefer im Wald gibt es gemischte Schwärme aus Schwarzkopfmeisen und Goldhähnchen; sie zwitschern unentwegt, aber unaufdringlich. Wenn ich nicht aufpasse und gezielt lausche, dringen diese Töne nicht in mein Bewußtsein.

Ebenso geht es mit den Wettergeräuschen: wenn der Regen sanft auf nasse Blätter pladdert. Oder wenn an sonnigen Tagen trockenes Laub leise raschelt. Oder wenn Nadelbäume sausen, weil der Wind hindurchfährt.

Fast jeden Abend bricht kurz nach Einbruch der Dunkelheit ein Streifenkauz in eine Serie von ohrenbetäubenden und unheimlichen Rufen aus, die mich erschrecken würden, wenn ich nicht wüßte, was es ist. Ich vermute, daß die Rufe die schlafenden Raben mit Angst erfüllen. Vor ein paar Nächten begann ein Kojote ein langsames, tiefes Heulen, das dann an Lautstärke und Tonhöhe zunahm, in ein hohes Tremolo überging und schließlich so vollkommen harmonisch zwischen den zwei Melodien hin und her wechselte, daß ich tief beeindruckt war. Gewöhnlich sind diese Solos einzelner die Einführung für ein ganzes Orchester anderer, die mit ihren eigenen Kompositionen einfallen, aber immer aufeinander abgestimmt. Bald steigern sich Lautstärke und Erregung, und schließlich sind daneben Kläffen und Bellen zu hören, und man könnte meinen, man wäre von mindestens fünfzig von diesen «Wolfshunden» eingekreist. Wenn man dann genau lauscht, hört man oft ein anderes Rudel aus der Ferne antworten. Ganz plötzlich ist alles wieder ruhig. Manchmal heult auch einer allein, und niemand antwortet.

Auch die Gerüche werden im Spätherbst intensiver. Es gibt da einen durchdringenden Geruch, der sich mit einem Aroma von frischen Walnüssen und Haselnüssen mischt. Er ist nur schwach und zart, spricht mich aber mächtig an. Es ist wie ein Zugang zu meinen Kindheitserinnerungen, und ich versuche tief durchzuatmen, wenn ich den Erdgeruch faulender Blätter rieche. Oft sind es keine bestimmten Erinnerungen, die da wachgerufen werden, aber manchmal sind diese Rückblenden so deutlich, daß sie fast schmerzen.

Gestern abend ging ich, als es dunkel wurde, an dem großen Zuckerahorn vorbei, der die Blätter abgeworfen hat. Es nieselte ein wenig, und ich hörte die winzigen Regentropfen fallen. Plötzlich roch ich diesen bestimmten Herbstgeruch – es war nur ein Hauch. Ich hielt an, und meine Erinnerung trug mich 43 Jahre zurück: ich sah mich an einem dunklen Abend meinem Vater folgen. Es war damals kühl und feucht, und die Blätter rochen offensichtlich genauso.

Mein Vater überprüfte die Mausefallen, in denen er wildlebende Nagetiere und Spitzmäuse fing, die er an Museen in Amerika verkaufte. Diese Exkursionen in der Dunkelheit waren für mich wie die Tür in eine andere Welt – die geheimnisvolle Welt von Mäusen, Spitzmäusen, Feldmäusen und Maulwürfen. Sorgfältig stellte er die Fallen unter bemoosten Baumstämmen, unter überhängendem Gras an steilen Böschungen oder in Reisighaufen auf. Er fing an den verschiedenen Stellen auch ganz verschiedene Pelztiere, von denen ich nicht gewußt hatte, daß es sie gab. Es waren Geschöpfe, die man sonst nie sah, weil sie unter Moos, verfilztem Gras und faulenden Blättern ein verborgenes Leben führten. Damals hatte die Begeisterung über unsere Vorstöße in diese nicht sichtbare Welt mich fasziniert. Und jetzt hatte der Zauberstab des Geruchs mich leicht berührt – und war vergangen.

Im ersten Augenblick war mir, als sei etwas verlorengegangen, das nun nie wiederkehren würde. Ein Hauch Traurigkeit überkam mich, obwohl gleichzeitig der Geruch mich mit Glück erfüllte. Die folgende Überlegung tröstete mich:

Der Ahornbaum neben mir ist zu 99 Prozent tot. Das einzig lebende Gewebe an ihm ist die dünne Lage Kambium eben unterhalb der Rinde. Jedes Jahr teilen sich die Zellen des Kambiums, und diejenigen, die zur Innenseite des Baums hin ausgerichtet sind, sterben und werden zu Holz, das dem Baum Halt gibt. Der Herbstgeruch hatte mir Zugang zu den tiefsten Wachstumsringen meines Lebens verschafft, die eine lebenswichtige Funktion erfüllen – sie geben mir Halt für neue Erfahrungen und neues Wachstum.

BÄUME

Der Himmel ist bedeckt, und es weht eine leichte Brise. Hin und wieder regnet es. Ich spalte und stapele Holz und sammle die Äpfel ein, die von dem Baum neben der Hütte abgefallen sind. Sie sind nicht besonders schön, aber ich schneide doch die guten Teile heraus, um Apfelkompott zu kochen. (Die ersten haben wir beim Wettbewerb im Apfelschleudern verwendet. Dabei steckt man einen Apfel auf einen langen dünnen Stock und schleudert ihn dann bis in unerhörte Höhen hinauf.)

Da ich schon einmal dabei bin, backe ich auch gleich noch Brot. Das gibt mir soviel Energie, daß ich zwei Stunden lang die Axt schwinge und auf einem weiteren aufgegebenen Feld das Dickicht von jungen Eschen ausdünne. Ich werde längst fort sein, wenn diese Bäumchen einmal groß sind, aber einstweilen möchte ich sie gern wachsen sehen. Damit tue ich also etwas für das Jetzt, etwas für die kommenden Wochen und Monate und etwas für die Zukunft.

Im Augenblick trinke ich Kaffee, lausche dem Regen, der sanft auf das Dach klopft, und schnuppere das frische Brot. Die Hütte ist aus Stämmen von Tannen und Fichten gebaut. Die Tischplatte ist Kiefernholz, die Beine sind Kirschbaum. Brennendes Rotahorn- und Eschenholz liefert die Wärme drinnen an diesem draußen so ungemütlichen Tag. Mein Auge freut sich an dem Anblick des Waldes vor mir, und mein Geist bezieht Ruhe aus dem Gedanken an die Vögel, die Eichhörnchen, die Mäuse, die Millionen Insekten und die anderen Tiere, die hier leben. Hirsche, Elche, Schneeschuhhasen knabbern an den Zweigen der Bäume, Kragenhühner fressen die Knospen, und ich ernähre mich von ihnen, wenn nötig. Kein Wunder, daß in manchen Kulturen Bäume verehrt werden. Ob wir uns dessen bewußt sind oder nicht, wir sind Kinder des Waldes. Thoreau hörte das «Singen» der Kiefern, als seien es Tiere, die im Wind stöhnten. In Maine stellte er sich auf einen großen Kiefernstumpf und schimpfte über die Habgier und alle Sünden der Menschheit, als hätten wir mit dem Fällen dieses einen schönen Baums alle Bäume umgehauen. Thoreau sah weiter als die meisten seiner Zeitgenossen, aber vielleicht müssen wir noch ein Stück weiter sehen.

Es gibt Dinge, die wir wirklich brauchen, und andere, die nur nützlich sind. Ein Computer ist beim Schreiben nützlich, aber ich brauche ihn nicht. Mein Füller funktioniert prima. Ich kann schnell genug schreiben, und Eile hab' ich nicht. Kernkraftwerke können ebenfalls nützlich sein, aber in Maine brauchen wir sie nicht, weil hier die Bevölkerung noch nicht stärker gewachsen ist, als die Umwelt tragen kann. Windräder wären Kernkraftwerken vielleicht vorzuziehen, aber Bäume sind sogar den Windrädern noch vorzuziehen. Bäume brauchen wir.

In der letzten Zeit ist vielfach mit der Umsetzung von Sonnenenergie experimentiert worden. Bäume haben das aber immer schon geleistet! Seit Hunderten von Millionen, seit Milliarden Jahren, wenn man den Bau der Miniatur-Sonnenbatterie mitrechnet, der Chloroplasten genannten Chlorophyllträger. Sie haben sich zu diesen riesigen, vielbeinigen Konstruktionen zusammengeschlossen, die 30 m hoch und höher werden. Die verursachen keine Umweltverschmutzung, sondern bauen sie eher ab; sie reparieren sich selbst und brauchen keine Wartung.

Bäume als Energiequelle haben außerdem den Vorteil, daß diese «Kraftwerke» fast überall angepflanzt werden können. Sie gedeihen in Großstädten und an steilen Hängen. Man kann sie in Überschwemmungsgebieten und sogar in Wüsten pflanzen. Aber vor allem können sie Wälder und Wildnisse *schaffen*, während sie gleichzeitig zu Energielieferanten heranwachsen. Puristen wenden ein, daß, wenn man erst einmal einen Wald hätte, dieser auch unversehrt erhalten werden müsse. Wir müssen logisch handeln, aber auch bio-logisch. Wenn wir unsere Wald-Ressourcen nicht intelligent nutzen, schaffen wir das Bedürfnis nach Wasserkraftwerken, Öl-Pipelines und weiteren schädlichen Einrichtungen.

Als aktives Mitglied der Wilderness Society befürworte ich nicht weniger ursprüngliche Wälder. Im Gegenteil, ich setze mich für mehr ein. Aber wenn ich zu wählen habe, wähle ich Wälder als Energiequelle, statt der wälderüberflutenden Talsperren.

26.–30. Oktober

Der Winter kommt. Letzte Nacht war er zu hören: ein stöhnender Nordwind, der anschwoll und abebbte, daß es sich anhörte wie Brandungswellen. Im Morgenlicht unter den langsam von Norden vorübertreibenden Wolken sehe ich, daß die Felsen oben auf dem Mount Bald unter einer weißen Decke liegen und daß die dunklen Fichten darunter weiß gerahmt sind. Als ich aufstehe, zeigt meine Uhr 5.45 statt 6.45 Uhr wie sonst. Ich hatte mitbekommen, daß wir die Uhren jetzt zur Winterzeit um eine Stunde zurückstellen müßten, und das denn auch am Vorabend getan. Schneeflocken wirbeln vor meinem Fenster, und langsam, unmerklich bedecken sie Laub und Gras. In der Hütte ist es kalt, und als ich Feuer anmache, nehme ich mir vor, noch mehr Holz aus dem Wald herbeizuschaffen. Der Winter kommt mit dem Nordwind, und in den Wäldern von Maine bleibt er fünf Monate.

Dies ist eine gute Zeit, um durch den Wald zu wandern, denn seit die Blätter abgefallen sind, ist es, als sei ein Vorhang zurückgezogen worden. Man sieht viel weiter, und wo man sonst unter einem grünen Blätterdach eingeschlossen war, kann man jetzt zu den Hügeln und Bergen hinaufsehen. Die großen Eichen im Laubmischwald haben ihre braunen Blätter nicht abgeworfen, und die jungen Buchen haben, obwohl die alten kahl sind, unter dem Dach des Waldes ihre trockenen gelbbraunen Blätter ebenfalls behalten. Sie werden sie den ganzen Winter tragen. Ebenso für eine Weile noch die Zuckerahornsämlinge, die einen gelben Teppich auf dem Waldboden bilden.

Die abgefallenen Blätter sind schon zusammengerollt und trocken, und man hört die Schritte aller Lebewesen. Ein kurzes Rascheln, und ich erspähe gerade noch den Rücken einer Maus. Die Maus kommt nicht wieder zum Vorschein, aber ich höre jetzt aus verschiedenen Richtungen gleichmäßigeres Rascheln. Rote Eichhörnchen und Grauhörnchen sind auf Nahrungsuche. Überall sehe ich Streifenhörnchen mit dicken Backentaschen; sie sammeln die kürzlich abgefallenen Zuckerahornsamen. Die Samen des Pennsylvanischen Ahorns fangen jetzt auch an abzufallen. Aber Eschensamen und Birkensamen sitzen noch an den Bäumen; sie beide sind lebensnotwendige Nahrung für die Finken im Winter.

Im Mischwald stoße ich auf eine Gruppe von Haarspechten und Dunenspechten. Aber plötzlich kommt vom Kamm herab ein noch imposanterer großer schwarzer Vogel mit Weiß unter den Flügeln: ein Helmspecht. Er legt die Flügel an und schießt hangabwärts an mir vorbei, öffnet die Flügel, um wieder Luft darunter zu fangen, und faltet sie wieder zusammen, um weiter hangab zu schießen. Jetzt breitet er die Flügel ganz aus und landet nach einem schnellen Schlag aufwärts im Wipfel einer Linde. Dort kakelt er laut und durchdringend, daß es vom Berghang widerhallt über das ganze Tal. Mit ruckartigen Bewegungen schaut er hierhin und dorthin und bleibt fünf Minuten lang auf dem schlanken Ast sitzen. Dann startet er erneut und fliegt weiter abwärts ins Tal. Ich kann nicht sehen, wo er landet, höre aber bald ein tiefes, lautes Trommeln. Es dauert ein oder zwei Sekunden. Sehr eigenartig! Das schnelle Trommeln der Spechte ist eigentlich eine Frühlingsaktivität und hängt mit sexuellen Signalen und Paarung zusammen. Abermals Hämmern. Diesmal liegt es im Ton eine Spur höher; der Vogel muß eine andere Stelle an dem Baum gewählt haben. Und dann erneutes Hämmern. Dreimal bisher; ich fange an zu zählen.

Achtzehn Trommelwirbel zählte ich, jeweils mit Pausen von zwei bis fünf Minuten dazwischen. Beim 18. Mal war ich bereits weit fort, und es ist möglich, daß das Hämmern noch weiterging. Ich habe keine Erklärung dafür. Es sagt mir nur, daß es, soviel ich auch über Vögel wissen mag, immer noch neue Geheimnisse für mich geben wird. Und trotz all meiner wissenschaftlichen Erklärungsversuche glaube ich, daß sie im Grunde aus schierer Lebensfreude singen, hämmern oder tanzen. In allem, was ich von diesem Specht sah, von seinem Flugverhalten bis zu seinem Trödeln in der Linde, schien er vor Gesundheit zu strotzen und übermütig zu sein, und seine gute Laune war ansteckend. Was konnte er einem Rivalen oder Partner sonst noch signalisieren? Auch ich fühlte mich leicht, beweglich und frei im Geist, als ich am Südhang von Houghton Ledges durch den Mischwald abwärts lief.

Ich kam an die Stelle, wo einmal eine Farm gelegen hatte; der Wald, der sie überwuchert hatte, war vor fünf Jahren abgeholzt worden. Es waren aber Apfelbäume stehengeblieben; in dem Dickicht von Eschen, Eichen, Zuckerahorn, Buchen und Pennsylvanischem Ahorn mit Himbeer- und Brombeerhecken dazwischen zeigten sie jetzt, wo sie nicht mehr im Schatten der anderen standen, neues Leben. Sie hingen voller Früchte. Zu meiner Überraschung waren sie alle, genau wie die an den Bäumen, die ich in der Nähe meiner Hütte vom Wald befreit hatte, perfekt in der Form und ohne jeden Apfelschorf oder Insektenbefall. Wahrscheinlich hatten sie in ihrem Leben von vielleicht 100 oder 150 Jahren nie Insektengifte kennengelernt.

Ich war nicht der einzige, der sich über diese Äpfel und über die vielen auf der ehemaligen Farm nachwachsenden Bäume freute. Das Trümmerholz war schon zusammengedrückt und vom Verfall brüchig; große Tiere hatten Wildwechsel durch das Gestrüpp gebrochen. Auf dem Boden unter den Apfelbäumen lagen Haufen von Äpfeln, aber an einem der Bäume war ein Ast frisch abgebrochen: dort hatte ein Bär Äpfel gepflückt, bevor sie von selbst fielen. Der Boden war von Hirschen frisch aufgekratzt; auf der weichen schwarzen Erde sah man das Netzmuster sich kreuzender Spuren. Schwarze Kotkugeln lagen in Häufchen, und hier und da waren frische Haufen von Bärenkot, der aussah wie Apfelmus.

Ich stand still und lauschte. Ein Kragenhuhn gluckste leise in einem Dickicht nahebei und rannte dann vor mir her. Aber Hirsche und Bären waren weder zu hören noch zu sehen. Sie kommen wahrscheinlich nur abends durch den offenen, noch nicht eingeschlagenen Wald, den ich gerade durchquert habe. Vielleicht waren sie dann auf einem ihrer Wechsel hinunter in den Sumpf voller Balsamtannen und Fichten gezogen, um auf einem Lager von Torfmoos zu ruhen.

Ich stieg auf einem dieser Wildwechsel voller Hirsch- und Bärenkot durch den Kahlschlag abwärts. An den Brombeerbüschen, an denen ich vorbeikam, hatten sich die Bären offenbar gelabt, als die Äpfel noch nicht reif waren. Überall waren die Spitzen der jungen Bäume abgefressen. Je stärker sie abgefressen werden, desto mehr Seitentriebe wachsen im nächsten Jahr. Auf diese Weise schafft für eine Weile zunehmendes Abfressen zunehmende Nahrung. Einige der Triebe aber entgehen den Tieren – den Schneeschuhhasen anfangs, dann den Hirschen und schließlich den Elchen. Diese wachsen um so schneller, weil die Konkurrenz beschnitten ist. Menschen sind für diese Waldpflege nicht nötig – die besorgen die Tiere selbst.

Als ich durch das Dickicht lief, sah ich plötzlich ein katzengroßes Tier, tiefschwarz, mit kurzen Beinen und einem buschigen Schwanz, vor mir davonflitzen. Es war ein Fischermarder, ein mit den Wieseln verwandtes Tier, dessen Spuren ich im Winter oft gesehen habe. Er war von einem Haufen Trümmerholz an einem Felsbrocken gekommen, unter dem sich ein Hohlraum öffnete. Direkt vor diesem Bau lag leblos auf dem Rücken ein junger Baumstachler; die Totenstarre war noch nicht eingetreten, er war so warm wie ich. Frisches Blut sickerte aus Einstichen an seiner Kehle, aber angefressen war er noch nicht. Nur ein Stück Haut an der rechten Schulter innen war abgerissen. Der Fischermarder ist das einzige Raubtier, von dem man weiß, daß es den mit einer tödlichen Waffe ausgerüsteten Baumstachler bezwingen kann. Ich hatte immer gehört, er täte das von der weichen Bauchseite des Opfers aus. Aber dieser Baumstachler hatte am Bauch keinen Kratzer und war von vorn angegriffen worden.

Die todbringende Waffe des Baumstachlers ist ein großer, muskulöser, stachelbesetzter Schwanz, mit dem er Gegner schlägt. In der Höhle fand ich Anzeichen für einen Kampf: ein Stück Baumstamm war mit den scharfen, weißen, mit Widerhaken besetzten Stacheln gespickt. Ein kräftiger Schlag mit dem Schwanz hatte sein Ziel verfehlt.

Ich verließ den Kampfplatz und befand mich bald in einem mit Fichten und Tannen bewachsenen Sumpf. Der Boden war mit weichem grünem Torfmoos bedeckt, die Feuchtigkeit ließ hier keine Laubbäume wachsen. Eine Schar Satrap-Goldhähnchen suchte am Boden nach Futter. Ich stand ganz still, und zwei von ihnen kamen bis auf anderthalb Meter an mich heran, als hätten sie mich nicht bemerkt.

Der Himmel bezog sich, als ich mich auf den Rückweg machte, und als ich abends an der Hütte ankam, begann es zu nieseln. Ich legte ein Riesenfeuer an und buk ein paar Kartoffeln.

Nachts wachte ich vom heisernen Ruf der Kanadagänse auf. Ich sprang aus dem Bett und lief vor die Hütte. Sie kamen von Norden und flogen direkt über mich hinweg südwärts. Ihr wildes erregtes Rufen ließ mir Schauer über den Rücken laufen.

WAHLTAG

Die Sonne erwärmte die wettergrauen Stämme der Hüttenwand. Ein paar Pollenia-Schmeißfliegen fanden das warme Holz und ließen sich darauf nieder. Andere stießen dazu, und bald waren es Hunderte. Als es dann kühler wurde, krabbelten sie nach drinnen. Die Wärme dort belebte sie wieder, und sie begannen gegen die geschlossenen Fensterscheiben zu fliegen. Nach ein paar Stunden wurde mir ihr gemeinsamer Krach lästig. Ich saugte sie mit dem batteriegetriebenen Staubsauger auf, dann betäubte ich sie mit Äther und zählte sie. Das mag überflüssig klingen, aber mir fiel ein, Leser könnten fragen, «Was meint er eigentlich?», wenn ich sage, ich hätte «eine Menge» Fliegen im Haus.

Ich breitete die betäubten Fliegen auf einer Zeitung aus, zählte sorgfältig hundert ab und schob sie auf ein Häufchen.

Dann teilte ich den Rest in ähnliche Häufchen. Es waren schließlich 31 Häufchen, das heißt also 3100 Individuen. Das kann man sicher «eine Menge» nennen. Wie ich später erfuhr, war das noch gar nichts.

Diese Zweiflügler der Gattung *Pollenia* verstecken sich im Winter in großen Gruppen in den warmen Ritzen der Häuser. Wenn das Haus geheizt wird, kommen sie aus ihrem Winterquartier und fliegen in Richtung Licht (Fenster), weil sie in der Annahme, der Frühling sei da, nach draußen streben, um die Schlupfwinkel der Regenwürmer aufzusuchen. Ihre Larven schmarotzen in ihnen, und jede ausgewachsene Fliege bedeutet einen toten Regenwurm. Unsere Regenwürmer sind alle aus Europa gekommen, und mindestens zwei *Pollenia*-Arten ebenfalls. Die eingeschleppten *Pollenia*-Fliegen sind *Calliphoridae*, sog. Fleisch-, Aas- oder Schmeißfliegen; sie lassen sich leicht von anderen *Calliphoridae* unterscheiden, weil jene metallicgrün oder -blau aussehen, diese aber stumpf schwarz sind wie Stubenfliegen; auf dem Brustabschnitt haben sie gekrümmte weiße und längere gestreckte schwarze Härchen.

Mein Neffe Charlie aus North Carolina ist da. Er hat sich eine Woche freigenommen von seinen Studien, um mit mir auf Hirschjagd zu gehen – eine der Jahreszeit angemessenere Tätigkeit als Fliegenzählen.

Am Samstag gingen wir zu Fuß und jagten nicht allzuweit von der Hütte entfernt. Abends saßen wir am Rande eines Kahlschlags und hofften Hirsche zu überraschen, die von weiter oben herabkämen, um in offenem Gelände zu fressen. Die Blätter waren trocken, deshalb war es laut im Wald. Gelegentlich hörte man kurzes hastiges Rascheln und konnte gerade noch eine kleine Rötelmaus erspähen, die neben einem Stamm die Lage von Blättern durchstoßen hatte. Ich gewöhnte mich an das helle Piepsen der Spitzmäuse, die sich zu streiten schienen. Wir sahen sie aber nie, denn sie zeigen sich nicht über den Blättern. Streifenhörnchen hasteten in kurzen Sprints über die trockenen Blätter und machten einen Lärm wie fliehende Elche. Hier und da sprang ein Rotes Eichhörnchen geräuschvoll auf den Boden und hüpfte dann gleich wieder auf einen moosbedeckten liegenden Stamm hinauf. In der Dämmerung gaben die Grauhörnchen ihr rauhes Husten von sich, und man sah sie irgendwo weiter weg am Stamm einer Roteiche hinaufhuschen. Die Blätter verstärkten die Geräusche aller Tiere, einschließlich der Vögel, denn Blauhäher landeten gelegentlich, um Bucheckern oder Eicheln zu verstecken. Der Hüpfer eines Hähers oder eines Streifenhörnchens klang so laut wie der Schritt eines Hirsches, und unsere Sinne waren gespannt und geschärft, weil wir uns bemühten, die Natur der Geräusche nah und fern festzustellen. Schließlich hörte ich ein stetiges langsames Rascheln sich nähern, das anders klang als alles andere bisher. Eine dunkle, plumpe, gedrungene und kurzbeinige Gestalt kam aus dem Kahlschlag – ein Baumstachler.

Am Sonntag erforschten wir einen zugewachsenen Apfelgarten an der Byron Road und fanden viele frische Scharr- und Stampfspuren von männlichen Hirschen. Wir suchten uns jeder eine Kiefer, die gut zu erklettern war, zu der wir am nächsten Morgen zurückkehren wollten. Am Montag standen wir morgens früh um vier Uhr auf und waren um fünf (es war noch dunkel) auf unseren Bäumen.

Im ersten Morgengrauen hörte ich den Warnruf von Wanderdrosseln. Zwei von ihnen landeten in einem Apfelbaum neben meiner Kiefer. Wie kalt es war, sah man daran, daß sie sich kugelig aufgeplustert hatten, nur ihr Schnabel schaute am einen Ende und der Schwanz am anderen Ende hervor. Die Beine und Füße waren ganz von den Brustfedern umschlossen. Unter mir hörte ich Rascheln. Anfangs war es noch zu dunkel, etwas zu erkennen, aber schließlich machte ich zwei Weißkehlammern aus. Sie suchten zwischen heruntergefallenen Äpfeln und Blättern nach Nahrung, indem sie sich in kleinen Sprüngen vorwärtsbewegten, wobei sie jedesmal Blätter nach hinten schleuderten und den Boden bloßlegten. Die beiden Wanderdrosseln neben mir verließen ihren Sitzplatz bald und schlossen sich den Ammern an. Statt mit den

Füßen schleuderten sie die Blätter allerdings mit dem Schnabel zur Seite fort, mit schnellen, ruckartigen Bewegungen.

Ein kleiner Schwarm von Abendkernbeißern flog vorüber, und im Frühlicht hörte ich Schwarzkopfmeisen und Goldzeisige. Später, als es längst richtig hell war, kam die Überraschung: ein Sumpfwaldsänger. Sumpfwaldsänger brüten in mit Schwarzfichten bewachsenen Sümpfen. Dies war also nicht sein Habitat, und er kam offenbar auf dem Wanderzug durch. Ich war überrascht, daß so spät noch ein Waldsänger unterwegs war. Ich sah das gelbe Gefieder mit den olivgrünen Streifen lange an. Seltsamerweise wippte er rhythmisch mit seinem rotbraunen Schwanz wie es sonst Bachstelzen und Phoeben tun.

Ein Rotes Eichhörnchen gehörte ebenfalls zu den Frühaufstehern. Es hastete auf einem liegenden Stamm dahin und hielt an, um von einem kleinen Pilz zu kosten, setzte sich auf die Hinterkeulen, nahm den Pilz zwischen die Vorderpfoten, fraß ein paar Bissen und ließ den Rest fallen; das gleiche tat es mit einem zweiten und einem dritten Pilz. Dann hüpfte es in meiner Nähe auf den Boden, fuhr unter ein Blatt und holte einen feuchten Fichtenzapfen hervor. Damit sprang es wieder auf den Baumstamm. Es hielt ihn wie einen Maiskolben zwischen den Pfötchen und knabberte, am dicken Ende anfangend, überall die Deckblätter weg, um an die Samenkörner darunter zu gelangen. Ein paar Sekunden lang hockte das Eichhörnchen so, daß Fichtenzweige seinen Blick auf mich verdeckten; nervös fuhr es hin und her, bis es mich wieder voll im Blick hatte. Danach fraß es weiter, aber sein linkes Auge blieb auf mich gerichtet. Die Augen der Eichhörnchen sitzen an den Seiten des Kopfes, so daß es in alle Richtungen sehen kann. Aber ein so kompliziertes Unterfangen zu kontrollieren, wie Deckblätter abbeißen und die Samenkörner herausholen, dazu sind sie nicht geeignet. Dazu ist der Tastsinn vonnöten oder genaue Berechnung. Die ganze Zeit war das Eichhörnchen nur drei Meter von mir entfernt, aber obwohl es mich vorsichtig (oder neugierig?) im Auge behielt, wirkte es nicht besonders beunruhigt.

Grauhörnchen, die in der Stadt leben, fressen einem manchmal aus der Hand. Aber hier im Wald gehören die Grauen im Gegensatz zu Roten Eichhörnchen zu den scheuesten Tieren überhaupt. Du kannst sie im Laubwald durchaus sehen, aber nur, wenn du dich hinsetzt und geduldig wartest. Nach einer Weile, zehn oder zwanzig Minuten vielleicht, beginnt eines zu schelten. Wenn du dich dann bewegst, versteckt es sich sofort hinter einem Baumstamm. Das Eichhörnchen verfolgt dich mit dem Gehör und bleibt immer auf der von dir abgewandten Seite eines Baumes; selbst wenn du um den Baum herumgehst, wirst du es nicht sehen. Übrigens habe ich einmal einen Weißwedelhirsch sich ebenso verhalten sehen. Er versteckte sich hinter einem Felsen und schob sich vorsichtig auf dem Bauch weiter, als ich vorbeiging. Das einzige, was ihn verriet, war ein junges Bäumchen, das schwankte, obwohl es windstill war. Der Hirsch handelte so, als «wüßte» er, daß er gesehen worden war. Bedeutet seine Reaktion Bewußtsein, ging sie über den puren Reflex hinaus? Kann sich ein Hirsch oder ein Eichhörnchen an die Stelle eines Verfolgers versetzen? Ist es diese Fähigkeit, die es den scheuesten aller Tiere neben Raben und Kanadagänsen andererseits möglich macht, zahm zu werden und sich an die Zivilisation anzupassen?

Wir stiegen nach rund zwei Stunden hinab und wanderten eine Weile herum, den Potter Hill am Nordende des Sees hinauf, am Kamm entlang und wieder herunter. Am oberen Teil der nach Westen abfallenden Hänge entdeckten wir zu meiner Überraschung noch Wald, der alt und unberührt zu sein schien. Die Bäume waren nicht sehr groß – keiner über 60 cm dick oder über 20 m hoch –, aber es gab keine verrottenden Baumstümpfe, wo einmal Bäume gefällt worden sein könnten. An vielen der alten Bäume waren Zeichen von Alter und Verfall zu sehen. Andere, in der Größe mit diesen vergleichbar, waren bereits umgestürzt und vermoderten wieder. Sie waren von grünem Moos überzogen. Wenn ein Holzeinschlag stattgefunden hätte, wären diese Bäume vor 40 oder 50 Jahren gefällt worden. Hier gab es eine natürliche Entwicklung von jungen Bäumen, alten Bäumen und vermodernden umgestürzten Bäumen. Es war ein wunderschöner Mischwald aus Eichen, Weißbirken, Zuckerahorn und Fichten, mit ein paar Balsamtannen, Buchen, Hainbuchen und Eschen dazwischen.

Etwas weiter unten am Potter Hill gab es Hinweise, daß dort Holz geschlagen worden war. Auf einem Südhang wanderten wir durch einen herrlichen Buchen-Eichen-Wald. Die Bäume waren alle größer und prächtiger als oben in dem Urwald, aber keiner war halb tot oder halb vermodert, wie es in einem unberührten Wald ein Teil der Bäume immer sein muß, und es lagen auch keine toten Bäume auf dem Boden.

Noch weiter unten erreichten wir ein paar Steinmäuerchen und alte Apfelbäume in einem sich neu entwickelnden jungen Wald. Der Boden war aufgewühlt wie auf einem Hofplatz. Hier verbrachten wir die letzten drei Stunden mit Tageslicht in einem Apfelbaum. Diesen Obstgarten hatte der Wald gerade erst zurückerobert, deshalb trugen die Apfelbäume noch Äpfel. Es waren viele verschiedene Sorten, die ich zum Teil nicht kannte. Einige schmeckten köstlich. Wie bei mir auf Adams Hill war keiner der Äpfel verwurmt; sie waren alle perfekt in der Form und nicht von Pilz oder Bohrern verunstaltet. Ich nahm mir vor, im Frühling wiederzukommen und mir Pfropfreiser für eigene Bäume zu holen.

Die Rückkehr des Waldes in den von Steinmauern umgebenen Obstgarten wirkte dramatisch. Einen Wald können Steinmauern nicht aufhalten. Eschen und Zuckerahornbäume waren in dem ständigen Kampf ums Licht zwischen den Apfelbäumen aufgeschossen. Diesen Lebenskampf würden die Apfelbäume verlieren, nachdem sie von dem Obstgärtner, der alle Konkurrenz von ihnen ferngehalten hatte, verwöhnt worden waren. Die Apfelbäume hatten das einfache Leben zu nutzen gewußt und ihre Zweige in alle Richtungen ausgebreitet, um soviel Licht wie möglich auf soviel Fläche wie möglich aufzunehmen.

Doch dann ging der Obstgärtner fort, und sie waren auf

sich selbst gestellt. Inzwischen berührten sich ihre Kronen fast, aber den harten Lebenskampf um Licht kannten sie noch nicht und sollten ihn auch erst zehn Jahre später kennenlernen. Aber da war es viel zu spät und ihr Schicksal besiegelt.

Seit der Obstgärtner nicht mehr da war, waren Tausende, ja Millionen von Baumsamen vom Wald hereingeflogen. Der Wind hatte im Herbst Zuckerahornsamen hereingewirbelt wie kleine Hubschrauber. Die Samen von anderen Ahornarten und Eschen waren jahrelang hier gelandet und hatten gekeimt. Für die Sämlinge gab es nur eine Richtung – aufwärts. Sie wurden von allen Seiten bedrängt, und jedes Jahr starben Millionen von ihnen. Ein paar dünne Bohnenstangen blieben übrig und tasteten sich durch das Schattengitter der Apfelbäume immer höher. Einige dieser dünnen Eschen- und Ahornstangen erreichten schließlich das Licht oberhalb der Apfelkrone. Nun erst begannen die Apfelbäume zu reagieren. Jeder Baum schickte eigene Triebe steil nach oben, aber da ihre Krone so ausladend war, verzettelten sie ihre Energie in zu vielen Trieben, während die stangendünnen Eschen und Ahornbäume, von Anfang an durch Konkurrenz diszipliniert, alle Energie in einen einzigen aufstrebenden Stamm konzentrierten. Jetzt, wo sie das Sonnenlicht erreicht hatten, begannen sie ihre eigenen Kronen richtig zu entfalten und nahmen ihrerseits den Apfelbäumen das Licht weg. Ihre Kronen würden ausladend und ihre Stämme dick werden. Die Apfelbäume, die hundert Jahre lang gewachsen waren, würden in zehn Jahren gestorben sein. Einige der jungen Eschen trugen schon Samen, manche sogar ungeheuer viele. Hakengimpel und Abendkernbeißer würden im Winter hier Nahrung finden. Einstweilen aber landete in dem Apfelbaum neben mir ein Kragenhuhn, flog dann auf den Boden hinunter und lief fort.

Hirsche sahen wir die ganze Woche nicht. Sie sind jetzt nachts unterwegs. Wir haben ihre Spuren bis in den Sumpf verfolgt, wo ein Kahlschlag ein undurchdringliches Dickicht von jungen Tannen hat wachsen lassen. Hier lagen sie sicher tagsüber.

Um sie in dem Dickicht zu sehen, hätte man sich auf fünf Meter an sie heranarbeiten müssen. Aussichtslos.

Am Dienstag, dem 3. November, brachen Charlie und ich wie gewöhnlich vor Anbruch der Dämmerung auf. Den größten Teil des Tages wanderten wir langsam durch den Wald, hielten gelegentlich für eine Stunde oder so an und trennten uns gegen drei Uhr nachmittags, um den Rest des Tages in einem Baum zu verbringen.

Als ich so im leichten Nieselregen auf einem Ast saß, fühlte ich mich wie von der Gegenwart losgelöst. Alle meine Sinne waren nach außen geöffnet; so konnten meine Gedanken frei wandern. Ich sah vor mir eine Farm mit Feldern, die es hier einmal gegeben hatte. Ein Kellereingang ist als einzige Erinnerung erhalten. Da waren Kinder, die auf der Landstraße durch den Wald zur Schule und zurück wanderten. Es gab Pferdewagen und Schlitten, Äpfel wurden geerntet, und an kalten Winterabenden gab es heißen Zider. Ein kleines Mädchen wuchs hier im Wald auf – ihren Grabstein habe ich unten auf dem Friedhof gesehen; sie starb mit 21 Jahren. In der Wildnis vorher hatte es Wölfe gegeben. Dann, im nächsten Moment, pflückte hier ein kleines Mädchen im Herbst Äpfel. Und jetzt sitze ich auf einem dieser Apfelbäume, umgeben von einem schnell wachsenden Wald. Ein Fluch des Denkens ist es, den Tod zu sehen. Aber man sieht eben auch die Entwicklung des Ganzen. Und eine solche Entwicklung macht ein Sterben weniger einsam, weil Leben in anderen Leben immer weitergeht. Es stirbt nicht.

Heute war in der Welt draußen Wahltag. Charlie und ich haben nicht darüber gesprochen. Ich hatte bereits per Briefwahl gewählt. Zu Hunderttausenden hängen jetzt die Leute am Fernseher und sehen den neuesten Stand der Dinge, die Wahlergebnisse in New Hampshire, in New Mexico... Mir scheint es nicht sinnvoll, Stunden damit zu verbringen, festzustellen, was wird, wenn es ohnehin geschehen wird und wir die Ergebnisse sowieso bald erfahren.

Auf dem Rückweg hielten wir am Laden im Dorf an. «Charlie, was hältst du von roten Bohnen zum Abendessen?»

«Okay.» Charlie stieg aus und kam zwei Minuten später mit den Bohnen zurück und erzählte von dem neuen Präsidenten.

«Na ja», sagte ich, «aber hast du auch an einen Nachtisch gedacht?»

8. bis 9. November

JACK?

Eine dünne Schneedecke ist von vorgestern nacht übriggeblieben. Unten am Bach, östlich von hier, wo die alten Apfelbäume stehen, sah ich die Spuren von Hirschen aus jener Nacht. Und zwar sehr viele. Als ich dann am Bach entlang in Richtung Norden lief, wo der Wald finster ist von den dicht stehenden Tannen und Fichten, hörte ich plötzlich ein Krachen und sah kurz etwas Weißes aufblitzen. Ich hatte ein Tier aufgescheucht. Sicher hatte mich der Hirsch aber schon kommen hören, als ich noch meilenweit entfernt war.

Ich wanderte um den Chandler Hill herum und dann am Gammon Ridge entlang, der von Laubwald bedeckt ist. Keine Spur von Hirschen. Dafür stieß ich auf einer durch Holzeinschlag entstandenen Lichtung auf eine Versammlung von Raben, die herumtrödelten, an Stöcken im Boden zerrten, modernde Baumstümpfe zerhackten und sich mit anderen sinnlosen Spielereien beschäftigten. Wahrscheinlich war das die Gruppe, die von dem Fleisch gefressen hatte, das ich in der Nähe der Hütte ausgelegt habe, Luftlinie – Rabenfluglinie – eine Meile entfernt.

An den Houghton Ledges wandte ich mich nach Süden und machte mich auf den Heimweg. Als ich zu meiner Hütte aufstieg, entdeckte ich die Spuren eines Elchjährlings und eines Bären. Ich war überrascht, daß so spät im Jahr noch ein Bär unterwegs war.

Es war fast dunkel. Die Raben waren zu ihrem Schlafplatz in den Kiefern zurückgekehrt und ließen sich eben lärmend nieder. Sie stritten ein bißchen und trillerten gelegentlich. Ich hatte Nahrung ausgelegt, um mir diese Versammlung zu erhalten. Oder hatten sie etwas anderes gefunden? Wolken trieben vorüber und verschleierten den fast vollen Mond. Vom Gammon Ridge herüber hörte ich tiefes, klagendes Heulen. Eine wunderbare, große und volle Stimme faßte die Nacht zu einer Melodie zusammen. Auf den getragenen Monolog folgte Kläffen und Bellen und weiteres Heulen. Andere Stimmen fielen ein, auch welche vom Adams Hill. Was wohl die Hirsche von diesen nächtlichen Geräuschen hielten? Einmal sah ich einen dieser Hunde: er starrte mich durch die Tannen an. Für mich sah er aus wie ein grauer Wolf. Ein Dreivierteljahr später wurde etwas weiter im Norden in Maine ein Wolf – ein schwarzes Weibchen von gut 30 Kilo – geschossen.

Ich schlief unter einer erneuten Wolf-Kojoten-Serenade ein. Heute morgen beim Aufwachen hörte ich ein langsames, kehliges Klagen, das in der Tonhöhe variierte, auf- und abstieg und mit einem gekläfften Stakkato endete.

Gegen 15 Uhr am nächsten Nachmittag steige ich auf meine Fichte, um die Raben zu beobachten, während sie an ihren Schlafplatz zurückkehren. Die Sicht ist ausgezeichnet, ich kann sogar den Mount Washington sehen, der anderthalb Autostunden entfernt im Westen liegt. Eine Stunde lang bin ich wie in einer Schwebe. Kein Rabe in Sicht. Gegen 16 Uhr steht die Sonne tief über dem orangefarbenen Horizont der White Mountains, und der weiße Ball des Vollmonds steigt am dunkelblauen Himmel im Osten auf. Jetzt erscheinen schwarze Gestalten, die sich gegen den klaren Himmel abheben. Sie kommen aus verschiedenen Richtungen, einzeln, paarweise oder in nicht geordneten Gruppen. In der riesigen Himmelsschale, die auf allen Seiten von Bergen eingeschlossen ist, wirken die Vögel zauberhaft. Mit langsamen, gleitenden Flügelschlägen überwinden sie Strecken, die unverhältnismäßig groß im Vergleich mit der Mühe scheinen. Der

Himmel – ruhig, kalt, klar – ist ihr Element, und ich kann mir kaum etwas Eleganteres vorstellen, als ihren Flug.

Einige kommen in der Höhe der Baumkronen herein, andere fliegen sehr hoch. Die, die in großer Höhe ankommen, legen sich auf ausgebreiteten Flügeln scharf in die Kurve und schrauben sich dann in Spiralen herunter. Manche legen aber auch einen Flügel an und vollführen eine halbe Rolle. Einer stößt mit zusammengefalteten Flügeln herab, vollführt eine ganze Rolle und jagt weiter abwärts. Die meisten fliegen allerdings langsam, aber einige, die dicht an meinem luftigen Sitz vorbeikommen, schlagen energisch und schnell mit den Flügeln. Ich sehe, wie sie ihre Köpfe wachsam hin und her und auf und ab wenden und sogar über die Schulter sehen – in Gegensatz zu anderen Vögeln, die überwiegend dem Schnabel nach geradeaus fliegen.

Die erste Dreiergruppe flog einen weiten Kreis von sicher 15 km Länge, bevor sie wiederkam. Die anderen machen kleinere Rundflüge. Nur wenige fliegen das Nachtquartier direkt an; die Raben haben es nicht eilig mit der Landung. So herrscht ein ständiges Kommen und Gehen in der Luft, ein Verkehr, wie auf einem großen Flughafen, wo viele Flugzeuge in Warteposition Schleifen fliegen.

Der Himmel im Westen ist bereits tieforange und darüber gelb, und die Bergzüge heben sich als blaue Silhouette ab, als eine Gruppe von 15 Raben an mir vorbei und weiter nach Westen, zum eine Meile entfernten Larkin Hill, fliegt. Dort fangen sie an zu kreisen oder paarweise abzutauchen, in einer übermütigen Flugschau, die mindestens 20 Minuten dauert. Ich vermute, daß sie im Aufwind spielen oder einfach gern die Hänge hinabjagen. Nach und nach löst sich die Gruppe auf. Eine kleine Schar fliegt plötzlich direkt nach Westen. Minuten später bricht eine weitere Gruppe in die gleiche Richtung auf, und nur drei Vögel setzen ihre Flugspiele fort. Es ist fast dunkel, als sie es aufgeben und zu dem Schlafplatz in den Kiefern zurückkehren. Ohne weitere Umwege lassen sie sich nieder. Die anderen kommen nicht wieder, wahrscheinlich fliegen sie weiter zu einem fernen Schlafplatz.

Im Morgengrauen sind plötzlich keine Raben mehr an der abgefressenen Lockspeise in der Nähe der Hütte. Alle übrigen Vögel sind in der Nacht auch fortgeflogen.

Ich bin zwar nicht ganz sicher, was das, was ich beobachtet habe, bedeutet, aber es paßt in das Raster der Verhaltensweisen, die ich und andere Leute in den letzten acht Jahren hier beobachtet haben. Die Vögel würden bald einen neuen Haufen Fleisch benötigen. Dieser Tag war ein wunderschöner Tag zum Fliegen, und sie haben sich in alle Richtungen verstreut, immer nach neuem Fleisch Ausschau haltend, so wie ich durch den Wald laufe, aus Freude daran, aber auch mit dem Gedanken an die Hirschjagd. Einer oder eine kleine Gruppe von Raben könnte Fleisch gefunden haben – vielleicht die Innereien eines Hirschs –, und bei der Rückkehr zum Schlafplatz am Abend waren sie zufrieden und spielten in der Luft. Andere schlossen sich den Spielen an. Als es Zeit war, schlafen zu gehen, zog der Gedanke an die neue Nahrung sie nach Westen, und ein paar von den anderen Raben folgten ihnen. Für mich ist es ein elegantes System des Teilens, das die Evolution da entwickelt hat, denn es ist nicht abhängig vom so oft unzuverlässigen Altruismus eines einzelnen.

Oft, wenn ich die Raben abends zu ihren Schlafplätzen zurückkehren sah, habe ich mich gefragt, ob nicht Jack darunter sein könnte. Schließlich, eines Abends später im Jahr, war ich sicher, ihn zu sehen. Einer der Raben verließ seine Gruppe und flatterte um mich oben in meiner Fichte herum. So etwas war noch nie vorgekommen. Ich streckte hoffnungsvoll den Arm aus und rief: «Jack! Jack, komm her!» Bis auf knapp fünf Meter kam er heran, aber er antwortete nicht – er schaute mich nur genau an, flog dann zu den Kiefern und schloß sich den anderen wieder an. Ein paar Minuten später kam er noch einmal zurück, flog abermals um mich herum und gesellte sich dann doch wieder zu seinen Kameraden.

Ich weiß natürlich wie jeder, daß es einen zunehmenden Mond, Vollmond, den abnehmenden Mond und Neumond gibt. Manchmal sieht man ihn tagsüber, manchmal nur nachts. Jetzt, wo ich ihn so regelmäßig wahrnehme, versuche ich zum ersten Mal herauszukriegen, was es damit ganz grundsätzlich auf sich hat. Natürlich hat die Wissenschaft das alles längst festgestellt. Aber da ich keine Ahnung davon habe, will ich es wissen, und ich will es selbst herausbringen, wie unsere Vorfahren.

Die erste Überraschung war festzustellen, daß der Mond im Osten aufgeht. Wenn der Mond um die Erde kreist (das wußte ich tatsächlich schon), dann steht damit noch nicht fest, daß er immer dort aufgehen muß, denn künstliche Satelliten umkreisen uns in allen möglichen Richtungen.

Wir haben jetzt Vollmond, und er geht gerade auf, als die Sonne untergeht, als müßte er sie auf der sonnenabgewandten Seite der Erde ersetzen. Ich bemerke, daß er die ganze Nacht über den Himmel wandert und im Westen untergeht, als eben die Sonne im Osten wieder aufgeht. Den ganzen Tag über ist nichts von ihm zu sehen. Mir ist auch aufgefallen, daß, wenn der Mond tagsüber zu sehen ist, es immer eine Sichel ist. Wie also verhält sich die Umlaufbahn des Mondes um die Erde im Verhältnis zur Rotation der Erde selbst? Beide finden gleichzeitig statt. Wie unterscheide ich die Bewegungen voneinander, wo doch die Sonne auch um die Erde zu kreisen scheint, es aber nicht wirklich tut?

Zunächst einmal scheint mir der Auf- und Untergang nach einem «Fahrplan» von grob gerechnet 24 Stunden kein Zufall zu sein. Er läßt vermuten, daß der Mond Tag für Tag in einer ziemlich stabilen Position verbleibt, während die Erde sich innerhalb seiner Umlaufbahn um sich selbst dreht. Wenn der Mond im Verhältnis zur Sonne in einer halbwegs stabilen Position bleibt, dann muß er, wenn er hier auf meinem Hügel als Vollmond sichtbar ist, auch überall sonst auf der Erde voll zu sehen sein. Das war mir neu.

Da wir immer dieselben Krater und «Meere» sehen, bedeutet das, daß er sich nicht dreht. Er ist aber notwendig immer halb hell und halb dunkel, denn er ist rund und wird nur von einer Seite von der Sonne angestrahlt; daraus folgt, daß die Mondumlaufbahn sich in derselben Ebene befindet, wie die Rotation der Erde. Wenn die Mondumlaufbahn nämlich über unsere Pole verliefe – das verdeutliche ich mir mit einer schlichten Skizze –, würden wir *immer* nur einen Halbmond sehen. Da ich jetzt die annähernde Umlaufbahn des Mondes kenne, wird mir plötzlich klar, wieso eine Sonnenfinsternis nur auftreten kann, wenn der Mond von uns aus gesehen voll verschattet ist, also bei Neumond, und eine Mondfinsternis nur bei Vollmond.

Da die Erde viel schneller rotiert, als der Mond umläuft, muß der Mond an denselben Horizonten auf- und untergehen wie die Sonne. Die Frage ist jetzt, in welcher Richtung läuft der Mond um: in derselben Richtung wie sich die Erde dreht oder gegenläufig?

Wenn sich der Mond nicht auf einer Umlaufbahn bewegte, würde er pünktlich alle 24 Stunden «aufgehen». Wenn er jeden Tag etwas später aufgeht, bewegt er sich in der gleichen Richtung wie die Erde rotiert, er ist ihr voraus, und die Erde hat aufzuholen. Wenn aber der Mondumlauf der Erdrotation entgegengesetzt wäre, würde sich der Abstand zwischen den Mondaufgängen verkürzen; der Mond würde täglich etwas früher aufgehen. Wieviel früher oder später?

In 28 Tagen umkreist der Mond die Erde einmal, das heißt, er durchläuft 360 Grad. Das sind pro Tag 12,9 Grad. Wir konvertieren diese Zahl in Zeit. Die Erde dreht sich alle 24 Stunden um 360 Grad, also 15 Grad in einer Stunde. Wenn 15 Grad eine Stunde ausmachen, dann entsprechen 12,9 Grad rund 51 Minuten. Jetzt kann ich eine Voraussage treffen und prüfen, ob ich richtig gerechnet habe: Wenn der Mond jeden Tag 51 Minuten früher aufgeht, dann ist sein Umlauf der Rotation der Erde entgegengesetzt. Wenn er später aufgeht, bewegt er sich in die gleiche Richtung.

Ohne genaue Bezugspunkte und Instrumente kann ich

natürlich die genaue Zeit des Mondaufgangs nicht messen. Aber nachdem ich den Mond ein paar Tage lang beim Aufgehen beobachtet habe, ist klar, daß er jeden Abend fast eine Stunde *später* aufgeht. Ich weiß also jetzt, daß Erdrotation und Mondorbit in der gleichen Ebene stattfinden und in die gleiche Richtung laufen, jedenfalls annähernd. Diese Dinge zu entdecken, war etwas anderes, als wenn man sie aus Büchern lernt. Sie waren *real*, und die Beschäftigung damit hat Spaß gemacht. Warum bloß hat mein Lehrer in der Mittelstufe nicht einfach die ganze Klasse auf den Rasen geholt und uns den Mond ansehen lassen und uns bewiesen, daß es logisch zugeht auf der Welt?

Astronomen und Planetologen weisen darauf hin, daß, obwohl der Mond nur ein unbelebter riesiger Felsen ist, wir ihm wahrscheinlich zu verdanken haben, daß es überhaupt Leben auf der Erde gibt. Der Mond ist möglicherweise dadurch entstanden, daß beim Zusammenstoß der Erde mit einem anderen Himmelskörper in Marsgröße Trümmer in den Raum geschleudert wurden. Die Kollision versetzte die Erde in Rotation – womit wir Tag und Nacht hatten. Die Erde rotiert um eine Achse, die um rund 23,5 Grad gegenüber der Sonne gekippt ist. Daher haben wir Jahreszeiten. Die Anziehungskraft des Mondes stabilisiert diese Neigung der Erdachse, so daß der Planet nicht schlingert, was dramatische Temperaturschwankungen hervorrufen würde. Eine Veränderung der Neigung um ein Grad könnte zum Beispiel ausreichen, eine neue Eiszeit auszulösen. Ohne den stabilisierenden Einfluß des Mondes, so sagen die Astronomen, würde die wechselnde Schräglage die irdische Umwelt verwüstet haben. Epochen ohne Jahreszeiten würden mit Epochen extremer jahreszeitlicher Veränderungen abgewechselt haben, so daß kein Ökosystem stabil genug gewesen wäre, höheres Leben zu entwickeln – Raben etwa.

Bisher habe ich mich fast jeden Morgen rasiert. Ich muß wohl dieses Ritual gebraucht haben, um mein neues Leben zu strukturieren. Mit Rasieren fing der Tag an. Aber wenn man früh um vier Uhr aufsteht, um im Morgengrauen einen Weißwedelhirsch zu jagen, denkt man zunächst mal nur an eine Tasse Kaffee. Man fummelt in der Dunkelheit herum, weil die schwächliche Flamme der Öllaterne auf dem Tisch nicht mal bis zum Herd reicht, wo man mit einer Taschenlampe prüft, ob man überhaupt den Kaffeefilter trifft, wenn man heißes Wasser auf das Kaffeemehl gießen will. Der Herd ist schwarz, nur oben zeigen sich ein paar Linien von flackerndem Licht an den Nähten. Die Chance, eine Rasierklinge zu finden, ist nicht groß, die, angemessen damit umzugehen, erst recht nicht. Und abends? Aber warum rasieren, wenn man in eine pechfinstere Hütte zurückkehrt, warum wieder mit dem Herumfummeln anfangen? Und wenn man sich zwei Tage nicht rasiert hat, macht ein dritter Tag auch nichts mehr aus.

Ich habe mich nun schon an einen Stoppelbart gewöhnt. Und ich bemerke zum erstenmal, daß er graumeliert ist.

Die Eßgewohnheiten ändern sich auch. Abgesehen von meinem Morgenbrei koche ich mir keine richtigen Mahlzeiten mehr. Wie ein Tier esse ich, wenn ich hungrig bin und es mir in den Kram paßt. Wenn das Feuer gerade heiß ist, lege ich vielleicht ein paar Kartoffeln in den Ofen und esse gebackene Kartoffeln zum Abendbrot. Oder ich esse abends Erdnüsse und trinke ein Bier dazu. Oder ich mache eine Dose rote Bohnen auf. Wenn ich in den Wald gehe, packe ich mir gewöhnlich die Taschen voll mit Rosinen und einem Apfel oder Crackers.

Sonst brauche ich nichts. Außer vielleicht eine Familie, mit der ich teilen könnte, was ich habe.

15. November
MOOSE

Mein Ritual: Ich beobachte den Sonnenuntergang, heute in einem Baum sitzend, die Büchse im Arm. Es weht eine sanfte Brise. Die Esche neben mir ist voll von ganzen Vorhängen herabhängender hellbrauner Samen; wenn der Wind hindurchfährt, hört es sich an, als spülte eine Welle über den Strand. Die trockenen Blätter unter mir rascheln gelegentlich kurz, dazu höre ich leises Piepsen, das mich an winzige bettelnde Vogeljunge im Nest erinnert. Es ist eine Spitzmaus. Nachdem ich mich eingehört habe, höre ich sie jetzt überall, täglich. Warum begleiten sie ihre Nahrungssuche über und unter dem Laub mit Quietschen und Piepsen? Man muß genau hinhören und die Geräusche kennen, um sie überhaupt wahrzunehmen. Die Possen der Roten Eichhörnchen sind dagegen kaum zu überhören. Hier schimpft eins in abgehackten Keuch- und Kreischtönen, die mich an einen Zweitaktmotor erinnern, der kaum in Gang kommt und dringend Öl braucht. Dazu klopft das Eichhörnchen mit den Hinterbeinen, im Takt zu seinen mündlichen Mitteilungen, aber weniger aus musikalischen Gründen, als um seinen Äußerungen Nachdruck zu verleihen. Dann bricht es plötzlich in ein leises Schwirren aus, das man fast für den Ton einer Mini-Kettensäge halten könnte. Jetzt springt es auf den Boden und hüpft davon. Die Sprünge im raschelnden Laub sind so laut, daß man mindestens eine Hirschkuh treten zu hören glaubt. Die Geräusche eines Eichhörnchens sind sehr unterschiedlich: es kann sich hoch über dem Boden fortbewegen, wenn es von Baum zu Baum wechselt; es kann sehr leise sein, wenn es Ahornsamen ausgräbt und frißt, und es kann kurze Strecken auf dem Boden rennend und raschelnd überwinden.

Von meinem Baumsitz aus und auf dem Weg dahin und zurück sehe ich die überwiegend grauen und weißen Baumstämme und die verschiedenen Muster aus Brauntönen von den abgefallenen Blättern. Daß man einen Hirsch sieht, wenn man auf Anstand sitzt, ist eher ungewöhnlich. Aber das macht nichts, ich genieße es, einfach den Wald zu betrachten – vor allem auch die verblüffende Vielfalt von Moosen und Flechten, die sich jetzt darbietet. Vorher, als das Blätterdach noch grün war und der Boden voller Kräuter und Sämlinge, fiel das Moos nicht auf. Jetzt springt es einem mit seinen leuchtenden Farben ins Auge.

Moose wachsen überall, wo sie nicht von herabfallenden Blättern erstickt werden. All die alten rottenden Baumstümpfe und die vermodernden gestürzten Bäume sind bedeckt von ihrem Grün. Felsen, die aus dem Boden ragen, sind mit kleinen Kissen oder dünnen Lagen von zottigem grünem Moos oder grauen Flechten oder beiden bedeckt. Baumstümpfe sind darüber hinaus an der Basis noch leuchtend grün bewachsen. An feuchten Orten, wo kein Laub diese zähen, aber zierlichen Pflanzen erstickt, bedecken sie außerdem den Boden.

Wenn man unten am Alder Stream aus dem trockenen braunen Gras und den grauen Weißerlen heraus und in den Lärchenwald kommt, geht man über einen dicken Teppich von blaß orange getöntem Torfmoos. Das Moos ist weich und schwammig, aber nicht elastisch. Die tiefen Spuren von Elchen und Hirschen bleiben hier wochenlang, vielleicht monatelang sichtbar. Torfmoos bedeckt auch in den Fichtenwäldern auf den Kämmen den Boden, wo immer sich Feuchtigkeit in den Mulden des darunterliegenden Felsgesteins hält. Wo im Nadelwald der Boden trockener ist, finden sich weiche runde Polster eines blaß türkisfarbenen Mooses. In der Größe variieren die Polster von Pfennig- bis Handballgröße.

Torfmoose (deren viele verschiedene Arten nur Fachleute unterscheiden können) und die weichen runden Polster sind gewöhnlich schon von weitem zu sehen, aber die meisten anderen grünen Verkleidungen von Steinen, Stümpfen und Stämmen fügen sich zu einem homogenen Wuchern zusammen. Wenn man sich jedoch auf alle viere niederläßt und die Moose genauer untersucht, findet man sich plötzlich in einer fremden Welt voll komplizierter Dessins wieder. Da zeigen sich deutlich unterschiedene Formen, jeweils mit einem eigenen, wunderschönen Ton von leuchtendem Smaragdgrün, Saftgrün und Gelbgrün. Es gibt saftgrüne Moosdecken, die man mit dem feinsten Samt vergleichen möchte. In einer anderen samtigen oder pelzigen Moosart kann man kaum die einzelnen «Fasern» mit ihren hellen Spitzen erkennen. Manchmal sind Felsen mit einem derberen, schwärzlichen Moos mit hellgrünen Spitzen überzogen. Andere Arten sehen fast wie eine Perücke aus kurz geschnittenem welligem Menschenhaar aus.

Die kleinen grünen Kissen und Decken treten aber nicht nur in Verbindung mit Bäumen und Felsen auf. Wenn es keine Decke aus Blättern gibt, wachsen sie auch auf dem Boden, verflochten mit anderen Pflanzen, und bilden im Winter einen grünen Miniaturwald, der allerdings bald von Schnee bedeckt wird.

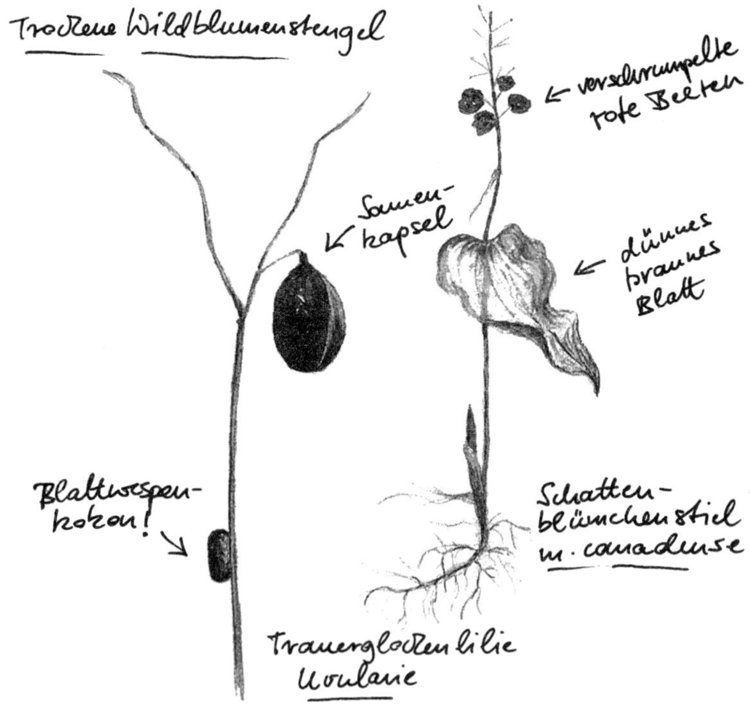

Ein hübscher Liliputwald mit Moos wächst an den paar Stellen, wo in einem Nadelwald noch eben genügend Licht den Boden erreicht. Hier finden sich jetzt zwischen den Moosen die Pflanzen, die im Frühling weiß geblüht haben. Die Blätter des Kanadischen Hartriegels sind noch lebendig, aber jetzt leuchtend violett. Die roten Beeren sind fort, vielleicht von Rauhfußhühnern, Eichhörnchen oder Mäusen gefressen. Bei der Schaumblüte sind die Stengel trocken und umgeknickt, tragen aber zum Teil noch verschrumpelte scharlachrote Beeren. Ich sehe die glänzenden dreilappigen Blätter des Goldfadens, der auch «Krebswurz» genannt wird. Die gelben Wurzeln, heißt es, lieferten einen Tee, der appetitanregend sei und Krebsgeschwüre heile. Ich habe solch ein Mittel nie nötig gehabt. (Waldhühner haben aber im Herbst oft den Kropf voll von Goldfadenblättern. Ihre Füße sind mit krebsartigen Geschwüren besetzt, die im Winter wie Schneeschuhe wirken.)

Wo der Boden trockener ist und Flechten wachsen, finden sich auch die dicken, wächsernen Blätter der Scheinbeere (auch Teebeere oder Wintergrün genannt). Die Beeren sind jetzt rot, aber mehlig und geschmacklos. Die Blätter, vom Frost violett gefärbt, sind voller ätherischem Öl, das früher als Aromastoff dieser Pflanze entzogen wurde; heute stellt man es synthetisch her.

Zu den Pflanzen des Liliputwalds gehören auch die moosähnlich wirkenden Sämlinge der Tannen und Fichten sowie der Keulenbärlapp, der Ähnlichkeit mit den riesigen Araukarien in Australien und Neuguinea zeigt. Die «Keulen» dabei sind die sporentragenden Triebe an den Spitzen einiger ihrer Verzweigungen. Sie sehen wie längliche Kiefernzapfen aus; die Deckblätter sind deutlich als modifizierte Blätter erkennbar. Wolken von Sporen werden ausgestreut, wenn man diese Kolbenstrukturen berührt. Die Sporen wachsen zu unauffälligen kleinen Pflanzen mit einem einzigen Blatt heran, aus denen sich männliche und weibliche Pflanzen entwickeln, die zur geschlechtlichen Fortpflanzung fähig sind, aus der wiederum die größeren Kolbenbärlappgewächse entstehen. Ihr Lebenszyklus ähnelt dem der Farne.

Sie wachsen nur noch an wenigen Stellen unserer nördlichen Wälder, denn die Konkurrenz ist groß, und sie müssen sich gegen Baumsämlinge und Moose behaupten. Aber diese winzigen Pflanzen sind die Nachkommen der entwicklungsgeschichtlichen Vorfahren der Höheren Pflanzen. Vor 250 Millionen Jahren wurden sie 30 m hoch und waren die beherrschenden Pflanzen in der üppigen Flora der feuchtheißen Tropengebiete. Aus ihnen vor allem entstand die Kohle.

Moose sind durch Konkurrenz und Feuchtigkeit auf ihre speziellen Nischen beschränkt; die Flechten dagegen sind wenig vom Wasser abhängig. Als Epiphyten ernähren sie sich von Wind und Regen und können überall nicht nur kahle Felsen besiedeln, auf die im Sommer die Sonne niederbrennt, sondern auch die Stämme und Äste von Bäumen. Bei Sonne werden sie hart und spröde, reduzieren ihre Lebensvorgänge, leben nur auf niedrigstem Niveau. Sie überstehen Frost, Auftauen, Austrocknen und Hitze, aber genau wie die Moose überleben sie es nicht, wenn sie von Laub bedeckt sind.

Wie die Moose wachsen die Flechten in einer erstaunlichen Vielfalt von Formen. Wenn du einen Felsen untersuchst, findest du oft eine komplexe Verflechtung von Moos und einer grünlich-gelben Flechte. Ein anderer Felsen gleich daneben könnte eine andere Art von Flechte mit kleinen, becherförmigen Vertiefungen an den Stengelenden tragen. Wieder ein anderer hat breite, dunkelgrüne Stengelenden ohne Becher, und wieder ein anderer hat lange Stengel, deren Becher leuchtend rot geflammt sind und «Britische Soldaten» genannt werden. Die meisten der die Felsen dieser Region überziehenden Flechten sind flach und gelappt; sie sind stumpfweiß oder grauweiß mit einem blaßblaugrünen Ton. Hin und wieder findet man auch leuchtend orangefarbige Flechten, und auf manchen Felsbändern sieht man Kolonien der breiten, flachen, braunen Nabelflechte, die aussieht wie aufgeklebte ausgefranste dünne Gummiflicken.

Von weitem sehen die Laubbäume ohne Blätter kahl aus.

Aber aus der Nähe betrachtet bietet jeder Baum einer Vielzahl von Flechten eine Heimstatt. Auf Fichten und Tannen besonders sieht man oft Büschel fein verästelter Bartflechten, die von einer Stelle eines Astes aus zu sprießen und sich dann in alle Richtungen auszubreiten scheinen. Neben diesen unregelmäßig blaßgrünen Flechten gibt es die eher bläulichgrünen Flechten, die in kleinen Lappen wachsen und die Baumstämme und Äste überall da überziehen, wo sie Halt finden. Sie heften sich nicht an schnellwachsende Zweige mit glatter Borke, und auch nicht an Stämme mit einer Borke, die abgeworfen wird. Von meinem Sitz im Baum aus sehe ich keine Flechten auf der in Streifen abblätternden Borke der Hainbuche, aber Stamm und Äste oberhalb der Ablösungszone sind von ihnen überzogen.

Glattrindige Bäume beherbergen ihre eigenen Gemeinschaften von Flechten, die in so dünnen Schichten wachsen, daß man höchstens die Färbung sieht; dem nackten Auge erscheinen sie wie eine Schicht Farbe. Am auffälligsten ist noch eine weiße Flechte, die glatte junge Ahornstämme aussehen läßt, als seien sie mit Farbe bespritzt worden. Die Flecken treten in allen möglichen Größen auf, und kein Baum im Wald ist ohne sie. (Seltsamerweise sehe ich diese Markierungen aber nicht auf den Ahornbäumen, die bei mir frei stehen.) Die meisten dieser Flecken sind kalkweiß, aber es gibt auch eine etwas dickere «Farbe» mit erbsengrüner, bläulichtürkiser und graublauer Tönung.

Nachdem ich Stunden in meinem Baum gesessen habe und nun die Dämmerung hereinbricht, höre ich etwas rascheln. Ein Waldhuhn? Doch es hat einen langsameren Rhythmus. Das Geräusch hält an, und ich denke wie immer, daß es ein Hirsch sein könnte. Ich spähe in Richtung des Erlendickichts, kann aber nichts erkennen. Ich warte. Nichts regt sich. Fünfzehn Minuten vergehen, dann höre ich die Geräusche wieder, leise, langsam, und sie kommen in meine Richtung. Ich mache mein Gewehr bereit und habe alle Sinne gespannt. Ich überprüfe meinen Halt. Gleichmäßig kommen die Schritte näher: Krsch, krsch, krsch, krsch... Und dann sehe ich ein großes braunes Tier.

Es ist eine Hirschkuh. Sie hat die Nase am Boden. Nachdem sie die Gegend für sicher befunden hat, geht sie jetzt zuversichtlich auf den Apfelbaum zu, auf dem ich in drei Meter Höhe hocke. Sie ist jetzt direkt unter mir, und ich höre, wie sie die Luft einzieht, als sie am Boden schnuppert. Sie findet einen Apfel und kaut laut, dann hebt sie den Kopf und blickt sich um. Nun nimmt sie ihr Schnobern wieder auf, findet einen weiteren Apfel – und schaut zu mir auf. Wir sehen einander in die Augen. Ich sehe keine Beunruhigung. Sie beugt den Kopf wieder nach unten und schnuppert nach weiteren Äpfeln. «Psst» mache ich, um sie auf mich aufmerksam zu machen. Sie sieht wieder zu mir herauf und frißt dann gelassen weiter. Ich bin verblüfft, denn bisher habe ich Hirsche als sehr scheue Tiere kennengelernt. Ich habe nicht den Wunsch, dieses vom strategischen Standpunkt benachteiligte Tier abzuknallen. Dann kommt mir eine Idee.

Vorsichtig greife ich zur Seite und pflücke einen Apfel vom Baum ab und lasse ihn fallen. Er trifft sie am Kopf. Wenn das kein perfekter Treffer ist! Mit dem kann ich mich brüsten. Wie viele Hirschjäger können so eine Geschichte erzählen?

Es wird schneller dunkel, und ich mache mich bereit, von meinem Hochsitz herabzusteigen. Meine vorsichtigen Bewegungen rufen keine Unruhe hervor. Ich klettere hinunter. Die Hirschkuh steht da und sieht mir zu, als fragte sie sich, was für eine seltsame Erscheinung wohl oben in einem Baum sitzen könnte. Ein Bär? Die Raubtiere, die ihr gefährlich werden können – Hunde, Kojoten und Menschen –, sind am Boden lebende Wesen, und offensichtlich erkennt sie sie nur in ihrer normalen Umgebung.

Ich steige jetzt geräuschvoll hinunter. Sie steht still da und sieht zu. Aber als ich einen Fuß auf den Boden setze, wird sie ein ganz anderes Tier. Als hätte sie einen Schlag erhalten, springt sie plötzlich in riesigen, schnellen Sätzen davon und verschwindet mit lautem, warnendem Schnauben.

25. November
VERBINDUNGEN UND ZUSAMMENHÄNGE

Der Regen von gestern abend ist im Lauf der Nacht in Schnee übergegangen, und heute morgen ist die Welt vermodernder brauner Blätter, grauer Flechten und leuchtend grüner Moose plötzlich in eine weiße Märchenwelt verwandelt. Der nasse Schnee hat sich wie ein dicker Zuckerguß auf jeden Ast und jeden Zweig gesetzt. Er verdeckt die eine Welt und läßt eine andere Welt sichtbar werden.

Ein Wildwechsel von Mäusespuren führt vom einen Holzstoß an der Hüttenwand zum anderen. Ein Schneeschuhhase ist den Weg zum Klohäuschen entlanggehoppelt. Dort finde ich weitere Mäusespuren, die aussehen wie Miniaturhasenspuren, nur mit einer Schwanz-Schleifspur in der Mitte. Das waren also Hirschmäuse. Auf dem Mäuerchen gleich daneben ist ein Rotes Eichhörnchen gewesen. Und in die Spalten und Lücken der Mauer führen die Spuren von Grappers Rötelmäusen. Ein Kojote ist kurz vor Hellwerden am Rande der Lichtung entlanggelaufen. Der letzte Schnee hat seine scharf eingedrückten Fußspuren kaum verwischt.

Es ist ein Tag, wie ich ihn mir erträumt habe, der ideale Tag für die Hirschjagd. Ich kann mich jetzt leise bewegen, bis auf ein gedämpftes Knirschen unter meinen Füßen. Fast unhörbar kann ich durch den Wald laufen und die Aufzeichnungen im Schnee lesen; wo und wann die letzten Hirsche vorbeigekommen sind, ob sie es eilig hatten, und wohin sie vielleicht wollten. Es ist, als hätte ich plötzlich Einblick in irgendwelche dynamischen Abläufe gewonnen, und meine Erregung wächst mit der neuen Macht, die diese Kenntnisse verleihen.

An der Tür der Hütte zögere ich und halte an, um die Raben zu beobachten, die durch die sanft rieselnden Schneeflocken fliegen und dann mit ausgespannten Flügeln zu dem toten Kalb hinuntergleiten, das ich ihnen dargebracht habe. Nach dem Fressen spielen sie wie Kinder in dem flaumweichen Neuschnee und rollen sich auf die Seite und auf den Rücken; oft nehmen sie Stöckchen mit den Füßen auf, die sie dann bei ihren Kapriolen im Schnabel halten.

Es ist eine sehr erfolgreiche Jagdsaison gewesen, finde ich, selbst wenn ich, wie auch in den meisten anderen Jahren, nicht einen einzigen Schuß abgefeuert habe. Fast einen Monat lang bin ich jeden Tag zwischen zwei und zehn Stunden lang im Wald gewesen. Ich bin hundert Meilen – 160 km – gewandert und habe Potter Hill vom Moos-Tannen-Sumpf bis hinauf zum Eichen-Buchen-Wald am Kamm erforscht. Oft war ich müde. Stundenlang habe ich unbeweglich und

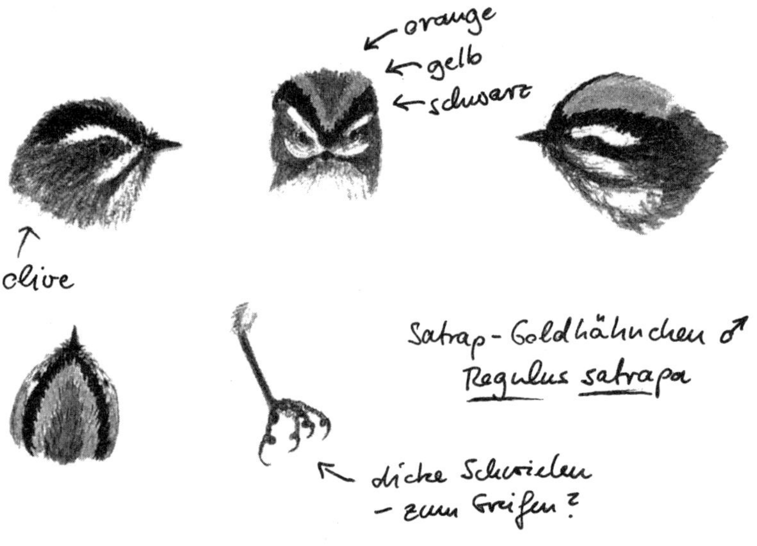

in absoluter Einsamkeit stillgesessen, alle Sinne angespannt. Ich habe Rote Eichhörnchen noch 100 m weit weg über trockenes Laub huschen hören, und ich habe sie in nur knapp einem Meter Entfernung Fichtenzapfen halten und daran knabbern sehen. Ein Satrap-Goldhähnchen ist direkt neben mir gelandet, und ich konnte ihm in die kleinen schwarzen Augen schauen und mir die orangefarbene Flamme flaumiger Federn auf seinem Kopf, gelb, schwarz und weiß gerahmt, genau ansehen. Ich habe einen Helmspecht ausgelassen trommeln hören und war Zeuge, als ein Fischermarder einen Baumstachler tötete. In der Dämmerung habe ich das Weiß eines Hasen vor den feuchten dunklen Blättern leuchten sehen, und ich habe merkwürdige und wunderschöne Moose und Flechten untersucht.

Klar, ich hätte meine Büchse, eine Winchester, nicht mitzuschleppen brauchen beim Wandern und Beobachten. Aber das ist eigentlich nicht das Entscheidende. Die Frage ist: Würde ich sonst dazu gekommen sein? Erfüllung im Leben kommt meistens auf gewundenen Wegen, indirekt.

Zufrieden mit der Jagdsaison bleibe ich zur Abwechslung einmal zu Hause in meiner gemütlichen Hütte, trinke Kaffee und lese die Zeitung.

28. November
NOCH MEHR FLIEGEN

Der Winter rückt näher, und die Hütte wird ein immer beliebterer Schlupfwinkel. Eine neue Mauspopulation ist bereits eingezogen. Sie halten mich nachts wach, wenn sie auf dem Kriechboden über der Decke Fangen und Verstecken spielen und sich balgen. Aus ihrer Sicht war es sehr weitsichtig von mir, diese Unterkunft für sie vorzusehen, als ich die Hütte baute. Tatsächlich sollte der Raum der Isolierung dienen. Deshalb liegen da auch Styroporplatten, an denen sie dauernd herumknabbern. Winzige weiße Flocken rieseln durch die Spalten herunter wie Schnee. Aber im Gegensatz zu Schnee schmelzen und verschwinden sie nicht einfach, und wenn du sie wegzufegen versuchst, wirbeln sie herum.

Die dicken schwarzen Schmeißfliegen kommen auch abends aus den Ritzen, wenn sie das Licht neben meinem Bett sehen. Manche brummen wie betrunken im Kreis und knallen gegen die Lampe.

Dann krabbeln sie in mein Bett. Die idealen Bettgenossen sind sie nicht.

Wenn ich es mir tagsüber in der Hütte warm und gemütlich mache, kommen sie in Massen hervor. Ich hatte gedacht, ich hätte sie schon beseitigt, aber das war ein Irrtum. In den letzten Tagen waren mehr als einmal die Fenster ein einziges Summen und Brummen. Eine Zeitlang. Inzwischen hab' ich einen neuen Werbetext für meinen «Dustbuster»-Staubsauger: «Wissenschaftler saugte mit Dustbuster 12800 Fliegen auf! Auch Sie sollten einen Dustbuster haben!» Oder vielleicht könnte ich eine neue Kategorie in *Ripley's Believe It or Not* aufmachen: Welche Höchstzahl von Fliegen hat jemand in einem Raum beherbergt? Ich weiß es nicht. Aber ich weiß, wieviel 12800 Fliegen sind: es sind neuneinhalb Becher gestrichen voll.

Wenn ich eine Fliege zum erstenmal in meinem Leben sähe, wäre sie ein Wunder der Schöpfung. Auf jeden Fall ist die Gefahr, sie auszurotten, nicht gegeben. Ich vernichte seit Jahren in meiner Hütte die Fliegen, und nie werden es weniger.

3. Dezember

Der Schnee ist geschmolzen, und der Boden liegt wieder bloß. Vor zwei Wochen war der durch keine Schneedecke geschützte Boden hart gefroren. Inzwischen ist er wieder aufgetaut, und doch ist vieles ganz anders. Wenn ich vor dem harten Frost irgendwo im Wald unterwegs war, hörte ich das hohe Piepsen der Spitzmäuse zwischen und unter den vergehenden Blättern. Jetzt höre ich keine einzige mehr. Sie sind wahrscheinlich zu Millionen erfroren. Aber es sind nur wenige Überlebende nötig, um eine Population wieder entstehen zu lassen, und Überlebende gibt es. Wahrscheinlich sind es die mit besonderen Eigenarten – etwa der Vorliebe, in riesigen verrotteten Baumstümpfen ihre Löcher zu buddeln, oder tiefer zu graben als die anderen –, und diese Züge wird die nächste Generation erben. Aber nächstes Jahr sind «Tiefgräber» vielleicht im Nachteil, wenn die Schneedecke vor dem Frost da ist und ihre Mühe umsonst war.

Der fehlende Schnee wirkt sich natürlich auch auf die Schneeschuhhasen aus, die in Maine «Kaninchen» genannt werden. Mit ihrem weißen Winterpelz heben sie sich (genau wie Wiesel) von dem dunkelbraunen Wald ab, als seien sie mit Leuchtfarben angemalt. Die Veränderung der Tageszeiten, des Verhältnisses von Licht und Dunkelheit, ist das Signal für die Änderung der Farbe ihres Fells. Daß sie jetzt schon weiß sind, könnte bedeuten, daß es während ihrer Evolution im Schnitt um diese Jahreszeit mehr Schnee gegeben hat. Dieser Winter ist bisher ungewöhnlich schneearm.

Bei den Roten Eichhörnchen, die sich im Geäst der Koniferen verbergen, hat sich der Pelz auch verändert. Er ist sehr viel dicker als im Sommer und noch leuchtender rostrot, er scheint ebensosehr zur Zierde wie zum Schutz gegen die Kälte zu dienen. Als im letzten Winter die Balsamtannen große Mengen von Zapfen trugen, ernährten sich die Roten Eichhörnchen ebenso von ihnen wie die vielen Fichtenzeisige, Purpurgimpel und Abendkernbeißer. Dieses Jahr gibt es kaum Fichtenzapfen, statt dessen aber sehr viel Eschensamen, die im letzten Jahr fehlten. Die werden Finkenvögel in großen Scharen anlocken, aber ich hab' noch nie gesehen, daß Eichhörnchen sie fressen. Dafür fand ich unter vielen Bäumen mit Pilzen Häufchen von kleinen weißen Schnipseln, die die Eichhörnchen haben fallen lassen, als sie die Pilze fraßen. Vielleicht war das die Pelle, und sie fressen das zartere Innere. Oft habe ich auch einen gefrorenen Apfel oder eine Eichel in Astgabeln gefunden, und zwar weit von Apfelbäumen oder Eichen entfernt. Auch das ist das Werk der Roten Eichhörnchen, die ihre Verstecke sicher wieder aufsuchen, wenn der Boden von mehreren Fuß Schnee verdeckt ist.

Die Jagdsaison ist vorbei, und ich habe keinen rechten

Grund mehr, meine Tage im Wald zu verbringen. Ich muß mir etwas Neues einfallen lassen.

4. Dezember

Mein Lektor kam zu Besuch, und als ich danach wieder allein war, fühlte ich ein Ziehen im Herzen – ich wollte gern Stuart und Erica mal wieder sehen.

Es ist gegen 23 Uhr, als ich in Burlington ankomme und mich in einem Motel einmiete. Ich bin fünf Stunden über die Berge gefahren. Für meine 45 Dollar schwelge ich um Mitternacht in einer bis zum Rand mit heißem Wasser gefüllten Badewanne. Ich habe solchen Luxus nicht vermißt, weil er nicht im Rahmen des Möglichen lag. Aber jetzt genieße ich ihn ganz ungemein.

Ich schlafe gut und stehe früh auf, um ein «Continental breakfast» zu mir zu nehmen, das aus einem Blaubeer-Muffin und Kaffee besteht. Das Muffin schmeckt nach nichts und ist ein schwacher Ersatz für ordentliches Brot. Die tropischen Pflanzen im Empfang sind auch nicht echt, wie ich bemerke. Es ist wie mit den Muffins: die Menschen gewöhnen sich an Imitationen – künstliche Pflanzen brauchst du nicht zu begießen, künstliche Tiere können die Kinder in die Ecke werfen, wenn sie sie nicht mehr brauchen. Man hätschelt sie nur, wenn man sie braucht, und sie machen keinen Dreck.

Weihnachten steht vor der Tür. Erica fährt nach Kalifornien zu ihrer Mutter. Stuart und seine Mutter fahren nach Michigan, um seine Großmutter zu besuchen. Meine Mutter schmückte den Weihnachtsbaum immer mit Watte, Lametta, farbigen Kugeln und echten roten Kerzen, die angezündet wurden, wenn die Familie am Heiligabend hereinkam und den Baum zum erstenmal sah. *Grüne* Bäume, die erst am Tag zuvor aus dem Wald geholt worden sind, fangen nicht an zu brennen, wenn eine Kerzenflamme sie ankokelt. Und angekokelte Nadeln verschönern das Fest, weil sie so hübsch knistern und den anregenden Duft des immergrünen Waldes ausströmen. Während die Kerzen herunterbrannten, sangen wir Weihnachtslieder, und dann überreichte mein Vater die Geschenke. Ein oder zwei Tage nach Weihnachten kam der Baum weg. So blieb Heiligabend etwas Besonderes.

Ich habe in der letzten Zeit keine Lust mehr, mit Erwachsenen Weihnachtslieder zu singen. Ich habe keine Lust, das Ritual des Kartenverschickens und Geschenkeverteilens mitzumachen. Ich denke an den verhungernden Jungen, von dem ich in der Zeitung gelesen habe. Überall auf der Welt gibt es Kinder wie ihn, die bedürftig sind. Ich denke auch an das Care-Paket, das wir damals aus Amerika bekamen – ich kriegte einen gelben Bleistift. Eine Kleinigkeit. Aber solche Dinge waren etwas Wunderbares. Da fällt mir etwas ein: Vielleicht könnte ich ein paar benachteiligte Kinder zum Heiligabend hier auf Adams Hill einladen. Wir können draußen einen Weihnachtsbaum schmücken, ein großes Feuer machen und daran Marshmallows rösten und einen Weihnachtsmann mit Geschenken aus dem Wald kommen lassen ...

8. Dezember

Ich saß in der 3. Klasse der Hinesburg Elementary School. Als es soweit war, meine Dias zu zeigen, stellte sich Stuart neben mich, faßte meine Hand und sagte zu den anderen: «Das ist mein Vater, Bernd Heinrich. Er wohnt in einer Hütte in Maine und studiert Tiere ...» Und dann erzählte er ihnen, was ich erforschte, worüber ich sprechen würde, und daß er selbst auch in der Hütte gelebt hätte.

Wir sahen uns Dias von Fröschen, Eulen und Eidechsen an, und dann zeigte ihnen Stuart die «unglaublichen» Käfer und andere Insekten, die er zu diesem Zweck aus meiner Sammlung ausgesucht hatte. Alle kamen näher und drängten sich um uns. Die Schüler stellten Fragen und äußerten Ansichten und baten mich, den ganzen Tag dazubleiben. Als ich gegen Mittag schließlich doch gehen mußte, fragten sie, wann ich wiederkäme. Stuart wollte wissen, ob er bei meinem Rabenprojekt mitmachen könne, und ob er mit mir in den Wald gehen und Käfer suchen dürfe.

Erica ist vielleicht weniger geneigt, im Wald nach Käfern zu suchen, aber sie möchte auch immer gern selbst herausbringen, wie das mit dem Leben funktioniert. Im Sommer hat sie in einer Firma für Biotechnik gearbeitet. Sie zeigt mir ein Notizbuch voller Begriffe wie «Western Blots», Gele, Chromatogramme und DNS-Fragmente – ein Durcheinander wie ein verfilzter Urwald.

9. Dezember
DIE MONDFINSTERNIS

Auf dem Rückweg nach Maine besorge ich auf Milchfarmen Rabenfutter – neun tote Kälber. Die Kälte ist nicht gut für junge Tiere. Ich habe einen riesigen Vorrat auf die Ladefläche zu packen, ausreichend, um die Leute glotzen zu lassen und die Raben eine Weile zu erfreuen.

In der Hütte sind es minus drei Grad Celsius. Ich vermute, daß die Sonne das Haus gewärmt hat, denn die Nachttemperatur hat um zehn oder fünfzehn Grad tiefer gelegen. Der Küchenabfluß ist jetzt nicht mehr zu gebrauchen, weil das Wasser darin sofort gefriert. In meinen zwei Behältern aus Plastik ist das Wasser zu soliden Blöcken gefroren.

Es ist ein klarer Tag, ideal für die Beobachtung der Mondfinsternis, die für heute abend angekündigt worden ist. Ich habe in der Stadt Steaks besorgt und bei Ron und Syndi eine Nachricht hinterlassen: Ob sie Lust hätten, heraufzukommen und mit mir am Feuer die Mondfinsternis zu beobachten.

Sonnenuntergang ist um 16 Uhr. Zur gleichen Zeit sehe ich den Vollmond im Osten über dem Wilder Hill aufgehen; die zackigen Spitzen der Rotfichten heben sich wie schwarze Zähne gegen ihn ab. Durch mein 10x40-Fernglas von Leitz, das normalerweise auf Raben gerichtet ist, betrachte ich jetzt die glänzende Kugel des Mondes. Die dunkleren «Meere» sowie die riesigen, pockennarbigen Krater des Mondes sind deutlich zu erkennen. Vor zwei Tagen ist der erst 1989 entdeckte Asteroid Toutatis – Durchmesser anderthalb mal drei Kilometer – mit einer Geschwindigkeit von 130 000 Kilometern pro Stunde in einer Entfernung von nur 3,5 Millionen Kilometern an der Erde vorbeigerast. Die Astronomen nennen das «um Haaresbreite».

Wenn Toutatis die Erde getroffen hätte, wäre ein Krater von 50 km Durchmesser entstanden, und dabei wäre soviel Materie hochgeschleudert worden, daß das Sonnenlicht nicht mehr hätte durchdringen können. Die Pflanzen hätten das nicht überlebt, und das meiste andere Leben auch nicht. Wenn ein solcher Asteroid ins Meer gefallen wäre, hätte es Flutwellen gegeben, die auf allen Kontinenten weit das Land überspült hätten. Die Astronomen sagen, wir könnten den Besuch des Toutatis alle vier Jahre erwarten, und seine größte Annäherung – auf 1,6 Millionen km – für 2004.

Es fliegen Millionen weiterer großer Objekte durch den Raum; einige von ihnen haben irgendwann einmal Kollisionen mit dem Mond und mit der Erde gehabt. Zum Glück stellen die meisten der Körper, die weniger als einen Kilometer Durchmesser haben, keine Gefahr dar, weil sie in unserer Atmosphäre verglühen, deshalb werden sie gar nicht beobachtet. In diesem Monat soll der Swift-Tuttle-Komet nach 130 Jahren wiederkommen und mit dem Fernglas in etwa 30 Grad Höhe im Südwesten nahe dem Schwanz des Sternbilds Adler sichtbar sein. Er war für den Sternschnuppenregen im August verantwortlich. Heute abend aber werden wir nur die Kollision des Schattens der Erde mit dem Mond beobachten.

Ich mache auf dem Grillplatz hinter der Hütte Feuer. Während der Mond im Osten höher steigt, lodern die Flammen meines Feuers auf und schicken leuchtende Funken in die Dunkelheit. Ich setze mich auf einen Baumstamm am Feuer und versuche meine Füße zu wärmen. Die Temperatur sinkt schnell auf mindestens minus 15 Grad; ein Glück, daß es windstill ist. Man hört nichts als das Flackern der Flammen und das Zischen von nicht ganz trockenem Holz. Je dunkler der Himmel wird, desto heller strahlt der Mond, während er über den Kamm steigt. Sein weißes Licht wird vom Schnee rundherum zurückgeworfen.

Gegen 17 Uhr ist der Himmel fast dunkel, bis auf das strahlende Mondlicht, und ich bemerke den Beginn seiner Verdunkelung an seinem unteren Rand. Langsam schiebt sich nun der Schatten der Erde vor sein Gesicht. Langsam, ganz langsam steigt er von unten her auf und verschluckt ihn. Es ist ein seltsamer Anblick, diese Sichel, die entsteht, wenn er von unten her verschwindet (durch den Schatten der Erde), statt von den Seiten (durch seinen eigenen Schatten). Seit Tausenden von Jahren hat dieses Bild die Menschen erschreckt, so daß sie meinten, er brächte Trübsal und Verhängnis.

Innerhalb einer Stunde scheint der Mond ganz verschlungen worden zu sein. Nur ganz oben ist noch eine dünne, glänzende Sichel zu sehen. Aber auch die verschwindet nach weiteren sieben Minuten. Während der nächsten Fünfviertelstunden strahlt der Mond kein Licht mehr ab, bleibt aber schwach sichtbar durch einzelne, von der Erdatmosphäre gebeugte und abgeschwächte Lichtstrahlen.

Das faktische Verschwinden des Mondlichts läßt die Sterne am Himmel um so heller strahlen. Während ich mit meinem Fernglas zum Mond aufschaue, schaue ich auch daran vorbei auf die Milchstraße, die sich in einem breiten, hellen Streifen von Osten nach Westen zieht, genau hinter der Bahn des Mondes. Ich habe nie zuvor die Milchstraße mit einem Fernglas betrachtet. Was ich jetzt in zehnfacher Vergrößerung sehe, ist fast erschreckend. Manche Mysterien sind ein bißchen zu einschüchternd für den alltäglichen Tag.

Um 19.15 erscheint unten links auf der Mondoberfläche wieder ein helles Leuchten; das Licht kehrt zurück. Ein Kojote heult kurz. Mars steigt rot leuchtend eben nördlich des Mondes auf, und während die Mondsichel links immer größer wird, treten die Myriaden von Sternen zurück. Um 20.30 Uhr, dreieinhalb Stunden nach Beginn des Schauspiels, steht der Mond fast über mir und ist wieder ganz voll. Da das vom Mond zurückgeworfene Sonnenlicht wiederum vom Schnee reflektiert wird, ist jetzt der Wald in silbernes Licht getaucht, in dem die Bäume graue Schatten werfen.

Ich hatte vorhergesagt, daß eine Mondfinsternis nur bei Vollmond auftreten könne, und daß sie am unteren Rand anfangen und aufsteigen würde. Ich bin begeistert, daß genau das eingetreten ist. Warum aber gibt es nicht jeden Monat eine Mondfinsternis? Ich mache mich nun doch daran, mich darüber zu informieren, und erfahre, daß der Umlauf der Erde um die Sonne und der des Mondes um die Erde nicht in exakt derselben Ebene ablaufen, sondern daß sie sich durch einen Winkel von fünf Grad unterscheiden. Der Schatten des Mondes trifft also die Erde in den meisten Fällen bei Neumond nicht (potentielle Sonnenfinsternis), und der Vollmond bleibt meistens über oder unter dem Schatten der Erde (potentielle Mondfinsternis).

11. Dezember
WIND

Der Wind heult von Norden. Es ist dunkel und kalt, und winzige Schneeflocken wirbeln zwischen den Bäumen. Es liegt ein gewisser Biß in der Luft. Ich habe das Gefühl, daß ein Unwetter naht, sicher bin ich allerdings nicht. Aber irgend etwas ist im Gang, und es belebt mich, so wie die einbrechende Dämmerung den Wolf anregt zur Jagd.

Selbst die Raben wirken unruhig. Sie sind gegen 8 Uhr kurz zum Fressen hergekommen und dann wieder aufgebrochen, wobei sie aber zunächst im Wind gespielt haben. Sie warfen sich in die Böen über den Bäumen und ließen sich himmelwärts hochreißen; dann taumelten sie in Zweier- und Dreiergruppen wieder in Richtung Erdboden. Während sie fraßen, konnte ich durch das Fernglas sehen, daß ihr schwarzes Gefieder stellenweise mit Reif besetzt war, so wie Bart und Pelzkragen eines Menschen von der ausgeatmeten Feuchtigkeit in kalter Luft manchmal bereift sind. Nicht nur um den schwarzen Schnabel herum waren die Raben bereift, sondern auch auf Brust- und Schwanzfedern und am Flügelbug.

Die Rastlosigkeit zieht mich in den Wald. Zur Entschuldigung, um diesem Drängen Legitimation zu verleihen, nehme ich mir vor, nach Satrap-Goldhähnchen zu suchen. Ob diese winzigen Wesen nach den tiefen Temperaturen noch da sind? Ich vermute ja, aber ich muß sie sehen, um sicher zu sein. Ich frage mich, wie sie einen ganzen Winter überleben können, mit nichts als den Insekten, die sie von offenen Ästen lesen. Wenige Menschen wissen, daß diese Vögel hier sind, deshalb habe ich das Gefühl, ich erforschte ein tiefes Geheimnis. Wenn ich herausbekomme, wie sie es anstellen, werde ich etwas wissen, was sonst niemand auf der Welt weiß, und die Aussicht begeistert mich. Ich will keine zu beweisende Hypothese aufstellen, denn wer Hypothesen aufstellt, wird schnell voreingenommen. Dann rutscht dein Denken in eine bestimmte Rille und nimmt außerhalb dieser Rille nichts mehr wahr. Meine Sinne sollen aber scharf sein – geschärft und offen.

Einige Amazonas-Indianer verschaffen sich, bevor sie auf Jagd gehen, das Gefühl, Götter zu sein, mit geschärften Sinnen und erhöhter Kraft, indem sie «Frosch einnehmen». Ihr Zaubertrank ist von der Haut eines grünen Makifrosches, *Phyllomedusa bicolor*, abgekratzt. Ich schärfe meine Sinne und stärke mein Wohlbefinden, indem ich ein braunes Gebräu einnehme, das im Diner von Farmington großzügig ausgeschenkt wird; es besteht aus heißem Wasser, das über die gemahlenen Samen eines tropischen Strauchs gegossen wird, versetzt mit dem Eutersekret einer Kuh und dem kristallisierten Saft der Zuckerrohrpflanze. Diesen Trank nehme ich an diesem Morgen in größeren Mengen zu mir, dazu ein «Hunter's Breakfast»: vier Pfannkuchen, zwei eben überbackene Eier, vier Scheiben Toast mit Marmelade, vier Scheiben Bacon und ein Donut zum Nachtisch.

Als ich wieder im Wald bin, um Satrap-Goldhähnchen zu jagen, hat es leicht geschneit; ich kann die gestrigen Tierspuren noch sehen und doch die heutigen von ihnen unterscheiden. Die Schneebedeckung ist aber so dünn, daß sich die kleineren Tiere noch nicht darunter verbergen und Tunnel bauen können, deshalb sehe ich ihre Spuren, die von einem Versteck zum nächsten führen. Ich finde die winzigen halben Tunnel von Spitzmäusen, die aussehen, als seien sie von Käfern angelegt worden. Hier und da gibt es wahre Mausechausseen, die von einem Baumstamm zum anderen führen. Die meisten Spuren haben kurzbeinige Feldmäuse hinterlassen, die ihren Bauch durch den Schnee schleifen. Ich sehe die Spuren von Roten Eichhörnchen und Hasen, aber seltsamerweise nicht die von Wieseln.

Als ich meine Lichtung verlasse, stoße ich bald auf eine Schar von mehr als zehn Schwarzkopfmeisen. Goldhähnchen halten sich oft in ihrer Nähe auf, deshalb folge ich dieser Gruppe eine Weile. Nach einer halben Stunde habe ich mich jedoch überzeugt, daß diese Meisen nicht von anderen Vögeln begleitet werden. Deshalb verlasse ich sie und steige zum Alder Stream hinab, um bei den Balsamtannen zu suchen.

Unterwegs sehe ich ein Rotes Eichhörnchen unbewegt auf einem Ahornbaum hocken. Unter dem Baum sind die Blätter kürzlich durchsucht worden. Offenbar hat das Eichhörnchen von den heruntergefallenen Ahornsamen gefressen. Das Tier ist ganz still, anders als im Herbst; alle scheinen jetzt ihre Stimmen verloren zu haben.

Nicht eine einzige Deckschuppe eines Tannenzapfens ist im Schnee zu sehen, auch auf den Bäumen sehe ich keine Zapfen. Eine wichtige Nahrungsquelle der Eichhörnchen und vieler Finken fehlt dieses Jahr vollkommen. Hier habe ich im vergangenen Winter große Gruppen von leuchtend gelb gezeichneten Abendkernbeißern gesehen – nördliche Entsprechung der Papageienschwärme im Süden. Massen von Purpurgimpeln, Goldzeisigen, Birkenzeisigen und Fichtenzeisigen waren da. Vor fünf oder sechs Jahren dazu zwei Spezies von Kreuzschnäbeln. Aber seitdem habe ich die nicht mehr gesehen. In manchen Wintern kommen sie zurück, aber dieses Jahr sind sie ebensowenig zu sehen wie die meisten der lebhaften, farbenfrohen Finken. Ich vermisse sie.

Ich lausche in den Wind, um die feinen Rufe der Goldhähnchen zu hören. Erst nach einer Stunde werde ich belohnt und vernehme die dünnen, hohen Laute dieser Vögel, die so unauffällig sind wie der Wind und ebenso leicht zu überhören. Ich entdecke zunächst nur einen einzelnen Vogel, der durch das dicke Geäst einer Balsamtanne hüpft, wobei er gelegentlich flatternd schwebt wie ein Kolibri. Er ist auch nicht viel größer und in dem dicken Geäst kaum sichtbar. Bald höre ich noch einen Vogel, vielleicht auch zwei. Aber weitere Satrap-Goldhähnchen sind nicht dabei. Etwas habe ich also schon herausbekommen: Goldhähnchen sind auch in sehr kleinen Gruppen unterwegs, und auch unabhängig von anderen Vögeln. Nach vier oder fünf Minuten sind die Vögel aus meinem Blickfeld verschwunden. Viel war das ja noch nicht.

Ich habe keinen guten Tag für die Suche nach Goldhähnchen erwischt, weil das Ächzen des Windes und das Knarren der Bäume die feinen Laute dieser Vögel verschwinden lassen, denen man mit den Augen nicht folgen kann. Aber wenn ich einen Gedanken habe, muß ich ihn so bald wie möglich ausführen. Ideal sind die Bedingungen selten, und wenn man zu lange auf die idealen Bedingungen wartet, sind das nur Ausflüchte.

Der Sturm frischt in der Nacht auf, und von meinem gemütlichen Nest unter dem Dach am Nordende der Hütte lausche ich. Das Rascheln der letzten trockenen Buchenblätter an den jungen Bäumen nimmt man von da aus nicht wahr. Man hört auch keine Zweige knacken, und ebensowenig das Knarren der Bäume. Aber das ungleichmäßige Tosen des Windes hört man. Anders als bei der Brandung ändert sich der Ton unablässig, es gibt keine gleichmäßigen Geräusche wie von Wellen. Auf Sekunden der Stille folgt etwa ein leises, hohes Zischen, darauf ein tiefes, volles Brüllen. Das erstirbt vielleicht in der einen Richtung und belebt sich erneut aus einer anderen. Plötzlich erbebt die Hütte: Eine Serie von heftigen Böen mit auf- und abschwellendem Heulen und scharfem Pfeifen dazwischen. Dann ist wieder alles ruhig, und du fragst dich, wann der nächste heftige Windstoß die Hütte schütteln wird. Die unendliche Vielfalt des Windes, der über und durch den Wald fährt, ist meine Abendmusik, und ich empfinde ihn als tröstlich.

Ich habe diese Hütte aus kräftigen, soliden Stämmen gebaut und fühle mich darin sicher. Die Spalten zwischen den

Stämmen habe ich sorgfältig mit Werg verstopft und abgedichtet. Der Ofen gibt Hitze ab und ich fühle mich in seiner Ausstrahlung wohl.

12. Dezember
RUMPSTEAK UND ÜBERFAHRENE TIERE

Ich habe «meinen» Hirsch dieses Jahr nicht erlegt, aber offenbar hat es jemand gut mit mir gemeint und mir ein rundes Dutzend Fleischstücke, eingewickelt in weißes Schlachterpapier, auf den Pick-up unten an der Straße gelegt. Es war alles beschriftet: «Braten», «Rumpsteak» und verschiedene andere ausgezeichnete Teile. Der großzügige Spender hat nicht einmal einen Zettel dazugelegt. Aber auch ohne Nachricht habe ich in den letzten zwei Wochen dankbar davon gegessen, und es war alles sehr gut. Natürlich hab' ich mich die ganze Zeit gefragt, woher es gekommen sein könnte. Heute habe ich Bill Adams in der Stadt getroffen.

«Haben deine Raben das Fleisch gefressen?» fragte er.

«Welches Fleisch?»

«Das Fleisch, das ich dir ins Auto gelegt habe.»

«Du meinst die Steaks?»

«Ja. Sie stammen von einer Bekannten. Sie räumte ihren Gefrierschrank auf und wollte alles, was alt geworden war, wegschmeißen; da hab' ich gesagt, deine Raben würden sich darüber freuen.»

«Du hättest einen Zettel dazulegen sollen.»

«Ja, hast recht... Mochten sie es?»

«Ich muß sie fragen», sagte ich, und leichte Übelkeit stieg in mir auf.

Obwohl mir meine Geschmacksknospen sagten, daß alles in Ordnung war, habe ich dann den Rest von dem Fleisch nicht mehr gegessen. Ich weiß nicht warum. Wahrscheinlich aus dem gleichen Grund, aus dem ich aufhörte, überfahrene Tiere zu essen, als meine Mitbewohner im College eigenartige Geräusche im Badezimmer von sich gaben, nachdem ich Bisamratten und Waschbären von der Straße gebraten hatte.

Die Straßen sind ein großer Schlachthof für alle Tiere – warum aber das nicht nutzen? Wenn ich im Frühjahr und Sommer die Landstraßen entlanggejoggt bin, habe ich genügend tote Singvögel gesehen, um ein ganzes Museum auszurüsten. Mich beunruhigt, daß so viele Tiere getötet werden, aber noch mehr ärgert es mich, daß das Gesetz verbietet, sie zu nutzen – man soll sie vergammeln lassen. Die meisten Bundesstaaten haben da strenge Gesetze. In Oregon kann die Mitnahme eines toten Tieres von der Straße eine Geldstrafe von 2500 Dollar und ein Jahr Gefängnis einbringen. In der Stadt John Day in Oregon haben die Leute aber kürzlich ein großes Fest gefeiert, ein Samstagsdinner umsonst, um den Freispruch eines gewissen John Taylor zu feiern, der vor Gericht gestellt worden war, weil er einen überfahrenen Hirsch geschlachtet und das Fleisch an arme Leute verteilt hatte. Auf dem Höhepunkt des Festschmauses gab es überfahrene Kaninchen und Eichhörnchen und natürlich Hirsch.

13. Dezember

Der Wind hat noch eine weitere Nacht angehalten; zu Zeiten klang er wie ein dahinrasender Güterzug. Er weht auch heute morgen noch. Ich höre ihn ächzen, kreischen, dröhnen und klirren. Ich spüre den Atem des Unwetters und meine Bedeutungslosigkeit gegenüber seiner Macht, als sei ich eins von Millionen getriebener, herumgewirbelter Blätter. Es ist wie Freiheit: ich schwimme mit dem Strom.

Ich kann es mir leisten, etwas zu erforschen, wenn es so weht. Gestern fand ich hübsche violette Knospen an einem

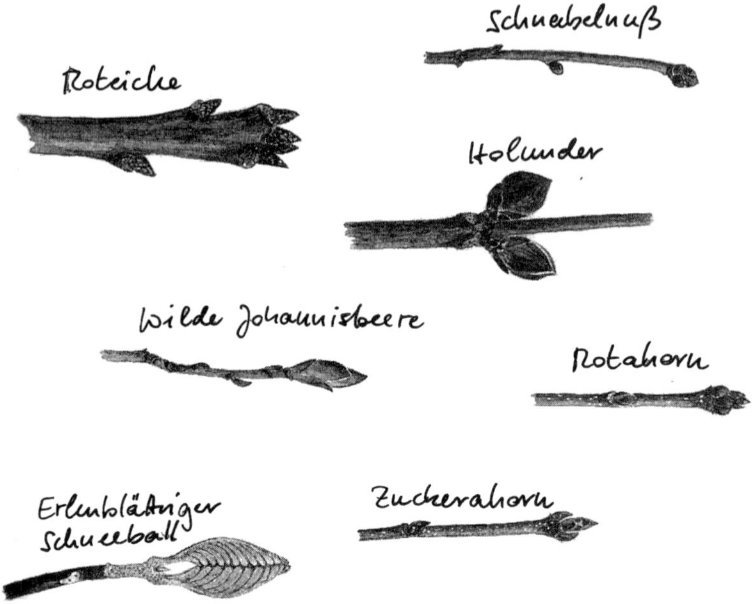

Knospen aus dem Winterwald

Holunderbusch (*Sambucus*) und malte sie mit Wasserfarben. Sie sind wunderschön. Vielleicht sollte ich die anderer Bäume und Büsche im Wald auch malen? Also ging ich auf Knospenjagd und holte viele verschiedene knospentragende Zweige ins Haus. Heute male ich ein paar davon, und dabei denke ich an die Blätter und Blüten des nächsten Frühlings, die voll ausgebildet gut verpackt schon existierten, als vor zwei Monaten die alten Blätter abgeworfen wurden. Die Knospen sind wunderschön, aber um sie ganz richtig sehen zu können, muß ich sie zeichnen, und um sie zu zeichnen, muß ich sie sehen.

Ich begann damit, daß ich die gestern geholten Zweige und Winterknospen zeichnete. Bis 14 Uhr hatte ich elf von ihnen gemalt und spürte Befriedigung. Daß ich also etwas Konkretes für den Tag vorzuweisen hatte, feierte ich damit, daß ich endlich das Geschirr spülte. Beim letzten Mal – ich weiß nicht genau, wann, aber es ist mindestens zwei Wochen her – hatte ich alles bis auf meinen Kaffeebecher abgewaschen, den wollte ich gleich hinterher ohnehin wieder «schmutzig» machen mit weiterem Kaffee. Während auf dem Herd das Wasser heiß wurde, legte ich gleich noch drei Kartoffeln in den Backofen und setzte Zwiebeln, Tomaten und Kohl zum Schmoren auf. Inzwischen duschte ich im Freien. Es war um Null, aber ich fühlte mich ganz wohl dabei. Um 15.15 Uhr hatte ich gegessen, Geschirr gespült und geduscht. Danach gab es frischen Kaffee, und abermals fühlte ich mich frei.

15. Dezember
ES GIBT KEINEN WEG ZURÜCK

Die Hinckley Good Will School ist nur eine Stunde auf der Fernstraße Nr. 2 entfernt, der Landstraße, die diagonal von Westen nach Nordosten verläuft und den Staat Maine zweiteilt. Es ist eine zweispurige Schnellstraße mit Asphaltdecke, und an jeder Kreuzung gibt es einen Laden. Die meisten sind mit einem leuchtend roten Coca-Cola-Schild und Marlboro-Plakaten und/oder einer Werbung für «Bud», das hiesige Budweiser, geschmückt. Wenn man sich einer der kleinen Städte nähert, sieht man die Anschlagtafeln für die Kirchen – Nazarener-, Pfingst- und Baptisten-Kirche, und da sonst wenig auf öffentliche Einrichtungen verwiesen wird, fällt mir wieder Edward Abbey ein: «Eine Stadt mit mehr Kirchen als Kneipen hat ein ernstes gesellschaftliches Problem.»

Die Kirchen sind allerdings manchmal weniger groß als einige der von knorrigen Zuckerahornbäumen umgebenen Privathäuser am Rande der Städtchen. Diese alten Häuser sind meistens weiß gemalt, und die dazugehörigen Scheunen rostrot, mit weißen Windfedern. Im Vorbeifahren sehe ich ein zottiges Pferd an einer Scheunentür neben einem Misthaufen stehen; ich sehe Mais-Stoppelfelder, Erlendickichte, Himbeer- und Spierstrauchgestrüppe und Apfelbäume, auf denen noch die jetzt gefrorenen braunen Äpfel sitzen.

Es gibt auch neuere, in leuchtenden Farben angemalte Häuser – türkis, gelb, hellblau. Oft liegen gleich daneben noch die Reste der alten Häuser, in denen manchmal noch die Großeltern wohnen. Die grauverwitternden Bretter lockern sich und fallen ab, und über die Fenster sind Plastikplanen genagelt. Rostige Heuharken und Miststreuer und Reste von LKWs und PKWs, Waschmaschinen und anderen nicht identifizierbaren ausrangierten Gegenständen stehen zwischen den trockenen Stengeln und Stielen von Klette und Goldrute.

Zwischen Mercer und Norridgewock geht es eine ganze Weile durch den Wald. Holzwege kommen von beiden Seiten, und es gibt viele neugeschaffene Lichtungen. In jeder steht eins dieser modernen, beweglichen Häuser – ein Trailer. Um einige davon erstreckt sich ein Rasen, und du siehst den einen oder anderen vergessenen kaputten Gartenstuhl. An fast jedem Haus hängt jetzt ein frischer grüner Kranz aus Balsamtannenzweigen mit einer riesigen roten Schleife, und außerdem weihnachtliche Lichterketten mit farbigen Birnen und Weihnachtsmännern aus Kunststoff, die von innen erleuchtet werden. Sie werden kurz nach dem Erntedankfest eingeschaltet und bleiben bis lange nach Neujahr an.

Zwischen Norridgewock und Skowhegan und weiter bis Hinckley fließt der große Kennebec links neben der Straße. Er ist zugefroren und sieht glatt und schwarz aus wie polierter Stahl. An diesem Fluß liegt die Schule, und ich fahre mit einer Mischung aus Traurigkeit, Kleinmütigkeit und Nostalgie dorthin.

Gegenüber der Averill High School bog ich von der Straße ab, fuhr über eine Bahnlinie und auf einer Schotterstraße auf das Feld am Ufer zu, wo ich damals zusammen mit vielen anderen kleinen Jungen im Garten gearbeitet habe. Ob wohl noch Eisvögel auf dem sandigen Ufer drüben nisteten?

Das Eis auf dem Fluß war glatt und durchsichtig, nicht kreuz und quer zerkratzt von Schlittschuhen. Ich dachte an die Samstagnachmittage, an denen wir am Ufer Feuer machten und wir Kinder Schlittschuh liefen.

Der Fluß war seltsam still heute. Ich hörte nicht einmal die lauten «Poing»-Geräusche durch das Eis laufen, begleitet von weißen Spalten im Eis wie waagerechten Blitzen. Von meinem Bett im Pike Cottage hatte ich den Fluß nachts sprechen hören können und hatte vom hohen Norden geträumt.

Das Verwaltungsgebäude sah unverändert aus, nur daß jetzt ein Dutzend Autos davor geparkt waren. Drinnen ging ich gleich ins erste Büro, ehe mich mein Mut verließ, und fragte nach dem Direktor. Das war ein Novum; daß ich hier eintrat, ohne daß man mich gerufen hatte, zu einer Tracht Prügel oder einer Strafpredigt. Die blonde Sekretärin versuchte aber eher, mir ein Treffen mit dem Direktor zu verwehren als es zu ermöglichen. Der Direktor sei in einer Konferenz und nicht zu sprechen, sagte sie. Ich könnte versuchen, jemand anderen mit einem anderen Titel zu sprechen, der kümmerte sich um «Aktivitäten». Also ging ich dahin und sprach mit einer anderen Sekretärin. Ich erklärte ihr meinen Traum, ein paar Kinder zu meinem Weihnachtsfest einzuladen. Sie lächelte. «Wie nett», sagte sie immerhin. Sie kannte auch meinen Namen. «Sind Sie der berühmte Langstreckenläufer?»

Ob ich ihren Chef sprechen könnte.

«Normalerweise ist er um acht Uhr hier, und manchmal auch früher. Aber heute hab' ich ihn noch nicht gesehen.» Sie wußte nicht, wo er war, und war nicht bereit, ihn zu Hause anzurufen. Sie würde aber meine Telefonnummer notieren, dann könnte er mich im Laufe der Woche anrufen. Ich sagte, ich würde einen Spaziergang machen und später noch einmal wiederkommen.

Ich ging zu einem meiner alten Lieblingsplätze hinter dem Guildford Cottage. Da hatte an einem Zuckerahornbaum ein Seil gehangen, an dem man hinaufklettern oder schaukeln konnte. Der Baum war noch da, ein Seil nicht. Als ich in der siebten Klasse war, hatte ich einmal die Eier eines Kanadakleibers aus dem Nest genommen, das er in einen abgestorbenen Ast dieses Baums gehämmert hatte. Ich hatte die winzigen weißen, braungesprenkelten Eier ausgeblasen und meinen gestohlenen Schatz unter den Bodenbrettern eines verlassenen Gebäudes versteckt. In einem anderen hohlen Ahornbaum hatte ich einmal ein Waschbärjunges gefunden. Unter dem Baum hatten im Frühling blaue und gelbe Veilchen geblüht.

Überall sah man Anzeichen für frisches Abholzen. Die Schleifspuren der Skidder, abgebrochene Bäume, Trümmerholz und Baumstümpfe. Der Kontrast zwischen dem, was ich in meinem Innern erwartet hatte, und dem, was ich sah, erschütterte mich, weil ich es mit meinen Träumen verglichen hatte. Andere hätten hier eine normale Holzfällerarbeit gesehen, die den Wald intakt erhielt. Mein Traum mit der Weihnachtseinladung für Kinder würde auch ein Traum bleiben. Das hier war jetzt eine absolut durchorganisierte staatliche Höhere Schule, in der es sogar einen Beauftragten für die Freizeitaktivitäten gab.

19. Dezember

Um 15.30 Uhr kam ich aus der Stadt zurück. Der Hills Pond lag unter einer dicken, glatten schwarzen Eisdecke. Zwei Raben kamen gelassen hintereinander die Straße entlanggeflogen. Sie kamen mir so nahe, daß ich sehen konnte, wie sie die Köpfe während des Fliegens nach rechts und links wandten. Als ich die Post aus meinem Briefkasten nahm, hörte ich das dumpf-scharfe Rollen eines Eisspalts, der über den Webb Lake schoß, mehr als fünf Kilometer entfernt. Der Himmel war bedeckt, und ich hoffte auf Schnee.

Der Abend war mondlos, aber es hatte aufgeklart, und als es dunkel wurde, kamen die Sterne heraus: Venus und dann der weniger helle Saturn am Südwesthimmel. Ich machte draußen Feuer an und saß da und betrachtete den Himmel.

Der Orion erschien im Osten, Venus und Saturn verschwanden. Mars wurde im Osten sichtbar, und der Große Wagen stand im Norden über den schwarzen Silhouetten der Fichten. Die Milchstraße zog sich in einem breiten, strahlenden Band über den Himmel. Ich war sehr zufrieden neben meinem Feuer und trank sogar trotz der Kälte ein kühles Bier. Es steigerte mein Wohlgefühl, und mir war nach Gesellschaft. In drei Tagen war Wintersonnenwende, und mich packte das Bedürfnis nach einem feuchtfröhlichen Abend mit Freunden. Ich lief den Weg zum Telefon hinunter, um Verstärkung herbeizurufen, die sich an heidnischen Riten unter den Sternen beteiligen würde. Zufällig war niemand zu Hause. Langsam stieg ich zur Hütte hinauf und ging widerstrebend ins Bett.

Es war ein sonniger Tag, und aus dem blauen Himmel flog ein Rabe herab, kreiste und landete zu meinen Füßen. Er legte den Kopf schief, plusterte sein Gefieder auf und stieß leise zärtliche Bettelrufe aus. Jack! Sein Begrüßungsruf zeigte mir, daß er froh war, mich zu sehen. Ich setzte mich, und er hüpfte ganz zutraulich auf meinen Schoß. Ich wickelte ihn in meine Jacke und drückte ihn an mich. Er hielt still wie ein Hundewelpe. In diesem Augenblick war mir klar, daß etwas nicht stimmte. Jack würde sich nie gefallen lassen, daß ich ihn einwickelte und an mich drückte. Ich öffnete die Augen und sah durch das Fenster der Hütte eine schmale silberne Mondsichel über dem Horizont stehen. Ich drehte mich um, fühlte das Bettzeug an meinem Körper und erfaßte die reale Welt nach und nach. Der Traum verschwand.

WINTER

21. Dezember

Selbst tief unten im Brunnen ist das Wasser jetzt überfroren. Ich muß das Eis mit einer langen Stange zerbrechen, bevor der Eimer eintauchen kann. Aber ich glaube (abermals), daß ich die Mäuseplage endlich beseitigt habe. Das letzte Tier habe ich vor zwei Tagen gefangen. (Berühmte letzte Worte.) Seitdem sind nicht mehr jeden Morgen Zahnabdrücke in der Butter zu sehen. Es schneien keine Styropor-Schnipsel mehr von der Decke. Kein Trippeln und Knabbern mehr, das mich nachts so störte. Endlich Ruhe und Frieden. Die Fliegen waren auch in den letzten Tagen weniger zahlreich. Allerdings ist gerade ein zierlicher grüner Netzflügler auf diesem Blatt gelandet, nachdem er zwei Runden um die Öllampe geflogen hat. Netzflügler sind nie sehr zahlreich, und sie brummen nicht beim Fliegen. Es macht mir nichts aus, die Hütte mit einigen von ihnen zu teilen. Normalerweise findet man sie um diese Jahreszeit unter der lockeren Borke abgestorbener Bäume, wo sie sechs Monate oder länger überwintern.

Die Roten Eichhörnchen lassen sich von der Kälte nicht beeindrucken. Eins wohnt an dem Weg zum Briefkasten hinunter und scheint sich von versteckten Äpfeln zu ernähren. Ich habe insgesamt 15 Äpfel gefunden, bis zu elf Schritt vom Baum entfernt, wo Hirsche und andere Tiere inzwischen alle auf dem Boden liegenden Früchte gefressen haben. Ob sich das Eichhörnchen *erinnert*, wo es seine Äpfel versteckt hat? frage ich mich. Oder findet es sie zufällig wieder, so wie ich? Das kann man prüfen. Ich laufe zur Hütte zurück und beginne sofort mit den Vorbereitungen zu dem Test. Neben der Hütte steht noch ein Baum, dessen Äpfel die Tiere nicht geholt haben, davon hole ich mir 15. Ich zeichne eine Skizze, auf der angegeben ist, wo das Eichhörnchen seine Äpfel versteckt hat. Und ich verstecke selbst 15 Äpfel an ähnlichen Stellen, wie zum Beispiel in Astgabeln. Es wird Spaß machen, in ein oder zwei Monaten festzustellen, welche Äpfel das Eichhörnchen gefunden hat. Wenn es ebenso viele von mir versteckte wie von ihm versteckte sind, dann findet es sie vermutlich nicht mit Hilfe seines Gedächtnisses. (Ich überprüfte die Verstecke zwei Wochen später – alle 30 Äpfel waren fort!)

23. Dezember
RABEN

Zum erstenmal schneit es jetzt beständig – weiße Schleier senken sich lautlos herab. Kein Lufthauch stört das stille Schauspiel. Es ist fast unheimlich, daß etwas so Überwältigendes so leise ablaufen kann.

Die Raben sind in ihrem Element. Sie sind die Herren der Kälte und des Schnees. Die in meiner Voliere (die vor nicht langer Zeit in einem Drahtkäfig im Wald gefangen wurden) spielen ausgelassen, indem sie sich auf den Rücken rollen wie Hundewelpen. Das tun sie immer, wenn sie sich über Neuschnee freuen.

Um diese «wilden» Raben an mich zu gewöhnen, habe ich Erdnüsse zerstoßen, damit sie es schwerer haben, sie aufzupicken. (Sonst würden sie nur eine Nuß grabschen und fortfliegen oder -hüpfen.) Dann stellte ich mich dazu und sprach mit ihnen. Ich weiß nicht, ob das Reden hilft, aber auf jeden Fall hat es sie nicht beunruhigt. Sie müssen wissen, daß keine Hinterlist im Spiel ist, wenn ich sie zu mir locke. Raben sind außerordentlich scharfsichtig, wenn es um Absichten und Vorhaben geht.

Einem der kühnsten (mit einem K auf dem Flügel markiert) gelang es, so viele Brocken in den Schnabel zu bekommen, daß es sich lohnen würde, ein Versteck zu suchen. Er hielt die Beute im geschlossenen Schnabel – kein Stück Erdnuß war sichtbar. Aber als er lässig davonging, um ein Versteck zu suchen, waren die Augen aller anderen Raben auf ihn gerichtet. Und als er am Rande eines Felsblocks anhielt, folgten ihm mehrere der anderen Vögel, sie waren da, bevor er auch nur den Schnabel hatte öffnen können, als wüßten sie, was er vorhatte. Aber er wußte natürlich auch, was sie wollten, öffnete also den Schnabel nicht, sondern flog davon. Die anderen verfolgten ihn kurz. Woher wußten sie Bescheid, fragte ich mich. Ich konnte nur eine leichte Wölbung an der Kehle sehen, die jemand, der nicht vertraut war mit diesen Vögeln, nie bemerkt hätte. Sahen das die anderen Raben, oder war es das verdächtige Verhalten? Aber was auch immer, sie wußten, was er vorhatte, und er wußte, was sie wollten.

Bei meinen Raben trage ich immer eine von zwei Mützen. Heute hatte ich die rote Mütze auf, die «gute». Die setze ich auf, wenn ich ihnen Fressen bringe. Wenn ich die schwarze Mütze aufhabe, die ich über die Augen herabziehen kann, fliegen sie erschrocken weg. Die trage ich, wenn ich sie mit dem Netz fange, um sie zu wiegen. (Ich untersuche die Auswirkungen von Dominanz auf den Erfolg bei der Nahrungsbeschaffung.) Es ist wichtig, daß ich deutlich signalisiere, ob ich Gutes im Sinn habe.

Dann macht die Arbeit Spaß. Ich kann stundenlang dasitzen und ihnen zusehen, und ich will sie «zutraulich» haben, sie an mich gewöhnen in dem Sinne, wie sie gegenüber anderen Tieren wie Wölfen, Bären und Kojoten zutraulich sind, die sie an Kadavern meistens treffen. Normalerweise fliegen sie weg, wenn du auch nur auf eine Meile an sie herankommst – mit oder ohne Mütze. Zutrauen ist viel schwerer zu lernen als Mißtrauen, weil das Risiko so groß ist. Es ist ein Unterschied, ob es ums Leben geht oder nur um eine Mahlzeit.

25. Dezember

Gestern fuhr ich am Nachmittag zum Haus meiner Mutter im nahe gelegenen Dryden; dabei freute ich mich auf ein heißes Bad ebensosehr wie auf Weihnachten. Meine Schwester Marianne und ihr Mann Charles und ihre beiden erwachsenen Söhne mit Freundinnen waren da, außerdem die Kims, ein koreanisch-amerikanisches Ehepaar; wir haben die Familie «adoptiert» – oder vielleicht haben die Kims – über die Freundschaft mit meinen Neffen Charlie und Chris von der Schule übers College und darüber hinaus – uns adoptiert? Wir waren zehn, meine Mutter hatte sich selbst übertroffen, den Weihnachtsbaum an dem Morgen persönlich aus dem Wald geholt und ein Festessen mit Gänsebraten, Hähnchen, Kartoffelpüree und Rotkohl bereitet.

Wir sangen keine Weihnachtslieder, wofür ich dankbar war. Es herrschte eine wunderbare Weihnachtsstimmung, und wir erzählten einander von unseren unterschiedlichen Leben in Florida, North Carolina, Vermont, New York City und Ithaca und West Virginia. Ich freute mich über die Eisangel-Ausrüstung, die mir meine Neffen schenkten, und Marianne und meine Mutter waren glücklich über die goldgerahmten Fotos von den zwei Bildern meiner Großmutter, die wir in Polen entdeckt hatten, aber nicht hatten ausführen dürfen.

Abends um acht war ich wieder auf dem Weg den Adams Hill hinauf. Der Wind heulte, und die Temperaturen sanken schnell. Ich machte Feuer an, kochte Tee und blätterte in Zeitschriften.

In dieser Nacht schlief ich schlecht, vor allem, weil eisige Windböen die Hütte schüttelten. Ich fragte mich, wie Goldhähnchen, nicht größer als mein Finger, bei solcher Kälte überleben konnten. Man muß solche Kälte gefühlt haben, um sich dieses Wunder klarzumachen. Zitternd kuschelte ich mich unter meine dicken Decken und wagte mich nur hin und wieder hinaus, um Holz nachzulegen.

29. Dezember
WINTER-ÖKOLOGIE

Gestern abend sind die Studenten eingetroffen; einzeln oder in kleinen Gruppen kamen sie den Weg herauf. Ich hatte vor der Hütte ein gewaltiges Feuer entfacht; wir rotteten uns drumherum zusammen und tranken Feuerwasser.

Jedes Jahr im Januar lade ich ein Dutzend ausgewählter Studenten, die sich für Winter-Ökologie eingeschrieben haben, in den Ferien auf die Hütte ein. Es ist kein Drei-Wochenstunden-Kurs mit Vorlesungen Montags, Mittwochs und Freitags um 10 Uhr, sondern ein zweiwöchiges ganztägiges Blockseminar. Ich sage den jungen Leuten von Anfang an, daß das Unternehmen Ansprüche an sie stellen wird, nicht nur, was den Stoff angeht, sondern auch, weil sie unter erschwerten Bedingungen mit Kälte und Primitivität fertig werden müssen. Es entwickelt sich immer ein «Korpsgeist», und wenn wir uns trennen, haben wir alle das Gefühl, neue Erfahrungen gemacht zu haben.

Als ich heute morgen aufstand, wurde es gerade hell, und meine Tätigkeit am Herd und der Geruch von frischem Kaffee trieb sie alle aus ihren Schlafsäcken. Wir wollten an diesem ersten Morgen eine Wanderung mit der Erforschung von Spuren im Schnee unternehmen.

Nach einem Frühstück von Haferbrei brachen wir auf. Die Bedingungen waren ideal, denn die drei Tage alte Schneedecke hatte die Aktivitäten der Tiere erhalten, so daß wir neue und alte Spuren vergleichen konnten. Die Schneedecke war aber auch dünn genug und leicht klebrig, so daß die Spuren sehr deutlich und nicht gleich wieder aufgefüllt waren. Als wir uns nachmittags auf den Heimweg machten, hatten wir Spuren von Kojote, Hirsch, Fischotter, Fischermarder, Schneeschuhhase, Wiesel, Rotem Eichhörnchen, Hirschmaus, Feldmaus, Spitzmaus und Kragenhuhn gefunden. Ein guter Tag.

5. Januar
EXKURSION ZUM SUMPF

Um zum Huckleberry-Sumpf bei Chesterville zu kommen, liefen wir durch einen Wald voller Ahorn, Buchen und Schierlingstannen hangabwärts und landeten schnell im flachen Morast voll von langem, trockenem hellbraunem Sumpfgras und Weißerlen. Auf einigen der Erlen überwintern in weißen Flecken auf grauen Stämmen Kolonien von Blasenläusen mit ihren von einer Wachswolle bedeckten Körpern. Ligustergränke (*Lyonia ligustrina*), mit hellbraunen Winterzweigen und Bündeln runder Samenkapseln, steht in hübschem Gegensatz zu den grauschwarzen Winterbeerenbüschen mit ihren tiefvioletten Zweigen, an denen noch karmesinrote Beeren sitzen. In einem Busch fanden wir Reste eines Gelbkehlchennestes, in einem anderen das Nest eines Goldzeisigs.

Wir liefen tiefer in den Sumpf und trafen auf hochstämmige Sumpfblaubeeren mit knallroten Knospen und den charakteristischen Gallen einer Erzwespe (*Hemadas nubilipennis*); sie erscheinen als glatte Knötchen, die einen Zweig biegen. Sie müssen sich also gebildet haben, während der neue Zweig wuchs. Zwischen den Blaubeeren fanden sich niedrige Kanadische Alpenrosen mit den geschlossenen blaßlila Samenkapseln von diesem Jahr und den sich öffnenden leuchtendbraunen Samenkapseln vom vergangenen Jahr.

Zwischen diesen und anderen Sträuchern standen krüppelige Lärchen und Schwarzfichten. Schließlich kamen wir aus dem Gestrüpp heraus und auf offenes, flaches Gelände, das uns wie eine andere Welt vorkam. Hier, auf dem schwimmenden Teil des Sumpfes, war die wasserbettähnliche Matte aus miteinander verwucherten, ineinandergreifenden flachen Wurzeln bedeckt mit violett-grünem Torfmoos. Darüber kroch ein Netz von zierlichen Moosbeerranken mit nunmehr köstlichen, frostsüßen, saftigen violetten Beeren daran.

Die Heidekrautgewächse wuchsen hier nur wenige Zentimeter hoch. Fast überall fanden wir Zweige mit den aufgerichteten Blättern der Sumpfrosmarinheide (*Andromeda glaucophylla*), deren schmale, streifige, dunkelgrün-violette Blattoberseiten sich um die schneeweißen Blattunterseiten herum rollen. Im Frühling würden diese Pflanzen winzige, glockenförmige rosa Blüten hervorbringen, die Bienen anlocken. Die Blätter des Sumpflorbeers sind ähnlich geformt, nur auf der Blattunterseite weniger weiß; ihre rosa Blüten sehen jedoch ganz anders aus. Die Blätter eines weiteren Heidekrautgewächses, der Torfgränke, sind fein gekräuselt und weisen nach unten, so daß sie zeltartig einen Raum umschließen. Auch sie sind an den Kanten eingerollt, und ihre Unterseite ist mit feinem, bräunlichem Flaum bedeckt.

Daß die Sumpfpflanzen ihre Blätter alle behalten hatten, war auffällig, und am auffälligsten waren die Blätter der Kannenpflanze. Sie sollen Insekten fangen und ertränken, deshalb sind sie mit glitschigen, feinen, abwärts gerichteten Haaren ausgestattet, die in einer Wasserpfütze enden. Die Studenten brachen ein paar der Blätter auf und entdeckten am Boden hornförmige Eisklümpchen mit Insektenteilen.

Die Bäume hier im Sumpf waren zwergwüchsige Schwarzfichten und Rotahornbäumchen sowie ein paar verkrüppelte, mit Flechten überzogene Lärchen. Wahrscheinlich mehr als 50 Jahre alte Bäume waren keinen Meter hoch, erst zum Rande des Sumpfes hin wurden sie größer. Überhaupt wirkte der ganze Sumpf wie ein abgeschlossenes winziges Stück Tundra, wie man sie normalerweise nur ein paar tausend Meilen weiter im Norden findet. Wir sahen den sonst an Breitengrade gebundenen Übergang von Laubwald zu verkümmerten Bäumen und weiter zu gar keinen Bäumen, und das alles auf ein paar hundert Meter zusammengedrängt. Hier wuchsen auch die gleichen Pflanzenarten wie in der Tundra. Der Sumpf hatte sich in einer Mulde unterhalb des Ausflusses eines kleinen Weihers gebildet, der von großen Eichen und Kiefern umgeben war. Wir machten uns jetzt auf dem Eis des Baches auf zu dem Weiher.

An einer Biegung war das Eis dünner – das merkten wir,

als einer von uns eingebrochen war. Wir mußten Socken und Stiefel trocknen und benutzten die Gelegenheit, uns ums Feuer zu versammeln. Dann krochen wir zur Kante unseres neuen «Fensters» in den Bach. Der morastige Grund lag nur rund 30 cm unter der Eisdecke.

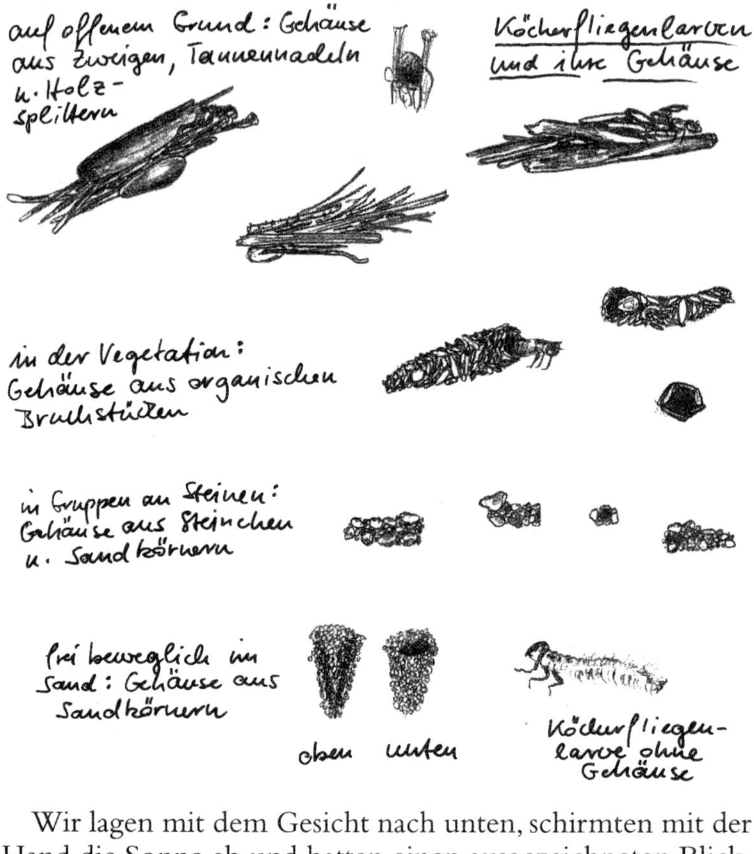

Wir lagen mit dem Gesicht nach unten, schirmten mit der Hand die Sonne ab und hatten einen ausgezeichneten Blick. Bisher hatten wir noch keine Tiere gesehen, hier sahen wir viele kleine Geschöpfe, aber dafür fast keine Pflanzen mehr. Der Blick durch das kristallklare Wasser zeigte im Bachbett Teile verrottender Vegetation und darüber hier und da eine Bewegung. Köcherfliegenlarven mit röhrenförmigen Häusern aus Pflanzenteilen auf dem Rücken krochen am Boden dahin, das Vorderteil schaute heraus. (Ich sah zwei Arten: eine, deren Häuser aus länglichen, flachen Teilen bestanden, die der Länge nach miteinander verklebt waren, und eine andere, deren Häuser aus kleinen, schmalen, vertikal orientierten Stücken zusammengesetzt waren, die sich um das Tier schraubten.) Als ich ins Wasser langte, zogen sie sich in die Sicherheit ihrer Häuser zurück; ich fischte eine heraus und legte sie aufs Eis, da verließ sie ihr Haus. Als ich sie aber mitsamt ihrem Haus in ein Glas setzte, zog sie sich doch ins Haus zurück.

Ich sah einen Rückenschwimmer mit dem silbrigen Luftfilm auf dem Bauch, seinem sogenannten Plastron, einer «physikalischen Kieme», mit der das Insekt dem Wasser Sauerstoff entzieht. Ein schnell schwimmender schwarzer Taumelkäfer flitzte auf unberechenbarer Bahn vorbei, schoß dann direkt vor meinem Gesicht an die Oberfläche, wirbelte einmal herum und verschwand wieder unter dem Eis. Das dürfte für die nächsten sechs Monate das letzte Mal gewesen sein, daß er an die Wasseroberfläche kommen konnte. Wir fischten noch eine der räuberischen Larven des Käfers heraus. Schließlich sahen wir noch einen Wassermolch langsam durch das Bachbett kriechen.

Ein Rabe rief, als wir den Bach in Richtung Quelle entlanggingen. Auf dem Teich lagen neben wieder überfrorenen, ins Eis gehackten Löchern tote Hechte. Eisangler waren dagewesen und hatten die Hechte offensichtlich nicht gewollt. Die Raben dagegen wollten sie.

Zum Lunch hatten wir Thunfisch in Dosen mitgebracht. Eine ungeöffnete Dose diente als Puck beim Hockey. Stöcke besorgten wir uns von der Spitze eines frischen Biberbaus am Rand des Teiches. Rucksäcke markierten die Tore, und schon ging es los.

Als wir abends wieder in der Hütte waren, buken Francie und Chelsea einen Kuchen mit einer Füllung aus Moosbeeren. Maria und Kim buken Brot, und Scott und Jessica und ich diskutierten ein mögliches Forschungsprojekt: das Versteckverhalten von Roten Eichhörnchen. Andere lasen oder machten sich Notizen. Nach dem Essen spülten Jeff und Brad das Geschirr, während David und Larry oben im Dunkeln ihre Gitarren zupften. Ich mag diese schlichten, harmonischen Melodien, und frage mich immer, weshalb ich im Radio nie so etwas Hübsches höre.

6. Januar
MEINUNGSÄUSSERUNGEN

Das Tageslicht nimmt jetzt wieder zu, täglich um fast eine Minute. Und heute liegt sogar eine Andeutung von Frühling in der Luft. In der Morgendämmerung riefen zwei Schwarzkopfmeisenmännchen ihr Diehdah. In der Stadt hörte ich den Gesang eines Rotkehlhüttensängers, die Darbietung war sehr ordentlich, aber ausgeführt von einem Star.

Ich fuhr zum Schlachter in Livermore Falls, wie meistens am Mittwoch. Dreizehn Kühe waren versehentlich in einem Stall in Avon durch elektrischen Strom getötet worden und waren nun beim Schlachter gelandet. Das Fleisch durfte aber nicht verarbeitet werden, weil sie nicht «richtig» geschlachtet waren (was immer das sein mag), und sollte weggeworfen werden. Andere würden statt ihrer geschlachtet werden. Der Schlachter wollte nur die Häute behalten, also konnte ich soviel Fleisch mitnehmen wie ich wollte. Mit dem Hubwerk seines Traktors hob Castonguay eine frisch abgezogene Kuh auf meinen Pick-up. Sie paßte nicht ganz darauf, am Heck hing etwas über. Mein Aufkleber – «Ich halte auch für überfahrene Tiere» – paßte mal wieder. Ich parkte einstweilen neben den Wagen der Studenten unten auf der Straße. Ihre Aufkleber lauten «Rettet den Regenwald», oder «Rettet Tibet», oder «Seid blindlings nett und sinnlos schön». Larry trägt einen Pullover mit «Earth First» und einer grünen Faust darauf. Earth First ist hier gerade – ziemlich unvorteilhaft – in die Schlagzeilen geraten, weil Nägel in Bäumen gefunden wurden, die gefällt werden sollten. Hier eine Earth-First-Aufschrift zu tragen ist ziemlich riskant. Aber blutige Kuhkadaver zu transportieren ist wahrscheinlich auch sehr verdächtig.

WEITERE EXKURSIONEN

Jeff hatte bereits Wasserinsekten in schnellfließendem Wasser gesammelt, wo das Eis dünn war. Nun brauchte er aus träge fließendem Wasser eine Probe. Abwechselnd schlugen wir mit der Axt ein Loch durch mehr als einen halben Meter dickes Eis in meinem alten Badeloch. Das Eis reichte fast bis auf den Grund. Wir ließen das Insektennetz über dem Boden kreisen und brachten jede Menge Kies herauf. Ich hatte auch früher schon das Bachbett untersucht, aber ich war doch überrascht, was sich in zwei oder drei Netzen alles zeigte. Da gab es gedrungene Großlibellenlarven, mit Algen und Pflanzenteilen getarnt, die aber jetzt ohne jede Hülle über das Eis zu entkommen versuchten. Es gab sich windende nackte Nymphen der Eintagsfliegen, die bis dahin immer verborgen gewesen waren. Jetzt sahen wir ihre vollkommene Form, die seit rund 250 Millionen Jahren unverändert geblieben ist und der Urform der Insekten, aus der sich alle anderen entwickelt haben, noch nahe kommt. Eintagsfliegenlarven benutzen noch immer, wie eh und je, ihre Tracheenkiemen nicht nur dazu, dem Wasser Sauerstoff zu entziehen, sondern auch zur Fortbewegung, indem sie damit paddeln. Altertümliche Tracheenkiemen wie diese waren die Vorformen der Insektenflügel.

Es gab drei verschiedene Arten von Köcherfliegenlarven, die sich alle von denen unterschieden, die Jeff zuvor aus dem schnell fließenden Wasser gefischt hatte, aber auch von denen aus dem Sumpfbach. Das kunstvoll konstruierte Haus der einen war besonders faszinierend. Wir hätten es nie entdeckt, wenn wir einfach nur in den Bach geschaut hätten. Die meisten Köcherfliegenlarven bauen runde Häuser aus Pflanzenteilen; diese Art baute fast flache Häuser, bestehend aus einer Schicht miteinander verklebter Sandkörner, die sich von dem Untergrund, auf dem wir sie gefunden hatten, nicht unterschieden. Unter diesem Tarnteppich lebten sie ebenfalls in einem Seidentubus.

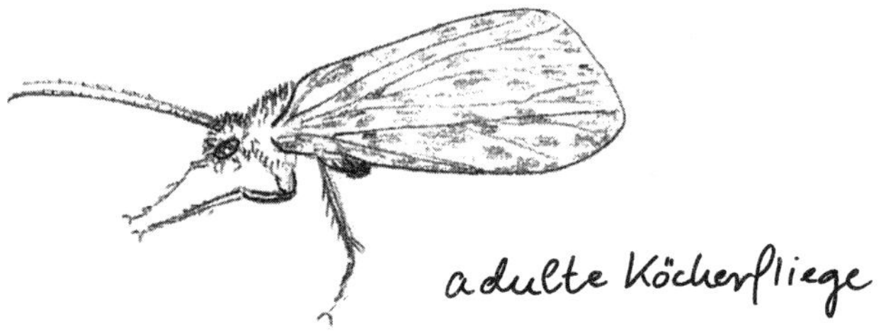

Nach dem Abendessen fragte ich, ob jemand an einer Nachtwanderung durch den Wald interessiert sei. Sie waren es alle. Der Mond war hinter einem Schleier von Wolken verborgen, und es ging kein Wind. Wir wanderten im Gänsemarsch über den Adams Hill und dann hinab in den Tannenwald, wo es pechfinster war. Als wir hindurch und wieder am Rande des Laubwalds waren, standen wir lange still und lauschten. Wir hofften, eine Eule zu hören – irgend etwas. Zehn Minuten lang hörten wir nicht einmal das Rascheln von Blättern. Also gingen wir weiter. Aber bevor wir aufbrachen, machte Jeff erstaunlich laut und täuschend ähnlich den Ruf des Streifenkauzes nach. Wieder und wieder rief er. Eine Antwort bekam er nicht. Ich hatte seit dem Herbst keine dieser Eulen gehört, seltsam. Dabei nisten sie doch im späten Winter und Vorfrühling.

Am 11. Januar fuhren wir auf der Fernstraße 4 eine längere Strecke zum Magalloway River, der die Magalloway Mountains entwässert und in den Umbagog Lake fließt. Nicht weit von seinem Zufluß ist der Abfluß, durch den der Androscoggin River in einem weitläufigen Sumpfgebiet den See verläßt. Hier, an der Grenze von Maine und New Hampshire, verbrachten wir den Tag.

Der Androscoggin war in der Mitte noch offen, aber an den Rändern war das Eis mindestens 30 cm dick. Es war von Rissen durchzogen, und ab und zu hörten wir ein Donnern, wenn wieder ein neuer Spalt entstand. Das Eis war glatt, aber voll winziger Luftbläschen. An einigen Stellen war eine dünne Lage Schnee zusammengeweht, in einer davon entdeckten wir die frische Spur eines Kojoten.

Wir liefen flußaufwärts, auf den Umbagog zu, und betraten den Sumpf. Grasbüschel, Seggen und Torfgränke ragten aus dem Eis. Ein bißchen weiter kamen dann Torfmoos, vielblättrige Lorbeerrose und weitere Seggen. Der Moosteppich zeigte hübsche Pastellfarben, Braun-, Rosa- und Gelbtöne. Hüfthohe Schwarzfichten und Lärchen wuchsen hier, und dazwischen wieder Lorbeerrosen und Torfgränke. Ich sah viele braune Samenkapseln der Blauen Schwertlilie an aufrechtstehenden trockenen Stielen – Beweis für ein noch farbenfroheres Sommerpanorama. Fast hörte ich schon den Ruf der Bekassine, deren schönstes Habitat das ist, an einem warmen Frühlingstag.

Ein Stück weiter entfernt standen richtige Bäume. Wir sahen eine kräftige Weymouthskiefer mit einem Nest aus Zweigen und Reisern in der Spitze, wahrscheinlich dem Nest eines Fischadlers. Es wurde uns zum Ziel und Leuchtturm, als wir uns unseren Weg durch das immer dichtere Gestrüpp von Winterbeeren und Rotahorngesträuch bahnten. Unter dem Nest machten wir eine Lunchpause und gingen dann in der gleichen Richtung weiter, bis wir den Sumpf hinter uns hatten und am See ankamen. Hier sahen wir auf einer anderen mächtigen Kiefer das Nest eines Weißkopfseeadlers. Ein Rotes Eichhörnchen, nur wenige Fuß entfernt auf einem Rotahorn, ließ sich durch uns nicht stören, sondern knabberte weiter Knospen.

Ranger hatten eine Blechabsperrung zum Schutz unten

um den Baum gezogen. Das Nest lag in New Hampshire und war das einzige bewohnte Nest von Weißkopfseeadlern in diesem Staat, aber im folgenden Jahr nisteten die Vögel eine Meile entfernt neu – in Maine. Den Adlern in Maine geht es nicht besonders gut, aber das liegt nicht an Waschbären oder gierigen Küken- oder Eierdieben. Es ist ja klar, daß mit der Umwelt etwas ganz und gar nicht in Ordnung ist, wenn die einzelnen Vertreter einer Spezies derart geschützt werden müssen. Die Adler an Binnenseen, Flüssen und Feuchtgebieten in Maine sind mit am schlimmsten verseucht von Quecksilber und PCB, und unter allen Vögeln Nordamerikas sind sie diejenigen, die sich am langsamsten fortpflanzen. Die Chemie ist schuld. Sie beeinträchtigt das Paarbindungsverhalten und die geschlechtliche Entwicklung der Embryos. Eine multidisziplinäre Gruppe von Fachleuten traf sich vom 26. bis 28. Juli 1991 in Racine, Wisconsin, und kam zu dem Schluß: «Wenn die Umweltbelastung durch synthetische Ovulationshemmer nicht kontrolliert und herabgesetzt wird, sind Funktionsstörungen bei der (menschlichen) Bevölkerung möglich.» Ein Weißkopfseeadler ist zwar kein Kanarienvogel, aber er sollte uns doch zur Warnung dienen.

Jemand sah einen kleinen Weißfisch, der unter unseren Füßen dicht unter dem Eis schwamm. Neben einem riesigen Rotahorn, der sich über das Wasser neigte, fanden wir Säugetierkot mehrerer Jahrgänge auf einem Haufen. Vielleicht stammte er von einem Fischotter, aber ganz sicher war ich nicht.

Wir forschten noch weiter in der Umgebung des Sees und kehrten dann auf dem erhöhten Flußufer zwischen Flußlauf und Sumpf wandernd zurück. Der Sumpf muß einst zu dem See gehört haben und dann nach und nach zugewachsen sein, als der Fluß den Damm aufspülte und der Vegetationsteppich vom fließenden Wasser abgeschnitten war. Der Damm war jetzt mit einem Streifen Wald vor allem aus Balsamtanne und Rotahorn bewachsen. Er diente als Landstraße für die Tiere, vor allem für Elche und Hirsche. Alle zehn Meter fanden wir einen frischen Haufen Elchkot, und an vielen Zweigen, die am Weg abgebrochen waren, hingen Elchhaare. Wir stießen auf eine Urinpfütze, die noch nicht gefroren war, und eine halbe Meile weiter sahen wir einen Elch vor uns durch den Wald wandern. Ich bog ab und überholte und versuchte ihn abzudrängen, damit ihn die Studenten in Ruhe betrachten konnten. Das friedliche Tier ließ sich wie eine Kuh lenken, und ich konnte es den Studenten regelrecht vorführen. Sie wußten das zu würdigen; die meisten hatten noch nie einen Elch gesehen, es war also etwas Besonderes, einen in seiner natürlichen Umwelt aus nur sechs Meter Entfernung zu sehen. Schließlich hielt der Elch an, weil er überall von Eis umgeben war, und als er einen weiteren Schritt machte, um von uns wegzukommen, rutschte er aus und fiel hin. Er stand gleich wieder auf, doch kaum hatte er ein paar Schritte getan, stürzte er abermals. Wir gingen schnell fort, damit sich das Tier in aller Ruhe aus seiner Lage befreien konnte.

Als wir den Flußdamm verließen und über den Sumpf, der einmal Bucht gewesen war, weitergingen, fand jemand eine Spinne, die über das Eis lief. Was wollte eine Spinne jetzt hier? Die Temperaturen hatten seit Tagen nachts bei minus 15 °Celsius gelegen, und auch jetzt waren sie unter dem Gefrierpunkt.

Die Spinne öffnete uns die Augen. Plötzlich fanden wir Dutzende, ja Hunderte von kleinen und großen Spinnen. Auch Käfer krabbelten langsam über das Eis. Ich erkannte eine Art, die ich im Sommer vielfach auf den Seerosenblättern hatte sitzen sehen. Aber auch andere Insekten fanden wir, darunter einen Wasserläufer. Wir hockten auf allen vieren und beobachteten hüpfende Schneeflöhe und die Raupe eines Eulenfalters, die zu kriechen versuchte. Ob sie Glycerin oder sonstige Frostschutzmittel enthielt? Sie schmeckte nur andeutungsweise süß – eher fade, verglichen mit dem bonbonähnlichen Geschmack überwinternder Roßameisen.

Am Fluß sahen wir dann noch ein Paar Grauhäher. Sie suchten am Ufer nach Futter und hüpften durch das Rotahorngeäst, dann glitten sie auf ihren kurzen, breiten Flügeln davon, mit weichem, eulenähnlichem Flug.

13. Januar

Wie aufregend das Aufwachen heute morgen. Der Himmel war grau, die Temperaturen niedrig, und winzige Schneeflocken tanzten einzeln herab. Ich wußte, daß es jetzt bald stark schneien würde, und daß der Schnee nicht in Regen übergehen würde. So war es auch. Gegen Mittag lagen schon zwei oder drei Zentimeter Schnee auf dem Boden. Die Nadelbäume wurden weiß und die Luft mit dem immer dichter werdenden Schleier von fallendem Schnee ebenfalls.

Zu diesem Zeitpunkt widmeten sich die Studenten des Seminars schon gruppenweise bestimmten Forschungsprojekten, nachdem sie in der ersten Woche verschiedene Alternativen ausprobiert hatten. Als Gemeinschaftsvorhaben ließ ich sie außerdem Fallen stellen und kleine Säugetiere fangen, damit sie eine Vorstellung von dem Leben unter dem Schnee bekämen. Sie fingen Grappers-Rötelmäuse, Hirschmäuse, Weißfußmäuse, Zwergspitzmäuse, und Brad erwischte sogar eine Kiefernwühlmaus und eine Rauchfarbene Spitzmaus. Ich hatte den Rabenfederpreis – eine lange Schwungfeder – für denjenigen ausgesetzt, der oder die als erste sechs Tiere gefangen hatte. Die kleine blonde Jessica gewann sie. Im vergangenen Jahr hatten mehrere der Studenten sich geweigert, Fallen aufzustellen, aus «Ehrfurcht vor dem Leben». Dieses Jahr hatte ich den Studenten klargemacht, daß wir damit das Recyceln von Nagern zu Raben erleichterten. Da alle die Raben liebten, hatte in diesem Jahr also niemand mehr Skrupel, und alle waren begeisterte Trapper. Wir fingen eine hübsche Menge Hirschmäuse und Feldmäuse, mindestens 60 Stück (eine Raben-Monatsration). Brad und Daniel hatten als Projekt eine Fortsetzung im Auge; sie verglichen die Kleinsäugerfauna in einem dreijährigen Kahlschlag mit der in einem ausgewachsenen, nicht ausgeholzten Laubwald in der Nähe. Sie hatten festgestellt, daß offenbar der Kahlschlag voller Nager war; in dem alten Wald waren es deutlich weniger. Ich ermunterte sie, einen statistisch signifikanten Wert festzustellen. Unsere Fänge kamen jeden Tag in den Gefrierschrank – eine Plastiktüte draußen neben der Hintertür.

Während jede der Arbeitsgruppen ihrer Arbeit nachging, lief ich schnell zum Briefkasten hinunter, um die Post zu holen. Unten traf ich auf eine große, grünäugige, schwarzhaarige junge Frau mit Zopf, die mit einem Kasten Anker-Steam-Bier auf der Schulter etwas verwirrt herumwanderte. «Follow me», sagte ich, und sie folgte mir. («Es schien mir vernünftig», sagte sie später.) Ich nahm ihr das Bier ab. Sie war eine mögliche Doktorandin von West-Hollywood, die gerade mit Nachtflug von Los Angeles nach Boston geflogen und heute morgen mit einem Leihwagen hierhergefahren war. Sie wollte die Raben sehen und die Rabenforschungsstelle und Professoren und Studenten der Universität von Vermont und vielleicht ihre Doktorarbeit bei mir schreiben. Professor und Studenten freuten sich über ihr Kommen.

Zum Abendessenkochen hatten sich die Leute immer spontan freiwillig gemeldet. Wir hatten selbstgemachte Pizza, Makkaroni mit Käse, chinesisch Geschmortes und Reis gegessen. Jeden Abend bot sich jemand an, etwas Neues und Originelles zu kochen. Jetzt bereitete Brad gebackene Bohnen im Dampftopf zu – schwarze, gelbe und gescheckte. Dave und Francie buken Brot. Ich mußte auch mal einen Beitrag leisten.

Wie gesagt, wir hatten eine Menge Mäuse im Gefrierschrank, mehr als genug für die Raben, die ohnehin frisches Kalb (Totgeburten) zu fressen hatten. Ich fand, wir hätten genug übrig. Mäuse muß man erst auftauen, dann abziehen und ausnehmen, dann waschen, panieren und in Olivenöl in der Kasserolle schmoren. «Wollen Sie die wirklich essen?» fragte Dave.

Ich hatte rund 30 zubereitet. Als sie braun und knusprig waren, war die Frage nicht mehr ganz so rhetorisch. Jessica, in der Erkenntnis, daß das Leben eine Kunst ist, griff zu und begann gelassen zu kauen – weder besonders auffällig noch besonders heimlich. «Eh, die sind gut!» sagte sie. Jeff versuchte es auch. Er äußerte sich nicht weiter, sondern griff nur angelegentlich nach der nächsten, die er diesmal in Grillsoße tunkte.

Plötzlich war der Ansturm groß, und die Mäuse gingen schneller weg als Hamburger. Die zweite Schicht war gerade erst im Topf, als die erste schon fast beseitigt war. Das Bier ging ebenso schnell weg. Leider fand die Studentin dann doch, daß die Universität von Vermont nicht das rechte für sie sei.

20. Januar
KOJOTEN

Die Studenten sind fort. Die Temperaturen bewegen sich um –20 °C, und ich habe morgens Lust, einfach im warmen Bett zu bleiben und mich dann in der Nachbarschaft des Ofens aufzuhalten. Aber obwohl es noch dunkel ist, höre ich schon einen Motor im Wald über dem Tal. Irgendein Waldarbeiter ist schon seit ein oder zwei Stunden auf, hat gefrühstückt, ist unter dem Sternenhimmel aufgebrochen und läßt nun seinen Skidder warmlaufen. Ich stehe auf und mache Feuer, und nach dem Frühstück fahre ich, um nach den Raben bei den von mir ausgelegten Kuhkadavern zu sehen.

Neben einem Pick-up stand ein Mann an der Straße und drehte an seiner Funkantenne. Ich hielt an und setzte zurück. «Was versuchen Sie denn aufzuspüren?»

«Keine Raben!» antwortete er. «Wir jagen Kojoten. Einer meiner Hunde hat ein Funkgerät am Hals.» Während er sprach, war sein Blick in die Ferne gerichtet; er sah mich nicht an. Vielleicht dachte er an seine Hunde, die dort irgendwo hinter einem Kojoten her waren.

«Sie können Kojoten nicht wie einen Waschbären auf einen Baum jagen», bemerkte ich. «Wie fangen Sie sie dann?»

Sein Blick blieb auf die Berge gerichtet. «Manchmal

schneiden wir ihnen den Weg ab und schießen sie. Manchmal fangen die Hunde sie – ich ersetze sie laufend durch ausgeruhte –, irgendwann sind sie fertig.»

«Was kriegen Sie für ein Fell?»

«So gut wie nichts. Wir jagen sie, weil wir Spaß an der Jagd haben, mein Partner und ich.»

Ich dachte an die wunderschönen Laute und Lieder der Kojoten, die ich so oft gehört habe, und ich sah vor meinem inneren Auge, wie ein Kojote zu Tode gehetzt und von einer Hundemeute zerrissen wird. Ich sah auch, wie Kojoten einen Hirsch zu Tode hetzen und dann zerreißen. Es stand mir wohl nicht zu, ein Urteil zu fällen.

«Viel Glück», sagte ich und fuhr weiter.

25. Januar
BOCKKÄFERLARVEN

Als ich im letzten Sommer eine gesunde Kiefer fällte, um dem Zuckerahorn Platz zu verschaffen, kamen innerhalb von Minuten Käfer herbei, marschierten über den gefällten Stamm, paarten sich und legten Eier. Diese Käfer sind längst tot, aber ihre Larven leben. Erst kamen die winzigen Borkenkäfer; ihre Larven haben ein verschlungenes Muster von Gängen unter der Rinde hinterlassen. Ich mache einen Reibabdruck, um es zu erhalten. Dann kamen die großen Käfer, die Bockkäfer.

Unter der Borke sehe ich die Freßgänge voll langer dünner Holzfasern, die die jungen Käferlarven hinterlassen haben. Sie sitzen aber nicht mehr unter der Borke: Als sie etwas größer wurden, haben sie sich ins feste Holz gebohrt. Glatte ovale Löcher zeigen die Eingänge. Ich schlage einen Meißel eben oberhalb und unterhalb eines Ganges ins Holz, breche Span um Span heraus und verfolge so die Larven bis ins Innere des Stammes.

Auf 2,40 m Stamm erbeute ich 23 Larven. Sie steckten alle in Richtung Stamminneres ausgerichtet in ihrem engen Gang, von Reif umgeben. Die cremefarbenen weichen Körper sind von spitzen Eiskristallen bedeckt. Die Temperatur hat in den letzten zwei Wochen mehrfach –29° erreicht, auch wenn es heute «nur» –23° sind. Alle Larven sind aber weich und biegsam, keine ist steifgefroren, sie sind offenbar voller Frostschutzmittel; jedenfalls schmecken sie süß wie die überwinternden Roßameisen, die man auch in Bäumen findet. Aber ob sie wirklich leben?

Ich nehme fünf der nicht gegessenen Larven mit in die Hütte, wo sie bei +24 °C neben dem Ofen lebendig werden können. Netzflügler und Spinnen, die ich bei Winterspaziergängen unter der Borke von Bäumen gefunden habe, wurden sofort munter, wenn ich sie nur in der Hand hielt und anhauchte. Nicht so die Käferlarven. Auch nicht, als ich sie anfasse, leicht drücke und anhauche, sie zeigen nicht die kleinste Bewegung – das in unseren Augen wesentliche Attribut beim tierischen Leben. Wie anders als die Schmeißfliegen, denke ich, die schon aus den Holzwänden kriechen, wenn ich nur den Herd anheize.

Ich hielt die Käferlarven in einem Glas mit feuchten Kiefernspänen neben meinem Bett und überprüfte sie täglich: 26. 1. «tot»; 27. 1. «tot»; 28. 1. «tot». Dann gab ich es auf und vergaß sie beinahe. Aber als ich sie am 3. Februar hinauswerfen wollte, krochen sie sehr munter im Glas herum. Ich stellte sie über Nacht wieder nach draußen. Die Temperatur betrug –7° C – rund 20 Grad wärmer, als sie zuvor draußen überstanden hatten. Am nächsten Morgen waren alle fünf Larven – ganz anders als an dem Tag, an dem ich sie gefunden hatte – steifgefroren. Ich vermutete auch, daß sie tot wären, und sie waren es. Ich probierte eine, und sie schmeckte nicht mehr süß, nur nussig. Die anderen toten Larven wurden zwei Tage später braun. Sie hatten nach neun Tagen in der warmen Hütte ihren Frostschutz verloren. Ich vermute, daß die Fliegen keinen Frostschutz haben, aber ich habe keine Lust, das zu testen.

Heute war auch der zweite Fünf-Gallonen-Wasserbehälter leer. Vor zwei Wochen, als die Studenten fortfuhren, hatte ich die beiden das letzte Mal gefüllt. Das Wasser im Brunnen stand tief und war fest zugefroren. Ich mußte wieder mit der langen Ahornstange das Eis zerschlagen, ehe ich den Eimer hinablassen konnte. Ich schleifte die Behälter dann auf dem Plastikschlitten über die immer noch dünne Schneedecke zur Hütte hinauf.

Daß ich soviel Wasser verbraucht hatte, hätte ich nicht gedacht, aber es ist immer noch minimal im Vergleich zu dem, was ich verbrauchen würde, wenn ich eine Wasserleitung hätte. Ich hätte einige Vorschläge zur Behebung der Wasserknappheit im Westen zu machen. Vor allem: einen Brunnen weit weg vom Haus.

Wassermangel gibt es für mich hier nicht. Ich hab' nur keine Lust, mehr herbeizuschaffen, als ich brauche. Obwohl ich meine Instandhaltungsarbeiten auf etwa anderthalb Stunden pro Tag reduziert habe, fehlt es mir immer noch an Zeit. Ein Tag vergeht wie im Fluge, und wenn ich schlafen gehe, überlege ich, ob ich alles getan habe, was ich hatte tun wollen. Meistens ist das nicht der Fall.

Die Geheimnisse der Raben zu erforschen gibt mir die größte Befriedigung. Die Aufgabe ermuntert mich, jeden Morgen eine halbe Stunde vor der Dämmerung die Hütte zu verlassen; eine Tasse Kaffee und meinen Morgenbrei habe ich dann bereits intus. Seit neuestem laufe ich den Berg hinunter und krieche dann bäuchlings in einen getarnten Unterstand aus Fichtenzweigen, wo ich darauf warte, daß die Raben zu den beiden gehäuteten Kühen kommen, die ich ausgelegt habe. Manchmal kann ich bestimmte Individuen ausmachen – das ist immer spannend. So sah ich einmal einen, den ich bei der ersten Fangaktion vor sieben Jahren markiert habe, und einen anderen, der aus dem Nest an der Graham-Farm stammen muß. Ich beginne in ihren täglichen

Bewegungen Strukturen zu erkennen, und wir haben Aktionsräume von 2600 km² verzeichnet. Außerdem weiß ich jetzt, daß bis zu 300 Vögel für einen Superköder rekrutiert werden können, auch wenn nur jeweils 40 bis 50 auf einmal anwesend sind. Und ich entwickle langsam Vorstellungen davon, welche Mechanismen erklären könnten, wie das alles möglich ist. Solche Erkenntnisse machen mich glücklich – und manchmal vergeßlich.

Kürzlich habe ich zwei lange Stahlnägel, Bolzen, die ich als Stufen bei der Rabenbeobachtung eingeschlagen hatte, aus einer Fichte gezogen und statt dessen eine Leiter angestellt. Ich ließ die Bolzen auf dem Beifahrersitz in meinem Pick-up liegen und dachte nicht mehr daran. Plötzlich fuhr es mir durch den Kopf: Was ist, wenn jemand die Bolzen sieht und denkt, *ich* sei der selbsternannte «Raven Watcher», der Bäume vernagelnde Öko-Terrorist? Die Zeitungen waren wieder voll von Leserbriefen, in denen es hieß, die Baumvernagler müßten gerädert und gevierteilt werden. Und noch etwas fiel mir ein: Wie, wenn der Hubschrauber, der vor kurzem über mich hinweggeflogen ist – als gerade die Meldung über das Vernageln, in dieser Gegend herauskommen sollte –, einen Metalldetektor an Bord hatte und die Bolzen in der Fichte registriert hat? Und das gleich neben dem Mount Blue, wo die Nägel der anderen entdeckt worden waren?

Der Förster der International Paper Company wollte nicht mit mir reden, als ich ihn wegen einer Routinefrage anrief. Die Leute von der Boise Cascade hatten aufgehört, auf meinem Land zu arbeiten, und ihr Förster hatte mir eine Nachricht hinterlassen, ich sollte meine Sozialversicherungsnummer durchgeben, damit sie mich bezahlen könnten – dabei gab es noch gar nichts zu bezahlen! Das war am 26. Januar gewesen; er hatte die Nachricht in meinem Wagen hinterlassen, der neben der Straße geparkt war. Bisher hatte ich ihn noch nicht angerufen. Aufgeregt suchte ich im Pick-up und überall sonst nach den Bolzen – ich fand sie nicht. Abermals durchsuchte ich alles, zwei- oder dreimal, als könnte ich meinen Sinnen nicht trauen. Ich dachte an meine Raben. Wenn sie Futter erwarten und suchen und nicht finden, kommen sie nach einer Weile zurück und suchen noch einmal. Ich hatte das für ein Zeichen des Mangels an Intelligenz gehalten. Jetzt tat ich dasselbe.

Ich setzte mich hin und dachte nach. Kein Zweifel, die Bolzen waren aus meinem Pick-up verschwunden. Zweitens: Ich *wußte*, daß ich sie auf den Sitz gelegt hatte. Drittens: Ich wußte, daß außer mir *nur* der Förster darin gewesen war, weil ich sonst die Türen immer verschließe.

Den Bolzen konnte man ansehen, daß sie in einem gesunden Baum gesteckt hatten. Gab es einen besseren Verdächtigen, als einen mit einer Autonummer aus einem anderen Bundesstaat, der so nahe der Szene des Verbrechens parkte? Was mußte jemand denken, der auf den Sitz geschaut und die Bolzen da gesehen hatte?

Ich erzählte die ganze verrückte Geschichte Ron und Syndi. Sie fanden sie komischer als ich, aber ich mußte nun auch lachen. Ron riet mir immerhin, Fotos von den Löchern in der Fichte zu machen, wo ich die Bolzen herausgezogen hatte. «Für den Fall, daß sie geheimnisvollerweise vertieft werden, damit es aussieht, als hätten sie wirklich tief dringesteckt.» Schließlich hatte ich mich schon ziemlich aus dem Fenster gehängt, als ich das Konzept in Frage gestellt hatte, mit dem Herbizidmaßnahmen «Forstwirtschaft» genannt werden. Den Förster der Boise Cascade (mit dem ich über den Holzeinschlag auf *meinem* Land reden wollte) hatte ich noch immer nicht angerufen. Er schien derjenige zu sein, der die Bolzen an sich genommen hatte. Warum hatte er nichts gesagt? Sollte ich ihn fragen? Ich beschloß, gar nichts zu tun. Mal sehen, wohin es führen würde. Obwohl ich unschuldig war, begann ich mich jetzt ein bißchen so zu sehen, wie sie mich vermutlich sehen würden, wenn das Gerede wirklich anfing, mit Gerüchten und Unterstellungen, die niemand beweisen oder widerlegen konnte. Ron sagte: «Du bist zu lange im Wald gewesen – so was passiert mit Leuten, wenn sie zu lange allein sind. Sie werden wunderlich!» Werden sie das?

Am Nachmittag mußte ich raus, ich mußte mit jemandem reden. Ich fuhr zu meiner Mutter. Marianne war zu Besuch. Ich erzählte ihnen alles.

Marianne sagte: «Brüderchen, du warst ungezogen. An deiner Stelle würde ich sofort einen Rechtsanwalt aufsuchen. Wenn sie ‹den Nagler› suchen, spricht alles für dich!»

Meine Mutter sah die Dinge freundlicher. «Wir werden dich im Gefängnis besuchen.» Sie lächelte. «Henry Hilton (unser gemeinsamer Freund und Nachbar) war einen Monat in Farmington im Knast. Weil er sich weigerte, seiner Frau Geld zu geben, nachdem sie ihn und ihr Kind verlassen hatte und nach Arizona gezogen war. Er hätte es genossen, sagte er. Sie hätten ihm zu essen gegeben. Er brauchte nicht zu arbeiten. Er hat die ganze Zeit gemalt. *Du* könntest da schreiben.»

Vielleicht war das mit dem Bezirksgefängnis wirklich eine Erholung. Thoreau war auch eine kurze Zeit drin gewesen. Ich auch mal, am 4.-Juli-Wochenende, als ich mit ein paar anderen Waldliebhabern aus dem nördlichen Maine nach Quebec getrampt war. Wir hatten kein Geld für ein Hotel, ab Mitternacht goß es, und unsere Schlafsäcke waren patschnaß. Das Klagen und Stöhnen eines Betrunkenen hatte uns wachgehalten, aber am nächsten Morgen um 7 Uhr ließen sie uns auf Verlangen frei. Öko-Terroristen allerdings würden sie nicht freilassen.

31. Januar

Letzte Nacht herrschte Totenstille, nachdem in den Nächten davor der Wind geheult und an der Hütte gerüttelt hatte. Um 22.30 Uhr merkte ich, daß ich im Halbschlaf aus entspannter Lage überging in eine andere: ich kreuzte die Arme über der Brust, legte die Hände flach auf den Körper, zog beide Beine an und krümmte mich. Es wurde kalt, und mein Körper stellte sich automatisch darauf ein, die Oberfläche und damit den Wärmeverlust zu verringern. Schließlich stand ich auf und legte Holz nach. Die Landschaft draußen war in ein geradezu unheimliches blaues Mondlicht getaucht. In Fensternähe fühlte ich arktische Kälte eindringen, und zwischen den Balken ebenfalls.

Eine halbe Stunde nach Mitternacht war ich wieder wach. Diesmal wurde die Stille von dem klagenden Heulen eines Kojoten unterbrochen. Oder waren es Wölfe? Dieses lange, gedehnte Jaulen konnte jeden täuschen. Wie Timberwölfe hörten sie sich an. Jetzt ging der tiefe, hallende Ton in Tremolos über. Aus weiter Ferne kam eine Antwort. Dann hüllte mich die Stille wieder ein. Ich legte Holz nach und schlief wieder ein.

Die Mäuse sind wieder da. Eine hat in den letzten Nächten ein seltsames Verhalten an den Tag gelegt. Sie rennt ein Stück, hält dann an und produziert ein kurzes Schwirren, das sich anhört wie das Surren einer Riesenfliege. Es ist eine Art Vibrieren, wahrscheinlich trampelt sie ganz schnell mit den Füßen. Ich habe so etwas noch nie gehört, aber sie macht das nun jede Nacht während der Stunde, die sie nach Mitternacht aktiv ist. Dieses Verhalten ist, soweit ich weiß, noch nie beschrieben worden. Ist es ein Signal für andere Mäuse, ein Kontaktversuch?

In den frühen Morgenstunden wurde ich noch einmal geweckt, diesmal von dem Geräusch einer kleinen Lawine, die vom Dach rutschte. Danach hörte ich über meinem Kopf das kaum wahrnehmbare Rieseln von Schneekristallen auf das teilweise blanke Dach.

Um 5.30 Uhr weckte mich das Schrillen des Weckers, und ich kuschelte mich tiefer ins Bett. Aber dann dachte ich an die Raben: ich muß meine Beobachtungen durchziehen! Mich belebt der Gedanke, daß alles erträglich sein wird, wenn ich erst mal eine Tasse Kaffee getrunken habe. Ich springe aus dem Bett, bald ist die Hütte schwach erleuchtet von einer Öllaterne, und ich mache ein Riesenfeuer. Drinnen sind -7 °C, und ich muß einen Block Eis aus der Porzellanschüssel (meinem Waschbecken) entfernen. Aber nach einer halben Stunde ist der Kaffee fertig. Ein Wunder.

Auf dem Weg zum Klohäuschen lese ich das Außenthermometer ab: –29°, mehr als 20 Grad kälter als drinnen. Ein Trost. Ich lausche dem Wispern der winzigen Eiskristalle, die nun in immer dichteren Schleiern fallen. Endlich ist der Winter da. Wir haben zwar schon tiefe Temperaturen und auch Schneefälle gehabt, aber meistens abwechselnd. Jetzt scheinen sie sich endlich zusammengetan zu haben.

Als ich dann in der Finsternis vor der Dämmerung den Pfad hinunterlaufe und das Knirschen des sehr kalten Schnees wie Sand unter meinen Füßen höre, bin ich bester Stimmung: Ich bin auf dem Weg zu meinem Unterstand zur Beobachtung der Raben.

Es ist so kalt, daß sogar einige der Raben mal den einen, mal den anderen Fuß in ihr aufgeplustertes Gefieder ziehen. Sie haben alle grauweiße Gesichter, wo die Feuchtigkeit vom Ausatmen sich als Reif auf ihr Gefieder gelegt hat. Der ständig rieselnde Schnee selbst dagegen ist zu trocken, als daß die winzigen Kristalle sich auf ihrem Rücken halten könnten.

Wie immer kommen die Raben im Morgengrauen. Einer oder zwei schreien eine halbe Stunde lang, dann landen zwanzig zum Fressen. Ich hocke in meiner dunklen Höhle und höre das Hämmern ihrer Schnäbel auf den steinhart gefrorenen Kuhkadavern. Nur zwei markierte Vögel sind heute dabei. Nach 90 Minuten sind meine Füße abgestorben, und ich zittere heftig. Ich muß mich zurückziehen und mich in der Hütte aufwärmen.

Gestern bekam ich einen Brief von einer Freundin, die mich auffordert, sie auf einer Reise von Anchorage nach Chabarowsk und dann weiter mit der Transsibirischen Eisenbahn bis an den Baikalsee zu begleiten, für nur 2000 Dollar. «Es ist die Heimat von 1700 Arten, von denen 1080 nirgendwo sonst auf der Welt zu finden sind!» Ich habe kein Bedürfnis und nicht den Wunsch danach. Es gibt viele Spezies hier, die ich noch kaum kenne. Ich fühle mich schon sensorisch überlastet von den paar Dutzend Arten von Moosen. Und eine Spezies, die Raben, bringt meinen Geist fast zur Explosion.

2. Februar
LICHTMESS (GROUNDHOG DAY)

Das Waldmurmeltier, sonst «Groundhog» (Erdschwein) genannt, heißt hier «Woodchuck». Es überwintert wie viele andere Erdhörnchen in seinen unterirdischen Höhlen, wo es, wie allgemein angenommen wird, die Kälte verschläft. In Wirklichkeit ist es nicht ganz so einfach. Mein Kollege und Freund Brian Barnes von der University of Alaska hat bei seinen umfangreichen Forschungen über den Winterschlaf arktischer Erdhörnchen festgestellt, daß diese Tiere mehrmals im Winter aus der Erstarrung ihrer kalten Körper aufwachen, *um schlafen zu können.* Bei meinen langen Winternächten habe ich auch manchmal das Gefühl, ich muß aufwachen und warm werden, damit ich dann ruhig weiterschlafen kann. Schlaf steht in Verbindung mit bestimmten Hirnwellen, die nur bei warmen Tieren auftreten. Offenbar kann ein Tier einen ganzen Winter ohne Nahrung überstehen, aber es braucht in regelmäßigen Abständen richtigen Schlaf.

Heute ist Lichtmeß. Einer deutschen Überlieferung zufolge, die 1871 ins Bergland von Pennsylvania drang, wird ein Murmeltier, das am 2. Februar seinen Schatten sehen kann, so erschrecken, daß es sofort für weitere sechs Wochen in seinem Bau verschwindet. Allerdings: In 107 Jahren der Wettervorhersage in Punxsutawney, Pennsylvania, hat der erfahrene «Punxsutawney Phil» nur zehnmal seinen Schatten nicht gesehen und damit Tauwetter innerhalb von zwei Wochen vorhergesagt. Das erstemal 1890, das letztemal 1950. Die Treffsicherheit des Waldmurmeltiers als Wetterprophet wird des weiteren in Frage gestellt durch Accu-Weather, Inc., einen kommerziellen Wetterdienst. Der meint, daß Februar und März wärmer als normal seien, sei genauso wahrscheinlich, wie daß sie kälter als normal seien. Also das klingt ja nach Durchschnittswerten ...

Heute wird jedenfalls kein *Groundhog* heraufkommen und nach seinem Schatten schauen. Nicht hier in Maine. Es hat gestern den ganzen Tag, die ganze Nacht und heute den ganzen Tag ununterbrochen geschneit, und die Temperaturen bewegen sich um −17 °. Karen Krewuroka, die für die *Lewiston Sun* schreibt, sagt, daß ihrem Freund und Nachbarn Vernon Hutchinson zufolge Lichtmeß so ziemlich in der Mitte des Winters liege, und man die Aussichten auf das eigene Überleben nach drei Kriterien beurteilen könne: du solltest noch die Hälfte deines Feuerholzes, deines Heus und deiner Wurzel- und Knollenfrüchte haben. Ich hatte weniger als die Hälfte meines Holzvorrats verbraucht, aber ich heize jetzt mehr.

Wenn man sich schlicht nach dem Wetter richtet, ist der Winter noch nicht zur Hälfte vorbei. Das hier ist erst der dritte Tag. Es ist der erste Tag, an dem ich bis zu den Knien durch Pulverschnee gegangen bin. Die Tannen- und Fichtenzweige biegen sich unter der Last immer neuer Flocken, die wegen der niedrigen Temperaturen noch eine Weile zu halten versprechen. Die Wälder sehen aus wie ein Märchenland, aber nur für einen, der ein warmes Feuer und einen ordentlichen Holzvorrat hat.

Ich half Syndi, den Briefkasten und die Parkplätze an der Straße freizuschaufeln. Ein Pick-up mit einem Schneepflug fuhr vorbei, mit einem langhaarigen Mann und seinem Jungen darin. Achtzig Meter weiter hielten sie an, setzten zurück und begannen ohne ein Wort unsere Schneewehen beiseite zu schaffen.

Syndi fragte mich: «Kennst *du* den?»

«Nein. Hab' ihn noch nie im Leben gesehen.»

Am Flughafen Bangor hängt ein Schild: «Welcome to

Maine – the way life ought to be.» (Willkommen in Maine – so soll das Leben sein.)

So ist es!

Ich rief Si Balch an, den Förster, um ihm wie gewünscht die Nummer meiner Sozialversicherung durchzugeben. Er gab sich kühl. Sagte nichts, als daß der Einschlag verschoben worden wäre. Dale hätte zwei Ladungen Holz herausgeholt, das sei einstweilen alles.

Wieder dachte ich an Mariannes Reaktion, als ich ihr die Geschichte erzählt hatte: «Noch einmal, wie war das? Es war frühmorgens, vor Tagesanbruch, und der Förster kam zufällig vorbei und sah deinen Wagen in der Nähe der Baumvernagelungsszene geparkt? Er öffnete ihn, um dir eine Nachricht hineinzulegen, und sah zwei Bolzen von 30 cm Länge, denen anzusehen war, daß sie in einem Baum gesteckt hatten, und er nahm sie mit? Und hinterließ dir eine Nachricht, daß du ihn anrufen und deine Sozialversicherungsnummer durchgeben solltest? Das war's?»

«Ja, so war es.»

«Brüderchen, sie werden dich holen!»

KÜHE

Der Pulverschnee stäubt hoch auf, als ich hindurchtrabe, entschlossen, den Unterstand zu erreichen, bevor im Morgengrauen die Raben kommen. Mein Versteck ist jetzt von einer dicken Lage Schnee bedeckt – ein tannengefütterter Iglu! Aber bevor ich hineinkrieche, schaue ich mir einen Augenblick die sich schnell ändernden Farben des Himmels an: im Osten ist er hell türkisfarben, im Westen von leuchtend tiefdunklem Blau. Die Farben dringen durch die schwarzen Silhouetten der kahlen Pappeln und die dicken Zweige der Tannen und Fichten, die von schimmernden weißen Lasten herabgedrückt werden.

Als ich später bei Sonnenschein meinen Hügel wieder hinaufsteige, glitzern, von den Schneekristallen reflektiert, Millionen Lichter. Jeder kleine Strahl geht von einer Facette, von einem der winzigen Spiegel einer Schneeflocke aus und verschwindet mit der geringsten Veränderung des Winkels zwischen ihm und meinem Auge. Aber während sich mit jedem meiner Schritte ein Teil der Lichter ausschaltet, schaltet sich ein anderer an, so daß die Schneedecke ein einziges Funkeln ist, weil Tausende von winzigen Spiegeln aufblitzen und ausgehen.

Hier und da hat ein Rotes Eichhörnchen sich durch den lockeren Schnee zu bewegen versucht, hat aber eher Tunnel gebohrt. Ich verstehe jetzt, weshalb Eichhörnchen ihre Äpfel hoch oben im Baum verstecken und nicht unten am Boden.

Ich bestellte «Das Übliche» im Diner in Farmington, als ich mir eine Mahlzeit gönnte. Ich hatte eine Belohnung verdient dafür, daß ich den ganzen Vormittag an der Skizze zu einer Spezialabhandlung über Raben für eine ornithologische Zeitschrift gearbeitet hatte. Es war nicht viel Betrieb, und ich saß an meinem Stammplatz auf einem Barhocker nahe der Kasse und unterhielt mich mit Roger, dem Tellerwäscher.

Durch das Fenster konnte ich in der Küche den Besitzer sehen, Mike, der griechisch auf den Koch und seine zwei Helfer einredete. Dann kam er heraus und machte selbst eine Pause. Meistens trägt er eine schwarze Schirmmütze mit einer winzigen Aufschrift. Er hat dicke schwarze Augenbrauen, dunkelbraune Augen, weißgraue Koteletten und einen bleistiftdünnen Schnurrbart. Mit dem Gast neben mir sprach er über das Wetter: es gäbe nicht genug Schnee und es seien kaum Skiläufer (auf dem Weg zum Sugarloaf) eingekehrt.

Ein anderer Gast unterhielt sich mit Lauren, der Kellnerin, die gerade ihren Dienst begonnen hatte. Lauren hatte Probleme. Ihr Wagen war zusammengebrochen, und ihre Vermieterin wollte, daß sie ihn vom Grundstück entfernte – sofort! Sonst müßten Lauren und ihr Kind ausziehen. Lauren war sauer, aber der Kunde riet ihr, mit einem der Sheriffs zu sprechen, wenn sie hier ihren Kaffee tranken. Er sagte auch, Lauren habe das Recht, ihren Wagen auf dem Grundstück zu parken. Und wenn die unverschämte Vermieterin etwas dagegen hätte, sollte sie ihre Miete auf ein Sperrkonto bei der Bank einzahlen und der Vermieterin nur Kopien der Belege geben. «Sie kann dich nicht einfach rauswerfen», sagte er. Die andere Kellnerin, Chris, hatte im Jahr davor mit ihrer Vermieterin ähnlichen Ärger gehabt. Farmington war offenbar kein guter Ort zum Mieten.

Das blonde Cowgirl mit ihrer Freundin und Kollegin saß am anderen Ende der Bar, und nach meinem Nachtisch (heute frei, das Sonderangebot Dienstags) ging ich hin und fragte sie, ob sie tote Tiere für meine Raben hätte. Sie hatte im Moment keine, gab mir aber die Adresse einer Farm, wo ich vielleicht welche bekommen könnte.

Sie lag weitere neun Meilen in die andere Richtung. Die Straße war hügelig und kurvenreich. Es lagen Schneereste auf der Fahrbahn, und vereinzelte Flocken rieselten herab. Schneemobile mit dick eingemummelten und behelmten Fahrern flitzten auf den Seitenstreifen neben der Straße vorbei.

Der Stall, in dem die «Holsteiner» gehalten wurden, war neu und ganz anders als die Ställe, in denen ich als Junge gemolken, ausgemistet und Heu vorgeworfen hatte. Keine von Hand zugesägten Balken oder Bretter, keine beschlagenen oder mit Eisblumen verzierten Fenster. Hier gab es gar keine Fenster, nicht einmal Wände, nur einen Zementboden und ein Metalldach auf einer Holzkonstruktion. Die Kühe standen in zwei Reihen, an Stahlstangen festgemacht, einem Mittelgang zugewandt, auf dem Heu und Silage lagen. Die tote Kuh lag ebenfalls im Mittelgang, zwischen den zwei Reihen der lebenden, die aber unbekümmert weiterkauten. Sie wirkte etwas aufgebläht.

Der Junge mit dem frischen Gesicht und der Andeutung von Bartstoppeln, der seine Schirmmütze falsch herum trug, schien ganz erpicht darauf, die Kuh mit dem Traktor herauszuholen. Wir legten ihr also meine Kette um, der Traktor zog sie auf die Baggerschaufel und hob die fast 600 kg hydraulisch an. Er fuhr mit ihr zu meinem Pick-up und begann sie herunterzulassen. Jetzt erst bemerkte ich, daß die Kuh auf der Unterseite ekelhaft violett und rot war, und jetzt erst stieg mir ein Gestank in die Nase, daß ich das Würgen bekam, mich krümmte und nach Luft rang. Ich zweifelte, daß die Raben so etwas fressen würden, und sagte das auch.

«Bestimmt fressen sie es überhaupt erst, wenn es richtig vergammelt ist», überlegte der Junge.

«Nein, umgekehrt, sie haben das Fleisch gern frisch.»

«Aber die ist erst seit zwei Tagen tot!»

«Vielleicht können wir sie irgendwo hier in der Nähe im Wald auslegen», schlug ich vor. «Dann kann ich herkommen und sehen, ob die Raben kommen und fressen.»

«Das haben wir einmal gemacht, aber der Besitzer fand das nicht gut. Wo legen Sie sie denn aus?»

«Im Wald, an der Straße.»

«In Ihrem Wald?»

«Nein – aber bisher hat sich niemand beklagt. In diesem Fall allerdings .... Ich glaube, ich sollte es lassen. Sie paßt ja ohnehin nicht auf meinen Pick-up.»

«Okay. Wollen Sie vielleicht ein paar Kälber statt dessen?»

Die sechs kleinen Kälber waren steif gefroren. Wir luden sie auf.

«Neulich war schon mal jemand da und holte welche. Er wollte sie als Köder für Kojoten. Fängt sie mit Schlingen. Hat 20 Stück in der Gegend gefangen. Er sagt, es gibt dieses Jahr sogar mehr als sonst.»

Der Kojote steht in Maine auf der schwarzen Liste. Im Frühjahr 1989 hat der Staat Maine in der Erkenntnis, daß das Prämien-Jagen einen üblen Beiklang hat, ein «Coyote Award Program» gestartet, um diese Tiere «unter Kontrolle zu bringen». Der erste Preis waren 1500 Dollar für das größte getötete Weibchen. Der zweite Preis waren 1000 Dollar für das größte Männchen. Dann kamen jeweils 500 Dollar für die größte Zahl von Weibchen oder von Männchen und dann noch einmal 1000 für die größte Zahl insgesamt. Dieses Preissystem wurde inzwischen wieder abgeschafft, aber noch immer wird das ganze Jahr hindurch gejagt, und es gibt sogar bestimmte Zeiten für die Nachtjagd. Und das, obwohl die Biologen gewarnt hatten: Sie waren zu der Erkenntnis gelangt, daß bei der Lebensweise dieses Tieres und der Region, in der es hier jagt, der Kojote bleiben wird. Sie hatten bewiesen, daß, je größer die Zahl der erlegten Tiere, desto größer die Zahl der Jungen pro Wurf sein würde.

Der Junge fragte, ob ich auch zu den Kojotenjägern gehörte. Ich gestand, daß ich keine «nützlichen» Dinge im Sinn hätte, wie die «Kontrolle» der Kojoten, und nur Raben füttern wollte, um sie beobachten zu können.

«Machen Sie das auf eigene Faust?»

«Ja, größtenteils.»

Als ich wieder durch Farmington kam, hielt ich abermals am Diner. Joey hatte inzwischen ihren Dienst angefangen und sang bei der Arbeit.

«Was kann ich Ihnen bringen, Honey?»

«Austernragout, bitte.»

ANFANG FEBRUAR

Die Black Bears, das Hockeyteam der University of Maine, haben gestern abend ihre Gewinnsträhne auf 41 Spiele erweitert, in denen sie ungeschlagen blieben. Sie sind jetzt die Nummer eins. In der Zeitung steht: «Während sich der harte Neuengland-Winter hinzieht, gehört das Eis, wo die Bären von Maine ihre Gegner beherrschen, zu den wenigen heißen Orten. Die Bären sind zu einer Quelle des Stolzes und der Freude in einem Staat geworden, der sonst nicht viel bietet, das Begeisterung und Beifall weckt.» Woher die nun wohl ihre Informationen haben!?

Es ist wieder um –28 ° kalt und klar. Der Vollmond letzte Nacht war so hell, daß ich fast bei seinem Licht lesen konnte. Ich hörte einen Streifenkauz rufen – nach Monaten zum erstenmal wieder. Wie die Virginia-Uhus bereiten sich die Käuze jetzt auf das Nisten vor. Sie legen ihre Eier mitten im Winter und brüten sie aus und ziehen Junge auf, während noch Schneestürme heulen.

Heute habe ich – ebenfalls zum erstenmal seit Monaten – wieder Blauhäher schreien hören, seit dem Herbst hab' ich keinen solchen Spektakel erlebt. Ein Rabenpaar kreiste in der Höhe und gab ein paar knurrende Laute von sich. Einer der Vögel stieß mehrmals herab wie auf einer Korkenzieherbahn. Auch für die Raben ist es bald Zeit, ein Nest zu bauen. In zwei Wochen werden einige von ihnen es bereits fertig haben. Frühling liegt in der Luft.

Und im Geiste dieses Neuanfangs finde ich denn auch – die zwei vermißten Bolzen. Sie haben die ganze Zeit in einer Einkaufstüte in der Hütte gelegen. Ich wußte ja noch, daß ich sie in den Pick-up gelegt hatte, nachdem ich sie aus der Fichte gezogen und eine Leiter aufgestellt hatte. Daß ich sie später mit meinen Einkäufen zusammen in die Hütte gebracht und in der Tüte gelassen hatte, hatte ich vergessen. Soviel also zu dem Krimi, meiner Paranoia und den Chancen, mich vor Gericht gegen Gerüchte und Unterstellungen zu verteidigen.

13. März
STURMWARNUNGEN

Es ist ein wunderschöner heller, sonniger Tag. Aber die Zeitung bringt eine Schlagzeile über ein enormes Unwetter morgen. Auf dem Weg zum Diner stelle ich das Radio an – und die machen ordentlich etwas daraus. Mike im Diner bestätigt es. «Sturm des Jahrhunderts», heißt es. Vielleicht werde ich eine Weile eingeschneit sein. Besser Vorräte ergänzen.

Im Selbstbedienungsladen geht es zu wie auf dem Jahrmarkt. Vor allen neun Kassen haben sich Schlangen von Leuten mit vollen Einkaufswagen gebildet. Man könnte meinen, es stünde eine Invasion bevor. Es herrscht eine aufgekratzte Stimmung: endlich passiert mal was! Ich kaufe Kartoffeln, Butter und ein paar Dosen rote Bohnen.

In der Nacht herrschte Totenstille. Ich kann mich nicht erinnern, daß es je so still gewesen wäre. Als ich gegen 6 Uhr aufwach-te, war der Himmel dunstig. Es war noch alles ruhig.

Um 10.30 Uhr legte ich die Schneeschuhe an und machte mich auf eine längere Wanderung durch den Wald. Immer noch kein Windhauch. Der Himmel war jetzt hellgrau. Der Schnee unter meinen Füßen war tief und pulverig; er haftete seit dem letzten Sturm in dicken Kissen auf den Zweigen. Die kalte tiefe Stille und das Knirschen meiner Schneeschuhe, die bei jedem Schritt 20 cm tief einsanken, erinnerten mich an meine Kindheit, als ich allein in den Wald lief, um den Spuren der Tiere zu folgen, den Geist bewegt von den Erzählungen Jack Londons. Manchmal machte ich ein kleines Feuer, um mich aufzuwärmen. Heute tat ich das nur in Gedanken. Ich ging weiter und fand viele Hirschspuren am Südhang des Berges, der von halbhohen Fichten und Tannen bestanden ist. Die Spuren waren nicht zu Wechseln und Pfaden gebündelt, wie ich es erwartet hatte. Wo immer ein junger Baum aus dem Schnee herausragte, führte eine Spur zu ihm hin, und ich konnte die hellen Schnittstellen sehen, wo das Ende eines Zweiges abgebissen war.

Vögel sah ich kaum. Zweimal hörte ich das Tschiepen von Schwarzkopfmeisen. Und einmal scheuchte ich einen Streifenkauz von einem Rotahorn zwischen den Balsamtannen auf. Er flog leicht wie eine Feder und leise wie ein Gespenst davon.

Um 11 Uhr konnte ich die winzigen Schneeflocken nur vor den schwarzen Nadelbäumen sehen. Aber es wurden von Stunde zu Stunde mehr, und nach und nach kam Wind auf.

Um 17 Uhr schwankten die Bäume im Wind, und der Schnee trieb in Schwaden vorüber. Ich hörte tiefes Heulen, und dazu ein Geräusch wie von Sandpapier, als der Schnee gegen die Hüttenwand getrieben wurde. Die Meteorologen hatten gesagt: «Fachleute nennen diese Art von explosiver Entwicklung eine meteorologische Bombe.» Und: «Größer als diese werden sie kaum.» Und: «Wir raten zur Vorsicht – das hier wird kein Spaß.» Schneefälle bis zu einem Meter und Schneeverwehungen zwischen drei und fünf Meter würden erwartet sowie Windgeschwindigkeiten bis zu 90 km/h. Ich konnte es kaum erwarten.

Die Meteorologen und Klimatologen sagen, wir sähen die Nachwirkungen der heftigen Eruptionen des Mount Pinatubo auf den Philippinen im Juni 1991. Es war der heftigste Ausbruch eines Vulkans seit dem des Krakatau in der Nähe von Java im Jahr 1883, welcher Störungen im Wetterablauf hervorrief, die mehr als zehn Jahre lang zu spüren waren. Der Ausbruch des Mount Pinatubo dauerte 24 Stunden, und jede Sekunde wurden Kräfte frei, die einer Atombombe entsprachen.

14. März
DAS UNWETTER

Kurz nach 17 Uhr gestern frischte der Wind ernsthaft auf, wurde innerhalb kurzer Zeit zum Sturm und trieb feinkörnigen Schnee vor sich her. Daß etwas nicht stimmte, merkte ich daran, daß mich ein kalter Zug anwehte, obwohl ich auf der Couch am flackernden Kaminfeuer saß. Die Ritzen waren nicht dicht! Das war schon einmal vorgekommen, und ich dachte, danach hätte ich nun wirklich alle Spältchen gefunden und abgedichtet. Zum Glück hatte ich noch eine Kiste Werg da. Normalerweise benutzt man es, um Lecks in einem Boot abzudichten; jetzt kam ich mir tatsächlich so vor, als säße ich in einem lecken Boot. Ich hatte mich nicht an Admiral Hyman Rickovers Anweisungen gehalten. Er hatte gewarnt: «Die Natur ist nicht so nachsichtig wie Christus.»

Während der Wind weiter zunahm, empfand ich die Natur als immer unnachsichtiger, denn die kalten Finger des Sturms drangen in den Raum und legten eisige Federn von Schnee in winzigen Schneewehen auf den Boden. Ich weiß nicht, ob ich unerschrocken oder dumm war. Aber ich hatte keine Angst und war nur angeregt.

Gegen 19 Uhr, nach gut einer Stunde rauhen Wetters und stetiger Abdichtungsbemühungen, machte ich Schluß. Ich konnte mit den Händen immer noch kalte Luft durch die meisten Ritzen dringen fühlen. Aber der größte Teil des Schnees wurde aufgehalten. Und inzwischen wollte ich ihn draußen sehen, wollte die ganze Kraft des Sturms kennenlernen.

Als ich die Hütte verlassen wollte, war die Tür bereits von Schnee blockiert, und ich brauchte eine ganze Weile, bis ich mich hinausgeschoben hatte. Noch mühsamer war es, im Dunkeln die Schneeschuhe anzulegen. Ich mußte nach dem Gefühl gehen und mit bloßen Händen die Lederbindungen finden, schließen und festziehen. Was ich vor allem spürte, war die betäubende Kälte, aber ich schaffte es, bevor die Sensibilität völlig gewichen war. Dann steckte ich die Hände in trockene Handschuhe, und das Gefühl kehrte bald zurück.

Ich wühlte mich geradezu durch den Wald. Der Schnee trieb mir fast horizontal entgegen und stach mir wie mit lauter scharfen Nadeln ins Gesicht. Deshalb senkte ich den Kopf. Das Licht von Mond und Sternen drang nicht durch. Normalerweise sieht wenigstens der Schnee hell aus im Vergleich zu den schwarzen Bäumen, aber diesmal war selbst der Schnee dunkel.

Aus der Ferne brüllte der Sturm wie ein Zug, der durch einen Tunnel rast, steigerte sich zu einem Pfeifen und ließ dann kurze Zeit nach. Aber dieser Zug kam aus allen Richtungen: das ferne Brüllen war der Sturm in den Bäumen.

Die Bäume selbst stimmten mit Ächzen und Knarren in das Getöse ein. Stämme und Äste rieben sich aneinander, verflochten sich, summten tiefe Melodien wir eine riesige Baßgeige. Die Laute des Schlagzeugs kamen von dem Klimpern und Klappern der Zweige, die ständig gegeneinanderstießen, sich bogen und zurückschnellten. Neben all diesen Geräuschen hörte man ein feines «Hss...» – das war der Schnee, der gegen die Zweige trieb.

Als ich mit halb gesenktem Kopf gegen den Wind vorwärtsmarschierte, sprangen plötzlich zwei dunkle Gestalten an mir vorüber, keine fünf Meter entfernt. Wahrscheinlich Hirsche. Genaues konnte ich nicht ausmachen. Dann kam plötzlich noch eine dritte hinter den zwei ersten her und rannte mich fast um. Eindeutig: ein Hirsch.

Das Brüllen hielt bis tief in die Nacht hinein an. Aber als ich am Morgen aufwachte, war der Sturm vorbei. Ich grub die Kälber aus dem tiefen Schnee aus, damit die Raben etwas zu fressen hätten. Einer kam vorbei und sah eines der halb aufgefressenen Kälber. Er schrie – und innerhalb von fünf Minuten sah ich vier weitere Raben in der Luft über mir.

Keine Spur von Sonne an diesem Tag. Grauer Himmel, starker Wind noch und wirbelnder Schnee. Ich bin vom Wandern erschöpft. Goldhähnchen finde ich heute nicht. Überhaupt sehe ich fast keine Vögel. Ich bin merkwürdig niedergeschlagen und bringe nicht die Energie auf, irgend etwas zu tun. Als ich vom Wald zurückkomme, sitze ich da, starre ins Feuer und trinke ein Bier – und versinke immer tiefer in Lethargie. Ich träume von der Rückkehr der Vögel im Frühling. Im Frühling? Ob er überhaupt kommt? Es wird fast zuviel. Der Schnee ist so tief, daß das Gehen im Schnee eine große Anstrengung ist, und ich fühle mich wie ein Bär in seiner Höhle, der keine Lust hat oder zu faul ist, sie zu verlassen. Meine Motivation ist auf einem Tiefpunkt: ich habe meine Versuche mit Raben abgeschlossen und die Fragen beantwortet, die ich mir im Herbst gestellt hatte. Bisher hat die Disziplin mich einfach jeden Morgen vor der Morgendämmerung aus dem Haus getrieben, auch an Tagen mit starkem Frost. Nun brauche ich eine neue Aufgabe, die jedem Tag seine Bedeutung verleiht. Das Leben ist kein Zuschauersport.

14. März
NACH DEM STURM

Ich stand auf, machte mir aber nicht die Mühe, Kaffee zu kochen. Ich zog mich an, legte die Schneeschuhe an und stapfte zur Straße hinunter, um mir ein ordentliches Frühstück im Diner zu gönnen und ein paar Menschen zu sehen.

Kaum hatte ich mich auf einen Hocker an der Bar gesetzt, stellte mir Joe schon einen Becher Kaffee hin. Ein Mann neben mir redete von seinen Kriegserlebnissen in Europa und machte abgedroschene Witze. Ich lachte und erzählte ebenso abgedroschene Witze aus der Zeit mit meinen Waldfreunden im Norden, hinter dem Mount Katahdin, in Arrostook County.

Als ich zur Hütte zurückkehrte, war ich neu belebt. Den ganzen Nachmittag wanderte ich über den Schnee des Jahrhundertsturms. Dank der Schneeschuhe konnte ich über das Wasser wandeln. Gefrorenes Wasser natürlich.

Am Holzeinschlag waren überall frische Hirschspuren. An einer Stelle sah ich sechs tiefe Betten nahe beieinander im Schnee. Ein paar Hirsche schätzten also mein Angebot zum «Bed & Breakfast», wo einzelne Bäume gefällt worden waren. Zu meiner Überraschung hielten sie sich nach wie vor nicht an Wildwechsel und zogen sich noch nicht auf ein Revier zurück. Sie liefen überall dahin, wo abgehauene Zweige erreichbar waren, und fraßen die Knospen ab.

Andere Tiere hatten ihre Spuren oben auf dem Schnee hinterlassen und waren gar nicht eingesunken. Ich sah Spuren von Kaninchen, Rauhfußhühnern und einem Wiesel. Am Bach war ein Kragenhuhn aus dem Schnee aufgetaucht, nachdem es die Nacht in einer kleinen Schneehöhle verborgen verbracht hatte. Mein eigentliches Ziel war, ein Wunder zu suchen – ein lebendes Satrap-Goldhähnchen. Die Temperatur morgens lag bei –25 °C. Konnte dieser Vogel, der ohne Federn nicht größer ist als ein Daumenende, sich warm genug erhalten, um zu überleben?

Ich suchte fünf Stunden lang. Einmal war mir so, als hätte ich ein feines Tschiep gehört. Aber sicher war ich nicht. Diese Rufe sind kaum zu hören, manchmal kann man sie nicht von dem *Gedanken* an einen Ruf unterscheiden. Dann sah ich plötzlich einen kleinen, olivfarbenen Vogel an mir vorbeischießen und lief hinter ihm her. Ich sah ihn noch kurz, als er durch die dicken Zweige einer Balsamtanne hüpfte. Nach wenigen Sekunden flog er weiter und verschwand.

16. März

Der Alder Stream ist ein mittelgroßer Bach, aber es ist nichts von ihm zu sehen. Auch ein Gurgeln ist nicht zu hören. Die Temperaturen sinken seit Monaten nachts auf unter –20 °C, und der tiefe Schnee hat sogar die Ufer verwischt. Es ist kaum zu glauben, daß unter meinen Füßen alle möglichen farbigen Fische und Insekten leben. Über dem Schnee gibt es allerlei Lebenszeichen. Tiefe Furchen mit noch wesentlich tieferen Trittspuren führen im Zickzack zwischen dem Tannen-Pappeldickicht am einen Ufer und den hohen Kiefern mit dem Haselnußunterholz am anderen über den Bach. Diese Furchen sehen aus, als seien Riesen durch den Schnee hin und her gewechselt. Es waren Elche. Vier Tiere waren gestern hier – ich hab' die Stelle gefunden, wo die Gruppe auf einer Fläche von 40 m^2 gelagert hat.

Im Frühling ist der Alder Stream ein reißender Wildbach, und im Sommer besteht er aus lauter Wasserfällen und Stromschnellen, mit ruhigen Löchern und seichten Stellen dazwischen. Der Wald auf der anderen Seite zieht sich hinauf bis zu den Fichten und den kahlen Felsen am Gipfel des Mount Bald. Es ist ein Laubmischwald aus Roteichen, Buchen, Zuckerahorn, Birken, Eschen und Großzähnigen Pappeln. Dazwischen wachsen ein paar Weymouthskiefern, die am Fuß über 1,50 m dick sind. Ich wanderte auf der Suche nach Rabennestern durch den Wald, und der Schnee glitzerte in der Sonne. Obwohl die Temperaturen morgens so niedrig gewesen waren, schien die Sonne bis zum frühen Nachmittag schon eine gewisse Erwärmung bewirkt zu haben. Das Gehen war mühsam, denn ich sank bei jedem Schritt in den verharschten Schnee ein. Ich überprüfte zuerst die einzeln stehenden Kiefern, indem ich mich ihnen gegen die Sonne näherte, fand aber keine undurchsichtigen Konstruktionen, die auf ein Rabennest hätten schließen lassen.

In dem Tal, das sich ungefähr parallel zur Straße und zum Bach hinzieht, gibt es einen längeren, schmalen, gewundenen

Geschiebehügel. Ich ging vorsichtig auf dem Kamm entlang, einem Kojoten folgend, der kürzlich hier entlanggelaufen war, vermutlich, weil die Hänge zu beiden Seiten zu steil waren. Ein paar Weymouthskiefern und Schierlingstannen wachsen auf dem Kamm und an den Seiten des Os. Ein Rabennest sah ich wieder nicht, aber ich entdeckte einen Baumstachler auf einem Ast, den er bereits von Seitenzweigen befreit hatte. Er schaute mich an und bewegte sich nicht. Als ich eine Stunde später auf dem Rückweg wieder vorbeikam, saß er immer noch an derselben Stelle und sah mich wieder an.

Als ich den Wald gerade verlassen wollte, stieß ich auf eine Gruppe Meisen, einen Dunenspecht und zwei oder drei Kanadakleiber. Einer der Kleiber hing kopfüber an einem toten Kiefernstamm und hackte heftig an einem kleinen Loch herum. Er steckte seinen Schnabel so tief hinein, wie er konnte, holte aber nichts heraus.

Zwei Raben jagten einen dritten. Dann flogen vier von ihnen in Richtung Mount Bald. Zwei kamen gleich wieder zurück. Sie hatten vermutlich Eindringlinge hinauseskortiert. Oder zwei benachbarte Paare hatten sich kurz getroffen.

Als ich gegen 15 Uhr zur Hütte zurückkehrte, war ich hungrig, müde und schweißgebadet. Ich brachte das Feuer richtig in Gang, legte zwei große Kartoffeln zum Backen in die Röhre und war innerhalb von Minuten auf meinem warmen Bett neben dem Feuer eingeschlafen.

FRÜHLING

20.–21. März
DIE ERSTEN ZAPFER

Die strahlende Sonne und der warme Ofen lassen weitere Fliegen aus dem Holz krabbeln. Mindestens fünfmal täglich öffne ich die Fenster, um sie hinauszulassen. Wie kalt es ist, kann man daran ablesen, wie weit sie es schaffen, bevor sie abstürzen. Ich habe noch immer keine Lust, meinen Morgenkaffee mit ihnen zu teilen und mich im Bett an sie zu kuscheln.

Gestern habe ich, genau wie letztes Jahr, ein Rotes Eichhörnchen beobachtet, das sich sehr merkwürdig benahm. Es sprang über den Schnee in einen der jungen Zuckerahornbäume. Dort begann es von unten an den Zweigen zu lecken. Manchmal leckte es allerdings nicht, sondern biß in den Zweig und lief gleich weiter. Es kaute keine Rinde, um an Saft zu gelangen. Es biß nur einmal zu.

In einen Ast zu beißen und dann wegzulaufen, schien ein eigenartiges und sinnloses Verhalten. Was ging da vor? Ich untersuchte die Stellen, wo es zugebissen hatte, genau und fand die Bißstellen in der dünnen Rinde. Die Rindenstückchen waren noch vorhanden; es hatte also nichts herausgebissen. Ich fand Hunderte von diesen scheinbar sinnlosen Bissen. Und als ich weiterforschte, stellte ich fest, daß es diese Bisse fast ausschließlich an Zuckerahornbäumen angebracht hatte.

Wollte es einfach Saft lecken? Nein. Der Saft des Zuckerahorns ist nahezu geschmacklos und besteht zu etwa 98 Prozent aus Wasser. Wenn ein Eichhörnchen Saft trinken wollte, um Zucker zu bekommen, würde es bald völlig aufgebläht sein.

Die Roten Eichhörnchen ernten Ahornsirup ganz ähnlich wie wir: Sie verletzen zunächst das Xylem, die Leitbündel des Holzes, um den Saftfluß in Gang zu bringen, dann warten sie, bis der Saft fließt und das Wasser dabei verdampft.

Wie ein menschlicher Saftzapfer, der ein Loch in den Baum bohrt, um den Saft tropfen zu lassen, läuft ein Eichhörnchen gleich weiter, nachdem es mit seinen scharfen Schneidezähnen ein Loch gebissen hat. Es behält aber im Kopf, wo es sein Zapfloch gebissen hat, und wenn es am nächsten Tag wiederkommt, ist der Saft herausgelaufen und eingedampft. Die klebrige Flüssigkeit hängt an der Rinde und läuft in einem langen Rinnsal abwärts. Wenn ein Tropfen Ahornsaft über eine große Oberfläche verteilt wird, verliert er schnell sein Wasser, sofern das Wetter stimmt. Und das Wetter spielt mit in den Tagen, wo der Saft steigt, vor allem, wenn die Nächte kalt und die Tage warm und sonnig sind. (Die kalten Temperaturen nachts sorgen dafür, daß die Luft trocken ist, in der Wärme des Tages kann dann die Luft Feuchtigkeit aufnehmen.)

Das Eichhörnchen weiß also, wo es gezapft hat, wartet auf einen warmen und sonnigen Tag, und schon – leckt es Ahornsirup. Ich beobachtete es, wie es von einem Baum zum nächsten lief, und es lief nur zu denen, die es angezapft hatte. Da kratzte ich dann auch vom Eichhörnchen besorgten dicken Ahornsirup und -zucker ab.

Oberflächlich betrachtet ist das «nichts als eine hübsche naturgeschichtliche Beobachtung», wie mir ein Kritiker schrieb, als ich meine Beobachtungen zu einem Aufsatz zusammengefaßt und an die Zeitschrift *Science* geschickt hatte, die ihn ablehnte. Aber mir scheint die Tatsache, daß Rote Eichhörnchen Nahrung *herstellen*, sozusagen aus dem Nichts, doch wie ein Wunder. Das Wunder liegt nicht nur darin, daß es den richtigen Baum identifiziert, sondern in der Technik, den Saft fließen zu lassen und Sirup zu machen. (In meiner Unwissenheit versuchte ich die Eichhörnchen nachzuahmen, indem ich Zweige mit meinem Taschenmesser verletzte, bekam aber nichts. Erst viel später wurde mir klar, daß der Ahornsaft nur aus dem angebohrten Xylem fließt, also der Holzschicht *unterhalb* der Rinde, im Gegensatz zu dem Saft, den der Feuerkopfsaftlecker im Sommer aus anderen Bäumen bezieht.) Das Eindampfen des Saftes ist für das Eichhörnchen ein passives Unternehmen, wenn man Geduld als Passivität betrachtet. Wobei ich als Rabenbeobachter sie aber nicht gleichgesetzt sehen möchte.

Wie haben die Menschen herausgefunden, daß man aus bestimmten Ahornbäumen Zucker gewinnen konnte? Ich bin sicher, daß es, wie die meisten Entdeckungen, nicht das Ergebnis einer gezielten Forschung war, die vorgab, was zu entdecken war. Wissen und Erfindungsgabe würden nie reichen, daß ein Mensch allein im Wald auf einen Baum zeigen und sagen könnte: «Aus diesem Baum werde ich köstlichen Ahornsirup gewinnen, wenn ich das Xylem anbohre und geschmacklose Flüssigkeit daraus fließen lasse. Ich muß ihr nur Wasser entziehen, dann kann ich das Produkt über meinen Pfannkuchen träufeln und ‹Ahornsirup› nennen.»

Ron und ich wollen in geringem Umfang Ahornzucker herstellen. Wir fahren zur Hall-Farm in East Dixfield, um die notwendigen Dinge zu besorgen. Als wir am Wilson Lake vorbeikommen, sehen wir, wie eine Reihe kleiner Schutzhäuschen vom Eis geholt wird. Offenbar ist es nicht mehr sicher, und das Eisangeln geht zu Ende. Ich bin nicht dazu gekommen, meine neue Ausrüstung auszuprobieren, und inzwischen habe ich Ahornsirup im Kopf. Ich kaufe 20 metallene Safteimer mit Deckel und «Zapfhahn» für je 2,50 Dollar.

Die amerikanischen Ureinwohner sammelten den Saft in Behältern aus Birkenborke. Sie schnitten Rillen in die Rinde der Ahornbäume, die fast ganz rundherum liefen. Wir bohren heute nur ein Loch von etwa 11 mm Durchmesser und treiben eine Röhre hinein, an die wir dann den Eimer hängen. Moderne Ahornzuckerfarmen verbinden die Bäume mit Plastikschläuchen, durch die der Saft gleich in die Saftkocherei läuft. Manchmal wird das noch durch eine Saugpumpe beschleunigt. In riesigen Verdampfern werden täglich Tausende von Litern Saft über superheißen Feuerungsanlagen verkocht. Die Indianer mußten das Wasser mühsam dadurch verdampfen, daß sie immer wieder erhitzte Steine in die Saftbehälter aus Birkenborke legten.

Es hat also eine erstaunliche technische Entwicklung bei der Ahornzuckerherstellung gegeben. Aber angefangen hat es alles damit, daß jemand eine Idee gehabt hat. Der Samen ging auf, weil die Frucht süß war. Aber woher kam sie damals, vor Tausenden von Jahren? Hatte vielleicht ein Rotes Eichhörnchen die Idee gesät?

Ich vermute, daß ich vielleicht, wenn ich nichts von Ahornsirup gewußt hätte, doch darauf gekommen wäre, nachdem ich das seltsame Verhalten des Eichhörnchens beobachtet hatte. Nicht, daß ich mir etwas darauf einbilde: Selbst die Schwarzkopfmeisen haben etwas bemerkt und fliegen von einem Ast, an dem die eifrigen Zapfer tätig gewesen sind, zum nächsten.

Zucker wird gesiedet, wenn die Nächte noch kalt und die Tage sonnig und warm sind. Jetzt. An einem klaren Tag ist der Himmel im Norden von einem so wunderbaren tiefen Blau, daß ich anhalten und schauen muß, als ob ich so etwas noch nie gesehen hätte.

Vielleicht ist die Farbe des Himmels im Sommer genauso intensiv. Aber dann sind die Augen mit einer solchen Menge von Farben konfrontiert, daß eine weitere nicht mehr so auffällt. Jetzt dagegen haben wir seit Monaten vor allem Grau- und Brauntöne und ein dunkles, fast schwarzes Grün gesehen, dazu blendendes Weiß. Das Weiß des Schnees in der Sonne ist so verwirrend, daß man zum Himmel blickt, um die Augen in etwas Dunklerem auszuruhen.

Die oberen Schichten des Schnees schmelzen unter der Sonne weg oder verschmelzen so, daß die Flocken nachts zu einer körnigen Kruste zusammenfrieren. Dieser Harsch wird bald so fest sein, daß man frühmorgens auf ihm laufen kann – ein Zeichen, daß der Frühling unterwegs ist. Nach dem großen Unwetter hat der um die Bäume wirbelnde Wind um jeden Stamm herum Kreise freigewirbelt. Diese schneefreien Stellen sehen aus wie «Schmelzlöcher» – und der Gedanke liegt an so einem sonnigen Tag nahe.

Der Beginn des Zuckersiedens ist ein viel sichereres Zeichen für den Frühling als der Punxsutawney Phil. Aber das echteste Zeichen für Frühling sind Frösche. Im Halbschlaf träumte ich von dem Quaken der Waldfrösche und dem Piepsen der Wasserpfeifer. Ihre Stimmen drangen so deutlich an mein inneres Ohr, als säßen sie schon im Teich. In Wirklichkeit sind sie noch nicht da. Sie hocken mit bis unters Kinn gezogenen Beinen unter dem feuchten Laub überall im Wald, und über ihnen liegt ein Meter Schnee. Mindestens einen Monat lang werden sie sich noch nicht rühren.

23. März

Gestern nachmittag habe ich 20 Löcher gebohrt, meine 20 Zapfhähne hineingetrieben und die Eimer daruntergehängt. Kaum hatte ich den Bohrer aus dem Holz gezogen, fing der Saft an hervorzuquellen. Wenn ich den Zapfhahn drin hatte, tröpfelte die Flüssigkeit umgehend heraus. Abends standen schon rund fünf Zentimeter Saft in jedem der Eimer, und ich zog mit meinem Plastikschlitten von einem zum anderen und leerte sie in einen der Wasserbehälter. Dann zündete ich den rostigen Kanonenofen an, um den Verdampfer zu testen. Innerhalb von Minuten wallte Dampf auf. Das ist eigentlich gar nichts Besonderes, genauso sollte es sein. Trotzdem kam es mir wie ein Wunder vor. Hundert Dinge hatten erledigt werden müssen, bis es soweit war. Ich hatte den Ahornhain seit mehreren Jahren ausgeputzt und gepflegt. Die Zuckersiedehütte zu planen hatte auch Zuwendung erfordert. Im Sommer hatte ich Rotahornstämme für den Rahmen aus dem Wald geholt, und bei Parker Kinney gekaufte Bretter für die Wände heraufgeschafft. Stuart und ich hatten den Schuppen zusammengenagelt, was uns großen Spaß gemacht hatte. Schließlich hatte ich alles mit Teerpappe abgedeckt. Mit der Kettensäge hatte ich Feuerholz beschafft, während die Kriebelmücken mich anfielen; dann hatte ich das Holz hergeschleift, gespalten und gestapelt. Den Kanonenofen hatte Ron bei einer Auktion entdeckt, ebenso den Verdampfer, Zapfhähne, Bohrer und Eimer, die ich gekauft und heraufgeschleppt hatte. Schließlich hatte ich mit meinen Schneeschuhen einen Pfad in den tiefen Schnee treten müssen, damit ich den Schlitten mit dem Behälter ziehen und den Saft einsammeln konnte.

Jetzt «läuft» also alles. Es sieht lächerlich einfach aus. Ich lehne mich in der Dämmerung vor dem knisternden Feuer entspannt zurück, starre zufrieden in die Flammen und widme mich einem Bier.

25. März

BIRKENSAMEN

Die oberste Lage des Schnees scheint lebendig zu werden, weil winzige, schwarze flügellose Insekten, Springschwänze, dort herumhüpfen. Zu Tausenden sammeln sie sich in den Spuren der Hirsche, Hunde und Menschen. Und dann gibt es da die Birkensamen. Es sind winzige Körnchen mit kleinen Flügeln an den Seiten, damit der Wind sie forttragen kann. Das Zusammenschlagen der raschelnden Zweige läßt die trockenen Samenbehälter zerbröseln, so daß die Deckblätter abfallen und die Samen freigeben. Ich pflücke einen trockenen Samenbehälter ab, und er zerfällt mir zwischen den Fingern, Deckblätter und Samen fallen in den Schnee.

Wie viele Samen stecken in einem Zapfen? Ich pflücke einen neuen und drücke ihn vorsichtig zusammen, so daß er seine Ladung in kleinen Häufchen über einer größeren Fläche freigibt. Ich zähle 350 Samen. Der Baum trägt an einem Zweig im Schnitt 115 dieser Zapfen, und 60 solche Zweige hat dieser mittelgroße Baum. Insgesamt hat die 15 cm dicke Birke also rund 2415000 Samen auszuschütten. Dabei hat sie aber, nach einer Untersuchung der Zapfenstiele zu urteilen, im Herbst und Winter schon ebenso viele Samen verstreut.

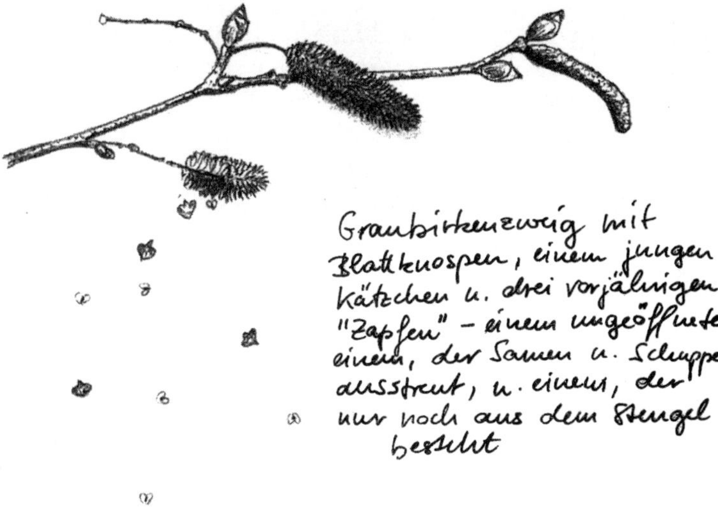

Fast 5 Millionen Keimlinge pro Jahr, bei einer Produktionszeit von vielleicht 20 Jahren, gibt diesem Bäumchen die umwerfende Zahl von 100 Millionen Keimlingen. Alle sind mehr oder weniger gleich beschaffen. Aber nur durchschnittlich einer wird zu einem fortpflanzungsfähigen Baum heranreifen und sein Elter ersetzen.

Hier besteht eine scharfe Trennlinie zwischen dem, was möglich ist und dem, was tatsächlich wird. Man kann kaum Ehrfurcht vor dem Leben eines einzelnen Keims hegen, wenn man den niedrigen Wert im Vergleich zum ausgewachsenen Baum betrachtet, für den, der Art entsprechend, 99 999 999 Keime sterben müssen. Andererseits kann man aber leicht Ehrfurcht für das Leben an sich empfinden, wenn man die Komplexität des evolutionären Musters betrachtet, das diesen einzelnen ausgewachsenen Baum hervorbringt. Die Natur verabscheut das überflüssige, ist aber manchmal zu scheinbaren Extravaganzen genötigt.

30. März
KOKONS

Der Kokon des Ameisenbaumaugenspinners (*Hyalophora cecropia*), den ich auf einem Schneeballstrauch am Bach fand, ist ein Wunder an Konstruktion. Mit einer scharfen Rasierklinge gelingt es mir, die äußere papierene Seidenschicht aufzuschneiden, die stärker war als ein Kunststoffumschlag der Federal Express Mail. Diese Schicht umschloß einen sekundären Kokon innen mit der Konsistenz und der Zähigkeit von hartem Leder. Eine Lage steifer Seidenfäden trennte die zwei voneinander. Selbst wenn es einem Vogel gelänge, den ersten Kokon zu öffnen (was eher unwahrscheinlich ist), müßte er dann mit einer Enttäuschung rechnen, denn es folgt eben kein saftiger Bissen sondern ein noch zäherer Ballen. Mit einer scharfen Schere gelingt es mir, diesen zweiten Kokon aufzuschneiden. Darin finde ich die leere spröde schwarze Exuvie einer Puppe. Der Falter ist im vergangenen Sommer ausgeschlüpft, und vermutlich hatte er weniger Probleme herauszukommen, als ich, hineinzukommen.

Auf der hinterlassenen Puppenhaut konnte ich noch die feinen Abdrücke der Hinterleibsringe, Flügel, Augen, Fühler und sogar der äußeren Geschlechtsorgane erkennen. Demnach und den breiten, gefiederten Hüllen der Fühler zufolge war es ein männlicher Falter. Innerhalb des Kokons und der mürben Puppenexuvie steckt die zerdrückte abgestreifte Raupenhaut, der Rest des zweiten früheren Lebens des Insekts. Die Raupe hatte vermutlich einen Monat oder länger von den Blättern des Schneeballs gefressen, bevor sie ihren kunstvollen doppelten Kokon spann. Die Raupenhaut war weich gewesen, als sie abgestreift wurde, deshalb ist sie zu einer Kugel zusammengedrückt und kraus wie ein nasses Hemd. Nur die Panzerteile der Beine am Bruststück und die Kopfschale der Raupe haben noch ihre Form bewahrt, wie abgelegte Beinschienen und ein Helm.

Die junge Puppe war, nachdem sie ihre bewegliche Raupenhaut abgestreift hatte, hart und schwarzbraun geworden. Sie zeigte bereits die Form des späteren Falters, bevor es innen auch nur die Spur eines Falters gab. Erst im folgenden Sommer, nach einem ganzen Winter, war das erwachsene Tier fertig ausgebildet. Die spröde Puppenhülle war oben aufgebrochen, und der Falter herausgekrochen.

Bevor es seine harte Schale ganz verlassen hatte, hatte das Insekt den Darm völlig entleert und den Kot unten zurückgelassen. Dieses sog. Meconium besteht überwiegend aus fester weißer Harnsäure, dem stickstoffhaltigen Abfallprodukt des Eiweißstoffwechsels, die während der Entwicklung angefallen ist. Im Gegensatz zu dem Harn, den wir ausscheiden, kann Harnsäure ohne Wasser abgesondert werden und ist – vereinfacht – erstarrter Urin. Die Produktion von Harnsäure hat es dem Tier ermöglicht, ein Jahr lang ohne Wasseraufnahme zu überleben.

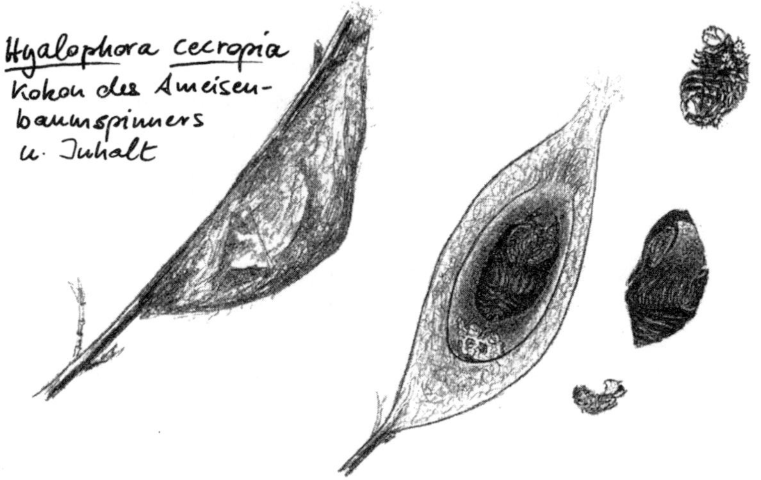

Die Raupe muß sich im vorletzten Spätsommer verpuppt haben. Nach den Frosttemperaturen des folgenden Winters hat das Hirn der Puppe das Längerwerden der Tage und die wärmeren Temperaturen des Frühlings registriert und mit diesen Informationen als Signal ein genau vorgegebenes Muster der Hormonausschüttung ausgelöst, das schließlich die Imago in der Puppe hervorbrachte. Weitere Signale und die darauf folgende Ausschüttung anderer Hormone lösten das Schlüpfverhalten des Falters im Frühsommer aus und steuerten es.

Dieser Puppenkokon hatte der Witterung und vermutlich auch Angriffen von Meisen und Spechten widerstanden; man hätte ihn als eine uneinnehmbare Festung ansehen können. Dabei hatte die Raupe, beim Spinnen am Ende des länglichen Kokons, am Kopf der Puppe, einen genial konstruierten Ausgang offengelassen, der ein Jahr später (bei manchen Arten mehrere Jahre später) benutzt werden sollte. Auch in dem inneren harten Kokon gab es ein solches Schlupfloch. Beide funktionierten nach dem Prinzip einer Socke mit elastischem Rand: man kann den Ausgang öffnen, wenn man von innen nach außen drückt, aber er schließt sich, wenn der Druck von außen erfolgt.

Der Kokon hatte zwei Winter überstanden, wie die leere Puppenhaut des Falters, der inzwischen auch längst tot war, bewies. Ein ausgewachsenes Tier übersteht keinen Winter; es lebt nur ein paar Tage lang, wenn es im Sommer ausgeschlüpft ist. Die Nachkommen waren längst in anderen Kokons eingeschlossen. Der Schmetterling hatte durch sein «Bauwerk» eine eigene Art Unsterblichkeit erreicht. Nicht, daß sie ihn interessierte. Warum interessiert sie uns so?

Ich hatte den Kokon des Ameisenbaumspinners mit in die Hütte genommen, weil ich solche nicht oft finde. Die Kokons des Prometheus-Spinners, *Callosamia promethea*, finde ich in diesem Winterwald häufiger. Seine hübschen grünen Raupen mit den vier leuchtend roten Knubbeln am Vorderende fressen im Spätsommer Eschenblätter; an deren Zweigen hängen später auch ihre Kokons. Sie sehen aus, als seien sie nur vertrocknete, eingerollte Blätter, die aus irgendeinem Grund nicht abgefallen sind.

Ich ging zu den jungen Eschen, an denen ich im Juni vier *Callosamia*-Raupen gesehen hatte (die Nachkommen eines vorbeikommenden Weibchens, das zufällig ein paar Eier abgelegt hatte). Da ich ein bestimmtes Suchbild hatte, fand ich schnell einen Kokon. Er war in eins der sieben Blättchen des zusammengesetzten Eschenblatts gewickelt. Dieses Blatt und der zentrale Blattstiel hingen noch am Baum, von den anderen sechs Blättchen, die im Herbst abgefallen waren, waren nur noch die Ansätze zu sehen.

Der Kokon dieses Augenspinners hat nur eine Andeutung von Außenschale, die bei *Hyalophora cecropia* so auffallend ist, ist aber im ganzen genauso zäh, denn er bleibt mehrere Jahre am Baum hängen. Man sollte meinen, daß so ein in ein kleines Blättchen am Ende der Blattanlage gerollter Kokon im Herbst abfallen würde, wenn alle anderen Blätter samt Zentralstiel abgeworfen werden. Aber dagegen hat die Raupe vorgesorgt. Wenn man genau hinsieht, entdeckt man neben dem vertrockneten alten zentralen Blattstiel einen soliden Seidenstrang, aus vielleicht Hunderten von Fäden zusammengesetzt, die die Raupe mühsam mit Hilfe ihrer Freßwerkzeuge gesponnen hat (im Gegensatz zur Spinne, die ihre Fäden aus Spinndrüsen am Körperhinterende spinnt). Dieser Strang ist unten am Kokon festgemacht und oben fest um den Zweig geschlungen. Auch die schlimmsten Winterstürme reißen ihn nicht ab. Immer wenn ich einen von einem Baum herabhängen sehe, kommen mir all die Wunder in den Sinn. Täten sie es nicht, würde ich sie auch nicht sehen.

An diesem Tag war ich in Kokonsuchstimmung. Ich fand sechs Kokons des Prometheus-Spinners. In den vergangenen Jahren hatte ich viel mehr gesehen. Wurden sie plötzlich selten? Als ich nach Hause kam, schnitt ich sie auf, denn sie schienen leicht und leer. Da fand ich eine Teilantwort: Vier von ihnen waren parasitiert. Einer enthielt die Larvenhaut der Raupe, aber darüber, wo die Puppe hätte sein sollen, fand ich 18 kleine runde seidige Kokons, die von 18 kleinen Larven einer parasitischen Wespe gesponnen waren. Sie waren leer. Die ausgewachsenen Wespen mußten durch die Klapptür verschwunden sein.

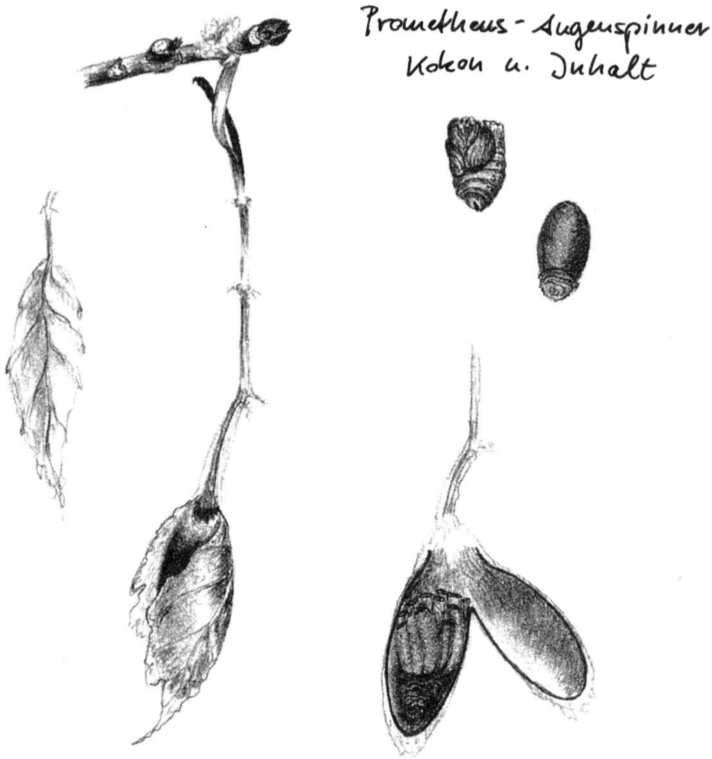

In den anderen drei Kokons hatten ebenfalls Wespen schmarotzt, die ihre Eier in die Raupe gelegt haben mußten. Aber es war eine kleinere Art: 30 bis 35 ihrer Nachkommen hatte die Puppe ernährt. Ihre vielen winzigen Kokons füllten den Schmetterlingskokon vollkommen aus.

Die Gattungen *Hyalophora* und *Callosamia* gehören beide zur Familie der *Saturniidae*, der Augenspinner. Es sind die größten und auffallendsten Falter, die uns in dieser Region an Sommerabenden begegnen. Zwei andere Arten sieht man recht regelmäßig: den blaßgrünen Mondspinner und den Einaugenspinner. Beide haben wunderschöne, große grüne Raupen, die mein Herz höher schlagen ließen, wenn ich als Junge eine sah. Sie tun es noch.

Die seidenen Kokons dieser beiden anderen Nachtfalter

sind kräftige rundliche Strukturen, innerhalb zusammengerollter Blätter gebaut. Im Herbst sind sie im abgefallenen Laub verborgen. Anders als *Hyalophora*- und *Callosamia*-Kokons aber haben diese beiden keine eingebauten Schlüpföffnungen. Wenn die Falter ausgewachsen sind, sondern sie ein Speichelsekret ab, das Enzyme zur Zersetzung der Seidenproteine des Kokons enthält; die Imagines besorgen sich ihren Ausgang selbst. Ich weiß nicht, weshalb die beiden ersten Arten dem Boden fern zu bleiben versuchen und diese nicht, oder weshalb es so grundverschiedene Mechanismen für das Verlassen des Kokons gibt in ein und derselben Schmetterlingsfamilie. Vielleicht bringt ein winziger, zufälliger Selektionsdruck Entwicklungen in Gang, die dann mit einer eigenen Dynamik zu immer größerer Differenzierung und Perfektion führen. Intelligenz ist dazu nicht nötig, auch nicht dazu, daß es funktioniert. Ich finde es merkwürdig, daß das Leben an sich nicht allen Leuten beeindruckend erscheint, aber aus irgendeinem Grunde beeindruckt sie das «intelligente» Leben. Wenn man das Leben insgesamt betrachtet, ist Intelligenz nur eine Borste am Schwein.

Ich suchte weiter nach Augenspinnerkokons und fand insgesamt 33: drei von *Hyalophora* und 30 von *Callosamia*. In keiner war eine lebende Puppe, aber 15 enthielten Puppenhäute, die bewiesen, daß irgendwann Falter ausgeschlüpft waren. Viele der Puppenexuvien waren aber schon mehrere Jahre alt. Für die anderen 18 stellte ich verschiedene Gründe für den Tod fest. Zwei enthielten eine einzelne, große, runde, pillenförmige Schlupfwespenpuppe. Auf acht hatte eine Wespe schmarotzt, die 20 bis 30 Nachkommen pro Kokon hinterlassen hatte. Vier waren von parasitischen Fliegenlarven befallen gewesen, die sich innerhalb der Raupe verpuppt hatten, was deren Tod zur Folge hatte. Eine Raupe war verfault, wahrscheinlich als Opfer einer Viren- oder Bakterieninfektion. Eine war von Pilzen überwuchert. Zwei sehr dünne Kokons schließlich waren aufgerissen und der Inhalt entfernt worden. Ich vermute, daß ein Vogel sie gefunden und die Raupe gefressen hatte, bevor sie mit dem Spinnen ihres Schutzpanzers fertig war. Dagegen waren die Parasiten alle in die Larven eingedrungen, bevor diese Kokons gesponnen hatten.

Ich versuchte, die mir unbekannten schmarotzenden Wespen zu Gesicht zu bekommen, aber ich wußte zu wenig über ihre Lebensansprüche, um sie erfolgreich zu halten. Die beiden großen pillenförmigen Puppen starben, und ansonsten schlüpften nur zwei fünf Millimeter lange Cryptinen-Weibchen mit noch längeren Fühlern am 15. August des folgenden Sommers aus. Es waren wunderschöne Geschöpfe mit roten Beinen, schwarzem Kopf und Bruststück und schwarzweiß geringelten Fühlern. Ihr Hinterleib war vorn rot, weiter hinten schwarz, an der Spitze aber weiß und endete in einem 2 mm langen Legestachel.

Trotz der Vollkommenheit der Nachtfalter: mindestens sechs andere Organismenarten sind auf ihre eigene Weise so vollkommen, daß sie die Perfektion ihrer Opfer übertreffen. Drohen also die Raupen zu zahlreich zu werden, vermehren sich mit Sicherheit alle ihre natürlichen Feinde und nutzen das neue Angebot. Letztlich sind die schönen Augenspinner, wie alle anderen Geschöpfe, zeitweise erwartungsgemäß selten, wenn auch ein fester und notwendiger Bestandteil des Ökosystems «Wald».

Im folgenden Herbst und Winter suchte ich abermals nach den Kokons der Saturniiden, fand aber keinen einzigen. Es wird wahrscheinlich ein paar Jahre dauern, ehe ich wieder welche finde.

31. März

Noch mehr Schmeißfliegen! In den letzten Tagen habe ich einmal 1600, einmal 900 und einmal 400 aufgesaugt. Vielleicht mache ich ja Fortschritte? Dabei hatte es im letzten Herbst so ausgesehen, als hätte ich sie alle erwischt. Diese paar sind die übriggebliebenen überwinternden Gäste, die gerade erst aufwachen. Der Rest wird jetzt bald aus den Ritzen und Spalten auftauchen, und danach wird die Hütte bis zum Herbst von ihnen befreit sein.

Rundum erwacht das Leben. Jedes Insekt überwintert in einem bestimmten Stadium seines Lebenszyklus, und die Eier oder Larven oder Puppen werden jetzt alle aktiviert. Die ersten Vögel singen: heute morgen habe ich in der Nähe der Hütte eine Carolinataube gehört und einen Purpurgimpel. Der Streifenkauz, nahe verwandt mit dem berühmten (oder berüchtigten) Fleckenkauz, ruft jetzt jeden Abend.

Hellbraune trockene Buchenblätter, die alle Winterstürme überstanden haben, rascheln an einem der unteren Äste. Ein besonders erfreuliches neues Geräusch ist das Rauschen und Tosen des Baches. Wo noch vor zwei Tagen weißes Schweigen herrschte, fließt jetzt ein reißender, gelb-grüner Wildbach über das letzte Eis. Die drei warmen Tage, die die Fliegen im Haus geweckt haben, haben auch den Schnee beträchtlich abgebaut. Er gefriert jetzt nachts zu einer Harschkruste, auf der man morgens laufen kann. Und die Schneeoberfläche ist natürlich nicht mehr weiß, sondern übersät mit Samen und anderen Teilchen von den Bäumen.

Jeder Sämling enthält einen Baumembryo, die genetische Information zu einem Baum; er realisiert sich, wenn er sich durch eine Nabelschnur – die Wurzel – in den Uterus Erde einnisten kann. Ein lebender Baum ist vom individualistischen Standpunkt aus betrachtet ein außerordentlicher Erfolg gegenüber unglaublichen Widerständen. Vom Standpunkt der Natur aus dagegen gibt es die Gewißheit, daß im Schnitt jeder Baum einen anderen reproduktionsfähigen Baum hervorbringen wird. Wie anders unsere Vorstellungen. In der menschlichen Gesellschaft hat jedes Leben ein «Recht» auf Leben, und wenn ein Individuum nicht die idealen Lebensbedingungen zum Wachsen hat, überlegen wir, wer oder was schuld ist. Wir haben bestimmte Ansichten darüber, wie das Leben aussehen sollte. Aber für einen Baum und für die meisten anderen Organismen ist Leben das Musterbeispiel für einen «Zufallstreffer». Für den Erfolg ist das Glück in erster Linie verantwortlich. Individuelle Unterschiede sind zwar nicht ohne Bedeutung – aber die meisten sind gleich geboren.

Die Welt, in der wir leben, beruht eher auf Chaos als auf vorherbestimmter Ordnung. Und genau das finde ich faszinierend, das ist Nahrung für fröhlichen Optimismus. Tocqueville meinte, der Zufall bewirke nichts, was nicht bereits angelegt gewesen sei. Vielleicht hatte ich alles dafür vorbereitet, hier zu leben, weil ich als Junge davon geträumt hatte.

Seltsam ruhelos wandte ich mich von Bach ab. Ich war jedenfalls nicht darauf vorbereitet gewesen, die Gespenster der Vergangenheit heraufzubeschwören – Gespenster, die mich vor langer Zeit gequält hatten, als ich aus der Schule weggelaufen war, weil ich im Wald sein wollte.

Ohne lange darüber nachzudenken fuhr ich zum Diner, um in Gesellschaft anderer die Zeitung zu lesen, Bacon und Spiegelei zu essen und Kaffee zu trinken. Ich mußte mich mal von meiner eigenen Kocherei erholen.

2. April
TRÄUME

Ich hatte geglaubt, der Frühling sei da, weil es die ganze letzte Woche getaut hatte. Um einige der dickeren Baumstämme herum hatte sich der blanke Boden gezeigt, und der Bach lief lehmfarben über das Eis. Aber gestern bekamen wir es gezeigt – den ganzen Tag tobte ein Schneesturm, und in der Nacht heulte der Wind.

Gestern morgen, als der Sturm begann, hatte ich plötzlich das dringende Bedürfnis, die drei hiesigen Rabennester zu besuchen. In allen dreien saßen die Weibchen auf dem Nest, während das Männchen in der Nähe auf einem Baum hockte. Mich hatte der Frühling genarrt, aber sie bestimmt nicht.

Ich verbrachte den Tag damit, Zweige von Sträuchern und Bäumen aus dem Sumpf mit ihren Blütenknospen zu malen. Vielleicht träumten die Cro-Magnon-Menschen von den Tieren, die sie zu finden hofften, wenn sie sie auf die Wände ihrer Höhle malten. Ich träume von Frühlingsblumen und male die Knospen in der Kälte und Dunkelheit meiner eigenen Höhle, als ob sie zu zeichnen bedeutete, daß die Blüten bald aufspringen.

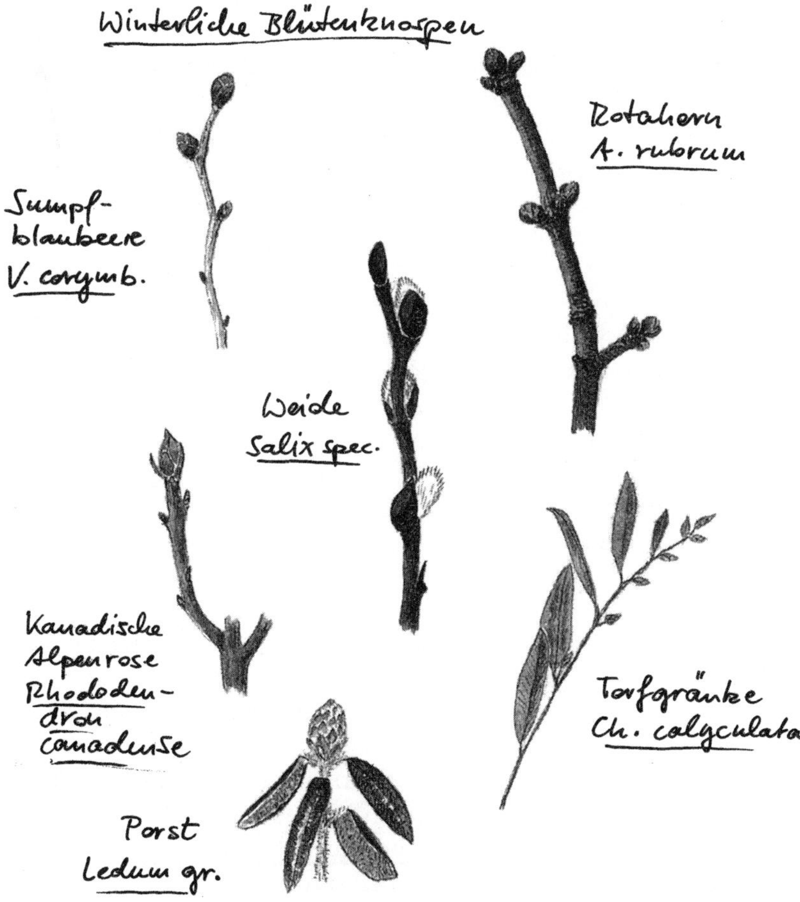

Selbst tagsüber, wenn ich wach bin, fällt mir immer wieder ein Traum ein, den ich vor kurzem gehabt habe. An die Einzelheiten erinnere ich mich nicht mehr. Aber die Eule ist mir noch sehr deutlich. Es war ein Virginia-Uhu. Das Tier sah mich an, und ich wunderte mich darüber, wie groß es war. Es war ein Weibchen, das stand fest, denn bei den Eulen sind die Weibchen größer als die Männchen. Ihr Partner war in der Nähe, aber in den Bäumen nicht zu sehen. Auch ihre Farbe war ungewöhnlich – etwas grauer als die von Bubo, dem zahmen Uhu, der einst frei hier bei mir im Wald gelebt hat, der aber kam, wenn ich ihn rief. Ich hatte mich immer gefragt, welches Geschlecht Bubo wohl haben mochte. Als ich nun im Traum die beiden verglich, kam ich zu dem Schluß, daß Bubo ein Männchen gewesen sein mußte. Als sei diese Frage jetzt geklärt. Während die übrigen Eindrücke des Traums verschwammen, sah ich immer noch die große Eule, die mich anschaute.

Letzte Nacht wanderte ich im Traum durch diese Gegend und suchte einen trockenen, ebenen Ort, an dem ich schlafen konnte. Ich weiß nicht, wo ich war, nur wonach ich suchte, als ob sonst nichts Bedeutung hätte. Schließlich schien ich eben den richtigen Ort gefunden zu haben, als zu meinem Schrecken eine Herde Elefanten auf mich zustürmte. Ein paar von ihnen schienen wütend zu sein. Manche waren verletzt und hatten blutige Rißwunden auf den Rüsseln. Seltsamerweise schwand meine Furcht, als sie mich umringten. Einer hob mich mit dem Rüssel auf seinen Rücken. Er war ein sanftes Tier, das wie ein Mensch sprach, mit tiefer, tröstender Stimme.

Als ich auf seinem Rücken saß, lief die Herde weiter. Tief unter mir sah ich den Boden. Ich fühlte mich sehr wohl, über der Erde schwebend, wie auf einer Wolke, aber noch mit der Erde verbunden und eins mit diesen Tieren. Als sei das noch nicht schön genug, setzte mich mein Elefant auf einen anderen, noch größeren, der sich neben uns geschoben hatte. Dieses Tier, das zunächst bedrohlich gewirkt hatte, war aber ebenso gutartig wie das erste. Wir stürmten weiter. Ich war in Ekstase, denn von seinem Rücken aus konnte ich noch weiter sehen.

Plötzlich war ich wieder auf dem Boden und kein Elefant mehr zu sehen. Als hätte ich sie vergessen. Vielleicht waren sie ausgestorben. Der Boden war jetzt mit Fleisch bedeckt, überwiegend mit Magenwänden, die weiß sind. Blut war eigentlich nicht da. Gesichtslose Leute stellten halbherzig irgendwas mit dem Fleisch an. Ich war unzufrieden, daß bei all dem herumliegenden Fleisch kein trockenes Fleckchen zu finden war, an dem ich mich niederlegen konnte. Ich begann zu laufen, um eins zu suchen. Ich rannte und rannte, aber überall war es das gleiche.

Schließlich begegnete ich drei Hunden. Sie waren groß und sanft. Wieder waren gesichtslose Leute bei ihnen, sie behandelten diese Hunde gut und ließen sie soviel fressen, wie sie haben wollten. Die Hunde brachten einen Wurf Welpen nach dem anderen zur Welt, und nun gab es eine große Zahl bösartiger Hunde. Die Leute, die ihre Hunde so geliebt hatten, gerieten in Panik und mußten die jungen Hunde unter Wasser halten, bis sie ertranken.

Ich wachte auf. Ich wußte, daß ich wach war, weil ich ein Streichholz anzündete, die Lampe ansteckte und aufschrieb, was ich gerade erlebt hatte. Es war 3.34 Uhr. Der Wind heulte, und ich hatte kalte Füße. Indianische Krieger gingen allein in die Wildnis, um auf Visionen zu warten. Waren das meine Visionen?

Ich stand auf, schürte das Feuer, ging wieder ins Bett und schlief bis sieben. Als ich aufwachte, schlugen Regen und Graupelkörner auf das Dach, und der Wind toste. Meine Füße waren wieder warm, also hatte ich gut und ohne Träume geschlafen.

Als ich die Tür der Hütte öffnete, um mir Schnee fürs Kaffeewasser zu holen, merkte ich, wieviel wärmer die Luft geworden war. Zwei Raben glitten durch Nieselregen und Nebel über dem Wald. Sie flogen nebeneinander, in großen, unregelmäßigen Kreisen, spielten mit dem Wind, ließen sich hoch hinauf tragen und legten dann die Flügel zusammen, um wie zwei schwarze Pfeile miteinander in die Tiefe zu stürzen.

3. April
EISANGELN

Die Kammstraße läuft von dem Dörfchen Chesterville südwärts über einen eiszeitlichen Geschiebehügel. Westlich liegen drei Teiche, östlich einer, umgeben von einem ununterbrochenen Sumpf voller Fichten und krüppeligen Kiefern, Birken und Ahorn, mit Eichen weiter oben auf dem Os selbst. Dann verschwindet das Straßenpflaster. Anfang April ist das hier ein Morast, in dem man auch mit Vierradantrieb noch Schwierigkeiten haben kann. Bill und ich wollten zum Eisfischen am Mosher Pond, drei Meilen weiter südlich. Er liegt kurz vor den «Twelve Corners», einer Kreuzung mit sechs Straßeneinmündungen, die auf der Karte imponierend wirkt, in der Wirklichkeit weniger.

Wir parkten neben einer Schneewehe am Straßenrand, holten unser Fanggerät heraus und kletterten dann auf Schneeschuhen über die steile Böschung zum Weiher nahe an seinem Ausfluß hinab. Bill meinte, hier könnten wir Erfolg haben.

Der Teich war von einer alten Schneekruste bedeckt, die nicht mehr ganz fest genug zum Gehen war, auch nicht für Schneeschuhe. Unter der Kruste, aber über dem Eis, das noch 90 cm dick war, standen 40 cm Schneebrei. Das Gehen war unangenehm, wenn es einem nicht egal war, daß man die Stiefel voller Eiswasser hatte. Ein Loch in das Eis darunter zu schlagen, wäre kaum möglich. Aber Bill hatte einen schwedischen Eisbohrer mitgebracht.

Nach einer halben Stunde waren wir naßgeschwitzt von dem eifrigen Bohren mit dem Handbohrer. Wir hatten das Eis an einer Stelle durchstoßen, aber unglücklicherweise war das eine zu seichte Stelle gewesen – in 15 cm Tiefe begann der Schlamm. Da kann man keine großen Fische fangen. Wenn wir unsere fünf Reusen auslegen wollten, brauchten wir einen ganzen Nachmittag – und es war bereits Mittag!

Ein anderer Eisangler kam mit seinem Jungen auf einem

Schneemobil über den See. «Was gefangen?» fragten wir ihn.

«Ein paar», antwortete er und stand neben seinem Schneemobil und sah zu, wie wir uns abmühten, ein Loch zu bohren. «Ich hab' einen Motorbohrer, soll ich Ihnen ein paar Löcher bohren?» bot er an.

Bill, schwitzend und verbissen, zögerte. Er wollte den Frieden und die Ruhe auf dem See nicht von einem Benzinmotor gestört haben. Aber die Tatsachen sprachen für sich.

«Naja, vielleicht zwei Löcher ...»

Ssst. Ssst. Zwei Löcher im Eis. Ein Anfang.

«Noch ein paar?»

Bevor Bill ablehnen konnte, sagte ich: «Ja – und zwar zehn Stück!» Und ich zeigte ihm wo.

Innerhalb von fünf Minuten war das erledigt. Der Angler fuhr weiter, und der Weiher war wieder still wie eine Kirche am Dienstagnachmittag.

Wir legten unsere zehn Reusen aus, jede mit einer Feder ausgerüstet, die eine rote Pose herausspringen läßt, wenn ein Fisch unseren Köder, einen kleinen Weißfisch, annimmt. Dann holten wir unsere Campingstühle aus Leichtmetall und ein paar Sechserpacks Bier und setzten uns in die Sonne.

Hitze ließ die Luft über dem Schatten der Kiefern auf dem Eis am Ufer des Weihers flimmern. Wir knabberten gesalzene Sonnenblumenkerne und löschten unseren Durst. Ein, zwei Stunden saßen wir da und taten gar nichts. Eine rote Pose erschien nicht.

«Es ist noch zu früh», sagte Bill. «In ein, zwei Stunden werden sie beißen.» Ein, zwei Stunden später war immer noch keine rote Pose herausgesprungen.

Mit der Unterhaltung ist das in Maine so eine Sache. Wenn man nur kleine Hechtarten angeln kann statt großer Lachse, dann ist eben Hechteangeln das Höchste. Lachse gab es in diesem Teich nicht. Wir erwarteten kleine Hechte. Aber wo waren sie?

Gelegentlich fuhr oben auf der ungepflasterten Straße jemand vorbei und hupte, damit wir sehen konnten, daß er uns zuwinkte.

Wieder verging eine Stunde. Noch immer keine rote Pose, kein Signal, daß ein Hecht unsere Köder angenommen hatte.

«Wir sind zum Fischen hier», sagte Bill schließlich. «Das ist wie mit der Jagd – meistens erwischt man nichts. Wenn wir immer etwas fingen, würden wir sagen: ‹Wir gehen killen.›»

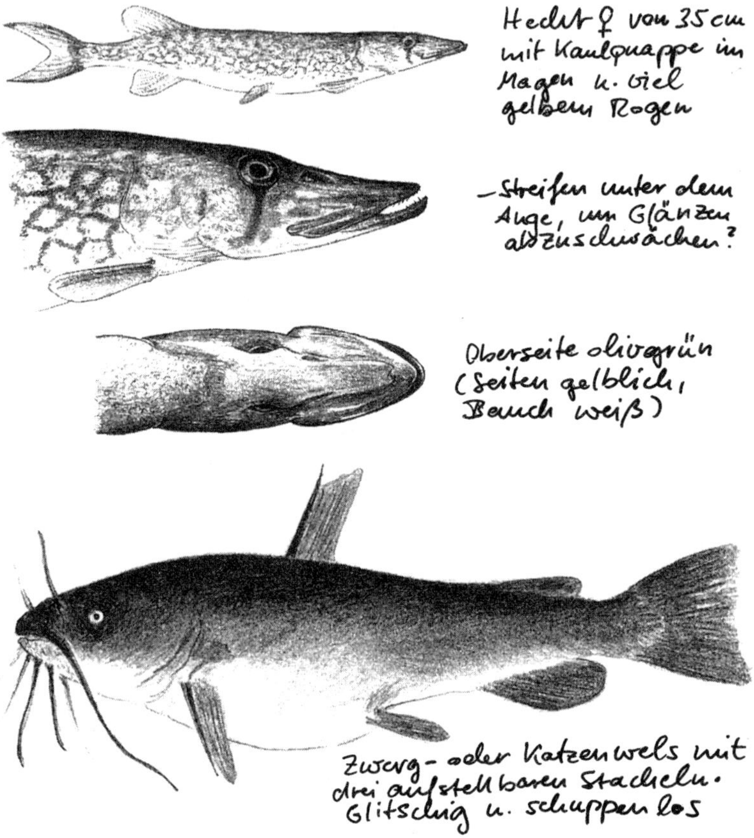

Nach ein paar weiteren Dosen Bier, die Bill im Eisbrei zu seinen Füßen kühlte, begannen wir in Erinnerungen zu schwelgen.

Die Sonne war über den Himmel gewandert, und wir hatten fast vergessen, nach unseren Reusen zu sehen. Plötzlich brüllte Bill auf und zog einen 25 cm langen Kettenhecht aus dem Wasser. Er hatte graue, kettenförmige Markierungen auf seinem dunkelgrünen Rücken, und Flanken und Bauch waren gelblich.

Wir fingen dann auch noch einen Zwergwels, der wegen der langen schnurrbartähnlichen Tentakeln am Maul auch Katzenwels genannt wird. Dieser weichbäuchige Fisch ist nicht so schutzlos wie er aussieht. Als wir ihn herauszogen, stellte er sofort zwei nadelscharfe Stacheln auf, die auch den hungrigsten Reiher davon abhalten dürften, ihn zu verschlingen. Es sind die ersten Flossenstrahlen seiner beiden Brustflossen. Wenn er die Brustflossen bewegen will, müssen diese Stacheln jedoch beweglich sein – das waren diese hier nicht. Wie macht es der Fisch, daß er bewegliche Flossen und ein starres Nadelkissen zugleich hat?

Bill mußte rechtzeitig aufbrechen, weil er ehrenamtliche Aufgaben bei einem Schulfest übernommen hatte, aber bevor wir aufbrachen, fingen wir doch noch einen weiteren Hecht, einen silbernen Teichorfen und zwei Gelbbarsche, hellrot auf Flossenstacheln und Bauch- und Afterflossen. Sie waren wie die Hechte sehr schön gelb und olivgrün gefärbt.

Beide Hechte und beide Barsche waren Weibchen und voller Rogen. Der Orfen war ein Männchen voller «Milch». Einer der Hechte hatte eine Kaulquappe im Magen.

Ich zeichnete die Fische, um ihr Bild zu bewahren, dann brühte ich sie in kochendem Wasser und nahm sie aus. Die Haut ließ sich leicht ablösen, und ich nahm das zarte weiße Fleisch und schmorte es zusammen mit Gemüsemais, Brokkoli und Milch. Bei dem Katzenwels hatte ich sogar an dem Skelett noch Freude. Ich kochte den Beckengürtel ab, so daß kein Fleisch mehr daran saß, und studierte den Mechanismus, mit dem der Fisch seine Stacheln fixieren, aber zum Schwimmen wieder lösen konnte. Ich überlegte, ob mir eine Anwendung für die Erfindung dieses Fisches einfiele, so wie der Erfinder der Klettverschlüsse seine Idee sicher beim Betrachten von Kletten gehabt hat.

4. April
WIEDERKEHR

Der Frühling ist in Maine eingezogen! Es ist Hauptzuckersiedezeit. Letzte Nacht habe ich bei Vollmond Saft gekocht. Manche Leute meinen, der Vollmond ließe den Saft richtig laufen, und das tat er tatsächlich den ganzen Tag lang. Ich erntete vier Fünf-Gallonen-Behälter, 75 Liter!

Die Nacht war kristallklar und kühl. Das Neonlicht des Mondes tauchte den Schnee in milchiges Weiß. Ich sah den Mond an, seine Meere waren deutlich zu erkennen. Um mich herum waren die Berge und Wälder schwarz, und die Zweige der jungen Ahornbäume neben mir zeichneten ein deutliches Schattenmuster auf den Schnee. Die alten Bäume standen als schwarze Schattenrisse vor dem Himmel, in der Nähe des Großen Wagens im Norden. Orion stand im Westen; im Winter hatte er östlich gestanden.

In den süßen Duft des Ahornsaftes eingehüllt hockte ich neben dem Feuer unter dem Verdampfer und las blinzelnd Alan Lightmans *Ancient Light* – über die Entstehung des Universums. Über das, was geschah, als das Universum noch «kleiner als ein Atomkern» war, als es innerhalb des unendlich kleinen Bruchteils einer Sekunde (10^{-32}) einen Durchmesser von bereits 10^{400} Lichtjahren (das ist eine 10 mit 400 Nullen!) erreichte. Und es soll sich seitdem mit der gleichen Geschwindigkeit weiter ausweiten. *Eindeutig.* Bei 10^{-23} Sekunden enthielt es bereits Millionen Galaxien, einschließlich der Milchstraße, in der wir leben, mit den Milliarden Sternen, die wir als hellen Schimmer am Himmel sehen. Ich fragte mich, ob das Fakten oder doch Extrapolationen wären.

Beim zweiten Bier kam ich zu dem Schluß, daß die Physiker vor allem die Gültigkeit des gesunden Menschenverstands erschüttert hatten – so daß wir dem Felsen, auf dem wir stehen, nicht mehr glauben und vertrauen. Ich glaube übrigens immer noch an Bäume.

Einstweilen sitze ich warm neben meinem rostigen Kanonenofen. Gelbes Licht flackert durch die Löcher und beleuchtet den Holzstapel hinter mir; Dampf steigt aus dem Verdampfer zum klaren Himmel. Ich bin von der Stille fasziniert. Morgen werde ich den Sirup auf Flaschen ziehen.

Ich bekam schließlich gut sieben Liter. Ich habe also wirklich etwas erreicht, als ich da im Mondschein saß. Als ob man ein Bienenvolk für sich arbeiten ließe. Es ist alles ziemlich aufwendig, aber selbst könnte man es nicht leisten, könnte keinen Honig aus all den Blüten sammeln. Hierbei lasse ich die Sonne, die Bäume und das Feuer für mich arbeiten.

Dies ist wieder ein herrlicher Morgen. Ich sitze draußen und sehe zu, wie die Sonne über Kinney's Head aufgeht. Wie gewöhnlich, wie ich es schon Hunderte von Stunden getan habe, starre ich auf die Hügel. Kurz bevor die Sonne da ist, ruft im Wald hinter mir der Streifenkauz. Fast zur gleichen Zeit wachen die Raben auf und rufen. Die Sonne schiebt sich über den Berg und erwärmt die grauen Balken der Hütte. Fliegen summen. Ein einzelner Rotschulterstärling fliegt über mich hinweg. Und dann eine Sumpfschwalbe! Ein Wunder – die ersten Zugvögel kehren zurück! Beide rufen ständig und aufgeregt. Aus dem Wald höre ich eine Wanderdrossel schelten.

Es wird noch Wochen dauern, ehe die Waldmurmeltiere herauskommen. Sie ernähren sich vegetarisch, und der Schnee muß geschmolzen sein, ehe grüne Pflanzen wachsen. In Maine entscheiden die Leute nicht nach Murmeltieren, sondern nach Stinktieren, ob der Frühling da ist. Stinktiere oder Skunks, kommen im Februar oder März aus ihrem Bau und machen sich auf lange Streifzüge. Zwei Monate später werden sechs bis acht Junge geboren.

Im *Waterville Sentinel* beschreibt Joe Rankin, daß Skunks den Winter unter einem Klassenzimmer der Sidney's Bean School verbracht hätten. Es war nicht ganz einfach für Schüler und Lehrer in den letzten Wochen. Aber die gelegentlich auftretenden schwachen Gerüche waren längst nicht unerträglich widerwärtig – bis einer der Hausmeister versuchte, die Stinktiere zu vertreiben. Da wehrten sie sich.

Nach einem gemächlichen Frühstück fühle ich mich voller Energie, habe Pläne, Ideen und Absichten. Ich fahre los, um tote Kälber zu besorgen. Die Fenster meines Pick-ups habe ich weit geöffnet, um die frische, saubere Luft zu riechen. Überall an der Straße sehe ich neben älteren Farmhäusern alte Zuckerahornbäume, an denen Plastikeimer hängen. Jeder versucht die Chance, ein bißchen Sirup zu kochen, zu nutzen.

Einem Farmer ist gerade ein Kalb gestorben, ich habe Glück. Ich erzähle ihm, daß ich in den letzten Wochen weniger Raben gesehen habe, und frage, ob er auch den Eindruck hätte.

«Ich hab' den ganzen Sommer welche gesehen. Aber in der letzten Woche hab' ich erstmals Truthahngeier gesehen. Die waren noch nie im Winter hier. Außerdem hab' ich einen großen schwarzen Vogel mit reinweißem Schwanz gesehen.» Den Kopf hat er offenbar nicht gesehen.

Er will wissen, ob ich «für» jemanden arbeite oder das auf eigene Faust tue. Die scheinbar interessante Frage ist mühsam zu beantworten, obwohl man sie mir schon so oft gestellt hat.

Auf dem Rückweg sah ich auf einem Hof an der Straße drei Raben. In ihrer Nähe stand eine Hundehütte, und ich überlegte, ob sie vielleicht versuchten, dem Hund sein Futter zu stehlen. Die Raben hingen noch eine Weile herum und flogen dann fort in den Wald. Ich fuhr langsam weiter und sah sie dann wieder aus dem Wald kommen und neben der Straße landen. Sie schlenderten daher, als hätten sie etwas zur Schau zu stellen, gelegentlich pickten sie Kies. Sie erinnerten mich an die drei Schuljungen, die ich morgens gesehen hatte, als sie auf den Schulbus warteten.

Es war kein Verkehr, und ich hielt an und beobachtete die Vögel fünf Minuten lang. Schließlich kam ein Wagen aus der Gegenrichtung, und die Vögel flogen auf und in den Wald. Nach ein oder zwei Minuten sah ich zwei über den Wipfeln erscheinen und kreisen, dann folgte auch der dritte. Mehr als zehn Minuten lang schraubten sie sich immer höher, indem sie abwechselnd mit den Flügeln schlugen und schwebten. Dabei unterhielten sie sich mit Brummtönen, Quorks und Klopfgeräuschen. Als sie nur noch als Punkte auszumachen waren, brachen sie plötzlich zielstrebig hintereinander fliegend nach Norden auf und verschwanden.

8. April

Paul Melcher, 78, ist ein stämmiger Mann mit kurzgeschnittenem grauem Haar, der zusammen mit seiner Frau eine kleine Farm mit Milchvieh bewirtschaftet. Hier hat sich wenig geändert, seit sie vor rund 45 Jahren die Farm übernommen haben. Der Hof liegt am Ende einer nicht geteerten Straße, und wenn man all die rostigen alten Autos und Landmaschinen betrachtet, die überall herumstehen, möchte man meinen, daß der Verkehr auf dieser Straße längere Zeit nur Einbahnverkehr gewesen sein kann. Die Felder erstrecken sich über einen sanften Hügel bis zu einem Bach hinunter. An dessen anderem Ufer steigt ein mit Schierlingstannen und Kiefern bewachsener Hang steil an: in diesem Wald bin ich als Junge auf Hirschjagd gegangen.

Ich bin gekommen, um nach einem Rabennest zu schauen, das es hier vielleicht wieder gibt. Paul kommt langsam aus dem Schuppen, eine Flinte im Arm. Er hat Probleme mit Roten Eichhörnchen.

«Welche erwischt?» frage ich.

«Eins. Aber ich glaube, vier sind zur Beerdigung gekommen. Die verdammten Eichhörnchen sind schlimmer als Ratten, wenn du sie mal im Haus hast. Sie oder ich. Und ich fürchte, ich werd' es nicht sein.» (Rote Eichhörnchen sind berüchtigt, weil sie Kabel anknabbern und Funken auslösen können.)

Wir reden über Raben, und bevor ich mich aufmache, sagt

er: «Warte noch.» Er geht ins Haus und kommt mit zwei dicken gelben Äpfeln und zwei selbstgebackenen Sirupplätzchen wieder. «Hier. Und wenn du zurückkommst, erzähl mir, was du gefunden hast. Ich bin im Stall beim Melken.»

Ich gehe über das große flache Feld, das zum Bach führt. Es gibt bereits mehrere kahle Flecken hier, wo die Sonne den Schnee weggetaut hat. Zwei Keilschwanzregenpfeifer sind gerade zurückgekehrt und haben das entdeckt: sie rufen laut und jubilierend. Aus dem Weißerlendickicht am Rande des Feldes scheuche ich die erste Waldschnepfe des Jahres auf. Die männlichen Blüten der Erle haben sich über Nacht aus festen braunvioletten Würstchen zu langen, locker baumelnden Schmuckgehängen verwandelt, die Wolken von leuchtend gelbem Staub ausstreuen, wenn man sie berührt.

Die männlichen Blüten der Haselnüsse ähneln denen der Erlen, die weiblichen haben ihre winzigen violetten Zungen ausgestreckt.

Ich folge Pauls Traktorspuren. Er hat gerade die Stämme der Kiefern herausgeschleift, die er im Winter gefällt hat. Die Raben nisten in demselben Baum, in dem sie seit vier Jahren genistet haben, nicht weit von der Stelle, wo Paul Bäume gefällt hat. 15 Schritte entfernt finde ich das Nest eines Hühnerhabichts. Als ich komme, fliegen die Raben fort, aber der Habicht warnt mich mit lautem «Keck keck keck». Dann startet er von seiner großen Kiefer, fliegt direkt auf mich zu, fegt bis auf wenige Zentimeter heran und dreht im letzten Moment ab.

Als ich zurückkomme, ist Paul im Stall und melkt seine Guernsey-Kühe. Im Schuppen keckert ein Rotes Eichhörnchen. Im Stall ist es so gemütlich wie damals auf der Adams-Farm. Hier gibt es auch Fenster. Die Kühe haben ausreichend Streu; die meisten sind an ihren Ständen festgemacht, aber eine hat eine Box für sich allein. Sie hat zwei kleine Kälber, die fast wie Kitze ohne Flecken aussehen. Eingebürgerte Haussperlinge sitzen zwitschernd auf den Sparren und auf dem Boden. Diese Vögel kennt Paul nicht, sagt aber, sie hätten den ganzen Winter hier verbracht.

«Ich mag sie», gestehe ich.

«Der Milchprüfer mag sie nicht», sagt er. «Wir haben sie zu verjagen versucht, aber es ist uns nicht gelungen.»

Ich berichte ihm, daß ich das Rabennest gefunden habe, und daß fünf blau-grün getupfte Eier darin liegen.

«Ist das in der Gegend, wo ich Bäume gefällt habe?» Ich bestätige das. «Ich hab' genug Bäume. Vielleicht solltest du den Baum markieren, damit ich ihn nicht fälle.»

Jeder der 25 Kiefernstämme, die Paul aus dem Wald geholt hat, ist wenigstens 75 Dollar wert. Wie Paul seine «Forstwirtschaft» betreibt, das macht mich nachdenklich. Er hat das nicht studiert. Er ist Bauer. Aber sein Wald ist schön wie einer, der von einem Förster mit einem akademischen Grad aus Yale gehegt wird. Er ist die Heimat nicht nur eines Rabenpaars, sondern auch eines Hühnerhabichts. Hier leben Rauhfußhühner, Hirsch, Fuchs, Kojote und Baumstachler. Hier wachsen große und kleine Bäume vieler verschiedener Arten. Wenn Paul Geld braucht, fährt er mit seinem Traktor in den Wald und holt zehn oder 20 große Bäume heraus. Das hat er getan, seit ich als Junge auf der Farm seines Nachbarn war.

Der Förster der Boise Cascade kam morgens um sieben, und wir gingen zusammen durch meinen Wald, um den Einschlag zu prüfen. Später mußte er zur Arbeit am Computer in die Fabrik und dann nach Augusta, um in einer Steuerverhandlung auszusagen.

Der Harsch war fest, und wir konnten gut laufen. Was für ein Genuß! Überall gab es Fährten, die die Hirsche getreten hatten, als der Schnee noch weich war. Wir fanden, daß die Holzarbeiter ihre Sache gut gemacht hätten. Ich hab' mehr Geld in der Tasche und sie auch. Ich hab' ein gutes Gefühl bei dem Wald. Aus einem Dickicht, das sich auf verlassenen Feldern entwickelt hatte, ist ein Bestand mit Bäumen verschiedenen Alters geworden. Jetzt werden die großen Bäume noch größer werden und schneller wachsen, und das Licht, das bis auf den Boden dringt, wird jungen Bäumen zugute kommen.

Als ich zur Hütte zurückkehrte, bezog sich der Himmel. Es würde vielleicht regnen. Eine einzelne Sumpfschwalbe, möglicherweise die gleiche, die ich seit zwei Tagen gesehen hatte, wirbelte über die Lichtung. 15 Wanderdrosseln flogen vorbei und verschwanden wieder. Die ersten Phoebes und Singammern sind heute zurückgekommen.

Tausende von den kleinen Fliegen, die nie ins Haus kommen, summten vor der Hütte. Sie klangen wie Bienen. Inzwischen setzte ich meinen Dustbuster ein, um noch ein paar von den dicken *Pollenia*-Fliegen drinnen von den Fenstern zu entfernen.

Ich sah zwei schwarze Bärenspinnerraupen über das Eis des Hills Pond wandern, und ein sehr mitgenommenes Weißes L

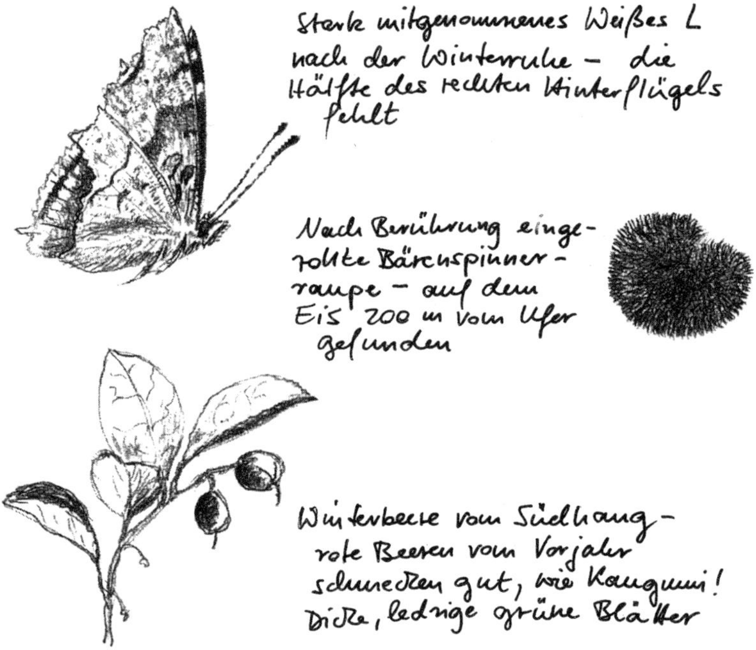

auf einer Schneewehe an der Straße hocken.

Da nun der Schnee schnell schwand, entdeckte ich, daß alle von mir gepflanzten Apfelbäume und viele junge Ahornbäume unten in Bodennähe, wo sie unter dem Schnee verborgen gewesen waren, die Rinde verloren hatten. Unter dem Schnee waren die Mäuse tätig gewesen und hatten die Bäume «geringelt»; sie hatten vollendet, was ich den ganzen Sommer mit dem Strauchschneider zu erledigen versucht hatte. Im Wald aber war keiner der Bäume von den kleinen Nagern behandelt worden, denn dort gab es kein verfilztes Gras, das die Feldmäuse brauchen. Bis mir dies Phänomen deutlich wurde, hatte ich die Mäuse gar nicht wahrgenommen, ebensowenig wie eine der vielen tausend Wespenarten, die in Raupen schmarotzen. Aber diese und viele andere Faktoren sind das Interessante am Ökosystem «Wald», das sich selbst sein Gleichgewicht erhält.

11. April

Gestern regnete es den ganzen Tag, die ganze Nacht und heute morgen auch noch. Neun Wanderdrosseln kamen vorbei. Eine sang. Sie liefen über das verfilzte Gras und pickten an den Hagebutten der Heckenrosen herum, die noch vom letzten Sommer hängen. Einer der Vögel rief laut, und alle flogen geschlossen fort.

Als der Regen nachließ, hörte ich Krähen, einen Purpurgimpel und eine Winterammer rufen.

Kragenhühner verlieren jetzt, wie ich an einem überfahrenen Tier gesehen habe, ihre «Schneeschuhe».

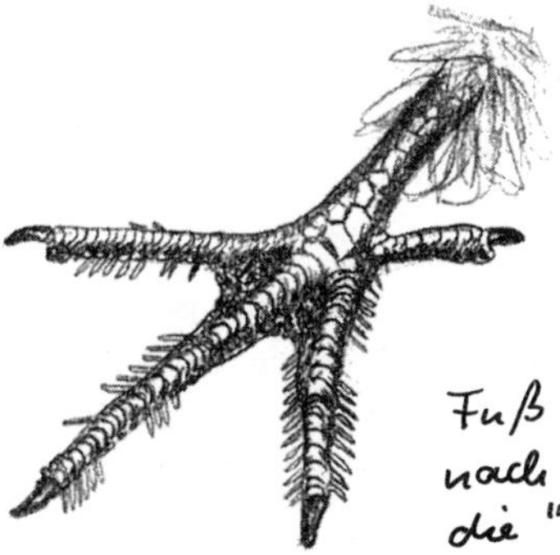

Fuß eines Kragenhuhns – nach u. nach verschwinden die "Schneeschuhe"

20. April

Ich sah einen Zaunkönig in dichtem Gesträuch. Er gab ein schnelles, schwirrendes «Trrrrrr» von sich. Ein anderer sang sein zitterndes Lied in der Ferne. Im Wald hörte ich dann mehrere Andenbaumläufer singen, und abends erklang das klagende melodische Lied der Einsiedlerdrossel wieder. Auch der Feuerkopfsaftlecker ist wieder da und hämmert.

Das Lied des Andenbaumläufers ist kurz, aber eins der eindrucksvollsten, mit einer unglaublichen Folge von Noten innerhalb von höchstens einer Sekunde. Um die ganze Schönheit würdigen zu können, mußt du die Feinheiten wahrnehmen. Um die zu hören, mußt du alle Hast abbauen. Vollkommen.

Ich habe es selbst nicht gemerkt, aber wahrscheinlich habe ich, seit ich heranwuchs, ständig mehr und mehr Verpflichtungen und Aufgaben übernommen. Um sie alle zu erledigen, mußte ich immer weiter beschleunigen, bis ich schließlich auf der Schnellspur landete. Landschaft sah ich nur noch verschwommen, und schließlich sah ich sie nicht mehr. Ich wußte wohl noch, daß es sie gab, aber nur, weil ich die Zeichen früherer Erfahrungen deuten konnte. Das Leben jagte an mir vorbei wie ein beschleunigtes Tonband. Die Geräusche kannte ich, aber die Musik hörte ich nicht.

Ich habe dieses Jahr jeden Tag auf die Berge um mich herum geschaut. Ich habe Stunden mit «Nichtstun» verbracht. Tage. Vielleicht Wochen. Vertane Zeit war das nicht.

21. April

Stuart und ich haben einen langen Marsch durch den Wald unternommen. Ich habe ihn führen lassen, um seine Initiative und Entdeckerfreude zu fördern. Aber ich habe ihn doch auf interessante Dinge aufmerksam gemacht, wo wir auf sie stießen.

Wir gingen durch den Ahornhain, als aus einem Tannendickicht daneben ein dumpfes «Womm ... womm ... womm ... womm» klang, das immer schneller wurde und in Geflatter endete. Es war das «Burren» des Kragenhuhns.

Wir hörten den zwitschernden Gesang der Purpurgimpel in den Wipfeln der Tannen, und wir hörten Satrap- und Rubingoldhähnchen singen. In einem alten Nadelwaldbestand machten wir Pause, und Stuart war fasziniert von den verschiedenen Arten von Moos, nachdem ich ihm ein paar gezeigt hatte.

Abends beobachteten wir die komplizierte Vorstellung einer Waldschnepfe. Es dämmerte. «Mal sehen, wer zuerst sieht, wie sie auffliegt, und wer sie am längsten verfolgen kann!»

Er sah sie als erster starten. «Sieh mal, wie sie sich immer höher schraubt!» Die Schnepfe gab Töne wie ein riesiger Kolibri von sich, als sie hoch oben über der Lichtung kreiste, bis sie nur noch ein Punkt am dunkler werdenden Himmel war.

«Dieses Geräusch macht der Vogel mit den Flügeln», erklärte ich. Er kam wieder herunter.

«Er fällt jetzt wie ein Blatt», sagte Stuart. «Macht er das, damit ihn kein Raubtier sieht?»

«Ich glaube, er trudelt einfach abwärts, und das sieht eben aus, als ob ein Blatt herabfiele. Aber er ist gefärbt wie Laub, damit man ihn nicht sieht, wenn er sich am Boden verbirgt. Vor allem wenn das Weibchen auf den Eiern sitzt.»

Der Vogel erreichte unter zwitschernden Lauten den Höhepunkt seiner Vorstellung und flatterte dann zurück auf das verfilzte Gras zwischen den Spiräen. Stuart rannte dahin, scheuchte ihn auf, und die Schnepfe flog hoch und wiederholte ihre Vorstellung.

Die Hänge wirken noch grau, weil die Zweige noch kahl sind. Aber wir sehen täglich mehr Andeutungen von den roten, violetten, gelben und blaßgrünen Pastellfarben der schwellenden Knospen. Es ist kein sensationeller Anblick. Aber die zarte Schönheit wird betont nach den langen Monaten des Winters, in denen Schnee zwischen den Bäumen wirbelte und nur die zähesten Tiere in dieser Welt von weißen Birken, grauen Ahornbäumen und schwarzgrünen Fichten durchhielten. Jetzt sind Millionen weiterer Vögel auf dem Rückweg hierher. Innerhalb von Tagen werden sie hier sein und ihren Jubelgesang anstimmen. Im Augenblick ist mir der Frühling die liebste Jahreszeit. In einem Monat wird der Indigofink singen und im Gestrüpp sein Nest bauen. In weiteren zwei Monaten werden die Ahornbäume rot und gelb werden. Auch das wird mir die liebste Jahreszeit sein. Hier ist mir immer die Zeit die liebste, in der ich mich gerade befinde.

28. April

Nachts gibt es noch Frost, aber morgens singen die Vögel. Eben jetzt, um 8 Uhr, keckert vor der Hütte ein Goldspecht, und mindestens drei Sumpfschwalbenpärchen inspizieren glucksend die Nistkästen, die ich aufgehängt habe. Eine Wanderdrossel singt ihr wunderbares Lied. Den ganzen Tag hindurch burrt das Kragenhuhn, und die Waldschnepfe vollzieht ihr überschwengliches Ritual im Morgengrauen und in der Abenddämmerung. Ein Purpurgimpel jubelt stundenlang. Was für eine Überraschung – er ist nicht purpurfarben wie ein Männchen, sondern grau wie ein Weibchen.

Als ich Stuart zu seiner Mutter zurückbrachte, sah ich in Vermont die ersten Frühlingsblumen, die wie durch Magie aus dem feuchten Laub des Waldbodens leuchteten. Blaue und weiße Leberblümchen standen in voller Blüte, ebenso rosa Knollengrensel (Claytonien). Blutwurz, «Tränendes Herz», Waldlilien und Forellenlilien entfalteten bereits ihre prächtigen Blätter, aber die Blüten waren noch nicht geöffnet. Seggen funkelten mit ihren gelben Spitzen. Bei mir auf Adams Hill ist es noch zu früh für die Schaustellung auf dem Waldboden, aber immerhin hat der Wald schon einen roten Hauch von den Blüten des Rotahorns.

SUCHE OHNE ZIEL

Der Hills Pond ist seit vorgestern offen, und jetzt kommen täglich Angler, um Forellen zu angeln. Die Eistaucher sind noch nicht zurück, werden aber sicher in den nächsten Tagen kommen.

Der Wald färbt sich. Die meisten der windbestäubten Bäume – Zitterespe, Balsampappel, Großzähnige Pappel, Weißerle, Weide, Haselnuß, Ulme, Eschenahorn und Rotahorn – blühen. Wie im Herbst bieten die Rotahornbäume den umwerfendsten Anblick. Ihre Zweige sind an den Spitzen rotviolett und weiter unten grau, und ganze Hänge, die vor wenigen Tagen noch stumpf und langweilig aussahen, zeigen jetzt Hellrot, Gelb, Orange und Karmesinrot.

Ich bin von den vielen Farben bei den Blüten einer Spezies überrascht. Die Rotahornbäume (und Weiden) werden vermutlich sowohl vom Wind als auch von Insekten bestäubt. Dem Wind ist es egal, welche Farbe die Blüten haben, aber einzelnen Insekten nicht. Insekten werden auf eine bestimmte Blütenfarbe konditioniert; wenn sie zum Beispiel bei Gelb durch Nektar belohnt worden sind, werden sie nach weiteren gelben Blüten suchen. Es ist also für die Blüten einer Art sinnvoll, die gleiche Farbe zu haben, um die Fremdbestäubung zu befördern. Warum aber haben die einzelnen Rotahornbäume Blüten von verschiedener Farbe? Könnte ein Baum in einem dichten Bestand so viele Blüten haben, damit er eine Biene davon abhalten kann, andere, nicht verwandte Bäume aufzusuchen? Wenn ja, dann würde die größere Farbvielfalt bei den einzelnen Bäumen die Insekten zum stärkeren Anfliegen verleiten. Aber die Wirklichkeit ist, wie sich herausstellt, komplexer. Ich warf ein paar Stöckchen und holte ein paar Blüten herunter. Dabei entdeckte ich, daß alle Bäume mit rotvioletten Blüten nur weibliche Blüten hatten. Die männlichen Bäume hatten geschlossene rötliche Blüten, die sich als gelb erwiesen, wenn sie sich öffneten.

Ich ging ohne bestimmte Absicht und ohne festes Ziel in den Wald. Zunächst zog es mich den alten Holzweg hinab. Als ich einen frisch abgesägten, soliden Rotahornstumpf von mehr als 30 cm Durchmesser untersuchte, fand ich elf runde Löcher von einem halben Zentimeter Durchmesser. Ich stocherte mit einer Gerte darin, und alle gingen mindestens 30 cm tief. Wie weit hinauf sie gereicht hatten, war nicht festzustellen, weil der Stamm nicht mehr da war. Welche Larve hatte solche Gänge in solides Ahornholz gebohrt? Und warum waren es so viele in einem einzigen Stamm? Was hatte das Insekt davon abgehalten, sich zu vermehren und alle Rotahornstämme zu befallen?

Eine ganze Weile versuchte ich einem Goldhähnchen zu folgen, in der Hoffnung, daß es mich vielleicht zu seinem Nest führen würde. Aber dann wurde mir klar, daß es in dem dichten Astgewirr einer Fichte zehnmal sein Nest anfliegen konnte, ohne daß ich es sehen würde. Also ging ich weiter, zum Bach hinunter. Auf dem gegenüberliegenden Hang sah ich zwei große dunkle Gestalten: Elche! Ihr Haar hing zottig herab, denn sie waren im Haarwechsel und verloren ihr dickes Winterfell. Als ich näher kam, brachen sie krachend durch das Erlendickicht und stürzten fort.

Ich fand entrindete Zweige im Bach und freute mich. Sie bedeuteten, daß in der letzten Zeit ein Biber dagewesen war.

Vor drei Jahren hatte jemand die Biber an meinem Badeloch mit Fallen gefangen, und ich hatte immer gehofft, daß wieder welche herziehen würden.

Ein Trauermantel, der sich auf einem Baumstumpf gesonnt hatte, flatterte auf. Außerdem sah ich zwei Kommafalter *(Polygonia comma)* durch den schattigen Wald fliegen und gelegentlich in der Sonne anhalten.

Die ersten Waldsänger sind wieder da. Ich habe mehrere Kronwaldsänger gesehen und gehört, dazu Kiefernwaldsänger, Kletterwaldsänger und Brauenwaldsänger. Sie waren dieses Jahr alle früh gekommen und sangen nur gelegentlich, mit Ausnahme des Kiefernwaldsängers. Der saß oben in den höchsten Kiefern, sang mal hier, flog hundert Meter weiter und sang dort. Er wirkte ein bißchen unstet, als versuchte er sich ein möglichst großes Revier zu sichern und dabei gleich eine Partnerin zu suchen. Ein Kronwaldsänger in einem blühenden Ahorn tauchte seinen Schnabel mehrfach in die Blüten. Ob er Nektar suchte? Sein fast wisperndes Lied verlieh der Stimmung im Wald eine Weichheit, die im Gegensatz zu dem schmetternden Gesang eines Zaunkönigs stand, der am Boden im Trümmerholz eines neuen Kahlschlags saß. Rubingoldhähnchen zwitscherten in der Ferne, und zwischendurch meldeten sich Andenbaumläufer mit einem süßen Refrain.

Ein Kanadakleiberweibchen hockte flatternd auf einem Ast. Gleich darauf sah ich auch das Männchen. Aus ihrem Verhalten konnte ich entnehmen, daß ihr Nest ganz in der Nähe war, und daß darin jetzt Eier lagen oder bald liegen würden. Ich blieb stehen und schaute, um ihr Nest zu finden. Das Männchen saß auf einem Ast und sang langgezogene, nasal klingende Rufe. Im Gegensatz zu den meisten anderen Vögeln hielt er den Schnabel beim Singen geschlossen, dabei wölbte sich seine Kehle wie die einer Eule. Vielleicht klingt er deshalb so nasal. Nach mehreren Minuten flog der Vogel zu einem modrigen Erlenstumpf; kopfüber hockte er oberhalb eines herausgepickten Lochs, das um den Eingang herum mit etwas Harz verpicht war. Er schaute hinein, flog aber dann fort. Ich hatte das Nest gefunden.

Ein Chor von Waldfröschen in der Ferne zog mich weiter. Als ich noch zehn Meter von ihrem Teich entfernt war, wurde die glatte Oberfläche plötzlich aufgewühlt von hundert Wellenringen. Gleichzeitig brach der Chor von Quaken und Kroaken ab. Langsam ging ich näher, trat vorsichtig auf das feuchte Laub. Ich spähte auf den Boden des flachen Teiches, aber Frösche sah ich nicht. Auf dem Grund lag eine Schicht brauner Ahornblätter vom letzten Herbst. Irgendwo darunter saßen die gelbbraunen und braunen Frösche mit dem schwarzen Augenstreifen versteckt. Aber nahe dem Ufer entdeckte ich an einem Birkenast ihren Laich, Dutzende von Gallertkügelchen mit schwarzen Punkten. Zehn Minuten lang hockte ich am Teich; nichts regte sich. In zwei Monaten würden Tausende von kleinen Fröschen den austrocknenden Weiher verlassen und sich in die Wälder verstreuen.

Mein nächster Halt auf dem Weg zu einem vielversprechenden Bestand von Weymouthskiefern, wo vielleicht Raben nisten könnten (bisher hatte es dort kein Rabennest gegeben), lag an der Kiesgrube. Hier wird das Sandufer im Winter immer stark ausgewaschen, so daß die mit Federn, Gras und Kiefernnadeln ausgepolsterten Nester der Uferschwalben sichtbar werden. Sie bohren jedes Jahr neue Nester in die Sandböschung. Bisher waren sie aber noch nicht zurück. Nur ein Eisvogel war offenbar schon eine Weile da, denn er hatte sein Nest in der Nähe der Schwalbenkolonie schon gegraben. Ich sah zwei Rillen nebeneinander am Eingangsloch, die machen sie mit den Füßen. Eisvögel haben viel kürzere Beine als Vögel, die sich auf dem Boden bewegen, und setzen sie lieber nebeneinander als hintereinander.

Oben auf dem Ufer gab es Polster von Haarmützenmoos, Flechten, verkrüppelte Birkensämlinge und verschrumpelte Rosetten von Habichtskrautblüten. Sandbienen – fast alles Männchen – flogen im Zickzack nur wenige Zentimeter über dem Boden hin und her. Da es dort keine Blüten gab, konnten sie nur auf der Suche nach Weibchen sein. Bei näherem Hinsehen entdeckte ich auch die Eingangslöcher, die diese

Solitärbienen gegraben hatten, und in einigen von ihnen saß eine Biene eben innerhalb des Eingangs.

In meiner Hütte sind keine Fliegen mehr, weil die, die den Winter überlebt haben, durch die gleichen Ritzen wieder verschwunden sind, durch die sie im Herbst eingedrungen waren. Ich bin froh, sie los zu sein. Aber draußen begeistern mich die Tausende von Arten. In der Kühle des Nadelwalds konnte ich an Stellen, wo die Sonne durchdrang, ein hohes Summen wie von Mini-Motorsägen vernehmen. Es waren Schwebfliegen, hübsch schwarz mit gelben Streifen. Sie flitzten hintereinander her. Dann setzten sie sich auf einen Ast und begannen wieder mit ihrem hohen Ton, der verrät, daß sie das Zittern wieder aufgenommen haben, das sie warm hält.

Im Laubwald trat ich kräftig gegen einen moosbedeckten Stamm und legte im noch festen Kernholz die Gänge der großen Roßameisen frei. Sie krabbelten, anders als die, die ich im Winter gefunden hatte, schon langsam herum. Im Winter hatten sie mehrere Tage Raumtemperatur gebraucht, bevor sie Zeichen von Leben gaben. Ihr Frostschutz war bereits aufgebraucht, und sie schmeckten jetzt angenehm nussig; es war ein Geschmack, an den ich mich würde gewöhnen können.

Viele Hummeln flogen im Zickzack eben über dem Boden und suchten nach Mauselöchern. Manchmal flogen sie auch hoch oben, schnell und geradeaus, als hätten sie in der Ferne eine Verabredung.

Als ich gegen 18.30 wieder auf meine Lichtung kam, begann ich einer Hummelkönigin zu folgen. Ich folgte ihr 25 Minuten. Sie flog fast die ganze Zeit, aber ich legte nur 20 Schritte zurück. Sie schwebte vor und zurück, immer eben über dem Boden, und kehrte oft zu Stellen zurück, an denen sie schon gewesen war. Alle paar Minuten landete sie auf dem verfilzten Gras und suchte nach einem Mauseloch, nahm dann aber ihren Flug wieder auf. Das einzige Loch, in das ich sie hineinkrabbeln sah, war von einer der Bohnenstangen vom letzten Sommer erhalten. Sie kam schnell wieder heraus. Dann verlor ich sie aus den Augen.

Ich habe meinen ersten Bläuling gesehen – einen blaßblauen Schmetterling, der an sonnigen Tagen durch den Wald flattert. Große schwarze Stechmücken sind auch schon aktiv. Nachts können sie sehr lästig werden, dabei ist ihr Sirren schlimmer als ihr Stich. Wenn man sie im Dunkeln abzuwehren versucht, ziehen sie sich zurück, warten ein paar Minuten und kehren dann wieder. Wie bei vielen anderen kleinen Ärgernissen (nicht aber bei großen Problemen) wird man am besten damit fertig, indem man sie ignoriert, bis sie gestochen haben.

2. Mai

Der Bog Stream in Chesterville ist für mich immer ein magischer Ort gewesen, seit mich Phil als Junge dahin mitnahm, um mir beizubringen, wie man mit einem Kanu umgeht, und mir die Tiere der Wildnis zu zeigen. Wie damals gleitet mein Kanu geräuschlos über die glatte schwarze Wasseroberfläche. Das von der Vegetation dunkel gefärbte Wasser fließt schnell, aber gleichmäßig, nur hier und da entstehen kleine Kräuselwellen. So früh im Jahr spült das Wasser noch über die flachen Ufer und überflutet den Morast. In dem verfilzten, vertrockneten gelben Gras kommen junge grüne Triebe hoch: aufrecht und spitz stehen sie da. Am Ufer wächst Weißer Hartriegel und spiegelt sich im Wasser, aber sonst herrschen stumpfe Pastelltöne vor. Über mir pfeifen Stockenten; ich sehe ihre metallicgrünen Köpfe und die blauen Spiegel auf ihren Flügeln im Geist vor mir. Hinter einer Biegung ruft ein Brautentenpaar und steigt dann unter Platschen und Spritzen und schließlich pfeifenden Flügeln auf. Das prächtige Gewand aus Rot, Violett, Grün und Blau des Männchens ist nicht zu erkennen. Aber ich weiß, daß ich die Kleinode des Moores höre.

Am späten Nachmittag habe ich Dunkelenten und Gänsesäger gesehen. Ich habe einen Kanadareiher im Seichtwasser aufgescheucht. Er flog mit langsamen, gemessenen Flügelschlägen flußaufwärts. Eine Bisamratte schwamm vorbei, den Kopf halb aus dem Wasser; hinter ihr blieben im stillen Teich lange V-Wellen eine kurze Weile erhalten. Einmal sah ich einen Hirsch am Ufer, der dann in den Fichten-Ahorn-Mischwald wanderte. In der Nähe der Bibersiedlungen ist frisch abgenagtes Holz am Ufer zu sehen, und man erwartet jeden Augenblick, einen Biber oder Fischotter zu sehen. Vielleicht sogar einen Elch.

Als sich die Sonne im Westen zu neigen beginnt, erklingen die hohen, klaren Rufe der Wasserpfeifer-Laubfrösche. Diese kleinsten aller Frösche klingen wie Glocken, hell, klar, sauber. Die Nachbarn fallen ein, und schon folgt eine Kakophonie von schrillen Tönen hinter der Biegung zur Rechten, gefolgt von einem Chor zur Linken, weiter stromaufwärts.

Jetzt hört man auch einen tiefen, heiseren Ruf, der monoton alle paar Sekunden wiederholt wird. Er erinnert an eine monströse holzbohrende Käferlarve in einem Kiefernstamm, die gelassen beißt und kaut. Wie bei den Wasserpfeifer-Laubfröschen regen die Rufe eines Individuums einen Nachbarn an, einzustimmen; es folgt ein entfernter Ruf, und der Chor schwillt an. Es sind die Nerzfrösche, die wie die Wasserpfeifer und die Waldfrösche sich früh paaren und fortpflanzen. Der Frühling ist jetzt wirklich da, und die Zugvögel kehren zurück. Ungezählte Millionen von ihnen fliegen jede Nacht am Himmel und reisen zu den Brutgebieten, um die Mengen neu auftauchender Wasserbewohner und Insekten zu nutzen.

4. Mai

STINTFISCHEN

Einsiedlerdrosseln singen überall im Wald, und Weißkehlammern ebenfalls. Kronwaldsänger, Kletterwaldsänger und Grünwaldsänger sind auch wieder da, aber die anderen noch nicht. Satrap-Goldhähnchen und Zaunkönige singen jubelnd, und Sumpfschwalben streiten sich immer noch um die Nistkästen. Heute morgen sah ich eine Winterammer mit einem Schnabel voll trockenem Gras zu einem Seggenbüschel neben den Himbeersträuchern fliegen, darunter verschwinden und mit leerem Schnabel wieder herauskommen.

Der Regenbogenstint zieht jetzt zum Laichen die Bäche aufwärts, und alle echten Naturburschen in Maine verfolgen nachts diese kleinen silbernen Fischchen. Der Stintfang ist ein gesellschaftliches Ereignis. Der Schmerz, wenn man nachts in eiskalten Bächen steht und am langen Stiel Kescher schwingt, wird erträglich gemacht durch die Einnahme größerer Mengen eines flüssigen Schmerzmittels. Wenn der Patient anfängt, die kleinen silbernen Tierchen hochzuhalten und lebend zu verschlucken, ist das gewöhnlich ein Zeichen, daß die Medizin wirkt und ausreichend eingenommen wurde.

Bill und ich wollten Stinte fischen. Das hatten wir am Sonntagabend am Telefon verabredet. Aber als ich ihn abholen wollte, war er nicht da, und seine Frau Millie wußte nicht einmal, daß wir verabredet waren.

«Hast du Sonntagabend mit ihm gesprochen?» fragte sie.

«Ja, richtig, Sonntag.»

«Wir hatten Besuch, und er hatte was getrunken.» Bestimmt hatte er das.

«Er muß es vergessen haben», sagte ich, bezweifelte das aber. Billy würde das Angeln nie vergessen.

Ein zwölfjähriger Nachbarsjunge übte Torewerfen auf dem Parkplatz, der auch als Basketballplatz dient. Mit einem freundlichen Lächeln und blitzenden schwarzen Augen warf er mir den Ball zu, und eine Dreiviertelstunde trieben wir den Ball hin und her und warfen Tore. Langsam wurden meine Bewegungen weicher, und ich spürte Befriedigung, weil ich den Ball ein paarmal eingeworfen und nicht nur vorbeigezielt hatte.

Bill war immer noch nicht da. «Ich habe keine Ahnung, wo er ist», wiederholte Millie. Aber sie wartete auch auf ihn, weil sie ein paar Aufgaben für ihn hatte. «Ich werd' mal herumtelefonieren und ihn aufspüren», sagte sie. Schließlich kam sie wieder aus dem Haus. «Er ist bei seiner Mutter, um einen Heckenschneider auszuleihen. Er kommt sofort.»

Billys Gedächtnis war völlig in Ordnung, als er kam. «Eine Sekunde – ich muß nur Kescher und Stiefel und einen Sechserpack holen.» Ich warf weitere 15 Minuten ein. Endlich kam er, und wir fuhren los.

«Junge, war ich froh, dich zu sehen», lachte er. «Millie hatte allerlei für mich zu tun. Deshalb habe ich so lange gebraucht. Ich hab' ihr gesagt, es wäre unhöflich, dich noch länger warten zu lassen, wo du schon so weit gefahren bist. Das fand sie auch. So hab' ich mit meiner Höflichkeit sogar noch Punkte gemacht!» Er gluckste, legte den ersten Gang ein, nahm einen tiefen Schluck und ließ einen Rülpser der Zufriedenheit los.

Eine Weile fuhren wir schweigend und glücklich dahin.

«Weißt du, wie man einen ganzen Haufen auf einmal fängt?» fragte Bill, und ohne auf Antwort zu warten, fuhr er fort: «Zwei Liter sind die Grenze. Ich habe schon erlebt, daß man jedes Mal mit einem einzigen Schwung den Kescher voll kriegte und der Stint oben überschwappte. Man mußte jemand anderen bitten, ins Wasser zu steigen und den Rand hochzuhalten, damit er nicht leerlief.» Nein, ich wußte nicht, wie man das machte, ich hatte das noch nie gebraucht. Ich kannte wohl die richtigen Stellen nicht.

Es gibt eine Gerüchteküche der Stintfischer. Bill ist sozusagen angeschlossen, weil sein Vetter Jake um diese Jahreszeit jede Nacht unterwegs ist und seinerseits andere kennt, die es auch sind. Gemeinsam haben sie die Stintfischerei im Franklin County im Griff. Ich nahm an, daß es so ähnlich funktionierte wie das Informationsnetz bei Raben, wenn einer einen Elchkadaver entdeckt hat. Einer allein hätte keine Ahnung, wo und wann der Stint steigt in dieser Wildnis. Man muß sich an die anderen halten.

«Wohin fahren wir denn?»

«Hier, das sind die Hinweise.» Er zog einen zerknitterten Zettel heraus. «Ich hab' mit Jake telefoniert, während du Bälle in den Korb geworfen hast... Wir fahren durch Kingfield, dann eine unbefestigte Straße lang, parken da, wo all die anderen auch parken und laufen den Trampelpfad runter. Hast du eine Taschenlampe mit?» Hatte ich nicht. Es war aber fast Vollmond und nur leichter Dunst in der Luft.

Es dunkelte, als wir durch den Wald fuhren. Ein Elch begann vor uns die Straße zu überqueren. Bill hat zwar keinen Aufkleber «Ich bremse für Elche» am Auto, aber er hielt doch an. In Maine gehen die meisten Leute davon aus, daß ein Lebewesen von einer halben Tonne Gewicht die Vorfahrt hat.

Dies Tier war auch im Haarwechsel, große kahle Flecken waren in seinem Fell zu sehen. Es blieb mitten auf der Straße stehen und rührte sich nicht. Schließlich umrundeten wir es vorsichtig. Daraufhin drehte es um und verschwand wieder in der Finsternis des jungen Tannen-Rotahorn-Birkenwaldes.

Wir hielten an einem kleinen Laden in Kingfield, um uns nach dem Weg zu erkundigen. Es war ein alter Holzweg, und der Boden war von vielen Fahrzeugen zerfahren. «Ein gutes Zeichen», sagte Bill. «Stint ist da, wo viele Reifenspuren sind.»

Wir sahen jetzt überall, wo Wagen am Rande geparkt oder gewendet hatten und Horden von Leuten ein, zwei Tage früher herumgetrampelt waren. Es war die richtige Stelle.

Aber heute waren keine Autos da. «Kein Stint», sagte Bill.

«Aber du hast doch gesagt, man kann nie wissen, wann der Stint steigt! Vielleicht steigt er heute, und niemand ahnt etwas davon.»

«Wenn du meinst...» Bill diskutiert nicht gern.

Wir nahmen Kescher, Eimer und Bier und folgten den Spuren. Der Weg war nicht zu verfehlen, auch nicht bei Nacht. Rundherum standen hohe Bäume, und von oben leuchtete ein blasser Mond. Wir trafen auf ein paar Schneeflecken. «Stint steigt, wenn der letzte Schnee schmilzt», sagte Bill. Na prima. Ich war ja so ermutigt.

Der Weg führte steil abwärts, und bald hörten wir das Tosen eines Baches. Aber Stimmen, Geschrei, wie es zum Stintfischen dazugehört, vernahmen wir nicht. Trotzdem schlugen wir uns durchs Unterholz zum Bach durch und tauchten hier und da unsere Netze ein. Meins wurde nie schwer, und nur für alle Fälle hob ich es ab und zu an und hielt es vor den Mond, um zu sehen, ob etwas darin war. Wir sahen nicht einen einzigen Fisch.

Bill versicherte mir, «Samstag und Sonntag» habe es hier Stinte gegeben. So habe es geheißen. Es war Dienstag. «Das war eben entweder der Anfang oder das Ende – wahrscheinlich letzteres. Die Leute hier sagen nichts, wenn die Stinte auf dem Höhepunkt sind. Sie äußern sich erst, wenn es so gut wie vorbei ist. So kriegen sie selbst mehr, veranlassen aber die anderen, ihnen von Stintfängen anderswo zu erzählen ... Wenn du *wirklich* Stinte fischen willst, mußt du jede Nacht bis ein Uhr dranbleiben.» Nein, ich war nicht bereit, *wirklich* Stinte zu fischen.

Auf dem Rückweg hielten wir wieder in Kingfield, um noch einen Sechserpack an Bord zu nehmen. Der kleine alte Mann mit der Schirmmütze saß immer noch an der Kasse, vor sich einen 15-cm-Fernseher, genau wie auf unserem Hinweg. Er fragte, wie die Stinte stiegen. Wir berichteten. Er kicherte. «Vor einigen Tagen soll es ein paar gegeben haben.»

6. Mai
DIE METAMORPHOSE DES WALDES

Letzte Nacht hat es geregnet, und mit dem Regen ist eine zauberhafte Verwandlung eingetreten. Über Nacht haben die Hänge eine neue Farbe angenommen: hellgrün. Bis auf die Eschen entfalten nun alle Bäume ihre Blattknospen. Die Birken streuen gelben Pollen aus ihren Kätzchen aus, und Felsenbirnbäume stehen plötzlich in leuchtendem Weiß da.

Und überall Vogelgesang. Heute höre ich fünf neue Waldsänger unten am Bach, die bisher noch nicht zurückgekehrt waren: Pieper-, Hemlock-, Meisen-, Fichtenwaldsänger und einen Stelzenwaldsänger. Die anderen – Kronwaldsänger, Grünwaldsänger, Kletterwaldsänger und Rubinfleckwaldsänger – schmettern ihre Lieder weiter. Ich erwarte noch neun weitere Waldsängerarten hier und in der Umgebung. Da ich ihre Stimmen kenne, erschaffe ich mir diese phantastischen Perlen sozusagen, denn wenn ich sie nicht erkennen und benennen könnte, wären sie praktisch nicht existent. Wenn ich jetzt aber eine Reihe von «Tsiets» hörte, sehe ich im Geist einen wunderschön und fein gefärbten Vogel im Hochzeitskleid, als säße er direkt vor mir; bei einem etwas anderen Lied sehe ich einen völlig anderen Vogel.

Mit der Vorstellung von jedem Vogel verbinde ich in meinem Kopf auch die von seinem Nest. Das des Rubinfleck-Waldsängers ist kunstvoll in einem Moospolster am Boden verborgen. Das des Fichtenwaldsängers sitzt aus Würzelchen und Ästchen konstruiert am Ende eines Zweiges in einer großen Rotfichte. Das Nest des Schnäpperwaldsängers sitzt unten in der Astgabel einer Erle. Das des Hemlockwaldsängers ist in eine junge Balsamtanne gebaut, das des Pieperwaldsängers auf dem Boden, nur zwischen abgefallenen Blättern versteckt. Jede der zwanzig hier heimischen Arten von Waldsängern hat ein einzigartiges Nest in seiner bestimmten Umgebung.

Diese Spezialisierung ist sicher durch den evolutionären Selektionsdruck der gnadenlosen Nesträuberei entstanden. Die Nester, die «überleben», sind die am besten versteckten – manchmal an den unerwartetsten Stellen. Der Vogel, der da nistet, wo kein anderer Vogel nistet, hat die besten Chancen, daß kein Räuber (Eichhörnchen, Blauhäher, Krähe) seine Eier finden wird, denn sie alle suchen auf der Basis früherer Erfolge.

Die Winterammer trägt jetzt kein Gras mehr zu ihrem Nest, sondern Hirschhaare zum Polstern. Ein Wanderdrosselweibchen rupft hinter der Hütte Gras aus. Die Schwalben haben sich über die Nistkästen geeinigt: sie bewohnen drei, eine Hummelkönigin hat den vierten bezogen und ein Schwarzkopfmeisenpärchen den fünften. Ein Goldzeisigmännchen im gelb und schwarzen Hochzeitskleid sitzt auf der Birke neben der Hütte und singt aus voller Kehle. Das überrascht mich, denn diese Vögel nisten erst drei Monate später; sie haben ihre Reproduktion auf die Ernte der Distelsamen abgestimmt.

7. *Mai*

Bei Morgengrauen stieg die Phoebe auf und sang erregt ein neues Lied, in dem viele zusammengezogene neue Töne auftauchten. Dann kam sie wieder herunter. In früheren Jahren hatten die Phoeben um diese Zeit schon Junge; sie gehören zu den frühesten Nistern. Aber die Gefährtin dieses Vogels ist dieses Frühjahr nicht wieder mitgekommen.

Die Waldschnepfe ist nur zu einer Vorstellung aufgestiegen und hat dann den Abend auf der Lichtung verbracht statt in der Luft. Ist ihr die Energie ausgegangen oder ist die Paarungszeit vorbei? Die Weibchen sitzen jetzt auf je vier wunderschön gefärbten Eiern in Nestern, die in braunen Blättern kunstvoll verborgen sind. Da sie ganz geduldig dasitzen, sind sie von dem Untergrund nicht zu unterscheiden.

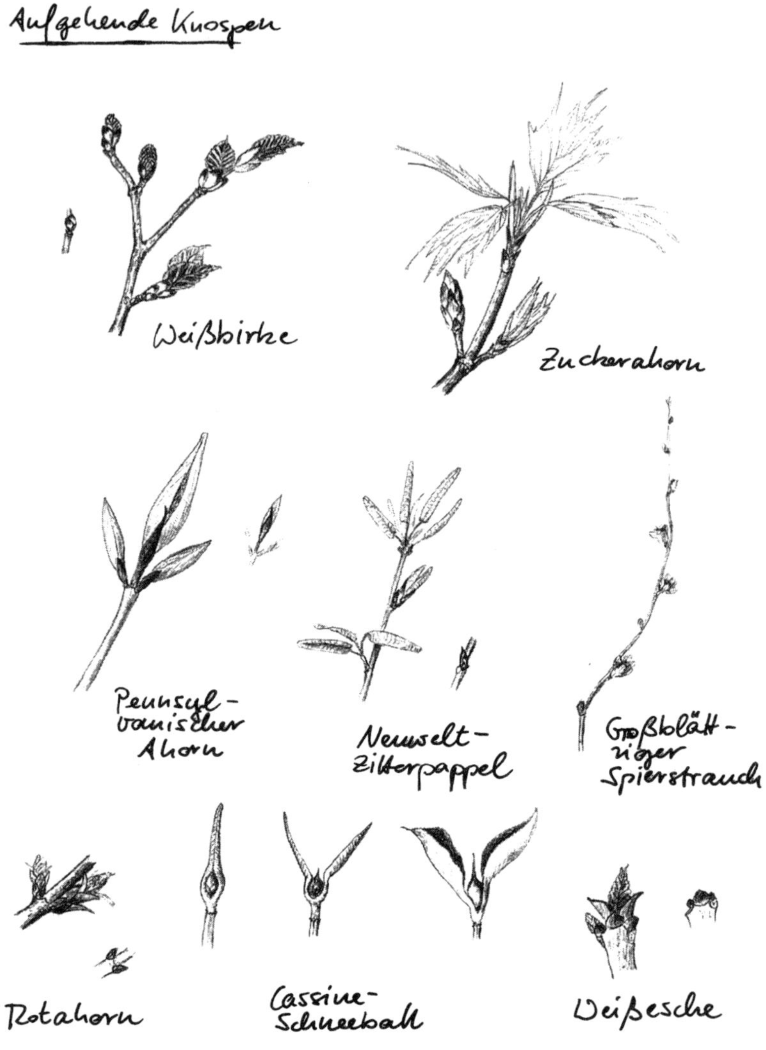

Als ich mir zum Abendessen Kartoffeln im Feuer am Grillplatz röstete, kam eine leichte Brise auf. Eine winzig kleine junge Raupe flog vorbei; wahrscheinlich hing sie an einem unsichtbaren Seidenfaden, ihrem «Flügel» und Anker zugleich. Raupen benutzen Seidenfäden als Kletterseile, an denen sie sich vom Baum herablassen, um Räubern zu entgehen. Sie können sich aber wieder daran hochangeln zu ihrer Nahrungsquelle, indem sie die Seide zur Kugel zusammenrollen und verkürzen, während sie wieder hinaufklettern. Ähnlich fliegen im Herbst auch junge Spinnen. Manche Spinnen nutzen natürlich Seide, um die luftigen Netze zu knüpfen, in denen sie Beute fangen. Andere verstärken ihre Gänge in trockenem Boden damit oder konstruieren Falltüren oder verpacken ihre Eier. Viele Vögel verwenden Spinnenseide, um beim Nestbau das Material zu binden.

Köcherfliegenlarven benutzen Seide, um ihre Häuser zu bauen und um Netze für vorbeitreibende Beute zu konstruieren. Manche fangen in feinmaschigen Wadenetzen mikroskopische Teilchen, wie Bakterien. Spannerraupen benutzen Seide, um ihre Tarnung, die steife Stöckchenhaltung, mit der sie vom Ast abstehen, den ganzen Tag beibehalten zu können. So brauchen sie nicht so lange Zeit die Muskeln angespannt zu halten. Ebenso benutzen viele Raupen einen Seidenfaden, der mitten um den Körper geschlungen wird, damit nach der Verpuppung die Puppe in einem festen Winkel zur Unterlage fixiert bleibt; gleichzeitig haben sie aber auch das Schwanzende mit klebriger Seide gesichert. Nachtfalter unzähliger Arten spinnen aus Seide ihre Kokons, von denen einige so fest sind, daß sie nicht von Vögeln aufgebrochen werden können. Wir unsererseits benutzen die Seide dieser Schutzhüllen diverser Arten zur Herstellung von Kleidung und Fallschirmen.

Die kleine Raupe, die an meinem Grillplatz an mir vorbeiflog, war mit Seide verankert, um fliegen zu können. Aber die Seide war, wie so viele schöne Dinge, für mich nicht sichtbar.

14. Mai
ANGELN

Endlich sind auch die Gelbscheitelwaldsänger auf die Lichtung zurückgekehrt – am 11. Mai, das kam mir spät vor. Am ersten Tag hat das Männchen abwechselnd gesungen und Insekten zwischen den Blüten des Vogelkirschenbaums gefangen, wo viele Hummelköniginnen nach Nektar und Pollen suchen.

Aus dem Wald höre ich nun auch Kanadawaldsänger, Gartentyrannen und Schnäppertyrannen sowie einen Rosenbrustkernknacker. Eigenartigerweise habe ich bisher hier noch kein Weidengelbkehlchen gehört, obwohl sie im Sumpf sehr zahlreich sind.

Besonders überrascht bin ich vom Zuckerahorn. Im allgemeinen sind um diese Jahreszeit die Bäume hellgelb von den Millionen hängender kleiner Blüten, die in der leichten Brise schaukeln. Dieses Jahr gibt es keine, nicht eine einzige. Es wird also im Herbst auch keine Zuckerahornsamen geben. Die Rotahornbäume dagegen haben üppig geblüht und werden vermutlich viele Früchte tragen.

Die Roteichen beginnen ihre gelblichgrünen Blätter und Blütenbüschel zu entfalten, aber die Blüten selbst sind noch nicht offen. Ihre Farbe sticht ab von dem leuchtenden Grün der Zitterespen, Birken und Buchen, dem Silberton der Großzähnigen Pappeln, dem Rostrot des Rotahorns und dem Graubraun der noch kahlen Eschen. Hier und da Weiß: Vogelkirschen und Felsenbirnen blühen. Und an den Landstraßen zeigen ein paar wilde Apfelbäume rosa Blütenknospen kurz vor dem Aufbrechen. Würgkirschen entfalten ihre dunkelgrünen Blätter; die weißen Blütenknospen werden in wenigen Tagen aufbrechen. Die laubwechselnden Lärchen haben ihre neuen Nadeln bereits, aber die immergrünen Nadelbäume haben meist nur ihre alten dunkelgrünen Nadeln. Die Tannen allerdings beginnen die ersten frischen grünen Spitzen am Ende der Zweige zu zeigen, wo neue Nadeln wachsen.

Die Hänge sind jetzt mindestens ebenso schön gefärbt wie im Herbst; das Spektrum reicht von Weiß durch jede mögliche Schattierung von Grün bis zu Braun- und Rottönen. Aber die Farben sind zarter als im Herbst und flüchtiger. Sie verblüffen dich nach dem langen Winter voller Grau und Weiß.

Auf dem Waldboden muß man nach kleinen Flecken von Farben noch suchen – dem Zitronengelb, Weiß und Tiefblau der verschiedenen Veilchenarten und dem Violett der Waldlilien. Aber es sind alles Schmuckstücke, ein Kontrast zu den Farben, die die Hänge überziehen und ineinander übergehen, als hätte man einem Kind hundert Farbeimerchen und Pinsel gegeben und es malen lassen.

Der Gesang all der Vögel ist verblüffend – aber wie soll ich ihn beschreiben? Wenn Sie lesen, «Blau» oder «Rot» oder «Grün», haben Sie bereits ein Bild von jeder Farbe im Kopf, das die Wörter wecken können. Aber ich habe keine Wörter, mit denen ich in Ihrem Kopf das fröhliche und zarte Lied eines Grünwaldsängers heraufbeschwören könnte oder auch nur eine Andeutung von dem energischen, schallenden Gesang eines Zaunkönigs vermitteln könnte. Diese Laute stammen aus einer anderen Welt, die man erfahren haben muß, um sie fühlen zu können. Es gibt eine Grenze für die stellvertretende Erfahrung – womit ich wieder da bin, womit ich angefangen habe, weshalb ich überhaupt in den Wald gezogen bin.

Die Phoebe hat gestern den Balken unter dem Hüttenfenster inspiziert, wo sie letztes Jahr ihr Nest hatte. Dann hat sie wie wild gerufen und ist zwischen diesem Balken an der Hütte und den Bäumen hin und her geflogen.

Bill hat angerufen und eine Nachricht auf dem Anrufbeantworter hinterlassen: «Komm um 18 Uhr. Bring Angel und Eimer mit, wir gehen Weißbarsche am Maranicook Lake angeln.» Darauf hatte ich gewartet.

Ich hatte seit Jahren Geschichten gehört, man könnte am Ufer stehen und einfach einen Weißbarsch nach dem anderen herausziehen, «so schnell du deine Angel beködern kannst». Ich hatte Weißbarsche immer nur so geangelt, daß ich mitten auf dem Pease Pond vom Boot aus eine Angelschnur faul ins Wasser hängen ließ und aufs Anglerglück hoffte – was ich nicht immer hatte. Ich war also sehr erpicht darauf, das einmal richtig zu erleben. «Kinder und Großeltern, Jungs und Mädchen, alle gehen angeln, und die Ufer sind schwarz von Leuten, die einen Fisch nach dem anderen aus dem Wasser ziehen. Das ist vielleicht ein Anblick!»

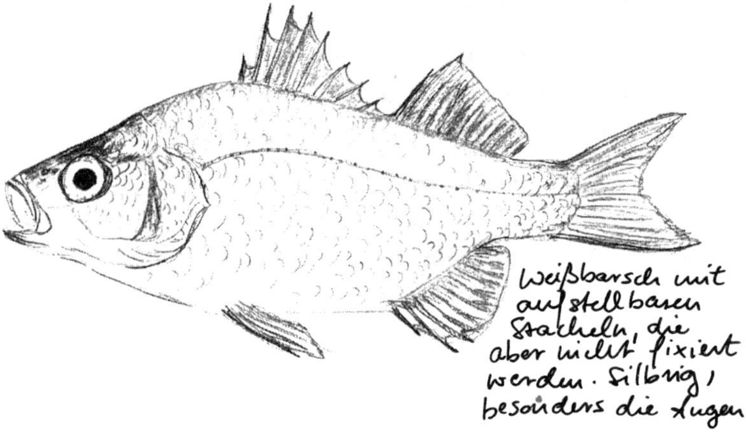

Ich war rechtzeitig bei Bills Haus in Jay, und seine beiden Söhne Cutter und Chris standen auch schon bereit. Sie luden ihre Angeln und Eimer auf Bills Ladefläche und ich meine ebenfalls. Diesmal fuhren wir sofort los und hielten nur noch an einem Laden im Ort, um eine Schachtel Würmer und einen Sechserpack zu kaufen. Innerhalb von fünf Minuten waren wir auf der durch den Wald führenden Straße nach Maranicook, und ich hörte weiteres Anglerlatein von den phantastischen Barschschwärmen dort.

Am Readfiel General Store mit dem abblätternden Schild bogen wir rechts ab und fuhren den Hügel hinunter, und als wir eine kleine Zementbrücke über den Zufluß überquert hatten, breitete sich links der See aus. Das war die Stelle. Sie sah allerdings nicht sehr überzeugend aus, es waren nur drei

Autos an der Straße geparkt. Aber es war auch noch hell. «Sie kommen kurz vor der Dunkelheit», sagte Bill.

Mehrere junge Männer und Frauen spielten einstweilen nur herum. Aber zwei Jungen und ein älterer Mann angelten. Wir prüften, was sie bisher gefangen hatten. Sonnenbarsche und Gelbbarsche, die hier in Maine als «wertloses Zeug» angesehen werden. «In New Hamsphire essen sie so was», sagte Bill. Offenbar ist das keine Empfehlung.

Sonnenbarsche haben grüne Flanken mit golden schimmernden Flecken, die wie kleine Spiegel das Licht reflektieren. Das Gesicht ist orange und blau und trägt eine leuchtend rote Zeichnung am Rande der Kiemendeckel. Gelbbarsche schimmern wie Gold und haben vertikale grüne Streifen. Weißbarsche glitzern wie Silber. Mit großen schwarzen Pupillen starren sie aus silbrigen Augen.

Der alte Mann sagte: «Ich glaube nicht, daß sie heute kommen. Ich bin diese Woche jeden Abend hier gewesen und hab' noch nicht einen gefangen.»

«Ich hab' es letzte Woche versucht und auch keinen gefangen», gab Bill zu.

Der alte Mann holte seine Angelschnur ein, beköderte sie neu und warf sie wieder stromaufwärts aus; langsam trieb der rote Schwimmer auf die Zementbrücke zu. Plötzlich machte es «Plopp», als der Schwimmer unter der Wasseroberfläche verschwand. Nur kleine Wellenkreise breiteten sich auf dem glatten schwarzen Wasser aus.

Wir sahen gebannt zu, als die Angelschnur durch das Wasser schnitt. Die Angel bog sich, als der alte Mann den Fang einzuholen begann; er holte den zuckenden Fisch aus dem Wasser und wir sahen, daß es ein Streifenbarsch war. Man darf um diese Jahreszeit keine Streifenbarsche fangen. Aber der Mann hatte keine Last damit, denn der Fisch fiel von selbst vom Haken.

Der Beinahefang regte uns an, und wir warfen nun unsere Angeln auch aus. Nichts biß an. Kein Schwimmer wurde unter Wasser gezogen oder hüpfte auch nur.

Die Sonne stand eben über dem Horizont, und goldene

Reflexe spielten auf den blauschwarzen Wellen des Flusses. Ich sah die dunklen Umrisse eines Eistaucherpaars auf dem Maranicook Lake hinter der Brücke. Ein Goldwaldsänger kam auf der Suche nach seinem Abendbrot aus Eintagsfliegen im Weidendickicht neben uns vorbei. Ein paar hallende «Plunks» der Nordamerikanischen Rohrdommel klangen aus dem Sumpf oberhalb des Zuflusses, und außerdem das wohlklingende Zwitschern eines Stelzenwaldsängers. Die Kiefern standen wie schwarze Wächter vor der untergehenden Sonne. Noch immer biß kein Fisch. Ich legte meine Angel ab und ging zu dem alten Mann. Die beiden Jungen hatten inzwischen sechs Gelbbarsche, einen Sonnenbarsch und sogar einen Weißbarsch gefangen.

«Ich glaub' nicht, daß sie heute kommen», sagte er wieder. Bill kam dazu. «Sie sind schon drei Jahre lang nicht gekommen», gestand der Mann schließlich. «Und ich hab' hier seit 70 Jahren gefischt...» Nach einer Pause fügte er hinzu: «Und ich war schon damals kein kleines Kind mehr – ich war zweiundzwanzig!»

Der Mond schien nicht, und es war pechfinstere Nacht, als ich den Weg zu meiner Hütte hinaufstieg. Eine Taschenlampe hatte ich nicht mit. Plötzlich sah ich ein winziges Leuchten von fast blauweißem Neonlicht neben dem Pfad. Im Gegensatz zum Leuchtkäferlicht schien es ständig und blinkte nicht. Ich hob es vorsichtig auf und hielt es zwischen Daumen und Zeigefinger. Es fühlte sich weich an, aber die Form konnte ich nicht ertasten, als ich es in der Hand hielt. Ich ging weiter.

Nach hundert Metern war es plötzlich aus meiner Hand verschwunden. War das Licht aus? Das schien nicht wahrscheinlich, denn es hatte nicht geflackert. Das Tier mußte mir aus der Hand gefallen sein.

Ich ging zurück und fand es; es glühte mitten auf dem Weg und bewegte sich jetzt langsam wie eine Schnecke fort. Ich hob es wieder auf. Mir war jetzt klar, daß es ein Insekt sein mußte. Ich hielt es fester, bis ich es in der Hütte in eine alte Filmdose setzen konnte. Am nächsten Morgen untersuchte und zeichnete ich es. Es war die *Larve* eines Leuchtkäfers! Bei den ausgewachsenen Käfern ist das Blinken des Lichtes ein Paarungssignal. Wozu aber Licht bei einer Larve?

Ich zeichnete auch ein paar Fische. Dann hackte ich Gelbbarsche in Stücke und verfütterte sie an die Raben. Die waren ganz wild darauf. Ich hatte sie noch nie so vom Futter begeistert gesehen. Vielleicht sollte ich die Fische selbst versuchen? Ich putzte den Weißbarsch und einen Gelbbarsch und einen Sonnenbarsch. Alle waren ziemlich gleich groß. Ich wälzte sie in Mehl und briet sie in heißem Öl. Zunächst aß ich von jedem Fisch nur ein kleines Stück. Sie schmeckten mir alle gleich. War ich voreingenommen, weil ich in dem «wertlosen Zeug» guten Fisch sehen wollte? Ich mischte die Stücke und aß, was mir auf die Gabel geriet. Ich konnte noch immer keinen Unterschied schmecken.

Unter den hiesigen Anglern war ich sicher der einzige, der Gelb- und Sonnenbarsch aß. Alle jungen Leute an der Brücke hatten von ihren Eltern und Kumpels gelernt, was ein «guter» Fisch ist und was nicht. Sie würden ihren Kindern ihr Wissen weitergeben. Sie alle wußten, ohne je probiert zu haben, daß Gelbbarsch nichts taugte. Sie hatten auf *Weißbarsche* gewartet und waren mit leeren Händen nach Hause zurückgekehrt. Ich hatte jetzt gelernt, daß man nicht schon alles wissen muß.

15. Mai

UNKRAUT IM HUCKLEBERRY-SUMPF

Gestern und heute lag morgens Reif auf dem Boden, aber bis 7 Uhr hatte die aufsteigende Sonne ihn schon zu Tau geschmolzen. Die Sonne berührt auch die Apfelblüten auf dem Baum neben der Hütte, und die leuchtend rosa Knospen beginnen sich zu öffnen. Wie aufs Stichwort erscheint ein Rubinkehlkolibri. Das ist der richtige Tag, mich wieder mit dem

Huckleberry Bog vertraut zu machen. Ich möchte das Weidengelbkehlchen wieder hören und den Sumpfwaldsänger und den Fichtentyrann.

Man fährt zunächst auf einer gewundenen Teerstraße voller Schlaglöcher und muß dann zu Fuß auf einem Holzweg zum Sumpf weitergehen. Zu meiner großen Überraschung bemerke ich jetzt, daß die Buchen, genau wie die Zuckerahornbäume, dieses Jahr überhaupt nicht blühen. Ich prüfe das bei Hunderten von Bäumen beider Arten. Überall sehe ich noch Buchensamenkapseln vom letzten Jahr an den Bäumen; im vorigen Frühjahr müssen sie über und über geblüht haben. Dieses Jahr ist keine einzige Blüte in Sicht, obwohl die Blätter fast voll entfaltet sind und die neuen Triebe kräftig wachsen. Es scheint zunächst eigenartig, daß zwei der vorherrschenden Waldbäume dieses Jahr überhaupt nicht blühen, wo doch in anderen Jahren die Hänge von ihren Blüten leuchteten. Dafür sind die Wälder aber überall rot gefärbt von den Blüten der Rotahorne, die demnächst abgeworfen werden.

Die Bäume haben die «Entscheidung», nicht zu blühen, nicht erst in diesem Frühjahr getroffen. Sie wurde schon im Herbst gefällt, als sich die Knospen bildeten. Vielleicht sogar viel früher.

Ja, Bäume entscheiden; sie bekommen Informationen aus ihrer Umwelt und reagieren auf sie in angemessener Weise, die auf Überleben ausgerichtet ist. Wenn sie jetzt keine Samen produzieren, muß das irgendwie dazu führen, daß sie insgesamt mehr überlebende Nachkommen produzieren. Aber wie?

Das letzte Jahr war ein für Bucheckern und Ahornsamen ungewöhnlich gutes Jahr. Viele dieser Samen sprießen jetzt. Ich habe stellenweise bis zu zehn Sämlinge auf einer Fläche von 30x30 cm gezählt. Bären, Hirsche, Mäuse, Rote Eichhörnchen, Grauhörnchen, Gleithörnchen, «Kernfresser» (Grosbeaks), Blauhäher und samenfressende Käferlarven haben sich daran gemästet und entsprechend viele Nachkommen hervorgebracht. Aber im letzten Jahr waren die Populationen noch nicht dicht und es war für alle genug da; so blieben genügend Samen übrig zur Fortpflanzung.

Wenn die Bäume solche Riesenernte mehrere Jahre nacheinander böten, würden sich die Samenfresser ungeheuer vermehren und sich alle abermals auf diese zuverlässigen Nahrungsmittel stürzen. Organismen, die zuverlässig gefüttert werden, reproduzieren auch zuverlässig – bis zu den Grenzen, die zum Engpaß in der Versorgung werden. Wenn sie die Versorgung dieses Jahr beschränken, haben die Bäume den Engpaß rechtzeitig erheblich weiter verengt. Indem sie jetzt nichts für ihre eigene Fortpflanzung tun, sorgen sie dafür, daß die Keime in zukünftigen Jahren eine Chance zum Überleben bekommen. Sie begrenzen die Bevölkerungsexplosion bei den Samenfressern, bevor sie überhaupt stattgefunden hat.

Daß das Blühen (und damit die Samenproduktion) bei so weit auseinanderliegenden Individuen doch synchron stattfindet, wird durch Strafen aufgezwungen. Eine Buche, die blüht, wenn es ihr Nachbar nicht tut, vergeudet nur ihre Kräf-

te, denn sie wird nicht bestäubt. Selbst wenn ein Einzelgängerbaum soweit ginge, sich selbst zu bestäuben und Samen zu produzieren, würden viele davon auch wieder verschwendet sein. Alle hungrigen Samenfresser würden sich nämlich auf diesen Baum konzentrieren. Ihr Appetit würde nicht durch die Früchte des Nachbarbaums gemildert werden. Die Fortpflanzungsbemühung wäre umsonst gewesen. Wenn aber der ganze Waldboden voll ist von den Samen, wie letztes Jahr, würden sich die Freßaktivitäten der Samenfresser auf viele Bäume verteilen. Ein Baum, der Samen produziert, wenn es auch die anderen Bäume seiner Spezies tun, hat also die größten Überlebenschancen für seine Samen.

Im Bergland von Maine sind Buche und Zuckerahorn die vorherrschenden Bäume. Es ist faszinierend, daß die beiden wichtigsten Laubbäume mit großen Samen im gleichen Jahr auf das Blühen verzichten, während die meisten anderen Bäume, die entweder in anderen Habitats gedeihen oder weniger große Samen haben, die als Viehfutter nicht in Frage kommen, weiter blühen wie immer. (Die kleinsamigen Bäume lassen nie ein Jahr aus.) Es sieht so aus, als arbeiteten die beiden großsamigen Arten zusammen, um ein gemeinsames Ziel zu erreichen, ein Prinzip, das Koevolution genannt wird. Die Existenz der Koevolution ist in den Hochschulen bis zum Überdruß diskutiert worden. Der Streit scheint absurd, weil sich alle darüber einig sind, daß der Selektionsdruck durch andere Organismen mindestens ebenso stark ist wie der Selektionsdruck, der durch die physikalischen Gegebenheiten ausgeübt wird. Für eine Buche, die Samen produziert, wenn ihre Nachbarn es nicht tun, ist es gleichgültig, ob diese Nachbarn andere Buchen oder Ahornbäume oder sonstwelche Spezies sind, solange die Samenfresser für alle die gleichen sind.

Der Sumpf ist um diese Jahreszeit belebt vom «Huitschiehuitschie» des Weidengelbkehlchens, dem Trillern der Sumpfwaldsänger und vor allem dem durchdringenden Ruf des Fichtentyranns, der von Waldarbeitern gern mit «Trink vier Bier» übersetzt wird – wobei offenbar der Wunsch der Vater des Gedankens ist. Ich freue mich über alle drei Arten und über alle anderen, die ich höre, auch. Wenn ich die richtigen Vögel höre, weiß ich, daß alles in Ordnung ist.

Der Sumpf beginnt ganz unvermittelt am Fuße des Hügels. Hier betritt man Dickichte von grauen und braunen Weißerlen, Winterbeeren, hochstämmigen Blaubeeren und vertrockneter Lavendelheide. Die Seggen vom letzten Jahr liegen hellbraun verfilzt im Schlamm, aber spitze, 15 cm lange, leuchtend grüne Triebe dringen dicht an dicht hindurch. Ein paar Meter weiter liegen Matten von Torfgränke, an denen immer noch die braunen Blätter vom letzten Jahr hängen wie Mausöhrchen. Ihre Zweige sind voll von winzigen, glockenförmigen Blüten, und man hört das sanfte Summen von Hummeln. Dichte, niedrige Büsche der Kanadischen Alpenrose, noch ohne Blätter, aber mit dicken violetten Blütenknospen, sind bereit, die Blüten zu öffnen, sobald die Torfgränke verblüht ist.

Dazwischen wachsen eine Reihe von anderen Heidekrautgewächsen. Vor allem fällt mir der Porst auf, dessen dunkelgrüne Blätter mit dem feinen bräunlichen Flaum darunter vom Winter unberührt zu sein scheinen; in seinen kugeligen Blütendolden am Ende der Zweige warten schneeweiße Knospen. Die Knospen der Schmalblättrigen Lorbeerrose scheinen sich seit dem Winter noch kaum verändert zu haben, die kleinen rosa Blüten werden sich erst später zeigen, am Ende der Blütenkette, bei der jede Spezies von denselben Hummeln bestäubt wird, wenn sie an der Reihe ist. Mit der Blüte jeder dieser Arten kann man ein Stück des Jahres abhaken, sie sind zum gegenseitigen Besten und zur gemeinsamen Nutzung der Hummeln aufeinander abgestimmt, die ihrerseits zu ihrer Ernährung von ihnen abhängig sind. Noch ein Beispiel für eine Kooperation, erreicht durch Eigeninteressen, die in der Evolution des Lebens auf der Erde die dominierende Rolle spielen.

All diese perennierenden Sträucher sind eingebettet in rötlich-grünes Torfmoos. Ein paar Meter weiter bildet das Moos einen durchgehenden, wassergetränkten Teppich. Man sinkt ein und spürt die Kühle des braunen Moorwassers. Das Moos ist hier durchwachsen von dünnen Moosbeerenranken mit winzigen ovalen Blättern und den violetten Früchten vom letzten Jahr, die man im Winter und jetzt auch noch essen kann. Die Vielblättrige Lorbeerrose reicht ein paar Zentimeter über das Moos, sie trägt noch die alten grünen Blätter und am Ende der Zweige leuchtend rosa-violette Blütenknospen. Sie sind fertig und warten wie andere Knospen auf den genau richtigen Termin, um sich zu öffnen und den Bienen Pollen und Nektar zu bieten.

Auch hier wächst Sumpfrosmarinheide, deren schmale, blaß bläulichgrüne Blätter weiße Unterseiten haben. Kleine rosa Knospen hängen herab und werden bald zu glockenförmigen Blüten werden, wenn die Vielblättrige Lorbeerrose ausgeblüht hat. Darunter finden sich Sonnentau und Kannenpflanzen, und darüber verkrüppelte Schwarzfichten und Lärchen.

Das zarte Mosaik der vielen Grüns mit hier und da einer leuchtenden Farbe dazwischen ist eine Pflanzen- und Tiergesellschaft, die relativ ungestört existiert hat, seit sich vor rund 10000 Jahren die eiszeitlichen Gletscher zurückgezogen haben. Für mich ist es ein geheiligter Ort – ein Ort der Belebung und der Wunder.

Es hätte ein vollkommener Tag sein können. Aber als ich auf einem etwas anderen Weg den Sumpf verließ, wurde ich plötzlich durch den Anblick eines Haufens von Styroporschnipseln zu meinen Füßen geschockt. Sie werden zur Verpackung zerbrechlicher Gegenstände verwendet, wo zusammengeknülltes Zeitungspapier nicht mehr ausreicht, und sie sind unzerstörbar. Ich untersuchte den Haufen genauer und stellte fest, daß das Ganze in einer jetzt zerrissenen Plastiktüte gesteckt hatte. In der Mitte fand ich Erdboden, der nicht aus dem Sumpf stammte, mit ein paar vertrockneten Stengeln darin, die vermutlich auch nicht aus dem Sumpf stammten – Unkraut, im wahrsten Sinne des Wortes. Ich sah mich weiter um und fand 35 ähnliche Müllhaufen.

Ganz offensichtlich hatte der Unkrautzüchter diesen Ort gewählt, weil er oder sie fand, er sei besonders unansehnlich. Mir dagegen schien er einer der schönsten nur möglichen – einer, den man regelmäßig und genau untersuchen sollte. Ich werde ein Schild aufstellen: «Dies ist ein urtümlicher Sumpf. Machen Sie ihn nicht zur Müllkippe!»

24. Mai
ABSCHLUSSFEIERN

Es war noch dunkel, als ich um 4 Uhr morgens von dem mitreißenden Gesang eines Whippoorwill (Ziegenmelkerart) geweckt wurde. Er sang sein Lied ein paarmal hinter dem Klohäuschen und noch einmal weiter hügelabwärts; dann hörte ich ihn nicht mehr. Glücklich schlief ich wieder ein; ich hatte diesen Vogel nicht mehr gehört, seit ich als Junge auf der Adams-Farm gelebt hatte.

Der Ruf verband mich mit der Vergangenheit. Dieser Vogel würde immer so klingen wie jetzt, wie er geklungen hatte, seit ihn die Menschen vor Jahrtausenden zum ersten Mal gehört hatten.

Um 5 Uhr, als es eben hell wurde, stand ich erfrischt auf. Die Phoebe hatte inzwischen schon eine Weile gesungen, und ein Rotaugenvireo ebenfalls. Eine halbe Stunde später war am Boden immer noch Frost zu sehen, und die Triebe des Spargels, den ich im vergangenen Jahr gepflanzt hatte, sahen welk und tot aus. Der Apfelbaum vor der Hütte stand in voller Blüte, und im kurzen Gras unter der einzeln stehenden Birke blinkten die weißen Blüten der wilden Erdbeeren. Eine Schwarzkopfmeise zupfte Werg aus den Dichtungen zwischen den Balken meiner Hütte, um ihr Nest im Nistkasten zu polstern, und ich mißgönnte ihr nicht einen Faden.

Gestern bin ich aus Burlington zurückgekommen; ich hatte die College-Abschlußfeier meiner Tochter und die Promotionsfeier für einen meiner Doktoranden, Brent Ybarrondo, miterlebt und Stuart besucht. Vor diesem Aufenthalt im Wald habe ich solche Abschlußzeremonien für meine Studenten gemieden, und meine eigenen ebenfalls. Sie finden mehrere Tage nach der letzten Prüfung statt, und ich war immer innerhalb von Stunden nach dem letzten Test fort – in die Frühlingswälder geflohen. Mir waren diese Zeremonien wie eine Verschwendung vorgekommen.

Diesmal wollte ich dabeisein. Ich hatte sogar meine Hilfe angeboten. Ich sollte die Aufstellung der jungen Menschen organisieren, die im Hauptfach Biologie/Zoologie studiert hatten. Zu ihnen gehörten nicht nur Studenten von mir, die mir zu Freunden geworden waren, sondern auch meine Tochter und ihr Freund Dave. Erica hatte den renommierten Lyman Award in Zoologie gewonnen und außerdem auch einen Phi Beta Kappa. Mir waren diese Dinge nie wichtig gewesen, aber jetzt war ich unerhört stolz.

Ich war entzückt über die vielen lächelnden Gesichter um mich her. Es gab Umarmungen, Erinnerungen, Small talk über Vergangenes («Mir hat diese Winter-Ökologie ungeheuer Spaß gemacht», oder: «Sie haben da einen wunderbaren Winkel») und Versprechen, sich zu melden («Ich fahre erst mal quer durch den Kontinent»; «Ich reise nach Patagonien»; «Werden Sie mir auch schreiben?»). Ich mußte nur eine einzige Flasche konfiszieren; der Student protestierte, weil er sie noch nicht leer hatte.

Der Festordner kam und führte die Studenten von den Tennisplätzen, wo sie sich aufgestellt hatten, in die Turnhalle, wo Eltern und Freunde und Würdenträger versammelt waren. Ich hatte mich zu lange mit den Studenten unterhalten und den Einmarsch der Fakultät verpaßt. Egal, ich quetschte mich verspätet durch die Menge. Die anderen Dozenten saßen vorn. Der Dekan hielt eine Rede, und viele andere auch. Die Professoren, die in den Ruhestand traten, wurden jeweils mit einer kleinen Ansprache geehrt, die ihre Taten rühmte, und dann kamen die Studenten nach Fachrichtungen geordnet hereinmarschiert. Einer nach dem anderen wurden sie aufgerufen und bekamen ihre Diplome überreicht. Eltern und Freunde drängten sich vor dem Podium und fotografierten. Fakultätsangehörige durften auch auf die Bühne, um ihrem Sohn oder ihrer Tochter gleich nach der offiziellen Entlassung als erste zu gratulieren. Ich umarmte Erica und war sehr froh und spürte die frohe Stimmung all der anderen.

Danach traf ich in der riesigen Menschenmenge, die da durch den Frühlingssonnenschein wimmelte, Kitty, Ericas Mutter und meine Exfrau, mit ihren Eltern, Cos und Mary. Sie waren ganz von Kalifornien gekommen, um dabeizusein.

Etwas später ging ich dann in die Ira Allen Chapel, wo die Doktortitel verliehen werden sollten. Mein Student Brent hatte eine großartige Dissertation abgeliefert, über Verhalten und Physiologie des Tauchens bei einem Wasserkäfer, der unter Wasser atmet. Brent hatte ein neues und geniales Verfahren entwickelt, mit dem er messen konnte, wieviel Luft ein Käfer beim Tauchen mitnimmt, und bei seinen langen und genauen Beobachtungen hatte er mehrere Entdeckungen gemacht. Brents Arbeit war nicht von einem Professor in Auftrag gegeben worden – sie war ganz allein seine Sache. Das muß eine Doktorarbeit sein. Zum Doktortitel gehört eine eigenständige Entdeckung, und da niemand sie garantieren kann, ist einen Ph. D. zu machen ein ziemliches Risiko. Ich war glücklich, Brents Erfolg mitfeiern zu können, der übrigens schon ein Jahr zuvor anerkannt worden war, als man ihm in Colorado – genau dem Staat, in dem er gern leben wollte – eine Dozentur angeboten hatte. Jetzt war er zu den Formalitäten mit Doktorhut und der Überreichung der Urkunde zurückgekehrt. Seine Frau, seine Mutter und seine Großmutter sowie zwei enge Freunde waren ebenfalls quer über den Kontinent gereist. Das war für mich auch ein Grund, endlich so einer Zeremonie beizuwohnen. Vor der ganzen Versammlung betraten wir zusammen die Bühne, als er aufgerufen worden war, und stolz legte ich ihm den schwarzgelben Überwurf um.

Am nächsten Tag kehrte ich nach Maine zurück, zusammen mit zwei jüngeren Studenten: einem neuen Raben und meinem Sohn.

Ich fange immer noch Mäuse. Mein neuer junger Rabe mag sie. Da ich keinen Kühlschrank habe, kann ich sie nicht sammeln, um mal wieder Mausebraten zuzubereiten. Aber ich habe ein paar zu unserer Unterhaltung gesammelt.

Wenn man einen neunjährigen Jungen mit grenzenloser Energie und Neugier hat, ist jeder Tag von morgens bis abends eine Herausforderung. So ein Junge will geführt und beschäftigt werden, und die unerschöpflichen Energien müssen manchmal in gesellschaftlich und materiell nicht schädliche Kanäle umgeleitet oder abgelenkt werden. Dazu kommt, daß ich mit den Nachwirkungen auch noch zu tun bekomme.

«Ich schlage vor, Stuart», sagte ich, «wir legen eine dieser toten Mäuse hier auf den Boden. Vielleicht kommt ein Totengräberkäfer und buddelt sie ein.»

Wir legten die Maus auf das festgewordene Sägemehl hinter der Hütte. Ich erklärte, daß der Totengräber, wenn einer käme, in elegantes Schwarz mit leuchtend orangefarbenen Streifen gekleidet sein würde. Dabei dachte ich an die Festkleidung meines Doktoranden. Der Käfer würde die Maus wahrscheinlich noch in 800 m Entfernung riechen und dann, ähnlich wie eine Hummel, gegen den Wind herbeifliegen. Wenn er die Maus fand, würde der Totengräber sie im Boden vergraben; wenn es ein Weibchen war, würde sie das vergehende Fleisch zur Ernährung ihrer Nachkommen nutzen, indem sie Eier darauf ablegte und ihre Larven damit fütterte.

Eine Stunde später kamen wir zurück. Die Maus war verschwunden! Es kam mir vor wie Zauberei, auch wenn ich nicht an Übernatürliches glaube. Es müßte ein Käfer in der Nähe sein, sagte ich zu Stuart, ob er ihn nicht suchen wolle.

Wenige Minuten später kam er jubelnd hereingerannt: «Dad – ich hab' einen gefunden!» Stuarts Begeisterung war geweckt. Er hatte festgestellt, wo die tote Maus vergraben war, und dabei einen Totengräber entdeckt. Er steckte den Käfer sofort in sein Sammelglas (mit Äther gefüllt), um ihn seiner wachsenden Käfersammlung einzuverleiben.

Um einen Totengräber bei der Arbeit beobachten zu können, legte ich nun die wieder ausgegrabene Maus auf etwas härteren Untergrund. Stuart, der zu einem Gläubigen geworden war, setzte sich neben die Maus und wartete auf den nächsten Totengräber. Das hatte ich gehofft. Ich ging in die Hütte, weil ich das Stück schon kannte.

Zwanzig Minuten lang war mein Sohn so still, wie ich ihn noch nie gesehen hatte. Plötzlich kam er hereingestürzt. «Komm schnell, Dad, es ist einer gekommen! Er klang wie eine Hummel, und ich hab' ihn noch mit offenen Flügeln gesehen, gleich nachdem er gelandet war! Er hat goldenen Flaum auf dem Rücken, auch wie eine Hummel.»

Wir saßen beide auf einem Balken am Holzstoß und sahen zu, wie der Käfer abwechselnd Erde unter der Maus wegtransportierte und dann wieder mit in die Luft gerecktem Unterleib bewegungslos dahockte.

«Der Käfer sendet einen Geruch aus, um einen Partner oder eine Partnerin anzulocken», sagte ich. Tatsächlich kam nach einigen Minuten ein zweiter Käfer angeflogen, und jetzt arbeiteten sie zu zweit unter der Maus. Es war eine Partnerschaft auf den ersten Blick – wohl wegen der schwierigen Aufgabe, der sie sich nun gemeinsam widmeten.

Die zwei gruben und schoben und hoben Erde herauf. Rund um den Kadaver herum lag loser Erdboden; die zwei Käfer waren nicht mehr sichtbar. Nur die Bewegungen der toten Maus verrieten ihre Anwesenheit. Gelegentlich kletterte eins der hübschen Geschöpfe über den weißen Bauch der Hirschmaus und nahm dann die Arbeit auf der anderen Seite wieder auf.

«Was sind das für kleine Krabbler auf dem Käfer?»

«Das sind Milben, die Fliegeneier fressen.»

«Tun sie den Totengräbern was?»

«Nein. Siehst du dort die leuchtend grünen Schmeißfliegen? Die legen Eier auf der Maus ab. Innerhalb von zwei oder drei Tagen kriechen Maden aus den Eiern, die die ganze Maus auffressen würden. Diese Milben fressen aber die Fliegeneier, und so können die Nachkommen der Käfer die Maus fressen.»

«Ah, ja, ich verstehe.»

Stuart saß da und beobachtete die Käfer mehr als zwei Stunden lang. Ich hatte ihn noch nie so konzentriert gesehen. Selbst als ich fortgegangen war, fuhr er fort, mir über die Fortschritte zu berichten. Ich hatte, wie gesagt, keine Glotze zum Eintreten, aber wenn ich eine gehabt hätte, wäre jetzt der geeignete Augenblick dazu gewesen. Die Natur liefert die aufregendste Unterhaltung der Welt, und wir hatten eine einwandfreie Vorstellung erlebt, die seit mindestens 60 Millionen Jahren an warmen Sommerabenden geprobt worden ist.

Ich habe Sommertage immer mit schweißtreibender Arbeit in Verbindung gebracht – Heu aufladen, lange Reihen von Mais oder Bohnen hacken und jäten –, aber auch mit dem Vergnügen, an einem Seil von einem hohen Ufer aus über einen schattigen Fluß zu schwingen.

Meine Vorfreude auf kühles Wasser wird heute nicht durch Feldarbeit vergrößert, wie damals, als ich auf dem Hof arbeitete und lernte, sondern durch Waldarbeiten. Ich fange bereits an, meinen Holzvorrat für den nächsten Winter aufzufüllen.

Eins der vielen Badelöcher hier, an dem es auch ein Seil gibt, ist am Sandy River bei Farmington, an der Brücke in der Nähe des Diners. Der Fluß ist hier breit und glatt, und das saubere Wasser von den Bergen ringsum fließt über sandigen Boden. Es schimmert gelb von dem Sand an seinem Grund, und spiegelt das Grün der Bäume am Ufer. Oben auf dem drei Meter hohen Ufer stehen Silberahornbäume. An ihren Stämmen sieht man die Narben, wo das Eis im Frühling Borke abgescheuert hat. Die Bäume neigen sich weit über das Wasser, und an einem von ihnen hängt weit draußen ein Seil. Hier versammeln sich Kinder jeden Alters.

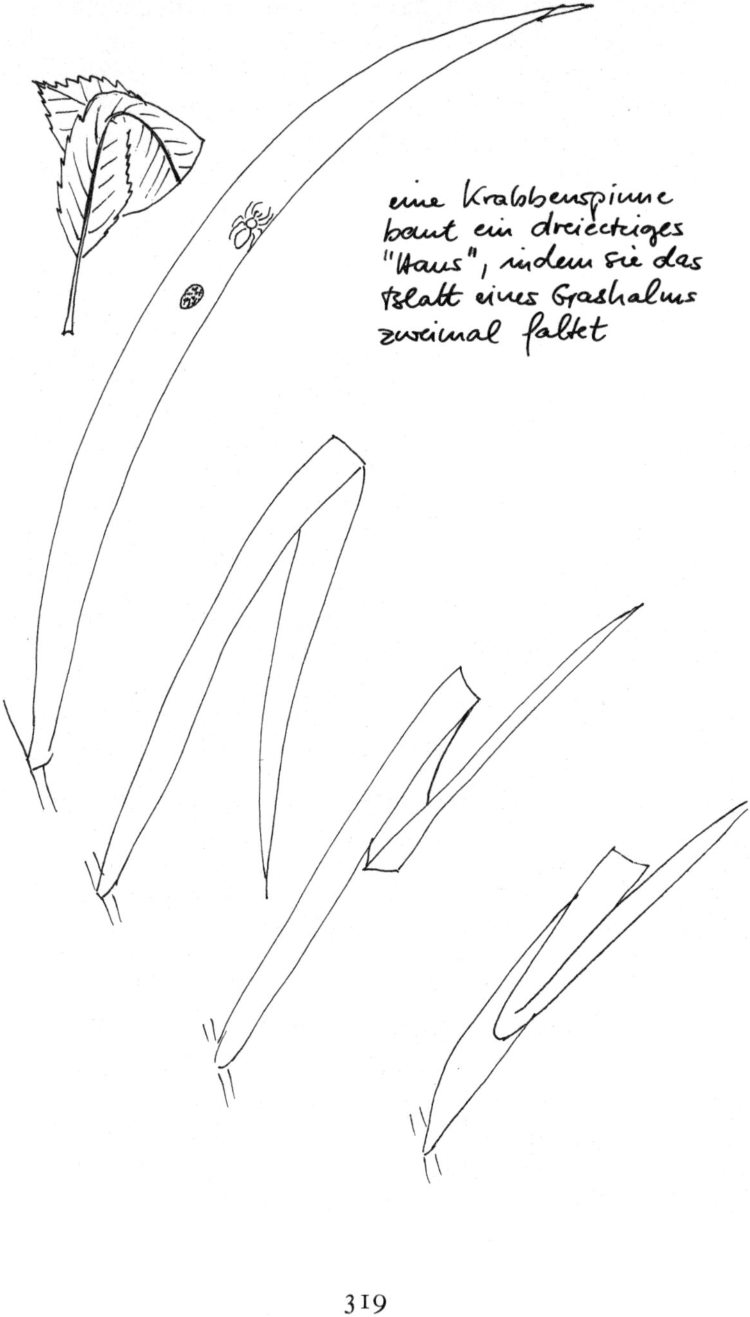
eine Krabbenspinne
baut ein dreieckiges
"Haus", indem sie das
Blatt eines Grashalms
zweimal faltet

Die Entfernung zum Wasser ist groß genug und das Seil lang genug, so daß man einen ordentlichen Schwung bekommt, wenn man vom Ufer abspringt. Man schwingt abwärts, bis man fast das Wasser berührt und Höchstgeschwindigkeit erreicht. Dann tragen einen der Schwung und das Federn des Baumes weiter über den Fluß und wieder aufwärts. Man fliegt, wohin es einen trägt, und man muß wissen, wann man loslassen muß. Gewöhnlich in dem Augenblick, wo der Schwung nachläßt, eben bevor das Pendel zurückschwingt zum Ufer, wenn man am weitesten draußen und am höchsten Punkt über dem Fluß ist. Dann muß man loslassen. Eine Sekunde lang fliegt man noch durch die Luft... Ich habe schon auf Adams Hill losgelassen. Das kühle Element belebt mich, als ich zu dem festen, sandigen Grund hinabtauche.

Wie der Indigofink und die Phoebe, die hier leben, bin ich viel herumgekommen. Ich habe in Kalifornien, Afrika, Neu-Guinea, Südamerika und in der Arktis gelebt. Aber ich bin zu den Bergen im westlichen Maine zurückgekehrt. Hier halte ich mich am liebsten auf, das ist zu Hause für mich, wo die Kleinigkeiten Bedeutung haben und Sensationelles nur ablenkt.

Glossar

FACHBEGRIFFE

Exuvie = bei Häutung abgestreifter Chitinpanzer der Wachstums- und Metamorphosestadien der Arthropoden (Zoologie)

→ Imago (Plural: Imagines) = erwachsenes Insekt (Zoologie)

→ Meconium = Exkrete, die bestimmte Insekten kurz nach der Häutung zur Imago (vor dem Schlüpfen) ausscheiden (Zoologie)

→ Os (Plural: Oser) = wallartiger Geschiebehügel, bis zu einigen hundert Metern lang; entsteht im peripheren Bereich eines Gletschers oder unter dem Eis (Geologie)

→ Plastron = an Körperhaaren sich bildende Luftblase bei Wasserinsekten, die als «physikalische Kieme» die Aufnahme von Sauerstoff aus dem Wasser ermöglicht (Zoologie)

ABKÜRZUNGEN

a. = auch
s. = siehe
s.l. = sensu lato = im weiteren Sinne
→ spec. = species = Art
→ s.s. = sensu stricto = im engeren Sinne
→ syn. = synonym
vgl. = vergleiche

Die Tier- und Pflanzennamen der Neuen Welt stimmen nur zum Teil mit denen der Alten Welt überein, so daß es für viele von ihnen keine deutschen Namen gibt. Für den interessierten Leser findet sich im folgenden eine Liste der im Text erwähnten Spezies mit ihren lateinischen und amerikanischen Bezeichnungen.

LISTE DER ERWÄHNTEN PFLANZEN

deutscher Name	wissensch. Name	amerikan. Name
Ahorn	*Acer* spec.	maple
Amerikan. Bergahorn	*Acer spicatum*	mountain maple
Amerikan. Buche	*Fagus grandifolia*	American beech(nut)
Amerikan. Eberesche (Amerikan. Vogelbeere)	*Sorbus americana*	mountain ash
Amerikan. Esche (s. a. Weißesche)	*Fraxinus americana*	American ash, white ash
Amerikan. Linde (Schwarzlinde)	*Tilia americana*	basswood
Amerikan. Vogelkirsche	*Prunus pensylvanica*	pin cherry, bird cherry
Amerikan. Weißbirke (vgl. a. Graubirke)	*Betula populifolia* bzw. *Betula papyrifera*	white birch, gray birch white birch, paper birch
Amerikan. Zitterpappel (s. a. Zitterespe)	*Populus tremuloides*	quaking aspen
Anemone (Windröschen)	*Anemone* spec.	anemone
Araukarie	*Araucaria* spec.	araucaria
Balsampappel	*Populus balsamifera* (syn. *P. tacamahaca*)	balsam poplar
Balsamtanne	*Abies balsamea*	balsam fir
Bärlappe	*Lycopodiales*	lycopods, club mosses (s. l.)
Bartflechte	*Usnea* spec.	usnea lichen
Berghülse, Bergstechpalme	*Nemopanthus mucronatus*	mountain holly
Berufkraut	*Erigeron* spec.	flea-bane
Blaubeeren (s. a. Heidelbeeren)	div. *Vaccinium*-Arten	blueberry
Blaue Schwertlilie	*Iris versicolor*	blue flag
Blutwurz	*Sanguinaria canadensis*	bloodroot
Brombeeren	div. *Rubus*-Arten	blackberry
Buckelbeere (amerik. Heidelbeere)	*Gaylussacia baccata*	highbush huckleberry
Buschheidelbeere	*Vaccinium angustifolium*	lowbush blueberry
Cassine-Schneeball	*Viburnum cassinoides*	witherod, wild raisin
Claytonie (s. a. Knollengrensel)	*Claytonia virginica*	spring beauty
Erdbeeren	*Fragaria* spec.	(wild) strawberry
Erle	*Alnus* spec.	alder
Erlenblättriger Schneeball	*Viburnum alnifolium*	hobblebush, moosewood
Esche	*Fraxinus* spec.	ash
Eschenahorn	*Acer negundo*	box elder
Felsenbirne	*Amelanchier* spec.	serviceberry
Feuerbohne	*Phaseolus coccineus*	scarlet runner bean

Fichte	*Picea* spec.	spruce
Fichtenspargel	*Monotropa uniflora*	Indian pipe
Fingerhut (s. a. Roter F., Wolliger F.)	*Digitalis* spec.	foxglove, digitalis* (*eingebürgert)
Flechten	*Lichenes*	lichens*
Flachköpfige Goldrute (s. a. Lanzettblättrige G.)	*Solidago graminifolia*	flat-topped goldenrod, lance-leaved goldenrod

* Flechten sind symbiontische (mutualistische) Vergesellschaftungen eines Pilzes mit einer Alge. Die Fortpflanzung erfolgt vegetativ, lediglich der jeweilige Pilz ist auch zur sexuellen Fortpflanzung befähigt. Es treten somit eine Reihe unterschiedlich gestalteter und unterschiedlich bezeichneter Fortpflanzungskörper auf.

Forellenlilie (Hundszahnveilchen)	*Erythronium americanum*	trout lily, dogtooth violet
Gelbbirke	*Betula alleghaniensis* (syn. *B. lutea*)	yellow birch
Goldfaden	*Coptis trifolia*	goldthread
Gränke (s. a. Lavendel-, Rosmarinheide)	*Andromeda* spec.	andromeda
Graubirke (s. a. Amerikanische Weißbirke)	*Betula populifolia*	white birch, gray birch
Großblättriger Spierstrauch	*Spiraea latifolia*	meadowsweet
Großfrüchtige Moosbeere	*Vaccinium macrocarpus*	large cranberry
Großzähnige Pappel	*Populus grandidentata*	bigtooth aspen
Haarmützenmoos	Polytrichaceae	hairycap moss
Habichtskraut	*Hieracium* spec.	hawkweed, paintbrush flower
Hainbuche	*Carpinus* spec.	hornbeam
Hartriegel	*Cornus* spec.	dogwood
Hasel(nuß)	*Corylus* spec.	hazel(nut)
Heidelbeeren (s. a. Blaubeeren)	div. *Vaccinium*-Arten	blueberry
Heidekrautgewächse	Ericaceae	heath family
Hemlocktanne (s.a. Schierlingstanne)	*Tsuga canadensis*	hemlock
Herzblättrige Pontederia	*Pontederia cordata*	pickerelweed
Herzblume (s. a. »Tränendes Herz«)	*Dicentra cucullaria*	Dutchman's breeches
Himbeere	div. *Rubus*-Arten	raspberry
Holunder	*Sambucus* spec.	elderberry
Johannisbeeren	div. *Ribes*-Arten	currant
Kanadische Alpenrose	*Rhododendron canadense*	rhodora
Kanadische Goldrute	*Solidago canadensis*	Canada goldenrod
Kanadischer Hartriegel	*Cornus canadensis*	bunchberry* (*s.a. Schwed. Hartriegel)
Kanadisches Katzenpfötchen	*Antennaria canadensis*	Canada cat's foot

Kanadisches Schattenblümchen	*Maianthemum canadense*	Canada mayflower
Kannenpflanze (Schlauchpflanze)	*Sarracenia* spec.	pitcher plant
Keulenbärlapp (Kolbenbärlapp)	*Lycopodium clavatum*	club moss (s.s.)
Kiefer	*Pinus* spec.	pine
Kleine Moosbeere	*Vaccinium oxycoccus*	small cranberry
Klette	*Arctium* spec.	burdock
Knollengrensel (s. a. Claytonie)	*Claytonia virginica*	spring beauty
Knopfbusch	*Cephalanthus occidentalis*	button bush
Kürbis	Cucurbitaceae	squash
Lanzettblättrige Goldrute (s. a. Flachköpfige G.)	*Solidago graminifolia*	lance-leaved goldenrod, flat-topped goldenrod
Lärche	*Larix* spec.	larch
Lavendelheide (s.a. Gränke, Rosmarinheide)	*Andromeda* spec.	andromeda
Lebensbaum (s.a. Thuja)	*Thuja occidentalis*	Northern white cedar
Leberblümchen	*Hepatica* spec.	hepatica
Ligustergränke	*Lyonia ligustrina*	maleberry, privet andromeda, swamp andromeda
Nabelflechte (Gesteinsflechte)	*Umbilicaria* spec.	rock tripe
Nordamerikanische Lärche	*Larix laricina*	tamarack, Eastern larch
Pennsylvanischer Ahorn	*Acer pensylvanicum*	striped maple
Pfeilkraut	*Sagittaria* spec.	arrowleaf
Porst	*Ledum groenlandicum*	Labrador tea
Preiselbeere	*Vaccinium vitis-idaea*	mountain cranberry
Purpurne Waldlilie	*Trillium erectum*	purple trillium
Rauhblattaster	*Aster novae-angliae*	New England aster
Rosmarinheide (s.a. Gränke, Lavendelheide)	*Andromeda* spec.	andromeda
Rotahorn	*Acer rubrum*	red maple
Rote Bete	*Beta vulgaris vulgaris*	beets
Roteiche	*Quercus rubra*	red oak
Roter Fingerhut	*Digitalis purpurea*	foxglove, digitalis* (*eingebürgert)
Rotfichte	*Picea rubra*	red spruce
Salomonssiegel (s.a. Weißwurz)	*Polygonatum odoratum*	Solomon's seal
Schattenblümchen	*Maianthemum* spec.	mayflower

Schaumblüte	*Tiarella cordifolia*	foamflower*

*In seinen Abbildungen hat der Autor stets Kanadisches Schattenblümchen und Schaumblüte verwechselt, so daß eine generelle Verwechslung – auch im Text – nicht auszuschließen ist.

Scheinbeere (s. a. Teebeere)	*Gaultheria procumbens*	checkerberry, teaberry
Schierlingstanne (s. a. Hemlocktanne)	*Tsuga canadensis*	hemlock
Schmalblättrige Lorbeerrose	*Kalmia angustifolia*	sheep laurel
Schnabelnuß	*Corylus cornuta*	beaked hazel(nut)
Schneeball	*Viburnum* spec.	viburnum
Schwarze Heidelbeere	*Vaccinium nigrum*	black blueberry
Schwarze Krähenbeere, Schwarze Rauschbeere	*Empetrum nigrum*	black crowberry
Schwarzfichte	*Picea mariana*	black spruce
Schwedischer Hartriegel	*Cornus suecica*	Northern dwarf cornel*

(* auch diese *Cornus*-Art könnte in der «bunchberry» des Autors enthalten sein; s.a. Kanadischer Hartriegel)

Seerosen	*Nymphaea* spec.	water lily
Seggen	*Carex* spec.	sedges
Siebenstern	*Trientalis borealis*	starflower
Silberahorn	*Acer saccharinum*	silver maple
Sonnentau	*Drosera* spec.	sundew
Spierstrauch, Spiräa, Spiräe	*Spiraea* spec.	spirea
Sumpfheidelbeere	*Vaccinium corymbosum*	highbush blueberry
Sumpfrosmarinheide	*Andromeda glaucophylla*	bog rosemary
Tanne	*Abies* spec.	fir
Teebeere (s. a. Scheinbeere)	*Gaultheria procumbens*	teaberry, checkerberry
Thuja (s. a. Lebensbaum)	*Thuja occidentalis*	Northern white cedar
Torfgränke	*Chamaedaphne calyculata*	leatherleaf
Torfmoos	*Sphagnum* spec.	sphagnum moss
»Tränendes Herz« (s. a. Herzblume)	*Dicentra cucullaria*	Dutchman's breeches
Trauerglockenlilien (Uvularien)	*Uvularia* spec.	bellworts, wild oats
Trunkelbeere (Rauschbeere)	*Vaccinium uliginosum*	bog bilberry
Ulme	*Ulmus* spec.	elm
Vielblättrige Lorbeerrose	*Kalmia polifolia*	bog laurel

Virginische Traubenkirsche	*Prunus serotina*	black cherry
Waldlilien	*Trillium* spec.	trillium
Weide	*Salix* spec.	willow
Weidenröschen	*Epilobium angustifolium*	fireweed
Weißer Hartriegel	*Cornus sericea* (syn. *C. stolonifera*)	red-osier dog-wood
Weißerle (Grauerle)	*Alnus incana*	speckled alder
Weiße Rübe (Saat-rübe, Wasserrübe)	*Brassica rapa*	turnip
Weißesche (s.a. Amerikanische Esche)	*Fraxinus americana*	white ash
Weißwurz (s.a. Salomonssiegel)	*Polygonatum odoratum*	Solomon's seal
Weymouthskiefer	*Pinus strobus*	white pine
Wiesenrose	*Rosa carolina*	swamp rose
Winterbeere (Stechpalme)	*Ilex verticillata*	winterberry, black alder
Wolliger Fingerhut	*Digitalis lanata*	foxglove, digitalis* (*eingebürgert)
Würgkirsche	*Prunus virginianus*	choke cherry
Zitterespe (s.a. Amerikan. Zitterpappel)	*Populus tremuloides*	quaking aspen
Zuckerahorn	*Acer saccharum*	sugar maple
Zwergvogelbeere*	*Aronia melanocarpa* (syn. *Pyrus melanocarpa*)	black choke-cherry

(*der gleiche deutsche Name gilt für *Aronia (Pyrus) arbutifolia* = «red chokeberry»)

LISTE DER ERWÄHNTEN TIERE

deutscher Name	wissensch. Name	amerikan. Name
Aaskäfer	Silphidae	burying beetles
Abendkernbeißer	*Hesperiphona vespertina*	evening grosbeak
Admirale	div. Arten der Nymphalidae (Fleckenfalter)	admirals
Ameisenbaumspinner	*Hyalophora cecropia*	cecropia moth
Amerikanische Glucke (Amerik. Wollraupenspinner)	*Malacosoma americanum*	(American oder Eastern) tent caterpillar moth*
(* die Raupen der *Malacosoma*-Arten werden als «tent caterpillars» bezeichnet)		
Amerikanischer Hummer (s.a. Hummer)	*Homarus americanus*	(American) lobster
Ammern	Emberizidae	buntings
Andenbaumläufer	*Certhia americana*	American tree-creeper, Brown (American) tree-creeper
Augenfalter	Satyridae	satyrs
Augenspinner (Pfauenspinner)	Saturniidae	giant silkworm moths*
(* die Familie Bombycidae = «silkworm moths» kommt in Nordamerika nicht vor mit Ausnahme des Haustiers *Bombyx mori* = Seidenspinner = «silkworm moth», das zur Seidengewinnung ähnlich wie in Europa eingebürgert worden ist.)		
Backenhörnchen (s.a. Streifenhörnchen)	*Tamias striatus*	(Eastern) chipmunk
Bärenspinner	Arctiidae	tiger moths, arctiids*
(* die Raupen dieser Schmetterlingsfamilie werden im Amerikanischen als «woolly bears» bezeichnet)		
Barsche	Percidae	perches*
(* die amerikanische Bezeichnung «bass» kann sich auf Barsche der Familien Serranidae, Percictidae und Centrarchidae, d.h. auf Säge- und Sonnenbarsche beziehen)		
Bartmücken	Ceratopogonidae (syn. Heleidae)	biting midges, punkies
Bekassine	*Gallinago gallinago*	(common) snipe
Biber	*Castor fiber canadensis*	beaver
Birkenzeisig	*Acanthis flammea*	redpoll
Bisam(ratte)	*Ondatra zibethica*	muskrat
Bison	*Bison bison*	bison
Blasenkäfer (Ölkäfer, Pflasterkäfer)	Meloidae	blister beetles

Blasenläuse	Eriosomatidae (syn. Pemphigidae)	woolly aphids
Blattläuse	Aphidoidea	aphids
Blattwespen	Megalodontoidea* (*Gruppe der Symphyta)	sawflies
Blauhäher	*Cyanocitta cristata*	blue jay
Bläulinge	Lycaenidae	blues
Bockkäfer	Cerambycidae	long-horned beetles
Borkenkäfer	Scolytidae	bark beetles
Brauenwaldsänger	*Vermivora peregrina*	Tennessee warbler
Braunkopfkuhstärling	*Molothrus ater*	brown-headed cowbird
Brautente	*Aix sponsa*	wood duck
Bremsen	Tabanidae	horse- and deerflies
Carolinataube	*Zenaidura macroura*	mourning dove
Cryptinen (Schlupfwespengruppe)	Phygadeuontinae (syn. Cryptinae, syn. Gelinae sensu TOWNES)	cryptinae
Cybele-Perlmutterfalter	*Speyeria cybele*	great spangled fritillary
Drosseln	Turdinae	thrushes
Dunenspecht	*Picoides pubescens*	downy woodpecker
Dunkelente	*Anas rubripes*	black duck
Edellibellen	Aeshnidae	darners
Einaugenspinner	*Antherea polyphemus*	polyphemus moth
Einsiedlerdrossel	*Catharus guttatus*	hermit thrush
Eintagsfliegen	Ephemeroptera	mayflies
Eistaucher	*Gavia* spec.	loon
Eisvogel (Gürtelfischer)	*Streptoceryle alcyon*	belted kingfisher
Elch	*Alces alces*	moose
Erdhörnchen (s.l.; vgl. Ziesel)	Marmotini	ground squirrels (s.l.)
Erzwespen	Chalcidoidea	chalcidoids*

(* *Hemadas nubilipennis* ist eine gallenerzeugende Erzwespe der Familie Pteromalidae und gehört nicht, wie vom Autor irrtümlich angegeben, zu den Gallwespen)

Eulenfalter	Noctuidae	noctuids
Feldheuschrecken	Acrididae	(short-horned) grasshoppers, grasshoppers (s.s.)
Feldmäuse	*Microtus* spec.	vole
Feuerkopfsaftlecker	*Sphyrapicus varius*	yellow-bellied sapsucker
Fichtentyrann	*Contopus (Nuttallornis) mesoleucus*	olive-sided flycatcher
Fichtenwaldsänger	*Dendroica fusca*	Blackburnian warbler
Fichtenzeisig	*Spinus pinus*	pine siskin
Finken	div. Fringillidae-Arten	finches
Fischadler	*Pandion haliaetus*	osprey

Fischermarder (Pekan)	*Martes pennanti*	fisher
Fleckenkauz	*Strix occidentalis*	spotted owl
Fleckenquerzahnmolch	*Ambystoma maculatum*	spotted salamander
Fleischfliegen	*Sarcophaga* spec.	flesh flies
Forellen	*Salmo* spec. und *Salvelinus* spec.	trouts
Gallwespen	Cynipidae	cynipid wasps*

(* diese im amerik. Original erwähnte Gruppe entfällt in der Übersetzung, da sie auf eine falsche Zuordnung zurückgeht: *Hemadas nubilipennis* ist eine Erzwespe)

Gänsesäger	*Mergus merganser*	common merganser
Gartentyrann	*Empidonax minimus*	least flycatcher
Gelbbarsch	*Perca flavescens*	yellow perch
Gelblinge	*Colias* spec.	colias*

(* Tagfalter aus der Familie der Weißlinge)

Gelbscheitel-Waldsänger	*Dendroica pensylvanica*	chestnut-sided warbler
Gelbschnabelkuckuck	*Coccyzus sabrinus*	yellow-billed cuckoo
Gletscherfloh (s.a. Schneefloh)*	*Hypogastrura nivicola* (eine Springschwanz-Art)	snowflea (der Amerikaner)

(* im europäischen Raum wird v.a. *Isotoma saltans* so genannt; in Amerika wie in Europa werden gelegentlich die Winterhaften *Boreus* spec. ebenfalls als Schneeflöhe bezeichnet, ihre korrekte amerikanische Bezeichnung ist «snow scorpionflies»; s.a. Schnabelhafte)

Glucken (s.a. Wollraupenspinner)	Lasiocampidae	lappet moths, tent caterpillar moths*

(* die Bezeichnung «tent caterpillar» wird sehr oft im engeren Sinne nur auf die *Malacosoma*-Arten beschränkt; s.a. Amerikanische Glucke)

«Glühwürmchen» (s.a. Leuchtkäfer)	Lampyridae	glowworms, fireflies
Goldaugenbremsen	*Chrysops* spec.	deerflies
Goldhähnchen	*Regulus* spec.	kinglets
Goldkehlwaldsänger	*Dendroica dominica*	yellow-throated warbler
Goldspecht	*Colaptes auratus*	(common) flicker
Goldwaldsänger	*Dendroica petechia*	yellow warbler
Goldzeisig (Trauerzeisig)	*Spinus tristis*	goldfinch
Grappers Rötelmaus	*Clethrionomys grapperi*	Southern red-backed vole
«Grashüpfer» (s. Heuschrecken bzw. Feldheuschrecken)		grasshoppers (s.l.)
(Rauhe) Grasnatter	*Opheodrys aestivus*	(rough) green snake
Grauhörnchen	*Sciurus carolinensis*	grey squirrel
Grillen	Gryllidae	crickets
Grosbeaks (s. «Kernfresser»)	---------	---------
Großlibellen	Anisoptera	dragonflies
Grünlicher Wassermolch	*Notophthalmus viridescens*	Eastern newt

Grünwaldsänger	*Dendroica virens*	black-throated green warbler
Haarspecht	*Picoides villosus*	hairy woodpecker
Haussperling* (* eingebürgert)	*Passer domesticus*	house sparrow, English sparrow
Hakengimpel (Fichtengimpel)	*Pinicola enucleator*	pine grosbeak
Hechte	Esocidae	pikes und pickerels
Helmspecht	*Hylatomus pileatus*	pileated woodpecker
*Hemadas nubilipennis**	(* eine Erzwespen-Art; vgl. Erzwespen und Gallwespen)	
Hemlock-Waldsänger	*Dendroica magnolia*	magnolia warbler
Heuschrecken (s. a. «Grashüpfer»)	Orthoptera (ohne Grillen = Gryllidae	grasshoppers (s. l.)
Hirschmaus	*Peromyscus maniculatus*	deer mouse
Holzameisen (s. a. Roßameisen)	*Camponotus* spec.	carpenter ants
Hudsonmeise	*Parus hudsonicus*	boreal chickadee
Hühnerhabicht	*Accipiter gentilis*	goshawk
Hummeln	*Bombus* spec.	bumblebees
Hummer (s. a. Amerik. Hummer)	*Homarus americanus*	lobster
Indigofink	*Passerina cyanea*	indigo bunting
Junolibelle (s. a. «Stopfnadel», «Schlangendoktor»)	*Anax junius*	green darner
Kanadagans	*Branta canadensis*	Canada goose
Kanadakleiber	*Sitta canadensis*	red-breasted nuthatch
Kanadareiher	*Ardea herodias*	great blue heron
Kanadaschnepfe (s. a. Waldschnepfe)	*Scolopax minor*	woodcock
Kanadawaldsänger	*Wilsonia canadensis*	Canada warbler
Katzenwelse	Ictaluridae	catfishes
(Brauner od. Gewöhnlicher) Katzenwels (s. a. Zwergwels)	*Ictalurus nebulosus*	brown bullhead, catfish, hornpout
Keilschwanzregenpfeifer	*Charadrius vociferus*	killdeer
«Kernfresser» (s. a. Grosbeaks)	div. Fringillidae-Arten	grosbeaks
Kettenhecht	*Esox niger*	chain pickerel
Kiefernwaldsänger	*Dendroica pinus*	pine warbler
Kiefernwühlmaus	*Microtus pinetorum*	pine vole, woodland vole
Kleiber	Sittidae	nuthatches
«Kleinhechte»	kleine *Esox*-Arten	pickerels
Kletterwaldsänger	*Mniotilta varia*	black-and-white warbler
Köcherfliegen	Trichoptera	caddisflies

Kolibris	Trochilidae	hummingbirds
Kolkrabe (s. a. Rabe)	*Corvus corax*	raven
Kommafalter	*Polygonia comma*	comma, comma butterfly, comma anglewing*

(* im deutschen Sprachraum versteht man unter *Kommafalter* die Art *Hesperia comma*, die im Englischen als *silver-spotted shipper* bezeichnet wird)

Krabbenspinnen	Thomisidae	crab spiders
Kragenhuhn	*Bonasa umbellus*	ruffed grouse
Kreuzschnäbel	*Loxia* spec.	crossbills
Kriebelmücken	Simuliidae	blackflies
Kronwaldsänger	*Dendroica coronata*	myrtle warbler, yellow-rumped warbler
Lachse	*Salmo* spec. + *Oncorhynchus* spec.	salmons
Laubheuschrecken	Tettigoniidae	katydids*

(* im engeren Sinne gilt der amerikanische Name nur für die Unterfamilie der Pseudophyllinae true katydids)

Leopardfrosch	*Rana pipiens*	Northern leopard frog
Leuchtkäfer (s. a. «Glühwürmchen»)	Lampyridae	fireflies, lightning bugs
Makifrösche	*Phyllomedusa* spec.	---------
Maulwürfe	Talpidae	moles
div. Meisen-Arten Nordamerikas	div. Arten der Paridae	chickadees
Meisenwaldsänger	*Parula americana*	parula warbler
Milben	Acarina	mites
Mondspinner	*Actias luna*	luna moth
«Nachtfalter»	---------	moths
Nerzfrosch	*Rana septentrionalis*	mink frog
Netzflügler, Haften	s. l.: Neuroptera; s. s.: Plannipennia	lacewings
Nordamerikanischer Baumstachler	*Erethizon dorsatum*	porcupine
Nordamerikanischer Fischotter	*Lutra canadensis*	otter
Nordamerikanische Rohrdommel	*Botaurus lentiginosus*	American bittern
Nördliches Gleithörnchen	*Glaucomys sabrinus*	Northern flying squirrel
Ochsenfrosch	*Rana catesbeiana*	bullfrog
Ophioninen	Ophioninae	ophioninae*

(* Unterfamilie der Schlupfwespen)

Opossum, Beutelratte	*Didelphis virginiana*	(Virginia) opossum
Orfen*	*Notropis*-Arten	shiners

(* Gruppe der sog. Weißfische)

Phoebe (Haustyrann)	*Sayornis phoebe*	phoebe

Pieperwaldsänger, Ofenvogel	*Seiurus aurocapillus*	ovenbird
Pollenia-Fliegen	*Pollenia* spec.	cluster flies*
(* Gattung der Schmeißfliegen)		
Prometheus-Augenspinner	*Callosamia promethea*	promethea moth
Purpurgimpel	*Erythrina purpurea*	purple finch
Rabe (s. a. Kolkrabe)	*Corvus corax*	raven
Rauchfarbene Spitzmaus	*Sorex fumeus*	smoky shrew
Rauhfußhühner, (s. a. «Waldhühner»)	Tetraoninae	grouse*
(* nicht immer ist klar, was der Autor mit «grouse» bezeichnet, ob Rauhfußhühner, Kragenhühner oder andere rebhuhnartige Hühnervögel)		
Regenbogenstint	*Osmerus mordax*	rainbow smelt*
(* vermutlich meint der Autor mit der allgemeinen Bezeichnung smelt/Stint immer diese Art, einen Wanderfisch, der im Meer und im Süßwasser lebt)		
Regenwürmer	*Lumbricus* spec.	earth worms
Riesenbiber (ausgestorben)	*Castoroides* spec.	giant beaver (fossil)
Rosenbrustkernknacker	*Pheucticus ludovicianus*	rose-breasted grosbeak
Roßameisen (s. a. Holzameisen)	*Camponotus* spec.	carpenter ants
Rotaugenvireo	*Vireo(sylva) olivaceus*	red-eyed vireo
Rotes (nordamerikanisches) Eichhörnchen, Rothörnchen	*Tamiasciurus hudsonicus*	red squirrel, chickaree
Rotkardinal	*Cardinalis cardinalis*	common cardinal
Rotkehlhüttensänger	*Sialia sialis*	Eastern bluebird
Rotschulterstärling	*Agelaius phoeniceus*	red-winged blackbird
Rubinfleckwaldsänger	*Vermivora ruficapilla*	Nashville warbler
Rubingoldhähnchen	*Regulus calendula*	ruby-crowned kinglet
Rubinkehlkolibri	*Archilochus colubris*	ruby-throated hummingbird
Rückenschwimmer*	Notonectidae	back swimmers
(* Wasserwanzen)		
Rüsselkäfer	Curculionidae	snout beetles
Säger*	*Mergus* spec.	merganser
(* eine Vogelgattung; s. a. Gänsesäger)		
Sandbienen, Erdbienen	Andrenidae	andrenid bees
Satrap(-Goldhähnchen)	*Regulus satrapa*	golden-crowned kinglet
Scharlachtangare	*Piranga olivacea*	scarlet tanager
Schildkröten	Testudines	turtles
Schlupfwespen	Ichneumonidae	ichneumon flies
Schmeißfliegen (Aasfliegen, Fleischfliegen)	Calliphoridae	blowflies
Schnabelhaften	Mecoptera	scorpionflies (and allies)

Schnäppertyrann	*Myiarchus crinitus*	crested flycatcher
Schnäppertyrannen	Myiarchinae	(tyrant) flycatchers
Schnäpperwaldsänger	*Setophaga ruticilla*	American redstart
Schnappschildkröte	*Chelydra serpentina*	snapping turtle
Schneefloh (s.a. Gletscherfloh, Schnabelhaften Springschwänze)	*Hypogastrura nivicola*	snowflea
Schneeschuhhase	*Lepus americanus*	snowshoe hare
Schwalben	Hirudinidae	swallows
Schwalbenschwänze	Papilionidae oder *Papilio* spec.	swallowtails
Schwärmer	Sphingidae	sphinx moths
Schwarzbär	*Ursus americanus*	black bear
Schwarzkopfmeise	*Parus atricapillus*	black-capped chickadee
Schwebfliegen	Syrphidae	syrphids, hover flies
Segellibellen	Libellulidae	skimmers
Singammer	*Melospiza melodia*	song sparrow
Singzikaden	Cicadidae	cicadas
Skunk (s.a. Stinktier)	*Mephitis mephitis*	(striped) skunk
Solitärbienen*	div. Apoidea-Vertreter	solitary bees

(* Bienenarten, bei denen die Tiere einzeln und nicht im Familien- oder Staatsverband leben)

Soziale Faltenwespen (s. l.)	Vespidae	social wasps*

(* wahrscheinlich meint der Autor mit «wasps» genau die Tiergruppe; auch im Deutschen versteht man unter dem allg. Begriff «Wespen» i.d.R. die sog. Faltenwespen)

Soziale Faltenwespen (s.s.)	*Vespula* spec.	yellowjackets, yellowjacket wasps
Spanner	Geometridae	geometrid moths
Spechte	Picidae	woodpeckers
Spitzmäuse	Soricidae	shrews
Springschwänze*	Collembola	springtails

(* flügellose Insekten)

Star	*Sturnus vulgaris*	(common) starling
Stare und Stärlinge	Sturnidae	starlings
Stechmücken	Culicidae	mosquitoes
Stelzen	*Motacilla* spec.	wagtails
Stelzenwaldsänger	*Seiurus motacilla*	Louisiana waterthrush
Stinktier (s.a. Skunk)	*Mephitis mephitis*	(striped) skunk
Stinktiere	Mephitinae	skunks
Stinte	Osmeridae	smelts
Stockente	*Anas platyrhynchos*	mallard
«Stopfnadel»(libelle), «Schlangendoktor» (s.a. Junolibelle)	*Anax junius* -------	green darner, «snake doctor»

Streifenbarsch (gestreifter Sägebarsch)	*Morone saxatilis* (syn. *Roccus saxatilis*)	striped bass*

(* ein Wanderfisch, der im Meer und im Süßwasser lebt)

Streifenhörnchen (s. a. Backenhörnchen)	*Tamias striatus*	Eastern chipmunk
Streifenkauz	*Strix varia*	barred owl
Stubenfliege	*Musca domestica*	housefly
Sumpfschwalbe	*Tachycineta bicolor*	tree swallow
Sumpfwaldsänger	*Dendroica palmarum*	palm warbler
Tagfalter	-------	butterflies
Tangaren	Cissopinae + Thraupinae + Hemithraupinae + Tachyphoninae	tanagers*

(* wahrscheinlich meint der Autor stets die Scharlachtangare, wenn er von «tanager» spricht)

Taumelkäfer	Gyrinidae	Gyrinidae
Tiger-Schwalbenschwanz	*Papilio glaucus*	tiger swallowtail
Totengräber* (* eine Aaskäfergattung)	*Nicrophorus* spec. (syn. *Necrophorus*)	carrion beetles, sexton beetles
Trauermantel	*Nymphalis antiopa*	mourning cloak
Truthahngeier	*Cathartes aura*	turkey vulture
Uferschwalbe	*Riparia riparia*	bank swallow, sand martin
Uferwaldsänger	*Seiurus noveboracensis*	Northern waterthrush*

(* evtl. auch gemeint, wenn der Autor nur von «waterthrush» spricht; vgl. Stelzenwaldsänger)

Vireos	Vireonidae	vireos
Virginia-Uhu	*Bubo virginianus*	great horned owl
Virginia-Widderchen* (* ein Nachtfalter)	*Ctenucha virginica*	Virginia ctenucha, Virginia ctenuchid moth
Walddrossel (Mäusedrossel)	*Hylocichla mustelina*	woodthrush
Waldfrosch	*Rana sylvatica*	wood frog
«Waldhühner»	-------	partridges, grouse*

(* «partridges» gibt es nicht in Amerika; evtl. bezeichnet man damit umgangssprachlich in den Neuengland-Staaten rebhuhnartige Hühnervögel; lt. Autor bezeichnet dieser mit «ruffed grouse», «grouse» und «partridge» den gleichen Vogel; vgl. Kragenhuhn, Rauhfußhühner)

Waldmurmeltier	*Marmota monax*	woodchuck, groundhog
Waldsänger	Parulidae	wood warblers
Waldschnepfe (s. a. Kanadaschnepfe)	*Scolopax minor*	woodcock
Wanderdrossel	*Merula migratoria*	robin
Wapitihirsch	*Cervus elaphus*	wapiti, elk

Wasserläufer* (* Wasserwanzen)	Gerridae	water striders
Wassermolche	Salamandridae	newt family
Wasserpfeifer* (* eine Laubfroschart)	*Hyla crucifer*	spring peeper
Weiden-Gelbkehlchen	*Geothlypis trichas*	Maryland yellowthroat
Weißbarsch (Weißer Flußbarsch)*	*Morone americana* (syn. *Roccus americanus*)	white perch
(* ein im Brack- und Süßwasser lebender Fisch)		
Weißer Admiral, Weißer Eisvogel* (* ein Tagfalter)	*Limenites arthemis*	white admiral
Weißes L* (* ein Tagfalter)	*Nymphalis vau-album*	Compton (oder Comma) Tortoise Shell, False Comma
Weißfische	kleine Arten der Cyprinidae (= Karpfenfische)	minnows
Weißfußmaus	*Peromyscus leucopus*	white-footed mouse
Weißkehl-Ammer	*Zonotrichia albicollis*	white-throated sparrow
Weißkopf-Seeadler	*Haliaeetus leucocephalus*	bald eagle
Weißlinge* (s. s.) (* Tagfaltergattung)	*Pieris* spec.	Pieris
Weißwedelhirsch	*Odocoileus virginianus*	white-tailed deer
Welsartige (Fische)	Siluriformes	catfishes (s. l.)
Whip-poor-will	*Antrostomus vociferus*	whip poor will
Widderbären	Ctenuchidae	ctenuchid moths
Wiesel	*Mustela* spec.	weasel
Winterammer	*Junco hyemalis*	junco
Wolf, Timberwolf	*Canis lupus*	timber wolf
Wollraupenspinner (s.a. Glucken)	Lasiocampidae	lappet moths, tent caterpillar moths
Zaunkönig	*Troglodytes troglodytes hiemalis*	winter wren
Zedernseidenschwanz	*Bombycilla cedrorum*	cedar waxwing
Ziesel* (* vgl. Erdhörnchen)	*Citellus* spec.	ground spuirrels (s. s.)
Zwergspitzmaus	*Microsorex hoyi*	pygmy shrew
Zwergwels (s.a. Katzenwels)	*Ictalurus nebulosus*	catfish (s. s.), brown bullhead, hornpout
Zwergzikaden	Cicadellidae (syn. Jassidae)	sharp shooters, leaf hoppers